Referência de comandos do guia passo a passo
Barras de ferramentas do FrontPage 2000

Barra de ferramentas Format (Formatação)

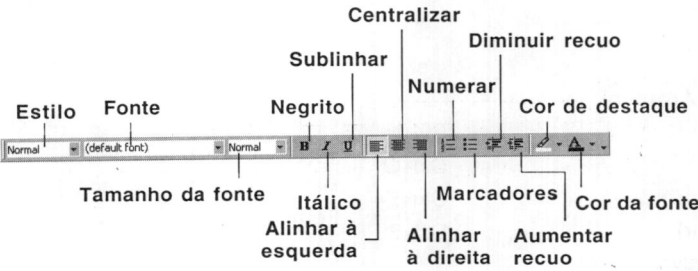

Barra de ferramentas Standard (Padrão)

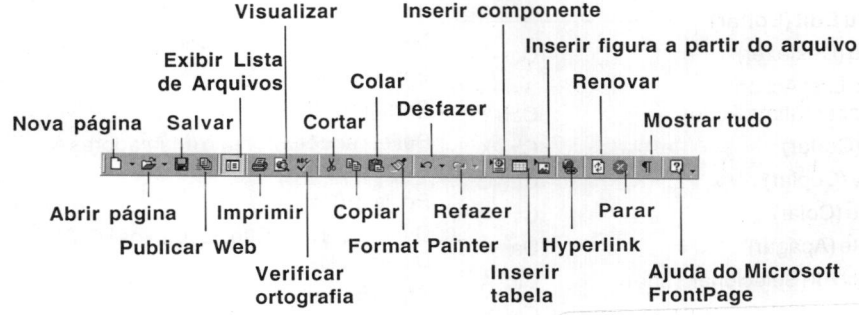

Barra de ferramentas Tables (Tabelas)

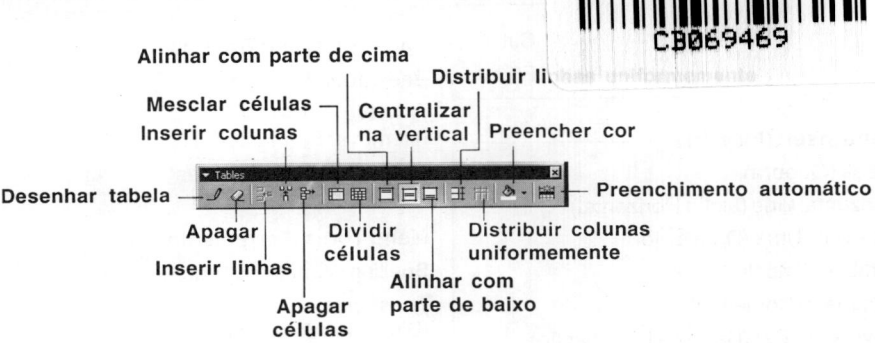

Atalhos do teclado do FrontPage 2000

Os atalhos do teclado para os menus de alto nível do FrontPage 2000 são acessados pressionando Alt+, exceto onde indicado.

Ctrl+PgDn alterna entre as exibições do FrontPage (Normal, Source (Origem) e Preview (Visualizar))

Menu File (Arquivo)

New (Novo)	Ctrl+N
Open (Abrir)	Ctrl+O
Close (Fechar)	Ctrl+F4
Save (Salvar)	Ctrl+S
Save As (Salvar Como)	
Preview in Browser (Visualizar no Paginador)	
Print (Imprimir)	Ctrl+P
Exit (Sair)	

Menu Edit (Editar)

Undo (Desfazer)	Ctrl+Z
Redo Last Action (Refazer Última Ação)	Ctrl+Y
Cut (Cortar)	Ctrl+X
Copy (Copiar)	Ctrl+C
Paste (Colar)	Ctrl+P
Delete (Apagar)	Del
Select All (Selecionar Tudo)	Ctrl+A
Find (Localizar)	Ctrl+F
Replace (Substituir)	Ctrl+H

Menu View (Exibir)

Reveal Tags (Mostrar Marcas)	Ctrl+/
Refresh (Renovar)	F5

Menu Insert (Inserir)

Break (Quebra)
Horizontal Line (Linha Horizontal)
Date and Time (Data e Hora)
Symbol (Símbolo)
Comment (Comentário)
Navigation Bar (Barra de Navegação)

Page Banner (Banner de Página)
Component (Componente)
Database (Banco de Dados)
Form (Formulário)
Advanced (Avançado)
Picture (Imagem)
File (Arquivo)
Bookmark (Marcador de Livro)
Hyperlink (Hiperligação) .... Ctrl+K

Menu Format (Formatar)

Font (Fonte)
Paragraph (Parágrafo)
Bullets and Numbering (Marcadores e Numeração)
Position (Posição)
Dynamic HTML Effects (Efeitos HTML Dinâmicos)
Style (Estilo)
Style Sheet Links (Ligações da Folha de Estilo)
Theme (Tema)
Shared Borders (Bordas Compartilhadas)
Page Transition (Transição de Páginas)
Background (Fundo)

Remove Formatting (Remover Formatação)	Ctrl+Shift+Z
Properties (Propriedades)	Alt+Enter

Menu Tools (Ferramentas)

Spelling (Verificar Ortografia)	F7
Thesaurus (Dicionário de Sinônimos)	Shift+F7

Elisabeth Parker

Microsoft FrontPage 2000

para LEIGOS passo a passo

Tradução
Eveline Vieira Machado

Do original
The Complete Idiot's Guide to Microsoft FrontPage 2000
Authorized translation from the English language edition published by Que Corporation
Copyright© 1999
All rights reserved. No part of this book may be reproduced or transmitted in any form or by any means, electronic or mechanical, including photocopying, recording or by any information storage retrieval system, without permission from the Publisher.
Portuguese language edition published by Editora Ciência Moderna Ltda.
Copyright© 1999

Todos os direitos para a língua portuguesa reservados pela EDITORA CIÊNCIA MODERNA LTDA.

Nenhuma parte deste livro poderá ser reproduzida, transmitida e gravada, por qualquer meio eletrônico, mecânico, por fotocópia e outros, sem a prévia autorização, por escrito, da Editora.

Editor: Paulo André P. Marques
Produção Editorial: Carlos Augusto L. Almeida
Capa e Layout: Renato Martins
Diagramação e Digitalização de Imagens: Patricia Seabra
Tradução: Eveline Vieira Machado
Revisão: Cássia Pinto
Assistente Editorial: Ana Paula de Azevedo

Várias **Marcas Registradas** aparecem no decorrer deste livro. Mais do que simplesmente listar esses nomes e informar quem possui seus direitos de exploração, ou ainda imprimir os logotipos das mesmas, o editor declara estar utilizando tais nomes apenas para fins editoriais, em benefício exclusivo do dono da Marca Registrada, sem intenção de infringir as regras de sua utilização.

FICHA CATALOGRÁFICA

Parker, Elisabeth
Microsoft FrontPage 2000 para leigos passo a passo
Rio de Janeiro: Editora Ciência Moderna Ltda., 1999.

Edição de imagens em microcomputadores
I — Título

ISBN: 85-7393-054-3   CDD 001642

Editora Ciência Moderna Ltda.
Rua Alice Figueiredo, 46
CEP: 20950-150, Riachuelo — Rio de Janeiro — Brasil
Tel: (021) 201-6662/201-6492/201-6511/201-6998
Fax: (021) 201-6896/281-5778
E-mail: lcm@novanet.com.br

Sumário

Parte I - Siga as pegadas, atenção, vá! 1
  Capítulo 1 - Esteja pronto para o rock do FrontPage 2000 3
    Bem-vindo à fantástica Web 3
      Páginas Web e Web sites 3
      Uma página Web saindo! Um pouco sobre os servidores 4
      O que é um URL, afinal? 4
      O que é uma intranet? 5
      Como se conectar 6
      Como encontrar um host Web amistoso do FrontPage 6
    Comece! Como se familiarizar com o FrontPage 2000 6
      Como usar as exibições de páginas para obter informações sobre seu site Web 7
      Como mover os quadros na janela de aplicação 9
      Como lidar com barras de ferramentas e menus 9
      Como manter os formatos das páginas: Normal, HTML e Preview 10
      Consciência do estado: as barras de status e de títulos 11
    Cinco coisas interessantes que você pode fazer apenas com o FrontPage 11
  Capítulo 2 - Web site urgente: como dar uma volta nos FrontPage Webs 15
    O que são FrontPage Webs? 15
    Ajuda! O que vem primeiro? 16
      Como selecionar o FrontPage Web certo 16
    Como criar FrontPage Webs 17
    Como começar seu Web a partir do zero 18
    Mas já tenho um Web site! Como importar Web sites para o FrontPage 18
      Como obter arquivos de seu Web site 19
      Como obter arquivos de seu computador ou rede 21
      Alguma terminologia do FrontPage Web 22
    Cinco boas idéias para construir Web sites com os assistentes Web 23
  Capítulo 3 - Como lidar com páginas Web 25
    De que são feitas as páginas Web 25
    Como iniciar uma nova página Web 27
    Como salvar uma nova página Web 29
      Como gravar uma página Web existente 30
    Como imprimir uma página 30
      Como visualizar a impressão de uma página Web 30
    Como fechar uma página Web 31
    Como abrir um arquivo no FrontPage 31
      Uma olhada sob o capuz: como exibir o código-fonte HTML 32
      Desmascarado! Como mostrar suas marcas HTML 32
    O que existe em um nome? Como alterar o título de sua página 33
    Pinte minha página Web: como alterar cores de fundo, texto e links 34
      Como selecionar as cores: cores protegidas da Web e cores personalizadas 35
      Como copiar um esquema de cores de outra página Web 36
      Como adicionar uma imagem de fundo 37
      Como exibir uma marca d'água 37
    Cinco esquemas de cores que você poderá experimentar 38

Parte II - Mergulhe! A água está ótima! 41
   Capítulo 4 - Puf! Você é Web designer com os temas do FrontPage 43
      Selecione um tema, qualquer tema 43
         Reforma imediata! Como aplicar um tema em todo o seu Web site 44
         Mais atrativos! Como aplicar efeitos especiais nos temas 45
         Como aplicar um tema nas páginas selecionadas 45
         Psst! Deseja mais alguns temas? 46
      Como criar bordas compartilhadas para seu Web 47
      Como você gosta: como personalizar os temas 48
         Como compreender os temas e os elementos da página 49
         Como alterar as cores do tema 49
         Como alterar os gráficos do tema 50
         Como alterar os estilos do tema 51
         Como editar os títulos do gráfico banner 51
         Como alterar as etiquetas da barra de navegação 52
      Cinco temas Web a verificar 52
   Capítulo 5 - Como apresentar textos e lidar com as fontes 55
      Como controlar o texto: como adicionar e editar o texto 56
         Parágrafos e quebras de linha: qual é a diferença? 57
         Como selecionar o texto 58
         Eca, não quero isso! Como apagar o texto 58
         Como copiar e colar o texto 58
         Como mover o texto para outro lugar 58
         Carregue, Charlie! Como importar o texto de outro arquivo 59
      Como formatar os parágrafos 60
         Como alinhar o texto 61
         Como recuar o texto 61
         Como inserir espaços em branco 61
         Como aplicar os estilos de texto HTML 62
         Como remover a formatação do texto 62
      Como inserir uma linha horizontal 63
      Uma pequena fonte mágica: como lidar com as fontes 64
         Como alterar a fonte e o tamanho da fonte 64
         Como adicionar um pouco de cor com as cores da fonte e o destaque 64
         Como aplicar negrito, itálico e sublinhados 65
         Sobrescritos, subscritos, versaletes, etc: como aplicar efeitos de caracteres especiais 65
      Como copiar os formatos do texto com o Format Painter 65
      Sinais, símbolos e caracteres especiais 66
      Ooopa! Posso desfazer isso? 66
      Hora de verificar a ortografia 67
      Como pesquisar o texto 68
      Como pesquisar e substituir o texto 69
      Cinco truques de formatação de texto 69
   Capítulo 6 - Como criar uma lista, como verificá-la duas vezes 71
      Entendeu? Como criar listas marcadas 72
         Como selecionar um estilo de marcador 73
         Como usar imagens para os marcadores 74
      Você tem números: como criar listas numeradas 74
         Como selecionar um estilo de número 75
      Como criar listas de definição 75
      Como misturar: listas dentro de listas 76
      Como criar listas reduzíveis 77

Sumário

Como visualizar uma lista reduzível 77
Como alterar uma lista para um tipo diferente de lista 78
Como remover a formatação da lista 78
Cinco maneiras de usar as listas 79

Capítulo 7 - Pense nos links: como adicionar links a suas páginas Web 81
    Alô? Há alguém aí? Como se ligar a outros Web sites 81
    Como ligar as páginas Web em seu Web site 83
    Como ligar os arquivos locais 83
    Como estabelecer links entre as áreas em um documento 84
        Como configurar o destino 84
        Como criar um link 85
    Envie o e-mail! Como criar um link de e-mail 85
    Para onde vão meus links: como apresentar páginas Web em Hyperlinks 86
    Como animar seus links de texto 87
    Como mostrar o caminho aos seus visitantes com as barras de navegação 87
        Como exibir o mapa de navegação de seu Web site 88
        Como construir uma estrutura de navegação 89
        Como compartilhar suas bordas 91
        Como inserir uma barra de navegação 91
        Como ajustar a exibição Navigation 93
    Cinco maneiras de usar os links 93

Capítulo 8 - A página Web perfeita com imagens: como colocar e ajustar as imagens 95
    Como colocar uma imagem em sua página 96
        Como importar imagens para seu Web 98
        Como inserir uma imagem a partir do Web atual 99
        Como inserir os atrativos de clipart do FrontPage 99
        Como inserir uma imagem a partir de seu computador ou rede 102
        Scanners e câmeras digitais 102
        Como exibir uma imagem de outro Web site 102
    Como alterar as propriedades de sua imagem 103
        Como alinhar uma imagem com o texto 103
        Como dar às imagens algum espaço: como adicionar espaço em torno de uma imagem 105
        Como redimensionar uma imagem 105
        Atraia e troque: como exibir uma imagem menor enquanto uma maior é carregada 106
        Como fazer o link de uma imagem 108
        Como colocar uma borda em torno de uma imagem 108
        Como especificar texto alternativo para uma imagem 109
    Como copiar e colar uma imagem 109
    Como converter as imagens 110
    Cinco Web sites onde você poderá obter imagens gratuitas 111

Capítulo 9 - Como deixar elegantes as imagens 113
    Seu próprio laboratório fotográfico: sobre a barra de ferramentas Picture 114
    Como dimensionar: como tirar amostra das imagens 115
    O corte final: como recortar uma imagem 116
    Como adicionar efeitos especiais 117
        Como tornar os GIFs transparentes 117
        De volta aos bons e velhos tempos: como tornar uma imagem colorida em preto-e-branco 118
        Como ajustar o brilho e o contraste 118
        Como desbotar uma imagem 118
        Como criar botões em 3D imediatos 118
        Como digitar o texto em uma imagem 119

Como girar e mover as imagens 120
Como criar pequenas exibições 120
Como gravar suas alterações 120
Como posicionar as imagens e o texto 121
  Então qual é a desvantagem? 122
  Como posicionar uma imagem 123
  Como posicionar o texto e outros elementos 123
  Como ajustar o quadro de posição 125
Como colocar em camadas as imagens e os quadros de posição 125
  Como trabalhar com imagens em camadas e quadros de posição 125
Como editar uma imagem com outro editor de imagens 126
  Como informar o FrontPage onde encontrar seu programa de imagem .. 126
  Cinco programas de imagem que você poderá carregar 127

Parte III - Você conseguiu a aparência! Como construir páginas como profissionais 129

Capítulo 10 - Elementos do estilo: o básico da construção de um Web site 131
  "O meio é a mensagem" 132
    Como se familiarizar com o link 132
    Como construir as telas de computador das pessoas 132
    Como manter suas cores protegidas do browser 133
  Como manter tudo organizado 133
    Como colocar tudo junto 134
    Como criar um mapa de saltos 135
  Como construir suas páginas 136
    A consistência é a chave 136
    Como escolher as cores com sabedoria 136
    Solução de problemas: como ajudar os visitantes a navegarem 136
    Como escolher seus gráficos 137
    Por que menos é mais 138
  Cinco Web sites para visitar para obter ajuda para a construção 139

Capítulo 11 - Enquadre-se! Como construir um site Web com quadros 141
  O que são quadros? 141
  Como criar um documento com um conjunto de quadros 142
    Como colocar páginas em seu conjunto de quadros 142
    Como criar uma nova página para um conjunto de quadros 143
    Como configurar uma alternativa de quadros 143
    Como gravar um conjunto de quadros 144
  Como editar páginas nos quadros 144
  Como ajustar seus quadros 145
    Como redimensionar um quadro 145
    Como adicionar margens a um quadro 146
    Como alterar uma página em um quadro 146
    Paginar ou não paginar: como exibir barras de paginação 146
    Como permitir que os visitantes redimensionem seus quadros (ou não) 147
    Espaçamento e bordas do quadro 147
  Como criar links em um Web site com quadros 147
  Cinco usos interessantes para os quadros 149

Capítulo 12 - Coloque em tabelas! Como organizar o texto e as imagens com tabelas 151
  De que são feitas as tabelas 152
  Como exibir a barra de ferramentas Tables 152
    Como personalizar suas barras de ferramentas 153
  Como criar uma tabela 154

Como desenhar uma tabela 155
Como definir a tabela: como colocar texto e imagens nas células da tabela 155
    O que mais posso colocar em minha tabela? 156
Como ajustar sua tabela 156
    Como alinhar uma tabela 156
    Como preencher as células de sua tabela 157
    Como alterar a largura da borda da tabela 157
    Como colorir a borda de sua tabela 157
    Como ajustar a largura das bordas da célula da tabela 158
    Como ajustar a largura e a altura da tabela 158
    Como adicionar uma cor de fundo à sua tabela 158
    Como adicionar uma cor de fundo a uma célula da tabela 159
Como trabalhar com linhas, colunas e células da tabela 159
    Como selecionar células, colunas e linhas 160
    Como alinhar na horizontal texto e imagens nas células da tabela 160
    Como alinhar na vertical texto e imagens nas células da tabela 160
    Como igualar suas linhas e colunas 160
    Como ajustar a largura de uma coluna da tabela 161
    Como ajustar a altura de uma linha da tabela 161
    Como adicionar linhas e colunas 161
    Como remover linhas e colunas 161
    Como mesclar e dividir as células da tabela 162
Cinco truques da tabela 162

Capítulo 13 - Formulários e sua função: como desenvolver formulários online 165
Como os formulários funcionam 166
    101 campos do formulário: apresentação 166
    Sobre nomes e valores 167
Como configurar seus formulários 168
    Formulários imediatos! Gabaritos do FrontPage 169
    Como construir um formulário com o Form Page Wizard 169
    Como criar formulários a partir do zero 173
Como inserir e remover os campos do formulário 174
Como editar as informações do campo do formulário 174
    Como editar uma caixa de texto com uma linha 175
    Como editar uma caixa de texto com paginação 176
    Como editar um quadro de seleção 177
    Como editar grupos de botões de rádio 177
    Como editar um menu suspenso 177
    Como editar um botão de pressionar 178
Lide com cuidado! Como configurar as sub-rotinas do formulário 178
    Entrega especial: como obter formulários por e-mail 179
    Como gravar os resultados do formulário em um arquivo de texto 180
    Como processar formulários com scripts 181
    Preste atenção nas Ps e Rs: Como agradecer os visitantes por enviarem um formulário ... 181
Cinco maneiras de usar formulários 181

Capítulo 14 - Não gosta do que vê? Como construir seu próprio gabarito de páginas 183
O que é um gabarito? 184
Como gravar uma página Web como um gabarito 184
Como abrir seu gabarito como um novo documento 185
Como planejar o trabalho, como trabalhar no plano: o que colocar em seu gabarito 185
    Como criar o layout de seu gabarito 187

Deixe o FrontPage ajudar! Ferramentas úteis para gerenciar suas páginas 187
Como configurar as bordas compartilhadas 187
Como adicionar barras de navegação FrontPage com bordas compartilhadas 189
Como inserir os componentes Include Page 191
Ame esse estilo 191
Cinco dicas para os gabaritos 192

Capítulo 15- Agora você tem estilo! Como usar as folhas de estilo 195
O que são folhas de estilo? 195
O que são marcas? 196
Selecione uma marca, qualquer marca: como criar estilos para diferentes tipos de texto 197
Folhas de estilo e marcas HTML 198
Como criar um novo documento da folha de estilo 199
Como formatar uma nova folha de estilo 200
Como selecionar os estilos da fonte 201
Como escolher os estilos do parágrafo 202
Como especificar as bordas e os estilos do sombreamento 203
Como escolher os estilos para as listas marcadas ou numeradas 205
Como aplicar os estilos da posição 205
Como criar uma folha de estilo para uma única página Web 206
Como aplicar folhas de estilo em suas páginas Web 206
Como editar as folhas de estilo 206
Como aplicar seus estilos no texto 207
Cinco recursos legais da folha de estilo 207

Parte IV - Puxa! Surpreenda seus amigos com a mágica da página Web 209

Capítulo 16 - O x marca o ponto de ativação! Como criar mapas de imagens 211
O que é um mapa de imagem? 211
Como criar as ligações do ponto de ativação da imagem 212
Como desenhar formas 212
Como criar links 213
Como destacar os pontos de ativação 213
Como editar os pontos de ativação 213
Faltou! Quando os visitantes clicam no lugar errado 213
Cinco boas idéias do mapa de imagens 214

Capítulo 17 - Estruture suas coisas: som, vídeo e mais 217
Como fazer um link ou incorporar arquivos? Decidindo sobre como estruturar suas coisas .. 217
Um pouco de música para criar o clima: como adicionar um som de fundo 218
Muitas coisas: como estabelecer links entre os arquivos 219
Diretamente de sua página Web: como incorporar arquivos 219
Como editar as propriedades do plug-in 220
Mova-os! Como inserir um filme como uma imagem 221
Como editar as propriedades de seu filme 222
Sobre tipos de arquivo, plug-ins e controles ActiveX 223
101 tipos de arquivo 224
Dez lugares para visitar para obter atrativos multimídia gratuitos 225

Capítulo 18 - Uma combinação feita em Redmond: FrontPage e Microsoft Office 2000 227
Bem-vindo ao Microsoft Office 2000 228
Precisa de uma pequena ajuda? 228
Ferramentas de colaboração 230
Propriedades de arquivo do Microsoft Office 2000 230
As propriedades do arquivo e o FrontPage 232
O que é o Word? Páginas Web e documentos Word 233

Sumário IX

Totalmente "excel-ente"! Como trabalhar com as tabelas e os gráficos do Excel 234
A capacidade do PowerPoint: como colocar suas apresentações na Web 236
Editoração da Web com o Publisher 237
Como tornar os dados "acess-íveis" com os bancos de dados Access 238
Como gravar os arquivos Outlook como páginas Web 238
    Como publicar seu calendário 238
    Como publicar uma mensagem de e-mail na Web 239
Como trabalhar com as imagens da Web e o PhotoDraw 239
Arquivos Office e visualizadores Office 240
Como publicar os arquivos Office diretamente na Web 240
Cinco dicas do FrontPage e do Office 241

Capítulo 19 - Caixa de utilidades: componentes FrontPage 243
Não digite isso novamente! Experimente o componente Include Page 244
    Como criar uma página para incluir 244
    Como adicionar um componente Include Page a uma página Web 244
É uma data! Como atualizar o texto e as imagens automaticamente 245
    Como atualizar o texto com o componente Scheduled Include Page 245
    Como atualizar uma imagem com o componente Scheduled Picture 246
Como gerar uma página de índice 246
Essa página foi atualizada quando? Coloque um timbre de hora em suas páginas 247
Como controlar as coisas com o componente Substitutions 248
O Web site pesquisável: como adicionar um formulário de pesquisa 249
O contador 251
Como criar links automáticos de categorias 252
Cinco dicas para os componentes FrontPage 253

Capítulo 20 - Páginas divinas com efeitos especiais animados 255
Como configurar rollovers animados 256
    Como criar rollovers imediatos do FrontPage 256
    Como visualizar e editar os rollovers do FrontPage 259
    Como reproduzir sons com seus rollovers do FrontPage 259
    Como usar suas próprias imagens como rollovers 260
Páginas em movimento: como criar efeitos especiais Dynamic HTML 261
    Como selecionar os eventos DHTML 261
    Como escolher os efeitos DHTML 262
    Como selecionar as definições DHMTL 263
    Como visualizar os efeitos DHTML 264
    Como editar e remover os efeitos DHTML 264
Como criar os efeitos de exibição de slides com transições de páginas 264
    Como editar e remover as transições 266
Como construir animações GIF com o Banner Ad Manager 266
    Ingredientes da animação GIF 266
    Como reunir sua animação 267
    Como visualizar e editar uma animação GIF 268
Como criar um contorno de texto com paginação 269
Cinco lugares que você pode visitar para obter a DHTML e idéias sobre animação 270

Capítulo 21 - Acelere seu Web site com programas e scripts 273
Programas e scripts: Qual é a diferença? 274
    Cliente versus servidor e o que isso significa para você 274
DHTML: HTML com mais energia! 275
X para o sucesso: o que é XML? 276
Java de salto! O que são acessórios Java? 276
    Como obter os acessórios Java 276

Como inserir um acessório Java em uma página Web 277
ActiveX — não é o último filme de Schwarzenegger 278
  Como inserir controles ActiveX em uma página Web 279
O script do lado do cliente com JavaScript, VBScript e JScript 279
  Como funcionam os scripts do lado do cliente 280
  Como escrever os scripts do lado do cliente 280
  Apresentação do Script Wizard 280
Como fornecer as Active Server Pages 281
Como trabalhar com os scripts CGI 282
Como tornar compatíveis as páginas Web com browsers e servidores 282
Dez lugares onde você pode obter programas e scripts gratuitos 284

Capítulo 22 - Se você entendeu, exiba-o: como colocar seus bancos de dados Access na Web ... 287
Curso completo sobre o banco de dados Access 287
  Tabelas, formulários, consultas e relatórios 288
  Bancos de dados estáticos e dinâmicos 289
  Como gravar bancos de dados como páginas Web 289
  Como publicar as informações do banco de dados na Web 289
Formulários e bancos de dados 290
  Como usar um banco de dados para reunir os resultados do formulário 290
  Como gravar os dados do formulário em um arquivo de texto do banco de dados 291
Cinco coisas interessantes que você pode fazer com os bancos de dados Web 292

Capítulo 23 - Painel central: como configurar uma discussão Web 293
Como configurar um Web de discussão com o assistente 294
  Como selecionar recursos para seu Web de discussão 295
  Como nomear seu Web de discussão 296
  Como escolher os campos do formulário para o envio de artigos 296
  Apenas para usuários registrados ou liberado para todos? 297
  Como classificar os artigos 298
  Como atribuir uma página principal ao Web de discussão 298
  Como tornar o Web de discussão pesquisável 299
  Como selecionar um tema Web 299
  Enquadrar ou não enquadrar 299
  Como confirmar suas seleções 299
Como manter seu Web de discussão 300
  Como editar as páginas em seu Web de discussão 300
Cinco usos interessantes para um Web de discussão 300

Parte IV - No banco do motorista: como gerenciar seu Web site 303

Capítulo 24 - Você e seus arquivos Web 305
Como dar uma olhada nos arquivos e pastas na exibição Folders 305
  Como exibir pastas em sua lista Folder 306
  O que é isso? Como compreender sua lista File 307
  101 extensões do nome de arquivo 308
  Como exibir arquivos em uma pasta 310
  Informações, por favor? Como ajustar as larguras da coluna de detalhes do arquivo 310
  Como classificar sua lista de arquivos 310
Como lidar com arquivos 311
  Como renomear os arquivos 311
  Como criar uma nova página 311
  Como criar uma nova pasta 312
  Como mover os arquivos para outra pasta 312
  Como copiar e colar arquivos 312

Sumário

Como importar arquivos para seu Web 313
Como abrir uma página Web a partir da exibição Folders 314
Como exportar arquivos de seu Web 315
Como remover arquivos e pastas de seu Web 315
Como exibir as propriedades do arquivo 315
Como alterar os títulos das páginas 316
Como criar resumos de página 316
Como fechar o FrontPage 317
Como fechar um Web 317
Cinco dicas para ajudá-lo a gerenciar os arquivos Web 317

Capítulo 25 - Testando, testando, um, dois, três: como verificar seu Web site 319
Qual é a vantagem? Como exibir relatórios do Web site 319
Como verificar seus links 321
Como verificar os links externos 322
Como corrigir seus links 322
Como manter seu conteúdo atualizado 323
Como encontrar as páginas lentas 324
Como melhorar o desempenho das páginas lentas 324
Como corrigir os erros do componente 324
Não se esqueça da lista de tarefas! 325
Como percorrer seu Web site 325
Lembre-se de todos 325
Dez erros absolutamente maçantes a evitar 326

Capítulo 26 - Não fique apenas sentado aí! Como publicar seu Web site 329
Servidores remotos e locais — Qual é a diferença? 330
Como publicar seu Web site 330
Mais opções de publicação 331
Como assinar um host Web amistoso do FrontPage 332
Como as pessoas encontram os Web sites 332
Sobre os sites de pesquisa 333
O que são metainformações? 334
Como adicionar metainformações às suas páginas Web 334
Como descrever sua página Web 336
Como fornecer palavras-chave para pesquisar sua página Web 337
Como informar às pessoas sobre quem criou sua página Web (É você!) 338
Como registrar seu site em máquinas de pesquisa 338
Como pagar um serviço para registrar seu Web site 339
Como classificar seu Web site para os pais preocupados e outras pessoas 340
Dez maneiras para atrair visitantes para seu Web site 340

Capítulo 27 - Você é o chefe! Como se tornar um administrador do Web site 343
Limpeza completa: como remover um Web 343
Como criar subWebs aninhados 344
Como criar um subWeb a partir de uma pasta 345
Colaboradores, crianças e visitantes: como dar às pessoas os direitos de acesso 345
Como dar aos usuários acesso a um Web 346
Como dar acesso aos grupos de trabalho 346
Como editar os direitos de acesso de um usuário 347
Como eliminar as permissões 347
Como limitar o acesso do browser para um Web 347
Como definir os níveis de acesso para os Webs e as páginas Web 348

Capítulo 28 - Como controlar tudo com a lista de tarefas 349
   Uma tarefa, não precisa ser muita coisa: como usar a lista de tarefas 349
      Como exibir e editar os detalhes da tarefa 351
      Como adicionar uma nova tarefa 352
      Como iniciar uma tarefa na lista de tarefas 352
      Como apagar as tarefas e marcá-las como completas 352
   Como verificar a ortografia de seu Web site 353
      Como corrigir seus erros de ortografia 353
      Oopa! É Harold, não Harry: como localizar e substituir o texto em todo seu Web site 354
   Cinco dicas sobre a lista de tarefas 355

Capítulo 29 - Não é necessário uma aldeia para construir uma intranet: como publicar,
compartilhar e atualizar arquivos 357
   Por que construir uma intranet? 358
      Como percorrer um Web site intranet do FrontPage 359
   Com planejar um Web site intranet 359
   Como construir um Web site intranet 360
      Como compartilhar arquivos através de seu Web site 361
      Como atualizar arquivos para o servidor 362
      Atualizações automáticas 362
      Como verificar a entrada e a saída dos arquivos 363
   Trabalho de equipe: como criar relatórios sobre o fluxo de trabalho 364
      Como adicionar as informações do relatório sobre o fluxo de trabalho a um arquivo 365
      Como alterar suas listas de categorias, nomes e status 366
      Não publique! 366
      Como editar as informações sobre o fluxo de trabalho dos arquivos 366
      Como exibir o relatório sobre o fluxo de trabalho 367
   Cinco recursos para aprender mais sobre as intranets 367

Capítulo 30 - Como desenvolver o Web site adequado ao seu ego 369
   Publique uma revista online 369
   O ponto de encontro virtual 371
   Trabalho em casa 372
   Inicie uma loja online 372
   Outras cinco coisas que você pode experimentar 373

Glossário - Fale como um expert 375
Índice 389

A autora

Elisabeth Parker é autora de diversos livros sobre informática, inclusive *The Microsoft Word Exam Cram* (Coriolis), *The Little Web Cam Book* e *The HotDog Pro Visual QuickStart Guide* (Peachpit Press) e *Home Page Improvement* (IDG Books). Ela vive em São Francisco (Califórnia, Estados Unidos) com seu marido, também autor e parceiro em livros sobre informática, Richard Grace, e com Puddy, seu gato preguiçoso e gordo. Para obter mais informações ou apenas para demonstrar satisfação, visite sua home page: http://www.byteit.com/.

Dedicatória

A meu marido, Richard Grace.

Agradecimentos

Agradecimentos especiais a:

- ➤ *Judd Winick, a artista por trás dos desenhos inteligentes deste livro.*
- ➤ *Equipe Microsoft Beta, que generosamente administrou os betas e as informações.*
- ➤ *Randi Roger e Bob Correll, os dois redatores deste livro.*
- ➤ *Dave Fugate, meu agente.*
- ➤ *Meu marido, Rich Grace, o guru do hardware e da rede de computadores da família.*

Parte I

Siga as pegadas, atenção, vá!

Parabéns! Em breve, você será o orgulhoso proprietário de um Web site que fará seus amigos, sua família e seu chefe dizerem, "Puxa! Como você fez isso?". Se quiser soltar sua criatividade, divulgar seu negócio ou causa favorita ou, ainda, comunicar-se melhor com seus colaboradores, o FrontPage 2000 fornece tudo o que você precisa.

Talvez você tenha se afastado um tanto temeroso da construção de um Web site porque tudo isso parece técnico demais. Talvez você seja um perito em Web, mas cético com relação a um programa amistoso que possa realmente oferecer os recursos desejados. De qualquer maneira, não há limites para o que você e o FrontPage poderão fazer!

Primeiro, você precisa ativá-lo e colocá-lo em execução. O FrontPage é amistoso, e isso é tudo. Ainda assim é preciso fazer algo em um computador, e todos sabemos o que isso significa! Os capítulos desta seção irão familiarizá-lo com o FrontPage e guiá-lo na construção de suas primeiras páginas Web.

O que você está esperando? Comece!

Capítulo 1

Esteja pronto para o rock do FrontPage 2000

Neste capítulo
- ➤ O que são Web *sites*, servidores e URLs?
- ➤ Internet e intranet
- ➤ A apresentação do FrontPage
- ➤ Cinco coisas interessantes que você pode fazer com o FrontPage

---

Bem-vindo à fantástica Web

Você surfou pela Web e agora deseja ter um *site* próprio. Ou talvez precise colocar um *site* no ar. O FrontPage possibilita construir rápida e facilmente Web *sites* com aparência profissional. Portanto falemos sobre a HTML — Hyperlink Markup Language (Linguagem Marcada de Hyperlink) e a sua codificação... brincadeirinha! Com o FrontPage, você poderá pular toda essa monotonia técnica. Entretanto, ela vai ajudá-lo a compreender um pouco sobre como a Web funciona. (Apenas um *pouco*, prometo!)

Páginas Web e Web sites

Páginas Web são documentos HTML. *HTML* significa *Hyperlink Markup Language*, um conjunto de códigos usado para formatar páginas Web de modo que os *browsers* (ou navegadores) Web possam exibi-las. Quando você cria duas ou mais páginas Web e as liga, você tem um Web *site*. Você tem que aprender a HTML? Por Deus, não! O FrontPage torna a construção de páginas Web tão fácil e clara quanto criar documentos no processador de textos. Ele gera todos os códigos para você. O Capítulo 3, "Como lidar com páginas Web", explicará como as páginas Web funcionam. Se você estiver curioso, poderá ainda dar uma olhada nas marcas HTML sob a página Web.

Uma página Web saindo!
Um pouco sobre os servidores

As páginas Web ficam armazenadas em servidores — computadores super-rápidos, com enormes quantidades de espaço em disco. Os servidores ficam conectados à Internet 24 horas por dia e não fazem nada, exceto processar dados. *Dados* é um antigo termo para designar muitas coisas, inclusive páginas Web, mensagens de e-mail, imagens, aplicações e o que quer que fique armazenado nos computadores. Quando você verifica suas mensagens de e-mail ou clica em um link em seu *browser*, você está solicitando os dados de um servidor. E o servidor fornece-os para você. Bem, na maioria das vezes. Os servidores executam programas diferentes para lidar com diferentes tipos de arquivos.

Ei, você conseguiu um servidor Web!
Como você aprenderá ao ler este livro, o FrontPage é também um programa do servidor Web.

O que é um URL, afinal?

http://www.thecompanyname.com/. Parece que todo mundo e seu cachorro tem um URL atualmente e, muito em breve, você terá um também. Ou talvez já tenha. *URL* significa *uniform resource locator* (localizador de recurso uniforme). Assim como sua casa tem um endereço, uma página Web tem um endereço na Internet. Quando você fornece um URL na janela de localização de seu *browser* ou clica em um *link*, o URL informa ao *browser* para onde ele deve ir.

Vejamos um URL típico, como o seguinte:

http://www.thecompanyname.com/Website/webpage.htm. Cada uma das partes do endereço tem um significado:

➤ http// — Significa *Hypertext Transfer Protocol* (Protocolo de Transferência de Hipertexto), um conjunto de padrões que informa aos computadores como lidar com as páginas Web. Quando você digita um URL ou segue um *link* que começa com http://, ele informa ao servidor thecompanyname.com para exibir uma página Web.

➤ www — Indica um servidor World Wide Web. Existem muitos tipos diferentes de servidores: news, FTP (file transfer protocol ou protocolo de transferência de arquivos) e servidores e-mail. Atualmente, a maioria dos *browsers* dispensa o usuário de digitar a parte http://www de um URL. Você poderá simplesmente digitar thecompanyname.com e seu *browser* irá supor que você deseja ver uma página Web.

➤ thecompanyname.com/ — É o *domínio do servidor* ou o nome do servidor que mantém o Web *site*. Existem muitos tipos de domínio, inclusive .com para os negócios comerciais, .edu para as instituições educacionais, .org para as organizações sem fins lucrativos, .net para ISPs e .gov para os órgãos do governo.

➤ Website/webpage.htm — Os servidores armazenam pastas e documentos como os computadores comuns. Website é o nome de uma pasta e webpage.htm é o nome de um documento HTML dentro da pasta. A propósito, as pessoas que vêm usando computadores já há algum tempo geralmente dizem "diretório" ao invés de "pasta", pois ambas as palavras significam a mesma coisa.

Portanto, você está pronto para executar seu próprio servidor? Eu também. É para isso que servem os provedores de serviço da Internet (ISPs) e as empresas de host da Web. Quando você obtiver um espaço Web em um servidor, poderá registrar e pagar por um nome do domínio (yourcompanyname.com) sem o problema de executar de fato um servidor. Para saber mais sobre os ISPs e os hosts Web, veja a seção "Como se conectar" posteriormente neste capítulo.

Você pode ter um nome do domínio também!

Como soa www.yourcompanyname.com? Seu ISP ou empresa de host Web poderão informá-lo sobre como obter seu próprio nome do domínio. A maioria das pessoas e empresas *realmente* não tem seus próprios servidores, portanto esses tipos de nomes do domínio são chamados de *domínios virtuais*. A maioria dos ISPs e empresas de host Web poderão ajudá-lo a registrar e configurar seu domínio. Registrar um domínio tem custos diferenciados conforme o país e, em geral, você pagará dois anos adiantados. Você mesmo poderá registrar e pagar pelo nome do domínio a partir do Web *site* da Internic em http://rs.internic.net/. A Internic é a principal agência que lida com os nomes do domínio e os servidores na Internet. Pagando uma taxa extra, seu provedor registrará seu nome de domínio para você.

O que é uma intranet?

Até então, apenas falamos sobre os servidores na Internet. Mas empresas, escolas e outras organizações têm servidores também. Diferente dos servidores Internet, esses servidores são executados em *redes fechadas*, o que significa que apenas as pessoas na organização poderão obter informações a partir delas. As *intranets* são redes internas que funcionam como a Internet e a World Wide Web. Você poderá exibir as páginas Web com anúncios diários, carregar arquivos, enviar mensagens para colaboradores e participar de grupos de discussão tão facilmente quanto faz na Internet e com as mesmas aplicações. Com o FrontPage, você poderá configurar sua própria intranet de escritório.

Como se conectar

Atualmente, conectar-se à Internet é muito fácil. Instale um modem de 28.8 Kbps (kilobits por segundo), ou mais rápido, ao seu computador e deixe que seu ISP faça o resto. Em muitos casos, sua conta Internet incluirá espaço para seu Web *site* no servidor.

A propósito, ISPs e empresas de host Web *não* são a mesma coisa. As empresas de host Web *apenas* mantêm os sites Web; elas não fornecem o acesso de discagem. Ao contrário, oferecem uma faixa maior de recursos do servidor, inclusive as extensões do servidor FrontPage e o acesso do servidor protegido para que você possa processar com segurança os pedidos de cartões de crédito *online*. Apenas algumas empresas fornecem acesso Internet confiável *e* um bom host Web. Você precisará dos dois serviços para criar e publicar seu próprio *site*.

Como encontrar um host Web amistoso do FrontPage

Quando você estiver procurando uma base para sua *home page*, certifique-se de que seu ISP ou empresa de host Web ofereça as *extensões do servidor FrontPage*. (Quando as empresas suportam o FrontPage, sua página principal geralmente o menciona.) Embora o FrontPage 2000 não requeira mais que as Extensões do Servidor FrontPage para você publicar seu site, as extensões oferecem mais versatilidade. O que são extensões do servidor FrontPage? O FrontPage permite que você faça muitas coisas elegantes que costumavam requerer programação, como criar um formulário de pesquisa do Web *site*. Certamente, você poderá usar o FrontPage para criar páginas destinadas a um servidor diferente do FrontPage, mas não terá coisas muito interessantes. Para obter uma lista dos hosts Web amistosos do FrontPage, visite a lista da Microsoft em http://microsoft.saltmine.com/frontpage/wpp/list/.

Comece! Como se familiarizar com o FrontPage 2000

Agora iremos iniciar o FrontPage e dar uma volta. Para inicializá-lo, clique o botão Start (Iniciar), selecione Programs (Programas) no menu Start e selecione Microsoft FrontPage no menu Programs. Quando o FrontPage for inicializado, exibirá uma página Web vazia. Quando você trabalhar em uma página Web, o FrontPage exibirá a página como apareceria em um *browser*, conforme mostrado na figura a seguir. O FrontPage fornecerá os botões da barra de ferramentas, as ferramentas de gerenciamento do Web *site* e um host de outros recursos excelentes para ajudar a construir e manter seu Web *site*.

Capítulo 1 ➤ Esteja pronto para o rock do FrontPage 2000

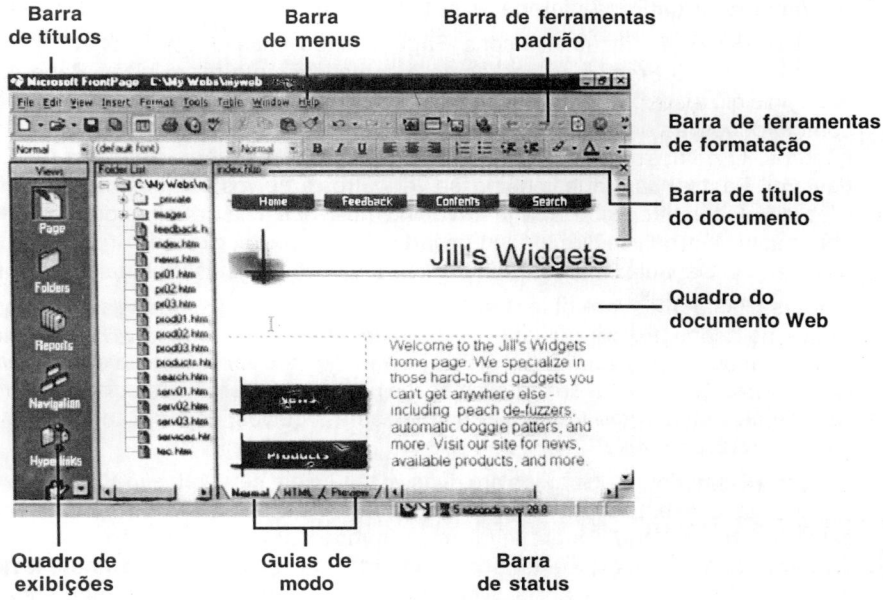

Janela do aplicativo FrontPage com uma página exibida.

Uma aparência toda nova

Se você fez a atualização FrontPage, verifique a nova aparência do FrontPage 2000. Ela exibe as novas barras de ferramentas do Microsoft Office e tem uma aparência mais clara.

Como usar as exibições de páginas para obter informações sobre seu site Web

Todos os programas de edição da Web ajudam a criar páginas Web, mas apenas o FrontPage torna fácil gerenciar e controlar tudo. Mesmo que você apenas tenha algumas páginas Web e gráficos primeiramente, ficará surpreso com a rapidez com que seu Web *site* crescerá! O quadro Views (Exibições) à esquerda da janela da aplicação contém uma lista de ícones que você poderá clicar para obter informações sobre seu Web *site*.

O quadro Views do FrontPage oferece as seguintes opções:

➤ *Page* (Página) — Clique no ícone Page quando você desejar construir e editar páginas Web. O FrontPage aparecerá automaticamente na exibição Page quando você inicializar o programa. Os experts na tecnologia chamam esses tipos de configurações automáticas do programa de *defaults*. A exibição Page exibe três quadros. O primeiro quadro contém a lista Views, o segundo contém a Folder List (Lista de Pastas) para que você possa ver outros arquivos e também pastas em seu Web *site*. O terceiro exibe a página Web na qual você está trabalhando. Você poderá abrir pastas e arquivos diretamente a partir de Folder List, clicando duas vezes sobre este item. O Capítulo 3 mostrará como trabalhar com páginas Web na exibição Page.

➤ *Folders* (Pastas) — Para obter uma lista mais detalhada de suas pastas e arquivos, clique no ícone Folder. Quando você alternar para a exibição Folder, poderá selecionar uma pasta a partir da lista de pastas clicando sobre a pasta e seu interesse. Quando fizer isso, a lista de arquivos nessa pasta aparecerá no terceiro quadro. Para saber mais sobre como trabalhar com pastas e arquivos, veja o Capítulo 24, "Você e seus arquivos Web".

➤ *Reports* (Relatórios) — Quantos arquivos você tem em seu Web *site*? Clique no ícone Reports, e o FrontPage vai gerar um resumo detalhado. Você poderá verificar defeitos, páginas que podem levar muito tempo para serem carregadas, arquivos mais antigos que você pode ter esquecido, etc. O Capítulo 25, "Testando, testando, um, dois, três: como verificar seu Web *site*" informará mais sobre como gerar relatórios e analisar seu *site*.

➤ *Navigation* (Navegação) — Para exibir uma exibição gráfica de como seu *site* está organizado, clique no ícone Navigation. A exibição Navigation parece muito com um gráfico e organiza suas páginas de maneira hierárquica. Para obter mais informações sobre como organizar seu site e usar a exibição Navigation, veja o Capítulo 7, "Pense nos *links*: como adicionar *links* às suas páginas".

➤ *Hyperlinks* (Hiperligações) — Os visitantes encontram seu caminho nos Web *sites*, clicando sobre os links. Para ver como você organizou os links em seu *site* e para onde eles vão, clique no ícone Hyperlinks na lista Views. Para saber mais sobre *links*, veja o Capítulo 7.

➤ *Tasks* (Tarefas) — Problemas para lembrar as coisas e ficar organizado? Junte-se ao clube! O FrontPage fornece uma lista de tarefas para que você possa se lembrar de tudo o que você precisa e finalizar. Para exibir a lista de tarefas, clique no ícone Tasks na lista Views. O Capítulo 28, "Como controlar tudo com a lista de tarefas", informará mais sobre como usar o recurso Tasks.

Não se preocupe se você ainda não compreende totalmente todas as opções Views. Essa seção simplesmente informa como exibi-las. Você aprenderá mais posteriormente no livro.

Como mover os quadros na janela de aplicação

O FrontPage organiza a janela da aplicação em quadros para que você possa trabalhar rapidamente sem ter que encontrar e selecionar recursos diferentes. Você poderá ajustar os tamanhos dos quadros clicando em uma borda da moldura (o cursor transforma-se em um I duplo com setas à direita e à esquerda) e arrastando o mouse para a direita ou para a esquerda. O número de quadros e o que eles contêm dependerão de qual opção Views você tiver selecionado, como explicado na seção anterior.

Onde está o FrontPage Explorer?

Se você usou as versões anteriores do FrontPage, lembrará que tinha que usar duas janelas de aplicação para criar suas páginas: o FrontPage Explorer e o FrontPage Editor (Editor FrontPage). No FrontPage 2000, a Microsoft combinou essas duas aplicações. Agora você poderá fazer todo o seu trabalho em uma janela da aplicação.

Como lidar com barras de ferramentas e menus

Psst! Olhe de novo a figura anterior, você reconhece as barras de ferramentas? Se você usa o Microsoft Word, provavelmente reconhecerá suas antigas amigas, a barra de ferramentas Standard (Padrão) e a barra de ferramentas Formatting (Formatação). Mesmo que você seja novo no mundo do tio Bill (Gates), aprenderá rapidamente. O FrontPage também tem uma barra de menus localizada abaixo da barra de títulos na parte superior da janela de aplicação. Você poderá selecionar os recursos e os comandos na barra de menus (e algumas vezes terá que fazer isso), mas na maioria das vezes será mais fácil usar as barras de ferramentas.

O FrontPage também tem outras barras de ferramentas em sua manga, mas não deseja ocupar seu espaço de trabalho com elas. Ao contrário, elas aparecerão apenas quando você precisar. Por exemplo, quando você inserir uma imagem, a barra de ferramentas Picture (Desenho) aparecerá. Veja algumas barras de ferramentas que o FrontPage oferece:

- ➤ *Standard* — Contém os botões para as tarefas básicas como abrir e gravar arquivos, verificar a ortografia e criar tabelas e links. A barra de ferramentas Standard aparece automaticamente sob a barra de menus quando você inicializa o FrontPage.

- ➤ *Formatting* — Permite que você selecione fontes, estilos de texto, cores e outras opções de formatação de texto, selecionando o texto e clicando os botões. A barra de ferramentas Formatting aparece automaticamente sob a barra de ferramentas Standard quando você inicializa o FrontPage.

➤ *DHTML Effects* (Efeitos DHTML) — *DHTML* significa *Dynamic HTML* (HTML Dinâmica). Permite que os paginadores com versão 4.0 ou superior exibam gráficos animados e efeitos de texto. A barra de ferramentas DHTML aparece apenas quando você cria e edita os componentes da página DHTML, como explicado no Capítulo 20, "Páginas celestiais com efeitos especiais animados".

➤ *Navigation* — Aparece e fornece opções quando você exibe seu Web *site* em Navigation, como explicado no Capítulo 7.

➤ *Pictures* — Aparece quando você insere ou edita imagens para que possa trabalhar com as imagens, como explicado no Capítulo 8, "A página Web perfeita com imagens: como colocar e ajustar as imagens" e Capítulo 9, "Como deixar elegantes as imagens".

➤ *Positioning* (Posicionamento) — Aparece quando você posiciona e coloca em camadas o texto e os gráficos, como explicado no Capítulo 9.

➤ *Reporting* (Relatório) — Aparece e fornece opções, quando você escolhe Reports (Relatórios) na lista View, como explicado no Capítulo 25.

➤ *Style* (Estilo) — Aparece e fornece opções para modificar o estilo das marcas HTML selecionadas, como explicado no Capítulo 15.

➤ *Tables* (Tabelas) — Aparece quando você cria ou edita tabelas, como explicado no Capítulo 12, "Coloque em tabelas! Organize o texto e as imagens com tabelas".

Você poderá também exibir as barras de ferramentas clicando com o botão direito na barra de seleção (a linha vertical em relevo) na borda direita da barra de menus, da barra de ferramentas Standard ou da barra de ferramentas Formatting, selecionando uma barra de ferramentas no menu de atalho e soltando o botão do mouse. Para remover uma barra de ferramentas, clique com o botão direito em uma barra de seleção, selecione a barra de ferramentas no menu de atalho (deve haver uma marca de verificação ao seu lado) e solte o botão do mouse.

Como manter os formatos das páginas: Normal, HTML e Preview

A maioria das pessoas gosta de construir páginas Web no modo Normal para que possa exibir a página como apareceria em um *browser* e usar os botões da barra de ferramentas e caixas de diálogos. Acredite se quiser: há pessoas que preferem fornecer todas as marcas HTML elas mesmas. Com o FrontPage, você poderá trabalhar de acordo com a sua preferência.

Quando criar e editar as páginas Web no modo de exibição de página (Page view), poderá clicar nos modos de exibição da página para ter três visões diferentes da mesma.

➤ *Normal* — Para colocar e organizar o texto, as imagens e outros elementos da página de maneira WYSIWYG. WYSIWYG, pronunciado "uí-zi-uig", significa What You See Is What You Get (O Que Se Vê É O Que Será Impresso). A exibição Normal apresentará as páginas, em sua maioria, como apareceriam no *browser*, mas com algumas modificações que facilitam trabalhar e especificar separadamente os elementos da página. Para trabalhar no modo Normal, selecione o modo Normal.

➤ *HTML* — Exibe o código-fonte dos técnicos escondido sob as páginas bonitas. Se você quiser aprender HTML ou ajustar o código-fonte de sua HTML manualmente, o Capítulo 3 informará mais sobre como trabalhar com as páginas Web. Para trabalhar no modo HTML, clique em HTML.

➤ *Preview* (Visualizar) — Exibe sua página exatamente como apareceria em um *browser*, como o Internet Explorer. Você não poderá editar sua página quando estiver no modo Preview. Para visualizar sua página, clique em Preview tab.

Consciência do estado: as barras de status e de títulos

Dê uma olhada nas barras de títulos e na barra de status do FrontPage. Ambas fornecem informações sobre a página Web na qual você está trabalhando atualmente (*página atual*). A barra de títulos principal, que aparece na parte superior da janela da aplicação, exibe o nome do FrontPage Web atual e da pasta. (Você aprenderá mais sobre os FrontPage Webs no Capítulo 2, "Web *Site* urgente: como dar uma volta nos FrontPage Webs". E mais, uma barra de títulos em cor cinza e menor aparece acima de seu documento Web e exibe o nome do arquivo (como index.htm). Você poderá também dar uma olhada na barra de status para ver quanto tempo a página atual levará para ser carregada quando as pessoas a visitarem a partir da Web.

Deseja ver o que o FrontPage está fazendo?

Se você quiser ver quais marcas de código HTML o FrontPage insere em suas páginas sem de fato ter que exibir o código-fonte, escolha Reveal Tags (Mostrar Marcas) no menu View com o modo Normal selecionado.

Cinco coisas interessantes que você pode fazer apenas com o FrontPage

Iiiiiiii! O FrontPage permite que qualquer pessoa, mesmo não sendo um técnico, faça coisas interessantes. A menos que você queira contratar um programador, existem algumas coisas que as pessoas normais como nós poderão fazer *apenas* com o FrontPage... e um host Web amistoso do FrontPage.

Ajuda!

A ajuda é apenas um clique do mouse. Sempre que você esquecer de algo ou encontrar algo com que não esteja familiarizado, clique o botão Help (Ajuda) na barra de ferramentas Standard ou escolha Help no menu.

➤ *Inicie um grupo de discussão* — Inicialize o Discussion Web Wizard (Assistente Web de Discussão) e configure seu próprio *bulletin board Web*. Os visitantes poderão enviar mensagens e responder às mensagens das outras pessoas. Se você quiser fornecer um suporte personalizado ou convidar as pessoas para um bate-papo sobre jardinagem, os grupos de discussão serão úteis e divertidos. Para saber mais sobre como configurar os grupos de discussão, leia o Capítulo 23, "Painel central: como configurar uma discussão Web".

➤ *Faça com que seu* site *Web seja pesquisado* — As máquinas de pesquisa e os diretórios da Internet como o Excite (http://www.excite.com/) e o Yahoo! (http://www.yahoo.com/) são muito bons. Não seria ótimo se seus visitantes pudessem facilmente encontrar informações sobre seu *site*? Graças ao FrontPage Search Form Web Bot, você poderá configurar uma máquina de pesquisa para seu próprio *site*. Para saber mais sobre os componentes do FrontPage e sobre como construir seu próprio formulário de pesquisa, verifique o Capítulo 19, "Caixa de utilidades: componentes FrontPage".

➤ *Publique e compartilhe arquivos no trabalho* — Se você e seus colaboradores usam o Microsoft Office, você tem sorte. O FrontPage agora faz parte do Office 2000. Com ele, você poderá se comunicar facilmente, colaborar em grupos de trabalho e compartilhar documentos, planilhas, bancos de dados e apresentações. Ei... quando essa facilidade funcionar *online*, por que não telecomutar de casa? O Capítulo 18, "Uma combinação feita em Redmond: FrontPage e Microsoft Office 2000", informará mais sobre como usar o FrontPage com o Microsoft Office.

➤ *Impressione os amigos e os outros com efeitos especiais interessantes* — Experimente alguns botões que mudam de cor quando um visitante passa o ponteiro de seu mouse sobre ele. Ou algum texto ou gráficos DHTML animados e divertidos que se reúnem em um *layout* elegante quando sua página é carregada. Alguns programas Web permitem que você faça coisas semelhantes, mas o FrontPage torna tudo isso muito-o-o-o-o fácil. Seus amigos e colaboradores coçarão suas cabeças e dirão, "Puxa! Como você *fez* isso?" Shhhh! Não lhes conte sobre o Capítulo 20.

Capítulo 1 ➤ Esteja pronto para o rock do FrontPage 2000

➤ *Dê ao seu Web* site *uma aparência atual* Graças aos temas do FrontPage, você poderá alterar a aparência de todo o seu *site* em segundos. O Capítulo 4, "Puf! Você é um construtor com os temas do FrontPage Web", falará sobre os temas Web do FrontPage com muitos detalhes.

E para pensar — essa é apenas a ponta do iceberg. Deseja configurar animações GIF, botões em 3D ou um contador? O FrontPage ajudará a fazer essas coisas e outras mais.

O mínimo que você precisa saber

➤ O FrontPage ajuda a criar e a gerenciar seu Web *site* rapidamente, colocando algumas opções de menu usadas com freqüência nas barras de ferramentas. Basta um clique.

➤ O FrontPage fornece diversas maneiras de exibir e gerenciar seu Web *site*: a exibição Page (para criar e editar as páginas), a exibição Folders (para organizar seus arquivos), a exibição Reports (para analisar seus arquivos), a exibição Navigation (para ajudar a ligar suas páginas), a exibição Hyperlinks (para ver como seus arquivos estão relacionados entre si) e a exibição Tasks (para mantê-lo organizado).

➤ Na exibição Page, o FrontPage permite que você veja sua página Web em três modos diferentes. O modo Normal permite que você crie sua página, enquanto a vê como apareceria na Internet. O modo HTML permite que você veja o código-fonte HTML usado para criar sua página. O modo Preview permite que você experimente os recursos avançados que acrescentou à sua página.

Capítulo 2

Web site urgente: como dar uma volta nos FrontPage Webs

Neste capítulo
- O que são FrontPage Webs?
- Como criar *sites* com assistentes e gabaritos
- Como iniciar um *site* a partir do zero
- Como importar um Web *site* a partir da Web ou de seu computador
- Cinco boas idéias para usar o FrontPage 2000

Roma não foi construída em um dia, mas seu Web *site* poderá ser. Certamente, você não poderá querer apressar as coisas, mas é bom saber que pode construir um *site* funcional e de ótima aparência em tempo recorde se precisar. Se você for totalmente novato ou já tiver um Web *site* configurado, o FrontPage fornecerá todas as ferramentas necessárias. Você poderá ainda usar os assistentes FrontPage para ajudar a configurar Web *sites*.

O que são FrontPage Webs?

FrontPage Webs são pastas que contêm páginas Web, imagens e outros arquivos. Ah hum, isso soa como qualquer outro Web *site*. Então o que torna um FrontPage Web diferente de todos os outros Webs? O FrontPage funciona como um servidor Web que controla todos os seus arquivos e ajuda a adicionar recursos interessantes e úteis sem qualquer programação. Mas o FrontPage pode fazer isso apenas com os *sites* configurados como FrontPage Webs.

Um Web *site* no FrontPage é chamado de FrontPage Web. Se você já tiver um *site*, poderá transformá-lo em um FrontPage Web, importando-o. Se, como a maioria das pessoas, você pretende manter seu *site* em algum outro servidor, também precisará de uma empresa de host Web que suporte o FrontPage para que seu servidor Web possa fazer todas as coisas que seu servidor FrontPage Web faz.

Ajuda!
O que vem primeiro?

Não sabe por onde começar com seu *site*? Não se preocupe, o FrontPage poderá ajudá-lo a construir a estrutura básica. Se você deseja colocar seu negócio *online*, publicar uma página pessoal para que sua avó possa carregar as fotos das crianças, ou elaborar um projeto de animais de estimação, os assistentes e os gabaritos poderão ajudá-lo a começar. Um assistente Web irá conduzi-lo em uma série de caixas de diálogos que fazem perguntas sobre o que você deseja em seu *site* Web e então construirá um conjunto de páginas Web básicas. Um gabarito criará um FrontPage Web sem fazer nenhuma pergunta. Seja qual for a maneira como você criar seu Web *site*, tudo o que terá que fazer é abrir as páginas e inserir seu próprio texto e imagens.

Como selecionar
o FrontPage Web certo

O FrontPage vem com os seguintes tipos de Webs:

- ➤ *One Page Web* (Web de uma página) — O FrontPage cria um Web com uma página Web em branco para você começar.
- ➤ *Corporate Presence Web* (Web de corporação) — Um assistente ajuda a criar uma empresa típica ou um pequeno *site* comercial, com páginas para produtos, informações e divulgação e para reunir observações e pesquisar o *site* para obter informações.
- ➤ *Customer Support Web* (Web de suporte do cliente) — O FrontPage cria um *site* Web com um formulário de observações, grupo de discussão, formulário de pesquisa, informações sobre o produto e outras páginas e recursos que ajudam os negócios, dando suporte *online* aos clientes.
- ➤ *Discussion Web* (Web de discussão) — Um assistente ajuda a criar um Web *site* especialmente para manter uma discussão em andamento, com um formulário para aceitar mensagens, um índice atualizado automaticamente com títulos e *links* para cada mensagem e um armazenamento para pesquisa de antigas mensagens. Para saber mais sobre como configurar uma discussão Web, veja o Capítulo 23, "Painel central: Como configurar uma discussão Web".
- ➤ *Empty Web* (Web vazio) — O FrontPage apresenta um Web *site* sem documentos ou imagens, apenas a estrutura.

Capítulo 2 ➤ Web *site* urgente: como dar uma volta nos FrontPage Webs   **17**

- ➤ *Imported Web* (Web importado) — Um assistente o conduz nas etapas de importar um Web *site* existente a partir de seu computador, rede ou servidor. A seção, "Mas já tenho um Web *site*! Como importar *sites* para o FrontPage" deste capítulo informa como fazer isso.
- ➤ *Personal Web* (Web pessoal) — O FrontPage ajuda a criar um *site* pessoal típico, com páginas para passatempos, interesses diversos, fotografias e *links* favoritos.
- ➤ *Project Web* (Web de projeto) — O FrontPage cria um Web *site* que ajuda as pessoas a trabalharem juntas, como uma equipe, e a controlarem quem faz o que. Os recursos incluem página de programação, formulário de pesquisa, índice atualizado automaticamente, Web de discussão e página de *status*.

Como criar FrontPage Webs

Para criar um FrontPage Web:
1. Selecione New (Novo) no menu File (Arquivo) e então selecione Web.
2. Quando a caixa de diálogos New aparecer com o botão Web Sites selecionado, como mostrado na figura a seguir, selecione o tipo de *site* que você deseja criar. Uma descrição desse tipo de Web *site* aparecerá na área Description (Descrição).

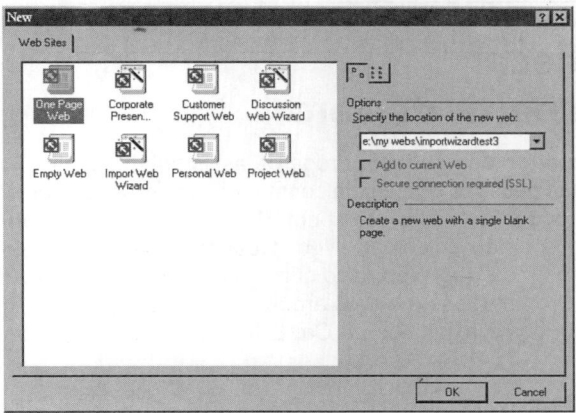

Selecione um Web, qualquer Web! A caixa de diálogos New com os diferentes tipos de Webs para selecionar.

3. Forneça o *caminho do diretório* para onde deseja que o novo Web seja localizado na caixa Specify the location of the new Web (Especifique o local do novo Web). Na maioria dos casos, você poderá fornecer C:\My Webs\Nome-de-Seu-Web.
4. Clique o botão OK.

5. Preencha as informações para cada caixa de diálogos e prossiga, clicando o botão Next (Próximo).
6. Quando você terminar de preencher as informações, uma caixa de diálogos aparecerá com o botão Choose Web Theme (Escolha Tema Web). Pule os temas agora (iremos vê-los no Capítulo 4, "Puf! Você é um construtor com os temas do FrontPage Web") e clique o botão Finish (Terminar).
7. Uma caixa de diálogos aparecerá e perguntará se você deseja que o assistente exiba a lista de tarefas quando terminar. Saia do quadro de seleção e clique em OK.

O que é um caminho de diretório?

Um *caminho de diretório* é um tipo de URL; ele aponta para o local de um arquivo ou pasta em relação ao seu disco rígido. Por default, o FrontPage cria Webs na pasta My Webs em seu drive principal (geralmente o drive C). Se você estiver conectado a uma rede, pergunte a seu administrador qual o drive e a pasta que você deve usar.

Como começar seu Web a partir do zero

"Assistente? Não preciso de nenhuma droga de assistente!" Se essa for sua atitude, junte-se ao clube. Algumas pessoas *gostam* de construir seus próprios *sites* Web, caramba, e com o FrontPage, você poderá fazer isso também. Para criar seu *site* a partir do zero, selecione New no menu File e então selecione Web. Quando a caixa de diálogos New aparecer, selecione o gabarito One Page Web. Isso criará uma página em branco com a qual poderá começar. Se você tiver imagens e outros arquivos que pretende usar, precisará importá-los para seu novo Web, como explicado no Capítulo 24, "Você e seus arquivos Web".

Mas já tenho um Web site!
Como importar Web sites para o FrontPage

Se você já tem um *site* configurado, ainda precisará importá-lo para um FrontPage Web. Isso permitirá usar os componentes FrontPage e aproveitar os recursos de gerenciamento do *site* Web do FrontPage. Se você armazenar seu Web *site* em um servidor Web da Internet, em seu computador ou em uma rede, o Import Web Wizard (Assistente de Importação Web) tornará a importação de seu *site* uma tarefa muito simples.

Capítulo 2 ➤ Web *site* urgente: como dar uma volta nos FrontPage Webs   **19**

Não se preocupe, seu código-fonte está seguro!
Se você evitou as versões anteriores do FrontPage porque ouviu dizer que ele bagunça o código-fonte, não se preocupe. O FrontPage 2000 mantém intacto o código-fonte das páginas existentes.

Como obter arquivos de seu Web site

Você já tem um *site* ativado e em execução na Web, mas agora gostaria de usar o FrontPage. Tudo bem. Apenas conecte a Internet e então inicialize o Import Web Wizard.

Importe um Web, qualquer Web!
Você poderá importar *qualquer* Web da Internet, não apenas o que você tiver criado. Isso será útil se você precisar fazer alterações nas páginas de outra pessoa.

Para importar seu site da Internet:
1. Conecte a Internet. Então, a partir do FrontPage, selecione New no menu File e selecione Web.
2. Quando a caixa de diálogos New aparecer com o botão Web Sites selecionado, clique em Import Web Wizard. Você poderá também selecionar Import (Importar) no menu File para abrir automaticamente o Import Web Wizard.
3. Forneça o caminho do diretório para onde deseja que o novo Web seja localizado na caixa Specify the location of the new Web. Na maioria dos casos, você poderá fornecer C:\My Webs\Nome-do-Seu-Web.
4. Clique o botão OK.

5. A caixa de diálogos Choose Source (Escolha Origem) do Import Web Wizard aparecerá e perguntará onde seu Web *site* está localizado. Clique no botão de rádio From a World Wide Web site (A Partir de um *site* World Wide Web) e forneça seu URL na janela Location (Local).

6. Clique o botão Next para exibir a caixa de diálogos Choose Download Amount (Escolha Quantidade de Carregamento) do Import Web Wizard. Cancele a seleção de todas as caixas de seleção. Do contrário, o FrontPage poderá carregar apenas parte de seu Web *site*. Veja a nota técnica abaixo, se você estiver tentando importar um Web que não tenha criado.

7. Clique o botão Next para exibir a caixa de diálogos Finish do Import Web Wizard e então clique o botão Finish para começar a carregar seu Web *site*.

Quando seu Web *site* terminar de carregar, o Import Web Wizard irá retorná-lo à janela de aplicação FrontPage e abrirá seu Web recém-importado. Quando você terminar de consertar seu *site*, poderá publicá-lo em seu servidor de novo, como explicado no Capítulo 26, "Não fique aí sentado! Como publicar seu Web *site*".

Por que limitar as quantidade de carregamento?

Bem, na maioria dos casos, você não deveria, mas a quantidade de tempo necessária para importar um Web *site* dependerá da velocidade de sua conexão e do número de arquivos que você tem. Se você tiver um *site* grande, com centenas de arquivos em pastas com sete níveis de profundidade, poderá não concordar comigo. Especialmente se não precisa atualizar ou alterar certos arquivos com muita freqüência.

Clicar no sinal de mais do quadro de seleção Limit to this page (Limitar a esta página) e selecionar um número em Levels (Níveis) abaixo da lista de paginação limitará o número de níveis de pastas que o assistente carregará. Por exemplo, se você fornecer o número 3 e seu Web *site* tiver uma pasta com quatro níveis de profundidade, o Import Wizard não irá carregar a pasta.

Clicar no quadro de seleção Limit to (Limitar a) e fornecer um número no quadro KB impedirá que o assistente carregue mais de 500 KB de arquivos.

Clicar em Limit to text and image files (Limitar arquivos de texto e imagem) informará ao assistente para carregar apenas as páginas Web e as imagens. Se você apenas precisa trabalhar com seus arquivos Web, isso poderá economizar algum tempo de carregamento e espaço em disco.

Capítulo 2 ➤ Web *site* urgente: como dar uma volta nos FrontPage Webs   21

Como obter arquivos de seu computador ou rede

Para importar um Web *site* de seu computador ou de um computador em uma rede, siga os passos indicados.

1. Selecione New no menu File e então selecione Web.
2. Quando a caixa de diálogos New aparecer com a caixa Web Sites selecionada, clique em Import Web Wizard.
3. Forneça o caminho do diretório para onde deseja localizar o novo Web, na caixa Specify the location of the new Web. Na maioria dos casos, você poderá fornecer C:\My Webs\Nome-do-Seu-Web.
4. Clique o botão OK.
5. A caixa de diálogos Choose Source do Import Web Wizard aparecerá a perguntará onde seu Web *site* está localizado. Clique no botão From a source directory of files on a local computer or network (de um diretório de origem de arquivos em um computador local ou rede).
6. Clique o botão Browse (Percorrer) para exibir a caixa de diálogos Browse for Folder (Percorrer para Obter Pasta) (mostrada na figura a seguir), que exibirá todos os computadores e dispositivos de armazenamento (drives) conectados ao seu computador para que você possa acessar as pastas em seu disco Zip, CD-ROM ou outros computadores em sua rede. Localize e selecione sua pasta Web e clique em OK para retornar à caixa de diálogos Choose Source do Import Web Wizard.

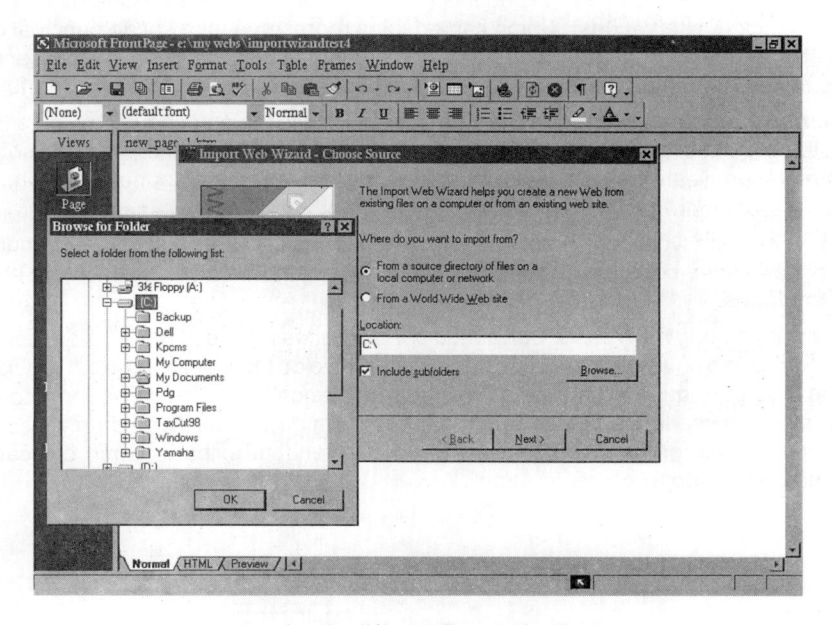

A caixa de diálogos Browse for Folder.

7. Clique no quadro de seleção Include subfolders (Incluir subpastas) para informar ao Import Web Wizard para incluir todas as pastas na pasta de seu Web site.
8. Clique o botão Next para exibir a caixa de diálogos Edit File List (Editar Lista de Arquivos) do Import Web Wizard. Aqui você poderá paginar a lista de arquivos e decidir se é para incluir todos eles em seu novo Web. Para deixar um arquivo fora de seu Web, selecione um arquivo e clique o botão Exclude (Excluir). Para revisar sua lista depois de excluir os arquivos, clique o botão Refresh (Atualizar).
9. Quando você terminar de revisar sua lista, clique o botão Next para exibir a caixa de diálogos Finish do Import Web Wizard. Então clique o botão Finish para importar seus arquivos.

Quando o Import Web Wizard terminar de importar seu Web site para o FrontPage, irá retorná-lo para a janela de aplicação do FrontPage e abrir seu Web para você. Quando você terminar de consertar seu Web site, poderá publicá-lo novamente em seu servidor, como explicado no Capítulo 26.

Alguma terminologia do FrontPage Web

Os assistentes e os gabaritos do FrontPage são destinados a ajudá-lo, mas eles nem sempre falam em uma linguagem acessível e comum. Eis alguns termos que você poderá encontrar ao criar seu FrontPage Web:

➤ *Páginas principais* — O FrontPage cria uma página para cada categoria selecionada, como Contents (Conteúdo), Products (Produtos), What's New (O Que há de Novo) e Feedback (Observações). Como cada página representa uma seção principal de seu Web site, o FrontPage refere-se a elas como *páginas principais*. Se você quiser alterar os títulos da página, os *banners* e seus botões de navegação, veja o Capítulo 4.

➤ *Formulário Search* (Pesquisa) — Permite que os visitantes pesquisem seu site para obter arquivos através da palavra-chave. Você poderá descobrir mais sobre os formulários Search no Capítulo 19, "Caixa de utilidades: componentes FrontPage".

➤ *Formulário Feedback* — Um formulário Web que reúne informações dos visitantes e envia-as para você em uma mensagem de e-mail. O Capítulo 13, "Formulário e função: como construir formulários *online*", mostrará como fazer seus próprios formulários.

➤ *Formato da página Web vs. delimitado por tabulações* — Você pode ter os resultados do formulário enviados para você como um arquivo de texto delimitado por tabulações, anexado para que possa importá-los para um banco de dados ou no formato HTML para que possa lê-los diretamente da mensagem de e-mail. Aprenda mais sobre os bancos de dados no Capítulo 22, "Se você entendeu, exiba-o: como colocar seus bancos de dados Access na Web".

Capítulo 2 ➤ Web *site* urgente: como dar uma volta nos FrontPage Webs **23**

➤ *Fórum de discussão* — Também referido como *bulletin board Web*, um fórum de discussão permite que os visitantes troquem mensagens em uma página Web. Para saber mais sobre como configurar um fórum de discussão, veja o Capítulo 23.

Cinco boas idéias para construir Web sites com os assistentes Web

Você poderá ser criativo, mesmo que use os assistentes Web. Não deixe que as descrições parem você. Os assistentes ajudarão a começar, mas você poderá transformar seu *site* naquilo que você desejar. O Capítulo 4 informará como criar uma aparência própria, alterando e personalizando os temas e o Capítulo 7, "Pense nos *links*: como adicionar *links* a suas páginas", descreverá como alterar as barras de navegação.

Os assistentes e os gabaritos FrontPage são ideais para criar os seguintes tipos de *sites*:

➤ *Inicie um clube online* — Se você estiver interessado em livros, jardinagem, vinhos finos, antigüidades ou em Beanie Babies, poderá encontrar algumas pessoas com os mesmos interesses e iniciar um clube. O Discussion Web Wizard (Assistente Web de Discussão) ajudará a criar uma comunidade *online* em que as pessoas podem entrar e ter uma conversa contínua.

➤ *Promova seu negócio pessoal ou projetos criativos* — Corporate Presence Wizard? Não deixe que esse nome austero assuste você. Com algumas alterações, você poderá usar o Corporate Presence Wizard para promover seu negócio pessoal, galeria de arte ou banda.

➤ *Inicie uma revista online* — Se você sempre quis publicar sua revista, agora é sua chance. Com o Project Web, você poderá ainda colaborar com outros escritores e controlar as atividades de cada um.

➤ *Mantenha a família e os amigos atualizados* — O Personal Web parece muito chato à primeira vista, mas é um bom mediador. Use-o para exibir as fotos favoritas da família e manter contato com amigos e parentes que moram longe.

➤ *Faça combinações Web super-simples* — Coloque em seu *site* tantos tipos de Web quantos desejar. Com o FrontPage, o céu é o limite. Depois de iniciar com um Web básico, você poderá adicionar pastas com sub-Webs aninhados, como explicado no Capítulo 27, "Você é o chefe! Como se tornar um administrador do Web *site*".

O mínimo que você precisa saber

➤ *FrontPage Webs* — No FrontPage, os Web *sites* são chamados de Webs. Um Web é uma coleção de páginas Web, imagens e outros arquivos.

➤ *Como criar FrontPage Webs* — O FrontPage vem com diversos assistentes e gabaritos Web para ajudar a ter seu Web configurado. Para iniciar um novo Web, exiba a caixa de diálogos New, escolha o tipo de Web que gostaria de criar, escolha um local para ele e clique o botão OK.

➤ *Como começar com assistentes e gabaritos* — O FrontPage tem assistentes e gabaritos que ajudam a criar tipos comuns de Web *sites*, como para o uso comercial e pessoal. Quando você escolher a opção Corporate Presence, Customer Support, Discussion, Personal ou Project Web na caixa de diálogos New e clicar em OK, um assistente o conduzirá em uma série de etapas fáceis.

➤ *Como criar seu Web* site — Se você criar um One Page Web ou um Empty Web, precisará iniciar seu *site* a partir do zero. O Capítulo 3, "Como lidar com páginas Web", irá iniciá-lo na criação de novas páginas Web.

➤ *Como importar um site Web existente como um FrontPage Web* — Se você obteve um Web *site* existente no qual gostaria de trabalhar, o Import Web Wizard ajudará a obter seus arquivos de uma pasta em seu computador, rede ou servidor remoto. Quando o assistente terminar, abrirá o Web importado para você.

Capítulo 3

Como lidar com páginas Web

> **Neste capítulo**
> ➤ Como ver os elementos da página Web e o código-fonte HTML
> ➤ Como criar novas páginas Web
> ➤ Como abrir, criar, gravar, imprimir e fechar páginas Web
> ➤ Como dar um título à sua página Web
> ➤ Como alegrar as páginas Web com esquemas de cor, imagens e marcas d'água
> ➤ Cinco esquemas de cor que você poderá experimentar

O que você está esperando? Leve o FrontPage para dar uma volta. Este capítulo fala um pouco sobre as páginas Web, de que são feitas e como funcionam. Você poderá então se concentrar e aprender como trabalhar com documentos Web e criar páginas Web básicas. Se você souber usar um programa de processamento de textos, como o Microsoft Word, pegará o jeito das coisas muito rapidamente.

De que são feitas as páginas Web

Rãs, cobras e rabos de filhotes de cachorro...opa, livro errado. As páginas Web são feitas de texto, *links*, imagens e outras coisas mais. O FrontPage também torna fácil adicionar a multimídia (Capítulo 17, "Estruture os elementos: som, vídeo e mais"), animação (Capítulo 20, "Páginas divinas com efeitos especiais animados"), contadores (Capítulo 19, "Caixa de utilidades: componentes FrontPage") e outras coisas muito interessantes às suas páginas Web. Mas fiquemos com o básico agora.

Uma página Web quase sempre contém os seguintes elementos:

- *Título* — Quando você exibe uma página Web em um paginador, o título da página aparece na barra de títulos do paginador Web. A seção, "O que existe em um nome? Como alterar o título de sua página" neste capítulo explicará como isso funciona.

- *Um esquema de cores* — Você poderá exibir um *fundo padronizado* em sua página (como o lado esquerdo da página mostrado na figura a seguir) ou um fundo colorido sólido e poderá escolher as cores do texto e da ligação, como explicado na seção "Pinte minha página Web: como alterar as cores de fundo, texto e ligação" deste capítulo.

- *Imagens* — O FrontPage torna fácil adicionar imagens a suas páginas Web. Ele ainda converte suas imagens existentes nos formatos .GIF e .JPEG usados na Web e vem com uma coleção *clipart*. Para saber mais sobre as imagens, leia os Capítulos 8, "A página Web perfeita com imagens: como colocar e ajustar as imagens" e 9, "Como obter imagens elegantes".

- *Barra de navegação* — As barras de navegação devem parecer consistentes nas páginas de um Web *site* para que os visitantes possam encontrar seu caminho. Afinal, você não gostaria de deixá-los em dificuldades, gostaria? Uma barra de navegação pode consistir em uma linha de botões gráficos (como os mostrados na figura a seguir), um mapa da imagem ou texto com ligações para outras páginas no site. As barras de navegação serão explicadas em mais detalhes no Capítulo 7, "Pense nos links: como adicionar links a suas páginas Web".

- *Texto* — Apesar de toda a euforia sobre os gráficos e a multimídia, a maioria das páginas Web contém pelo menos algumas linhas de texto. Como você aprenderá no Capítulo 5, "Como apresentar textos e lidar com as fontes", colocar texto em uma página Web é muito parecido com suas outras aplicações.

- *Ligações* — Pense nos links! São os links que tornam a Web interessante e diferente de tudo mais. Apenas clique em uma palavra ou imagem que parece que deve ser clicada. Seu browser exibirá outra página, inicializará um arquivo multimídia, executará um programa ou carregará um arquivo. O Capítulo 7 informa sobre como fazer os links entre suas palavras e gráficos.

Você não precisa de uma página Web fantasiada com muitos acessórios para atrair os visitantes e ter sua mensagem compreendida (embora o FrontPage tenha tudo que você precisa para enfeitar sua página). Você precisa, entretanto, de informações bem-organizadas e uma imagem ou duas para animar as coisas.

Capítulo 3 ➤ Como lidar com páginas Web   **27**

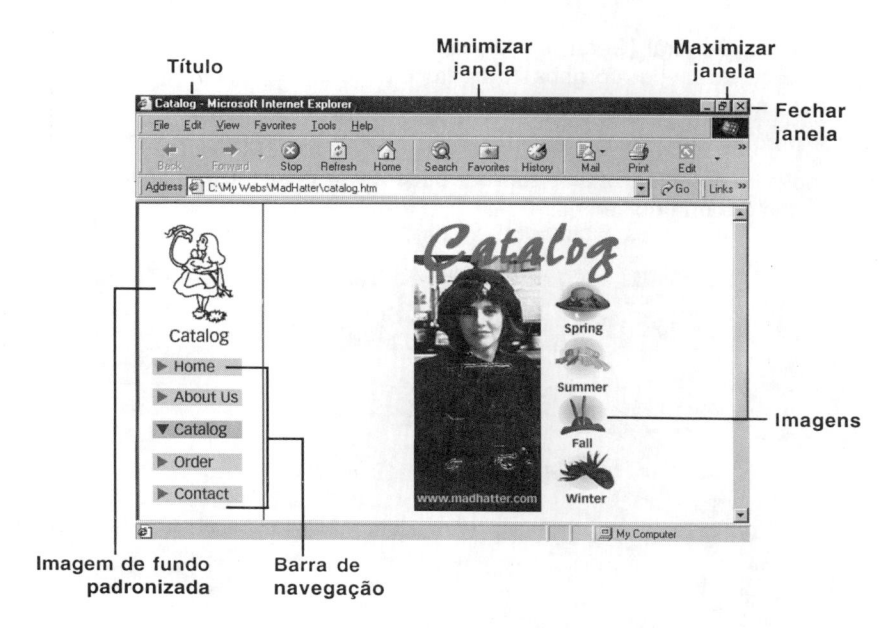

Uma página Web básica exibida no Internet Explorer.

Como iniciar uma nova página Web

E agora, a parte que você estava esperando: como iniciar uma página Web a partir do zero. O FrontPage vem com alguns gabaritos predefinidos para diferentes gostos, com tipos populares de *layouts* de página que você poderá usar para começar. As páginas vêm com um texto provisório e imagens de exemplo, que você poderá substituir. Se você quiser criar uma página sem formatação e em branco, selecione o gabarito Normal. A caixa de diálogos New (Novo) também ajudará a criar Web *sites* com quadros e folhas de estilo. Esses tópicos serão tratados no Capítulo 11, "Enquadre-se! Como construir um Web *site* com quadros" e no Capítulo 15, "Agora você tem estilo! Como usar as folhas de estilo".

Para criar uma nova página Web, siga as orientações.

1. Selecione New no menu File (Arquivo) e então selecione Page (Página) na lista em cascata; a caixa de diálogos New, exibindo os gabaritos da página aparecerá. (Você poderá usar a combinação de teclas Ctrl+N, mas isso apenas abrirá uma nova página em branco.)

2. Com a ficha General (Geral) selecionada, selecione uma opção do gabarito. Uma visualização do layout do gabarito aparecerá na caixa Preview (Visualizar), como mostrado na seguinte figura.
3. Clique o botão OK.

Quando sua nova página Web for exibida, você poderá adicionar seu próprio texto e imagens e formatá-las sempre que quiser.

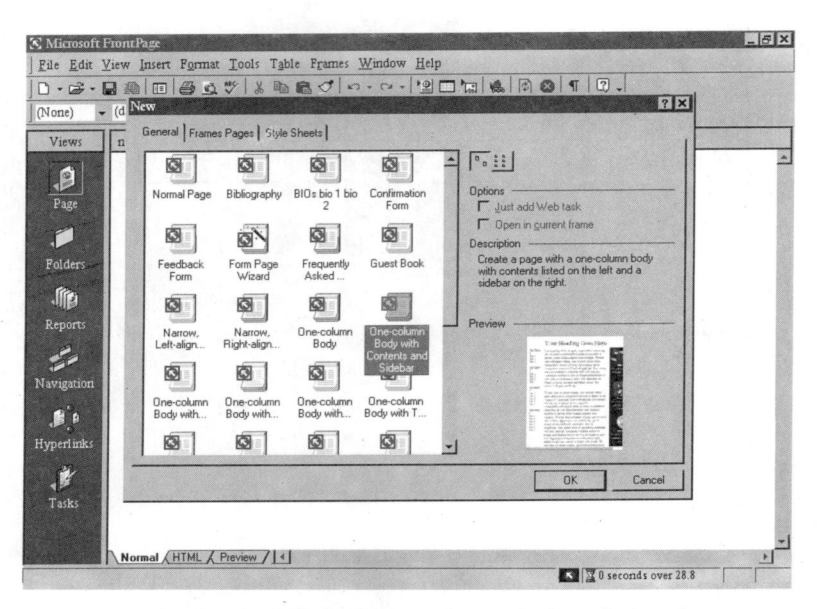

A caixa de diálogos New com um gabarito selecionado e uma visualização exibida.

Experimente o botão New da barra de ferramentas

Se você acabou de usar temas em seu Web *site*, como analisado no Capítulo 4, "Puf! Você é um construtor com os temas do FrontPage Web", poderá criar uma nova página Web, clicando o botão New da barra de ferramentas. O FrontPage aplicará automaticamente o tema. Se seu Web *site* não tiver um tema, clicar o botão New da barra de ferramentas criará uma página Web sem formatação e em branco, o que é referido como uma Normal Page (Página Normal) na caixa de diálogos New.

Capítulo 3 ➤ Como lidar com páginas Web   **29**

Como salvar uma nova página Web

"Salve seu trabalho", os professores de informática sempre dizem isso. E isso vale para as páginas Web também. Criar e gravar uma nova página Web é ligeiramente diferente de criar e gravar um antigo arquivo de texto comum. Além de nomear seu documento, você poderá também fornecer à sua página um *título*. Se você não quiser se preocupar com isso agora, poderá voltar e alterar o título de sua página a qualquer momento, como explicado na seção "O que existe em um nome? Como alterar o título de sua página" posteriormente neste capítulo.

Para gravar uma nova página Web...

1. Clique o botão Save (Salvar) na barra de ferramentas padrão ou use a combinação de teclas Ctrl+S, para exibir a caixa de diálogos Save As (Salvar Como). Essa caixa de diálogo apenas aparecerá quando você estiver gravando uma nova página Web ou quando selecionar Save As (Salvar Como) no menu File.
2. Forneça um nome de arquivo na caixa File Name (Nome do Arquivo) e selecione Web Pages (Páginas Web) na lista suspensa Save as type (Salvar como tipo). Você não precisará fornecer uma extensão ao nome do arquivo (como .htm ou .html) pois o FrontPage fará isso para você.

Jogue o jogo dos nomes!

Os nomes das pastas e dos documentos Web nunca devem ter espaço entre eles, mas você poderá usar travessões (-) ou sublinhados (_), como em About-Us.htm. Também, se você decidir não usar um assistente Web, lembre-se que *terá*, absolutamente, que nomear sua página principal como index.htm, index.html, default.htm ou default.html. Esses nomes de documento designam um documento como a página principal (apenas uma página deverá ter um nome da página principal). Também será melhor manter os nomes de seus arquivos e pastas curtos para que possa ver seus documentos mais facilmente na lista Folder (Pasta).

---

3. Para criar um título para sua página Web, clique o botão Change (Alterar) para exibir a caixa de diálogos Set Page Title (Definir Título da Página).
4. Forneça um título para sua página na caixa Page Title e clique o botão OK para retornar para a caixa de diálogos Save As. (Se você não estiver certo sobre como nomear sua página, poderá pular as etapas 3 e 4 e criar um título para a página mais tarde.)
5. Clique o botão Save.

Como gravar uma página Web existente

Gravar páginas Web existentes é muito mais fácil, porque tudo o que você terá que fazer é selecionar Save no menu File, Ctrl+S ou clicar o botão Save na barra de ferramentas padrão. Você poderá também gravar uma página Web existente com um nome de arquivo diferente selecionando Save As no menu File e seguindo as etapas 2-5 na lista numerada anterior.

Por que o FrontPage abre uma nova janela de aplicação quando gravo meu arquivo?

Porque você gravou seu arquivo em uma pasta diferente em seu computador ou rede ao invés de fazê-lo na pasta atual. O Capítulo 2, "Web *site* urgente: como dar uma volta nos FrontPage Webs", informa como trabalhar com os FrontPage Webs.

Como imprimir uma página

Imprimir uma página Web? O que aconteceu com o "escritório sem papel"? Bem, algumas vezes é bom ver seu trabalho no papel. Você poderá imprimir seus arquivos no FrontPage da mesma maneira que imprime arquivos na maioria das aplicações Windows. Clique o botão Print (Imprimir) na barra de ferramentas Standard (Padrão) ou selecione Print no menu File. Quando a caixa de diálogos Print aparecer, escolha suas opções e clique em OK. O FrontPage ainda ajustará as configurações da impressora para que seu *layout* caiba na página impressa.

Como visualizar a impressão de uma página Web

Não gosta de se arriscar? Sinta-se à vontade para exibir sua página Web antes de imprimi-la, selecionando Print Preview (Visualizar Impressão) no menu File. A janela Print Preview permitirá que você vá de uma página a outra (se seu documento Web tiver mais de uma página para ser impresso completamente) clicando os botões Next Page (Próxima Página) e Previous Page (Página Anterior) e poderá imprimir o arquivo clicando o botão Print. Você poderá também ver duas páginas ao mesmo tempo, clicando o botão Two Page (Duas Páginas), dar uma olhada mais de perto clicando o botão Zoom In (Ampliar) e reduzir novamente, clicando o botão Zoom Out (Reduzir). Para sair da janela Print Preview e retornar à sua página Web, pressione a tecla Esc ou clique o botão Close (Fechar).

Como fechar
uma página Web

As páginas Web são divertidas, mas todos têm que fechar seus documentos alguma vez. Para fechar uma página Web, selecione Close no menu File ou clique na caixa Close do documento no quadro da janela da página Web. Você poderá também usar a combinação de teclas Ctrl+F4 para fechar uma página Web.

Como abrir
um arquivo no FrontPage

O FrontPage não seria muito útil se não permitisse abrir arquivos, seria? Além das páginas Web, o FrontPage permite abrir e trabalhar com os arquivos do Microsoft Office também. O Capítulo 18, "Uma combinação feita em Redmond: FrontPage e Microsoft Office 2000", informará mais sobre os documentos FrontPage e Word, as tabelas e gráficos do Excel, as apresentações do PowerPoint e os bancos de dados Access.

Observe!

Ao fechar um arquivo, não clique no X à direita da barra de títulos da aplicação ou você sairá do FrontPage sem querer.

Para abrir um arquivo:

1. Clique o botão Open (Abrir) na barra de ferramentas Standard, selecione Open no menu File ou use a combinação de teclas Ctrl+O para exibir a caixa de diálogos Open File (Abrir Arquivo).
2. Selecione o tipo de arquivo que você deseja abrir (como páginas Web) na lista Files of Type (Arquivos do Tipo) na parte inferior da caixa de diálogos Open File.
3. Percorra para obter a pasta na qual seu arquivo está localizado a partir da caixa Look in (Pesquisar).
4. Selecione o arquivo na lista e clique o botão Open.

Se você não estiver familiarizado com os tipos de arquivo listados na lista Files of Type, não se preocupe com isso agora. Você aprenderá mais sobre eles no livro, especialmente no Capítulo 18, que fala sobre os arquivos do Microsoft Office.

Uma olhada sob o capuz: como exibir o código-fonte HTML

Psst! Deseja ver algum código-fonte? Dê uma olhada abrindo uma página Web no FrontPage e clicando em HTML. A seguinte figura mostra o código-fonte sob a página mostrada na figura anterior. Viu o bastante? Clique sobre Normal para retornar para a exibição da página gráfica. O *código-fonte HTML* consiste no texto e nas marcas que compõem uma Web. Como o FrontPage gera todo o código-fonte para você, você nunca terá que ver uma única marca HTML se não quiser.

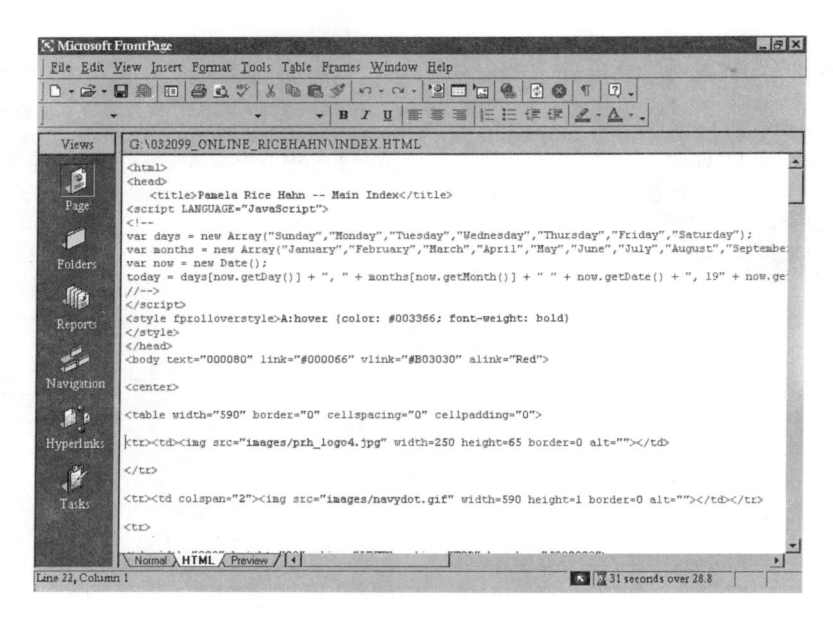

Uma página Web mostrada na exibição do código-fonte HTML do FrontPage.

Desmascarado!
Como mostrar suas marcas HTML

Se você ainda quiser ler a HTML mas a exibição do código-fonte HTML parece uma linguagem totalmente afetada, experimente exibir os marcadores de marcas HTML na exibição de página Normal para que você vê-los no contexto. Para exibir as marcas HTML dos elementos de sua página, selecione Reveal Tags (Mostrar Marcas) no menu View (Exibir). Embora os marcadores de marcas (mostrados na figura) não informem tudo o que

Capítulo 3 ➤ Como lidar com páginas Web

você precisa saber sobre a HTML, poderão ajudá-lo a ter uma idéia básica. Para se livrar dos marcadores HTML, volte para o menu View e selecione Reveal Tags novamente para remover a marca de verificação ao lado da opção.

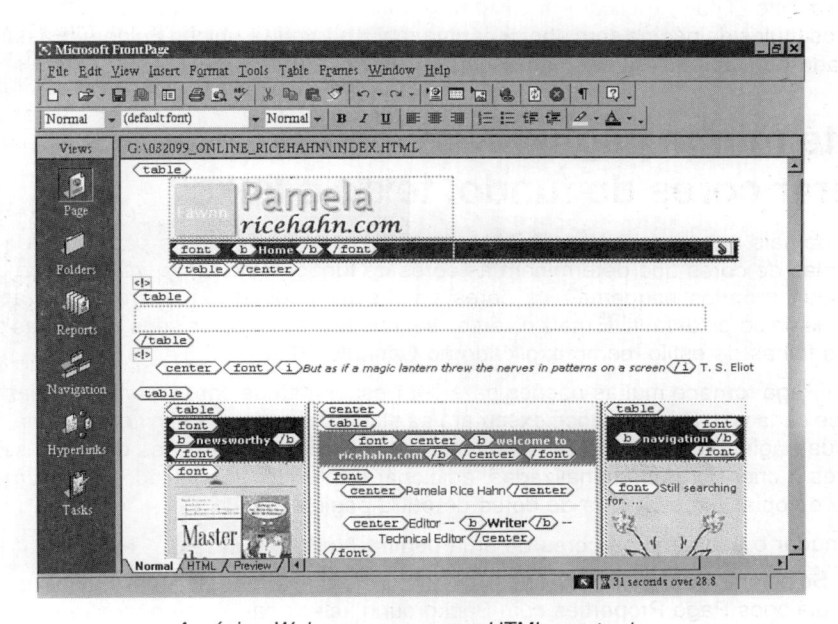

A página Web com as marcas HTML mostradas.

Se você conhecer a HTML e quiser trabalhar diretamente com seu código-fonte, o FrontPage poderá ainda ajudá-lo a trabalhar mais rapidamente. Você poderá formatar o texto e inserir imagens e tabelas rapidamente usando os botões da barra de ferramentas, mesmo quando estiver na exibição da página HTML. (Se você não conhecer a HTML mas quiser aprender, pegue o *The Complete Idiot's Guide to HTML 4.0* de Paul McFedries.)

O que existe em um nome?
como alterar o título de sua página

Se você não colocou um título em sua página quando a gravou, como descrito na seção "Como gravar uma nova página Web" deste capítulo, você poderá fazê-lo agora. Afinal, quando as pessoas visitarem suas páginas, provavelmente você vai querer que a barra de títulos do paginador exiba algo mais significativo do que New_Page_1. O FrontPage também usa os títulos para gerar etiquetas para as barras de navegação, como você verá no Capítulo 7.

Você poderá alterar os títulos de suas páginas quando desejar. Para alterar o título de uma página, selecione Properties (Propriedades) no menu File para exibir a caixa de diálogos Page Properties (Propriedades da Página). Então poderá fornecer um novo título à página na caixa Title (Título) e clicar em OK para retornar para sua página Web. Descubra como editar os títulos da página sem abrir a página real a partir da exibição Folders (Pastas), como explicado no Capítulo 24, "Você e seus arquivos Web".

Pinte minha página Web: como alterar cores de fundo, texto e links

Velho demais para colorir livros? Pinte sua página Web. Todas as páginas Web contêm esquemas de cores que determinam as cores do fundo, texto e *hyperlinks*. Você desejará criar seus próprios esquemas de cores para suas páginas ou o FrontPage aplicará o esquema de cores default. É mais divertido ser criativo, não é? Crie seus esquemas de cores com as folhas de estilo, como explicado no Capítulo 15.

O FrontPage fornece muitas opções para criar esquemas de cores, portanto vejamos uma coisa de cada vez. Primeiro você executará as etapas básicas de definir o esquema de cores para sua página Web. As seções seguintes falarão sobre os detalhes de como selecionar as cores e criar cores personalizadas, adicionar um fundo padronizado, exibir uma marca d'água e copiar um esquema de cores de outra página Web.

Para mudar o esquema de cores de uma página Web:

1. Selecione Background (Fundo) no menu Format (Formatar) para exibir a caixa de diálogos Page Properties com Background selecionado, como mostrado na figura a seguir.

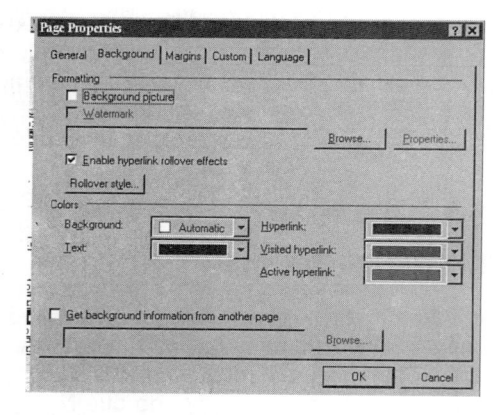

A caixa de diálogos Save Properties com Background selecionado.

Capítulo 3 ➤ Como lidar com páginas Web

2. Para selecionar uma *cor de fundo sólida* para sua página Web, clique na caixa Background para exibir o menu de cores suspenso e selecionar uma cor. Essa opção determinará a cor de fundo de sua página.
3. Para escolher uma *cor de texto*, clique na caixa Text (Texto) para exibir o menu de cores suspenso e selecionar uma cor. Essa opção determinará a cor de todos os cabeçalhos, parágrafos e outro texto não linkado em sua página. O Capítulo 5 informará mais sobre como trabalhar com o texto.
4. Para escolher uma cor para seus *hyperlinks*, clique na caixa Hyperlink para exibir o menu de cores suspenso e selecionar uma cor. Essa opção determinará a cor do texto liado de sua página e as bordas em torno dos gráficos ligados (se você escolher exibir bordas, como explicação no Capítulo 8).
5. Para escolher uma cor para seus *hyperlinks* visitadas, clique na caixa Visited Hyperlink (Hyperlink Visitado) para exibir o menu de cores suspenso e selecionar uma cor. Isso determinará a cor para a qual os *links* mudarão quando os visitantes já as tiverem seguido. Para saber mais sobre como criar *links*, veja o Capítulo 7.
6. Para escolher uma cor para suas *hyperlinks* ativos, clique na caixa Active Hyperlink (Hiperligação Ativa) para exibir o menu de cores suspenso e selecionar uma cor. Isso determinará a cor para a qual as ligações mudarão quando você clicá-las.
7. Quando você terminar de selecionar as opções, clique o botão OK para aplicar seu esquema de cores e retornar para a página Web.

Você poderá também usar as opções da caixa de diálogos Page Properties para aplicar os efeitos de *rollover* do *hyperlink*, que altera a cor e a fonte de suas ligações de texto quando você passa o ponteiro de seu mouse sobre elas, como analisado no Capítulo 7.

Como selecionar as cores: cores protegidas da Web e cores personalizadas

Quando você escolhe cores para sua página Web, os menus de cores suspensos mencionados na seção anterior poderão parecer um pouco confusos à primeira vista. O que *são* todas essas coisas e onde você obter *mais* cores? Não se preocupe, você pegará o jeito depois de experimentar um pouco.

Selecione as seguintes opções para aplicar cores em sua página:

➤ *Automatic* (Automático) — Deixe essa opção selecionada, se quiser manter a definição de cores default do FrontPage.

➤ *Standard Colors* (Cores Padrões) — O menu de cores suspenso fornece uma pequena paleta conveniente das cores de fundo, texto e *links* mais populares. Para selecionar uma dessas cores, clique em um dos quadrados.

➤ *Document's Colors* (Cores do Documento) — Exibe as cores de texto e de links selecionadas no momento, no caso de você querer usar uma das cores para um elemento diferente.

➤ *More Colors* (Mais Cores) — Clique nessa opção para exibir a caixa de diálogos Colors (Cores), que contém a paleta completa com 216 cores *protegidas do paginador*. Para selecionar uma cor e retornar para a caixa de diálogo Page Properties, clique em uma cor e então clique o botão OK.

➤ *Custom Colors* (Cores Personalizadas) — Para selecionar uma cor personalizada, clique o botão Custom (Personalizar) para exibir a caixa de diálogos Color, selecione uma cor na paleta Basic Colors (Cores Básicas) e clique em OK para retornar para a caixa de diálogos Colors. Você poderá também criar cores personalizadas clicando em uma cor na amostra de cores, ajustando o brilho com o cursor, clicando o botão Add to Custom Colors (Adicionar a Cores Personalizadas) e clicando o botão OK.

Mantenha a segurança: escolha as cores certas

Sistemas de computadores diferentes (como o Windows 3.x, Windows 95 ou 98, Macintosh e UNIX) não exibem todas as cores da mesma maneira. Isso significa que suas belas cores poderão parecer engraçadas ou totalmente espantosas no computador de outra pessoa. Você poderá evitar esse problema ficando com as cores protegidas do paginador.

Como copiar um esquema de cores de outra página Web

Uma vez que você tenha conseguido um esquema de cores desejado, poderá aplicá-lo em outras páginas Web rápida e facilmente. Para copiar um esquema de cores para a página atual, exibe a caixa de diálogos Page Properties com Background selecionada; selecione o botão de rádio Get Background and Colors from Page (Obter Fundo e Cores da Página), clique o botão Browse (Percorrer) para exibir a caixa de diálogos Current Web (Web Atual), selecione uma página Web, clique em OK para retornar para a caixa de diálogos Page Properties e então clique no botão OK para aplicar o esquema de cores e retornar para sua página Web. Você poderá apenas selecionar arquivos na Web atual, como explicado no Capítulo 2.

Capítulo 3 ➤ Como lidar com páginas Web   37

Como adicionar uma imagem de fundo

As imagens de fundo possibilitam àquelas pessoas ainda com pouca experiência acrescentarem mais qualidade a uma página Web. Se você alguma vez colocou papel de parede em um cômodo ou colocou um piso, já tem alguma idéia de como os padrões de fundo funcionam. Quando você adicionar uma imagem de fundo, o paginador Web repetirá a imagem em sua página para formar um padrão. Você poderá adicionar suas próprias imagens como fundos, importando-as para seu FrontPage Web. Descubra mais no Capítulo 2.

O Microsoft FrontPage também vem com uma galeria de *clipart* com imagens de fundo que você poderá usar. A galeria de *clipart* FrontPage vem com todos os tipos de trabalho que você poderá usar, como explicado no Capítulo 8.

Para selecionar uma imagem de fundo a partir da galeria de *clipart* FrontPage siga os passos.

1. Selecione Background no menu Format para exibir a caixa de diálogos Page Properties com o item Background selecionado.
2. Clique no quadro de seleção Background Image (Imagem de Fundo) para selecioná-lo e então clique o botão Browse para exibir a caixa de diálogos Select Background Image (Selecionar Imagem de Fundo).
3. Clique o botão Clip Art (Clipart) para exibir a caixa de diálogos Clip Art Gallery (Galeria de Clipart).
4. Pagine a lista Category (Categoria) e selecione Web Backgrounds (Fundos Web).
5. Clique em um padrão e então selecione Insert Clip (Inserir Clip) (a primeira opção) no menu suspenso para escolher um padrão e retornar para a caixa de diálogos Page Properties.
6. Clique o botão OK para aplicar o fundo e retornar para sua página Web.

Para adicionar sua própria imagem de fundo, faça como indicado.

1. Selecione Background no menu Format para exibir a caixa de diálogos Page Properties com o item Background selecionado.
2. Clique no quadro de seleção Background Image para selecioná-lo e então clique o botão Browse para exibir a caixa de diálogos Select Background Image.
3. Pagine uma imagem em seu diretório Images (Imagens), selecione a imagem e clique o botão OK para retornar para a caixa de diálogos Page Properties.
4. Clique o botão OK para aplicar o fundo e retornar para sua página Web.

Como exibir uma marca d'água

Alguma vez você escreveu cartas em um papel elegante com uma imagem ou timbre em relevo no meio da página? Isso é chamado de *marca d'água* e não é mais apenas para papel! Como nas imagens de fundo, as marcas d'água são exibidas no fundo. Mas ao invés de se repetirem como um padrão, elas aparecerem como uma única imagem no meio da página Web.

Para adicionar uma marca d'água à sua página Web, exiba a caixa de diálogos Page Properties com a ficha Background selecionada, clique no quadro de seleção Watermark (Marca D'Água) para selecioná-lo, clique o botão Browse e proceda como se estivesse inserindo uma imagem de fundo.

Experimente o menu de atalho!
Quando você quiser alterar o título ou cores de sua página, clique em qualquer lugar na página com o botão direito de seu mouse e selecione Page Properties no menu de atalho. Não é mais fácil do que selecionar Properties no menu File?

Cinco esquemas de cores que você poderá experimentar

Certamente, você desejará que suas páginas Web pareçam atraentes e profissionais, mas elas também deverão refletir sua personalidade ou a imagem de sua organização. O FrontPage vem com construções de páginas prontas para usar chamadas de temas, como tratado no Capítulo 4.

Se você preferir experimentar construindo seu próprio esquema de cores, tente as seguintes idéias:

➤ *Bordas de recorte* — Fundo preto, texto branco, *links* em água, *links* seguidos em fúcsia e *links* ativos amarelos.

➤ *Tones de terra* — Fundo bronzeado, texto marrom, *links* azul-marinho, *links* seguidos em oliva, *links* ativos pretos.

➤ *Ótimo e profissional* — Fundo branco, texto preto, *links* vermelhos, *links* seguidos em cinza, *links* ativos azuis.

➤ *Tons divertidos* — Fundo amarelo-pálido, texto preto, *links* vermelhos, *links* seguidos azuis, *links* ativos em fúcsia.

➤ *Pelo mar* — Fundo azul-marinho, *links* em verde-limão, *links* seguidos em água, *links* ativos púrpura.

Quando você selecionar as cores na caixa de diálogos Colors, o nome da cor aparecerá na caixa Name (Nome) para que você possa assegurar-se de ter selecionado a cor certa. Para saber mais sobre a construção Web, veja o Capítulo 10, "Elementos do estilo: o básico da construção Web".

Capítulo 3 ➤ Como lidar com páginas Web

O mínimo que você precisa saber

➤ *Como iniciar uma nova página Web*: Para iniciar uma nova página Web a partir de um gabarito (o FrontPage vem com muitos), clique em New no menu File. Para iniciar uma nova página em branco, selecione o gabarito Normal Page ou use a combinação de teclas Ctrl+N.

➤ *Como abrir, gravar e fechar as páginas Web*: Para abrir uma página Web, clique o botão Open ou use a combinação de teclas Ctrl+O. Para gravar uma página Web, clique o botão Save ou use a combinação de teclas Ctrl+S. Para fechar uma página Web, selecione Close no menu File, Ctrl+F4 ou clique na caixa Close.

➤ *Como alterar os títulos da página Web*: O título de sua página Web aparece na barra de títulos do paginador quando as pessoas exibem sua página *online*. Para alterar o título de uma página Web, exiba a caixa de diálogos Page Properties, clique em General e digite seu texto na caixa Title.

➤ *Como criar e aplicar os esquemas de cores da página Web*: Os esquemas de cores determinam as cores do texto, *links* e fundo de uma página Web. Para criar um esquema de cores para uma página Web, exiba a caixa de diálogos Page Properties, clique em Background e escolha suas cores.

➤ *Como adicionar fundos e marcas d'água às páginas Web*: O fundo de uma página Web é uma única imagem que é colocada lado a lado em uma página Web para formar um padrão. Uma marca d'água é uma única imagem que aparece no fundo de uma página Web. Você poderá adicionar um fundo ou marca d'água a uma página Web a partir da caixa de diálogos Page Properties com Background selecionado.

Parte II

Mergulhe! A água está ótima!

Puxa! Você aprendeu a dar uma volta no FrontPage Web e a configurar uma página Web ou duas. É muito progresso para apenas três capítulos! Agora poderá mergulhar e começar a adicionar algum conteúdo. Ao surfar na Web, provavelmente você viu páginas excitantes com recursos multimídia e acessórios interativos. Com o FrontPage 2000, você poderá criar seus próprios Web sites divinos. Mas, primeiro, comecemos com o básico: texto, imagens e links.

Se você já usou um programa de processamento de textos como o Microsoft Word, pegará o jeito rapidamente. Você poderá ainda ter notado que os botões da barra de ferramentas e os menus do FrontPage 2000 parecem muito com aqueles de seu processador de textos. Quando você pensar, isso fará sentido perfeitamente. Afinal, como os documentos do processador de textos, as páginas Web são compostas em grande parte de texto e imagens.

Esta parte informará como criar layouts de páginas atuais com os temas do FrontPage, como trabalhar com texto, formatar listas, configurar links, adicionar imagens e efeitos especiais a suas imagens. Uma vez que você tenha dominado esses elementos básicos da Web, o resto será fácil.

Capítulo 4

Puf! Você é Web designer com os temas do FrontPage

Neste capítulo
- Como selecionar temas FrontPage para suas páginas
- Como aplicar efeitos especiais aos temas
- Como personalizar as cores do tema, os gráficos e os estilos de fonte
- Como alterar o *banner* e o texto do botão de navegação global
- Cinco temas Web — confira

Opa! Construir uma página Web pode parecer complicado para os tipos não-artísticos. Se suas inclinações artísticas tendem mais para escrever ou ter coisas organizadas do que para construir páginas, o FrontPage vem em seu auxílio.

Selecione um tema, qualquer tema

Então o que existe no menu? Os temas do FrontPage oferecem uma variedade de esquemas de cores, texturas e gráficos para agradar o paladar mais exigente. Se você estiver criando um Web *site* para o serviço de planejamento de sua festa ou seu grupo de igreja, poderá selecionar a aparência certa. Então prossiga e dê uma volta nos temas do FrontPage. As próximas seções vão ajudá-lo a fazer sua seleção.

Reforma imediata! Como aplicar um tema em todo o seu Web site

Se você usou um assistente Web, como explicado no Capítulo 2, "Web *Site* urgente: como dar uma volta nos FrontPage Webs", seu *site* Web já tem um tema. Mas isso não significa que tenha que *gostar* dele. O FrontPage facilita a alteração da aparência de seu Web *site*.

Para aplicar um tema em todo o Web *site*:

1. Selecione Theme (Tema) no menu Format (Formatar) para exibir a caixa de diálogos Themes, como mostrado na figura a seguir.

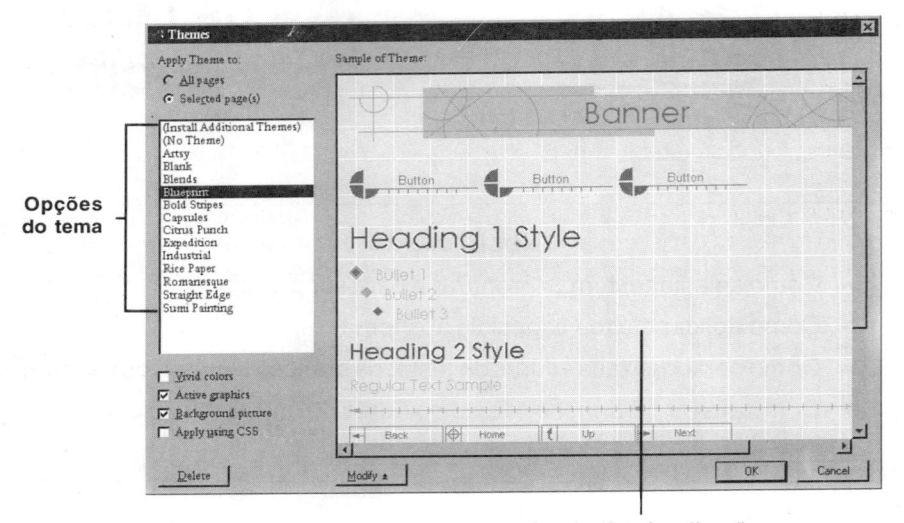

A caixa de diálogos Themes com as opções defaults selecionadas.

2. Selecione o botão de rádio All Pages (Todas as Páginas) a partir da opção Apply Theme to (Aplicar Tema a)
3. Selecione um tema na lista de paginação para exibir uma visualização na janela Sample of Theme (Exemplo de Tema).
4. Você poderá também selecionar opções adicionais para seu tema, como explicado nas próximas seções.
5. Quando terminar de escolher as opções, clique o botão OK para aplicar seu tema.

Quando você estiver pronto para fazer uma reforma imediata do Web *site*, aplique um novo tema. Voilà! Uma aparência totalmente nova. (Agora se eu pudesse simplesmente aplicar um novo tema em meu apartamento!)

Mais atrativos! Como aplicar efeitos especiais nos temas

Deseja cores mais brilhantes, um ótimo fundo padronizado ou gráficos ativos que mudam de cor quando você passa o ponteiro de seu mouse sobre eles? Quando você selecionar um tema na caixa de diálogos Themes, poderá também aplicar a ele efeitos especiais, selecionando opções nas caixas de seleção abaixo da lista de paginação de temas. O FrontPage permite que você selecione quantos efeitos especiais desejar e exibe-os na janela Sample of Theme.

Os temas FrontPage oferecem os seguintes efeitos especiais:

- ➤ *Vivid colors* (Cores vivas) — Coloca brilho no fundo e nas cores do texto.
- ➤ *Active graphics* (Gráficos ativos) — Transforma seus botões de navegação em imagens que respondem aos visitantes. Por exemplo, eles mudam de cor quando você passa o cursor do mouse sobre eles ou quando o botão liga-se à página atual.
- ➤ *Background picture* (Imagem de fundo) — Substitui o fundo com cor sólida por uma imagem de fundo padronizada.
- ➤ *Apply using CSS* (Aplique utilizando CSS) — Aplica a formatação de texto do tema com folhas de estilo, ao invés da HTML comum. Isso não requer um trabalho extra de sua parte, porque o tema gera as folhas de estilo para você. Se você pretende usar folhas de estilo em seu Web *site* (veja Capítulo 15, "Agora você tem estilo! Como usar as folhas de estilo"), deverá selecionar essa caixa de seleção.

Se você, mais tarde, quiser alterar seus efeitos especiais, poderá retornar à caixa de diálogos Themes e fazer isso.

Como aplicar um tema nas páginas selecionadas

Talvez você deseje que todas as suas páginas Web fiquem iguais para que seus visitantes não fiquem confusos. (Para obter um curso completo sobre desenvolvimento Web, veja o Capítulo 10, "Elementos do estilo: o básico da construção Web".) Mas as regras são feitas para serem quebradas e talvez você queira que todas as suas páginas fiquem diferentes por alguma razão. O FrontPage permite que você use quantos temas quantos desejar em seu Web.

Como selecionar mais de uma página Web na exibição Folders (Pastas)
Para selecionar diversas páginas Web, clique nos arquivos, enquanto mantém pressionada a tecla Ctrl. Para cancelar a seleção de um arquivo, clique-o novamente enquanto mantém pressionada a tecla Ctrl. Para selecionar um grupo de arquivos consecutivos, clique no primeiro arquivo na lista, mantenha pressionada a tecla Shift e então clique no último arquivo na lista.

Você poderá aplicar um tema em uma página ou apenas em algumas páginas de dentro da exibição da página Folders. Clique em Folders na lista Views (Exibições), selecione as páginas que você deseja alterar e exiba a caixa de diálogos Themes. Nela, clique no botão de rádio Selected Pages (Páginas Selecionadas) antes de aplicar o novo tema. Então precisará aplicar as bordas compartilhadas. Veja a seção "Como criar bordas compartilhadas para seu Web" abaixo.

Psst! Deseja mais alguns temas?

O FrontPage vem com apenas alguns de seus temas carregados. Talvez alguém na Redmond pense "menos é mais", mas, novamente, muitos de nós pensam, "mais é mais". Então como você obterá toda a coisa? Informe ao FrontPage para instalar o resto de seus temas, claro; não se preocupe, leva somente alguns segundos. Coloque seu CD-ROM FrontPage no drive de CD-ROM, exiba a caixa de diálogos Themes como normalmente faria e selecione Install Additional Themes (Instalar Temas Adicionais) na lista. Clique em Yes na caixa de diálogos Install Additional Themes? Microsoft FrontPage. Uma caixa de diálogos de status será exibida até que os temas acabem de ser instalados. Voilà! Agora você tem mais opções.

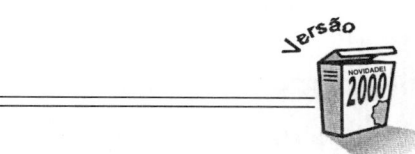

Capítulo 4 ➤ Puf! Você é Web *designer* com os temas do FrontPage   47

O melhor

A equipe FrontPage na Microsoft finalmente descobriu uma maneira de oferecer mais acessórios sem ocupar demais o precioso espaço do disco rígido. Quando você instalar o FrontPage 2000, instalará apenas o pacote básico. Agora você poderá instalar mais temas, clipart (Capítulo 8, "A página Web perfeita com imagens: como colocar e ajustar as imagens") e componentes (Capítulo 19, "Caixa de utilidades: componentes FrontPage") a partir do CD-ROM quando precisar.

Como criar bordas compartilhadas para seu Web

Para o FrontPage aplicar automaticamente seu tema no resto de suas páginas e qualquer nova página criada, você precisará criar bordas compartilhadas para seu Web. As bordas compartilhadas são um recurso do FrontPage que economiza o trabalho aplicando automaticamente os elementos da construção de sua página em suas outras páginas. O Capítulo 3, "Como lidar com páginas Web", informa como configurar novas páginas. O Capítulo 14, "Não gosta do que vê? Como construir seu próprio gabarito de páginas", explicará as bordas compartilhadas com mais detalhes.

Para aplicar as bordas compartilhadas em seu Web:

1. Selecione Shared Borders (Bordas Compartilhadas) no menu Format para exibir a caixa de diálogos Shared Borders.
2. Escolha o botão de rádio All pages (Todas as páginas) em Apply to list (Aplicar na lista).
3. Clique em OK.

Se você criou um tema para apenas algumas páginas em seu Web *site*, poderá também criar bordas compartilhadas para somente essas páginas.

Para aplicar as bordas compartilhadas nas páginas selecionadas em seu Web, faça como indicado.

1. Mantenha pressionada a tecla Ctrl e selecione suas páginas em Folder List (Lista de Páginas) clicando-as, uma por uma.
2. Escolha Shared Borders no menu Format para exibir a caixa de diálogos Shared Borders.
3. Escolha o botão de rádio Selected Pages (Páginas Selecionadas) em Apply to list.
4. Clique em OK.

Como você gosta:
como personalizar os temas

Não encontra um tema que seja adequado? Exigente, exigente, exigente. Mas ei, você tem todo o direito de ser exigente, afinal é o *seu* Web *site*. Então entre de cabeça! Com o FrontPage, você poderá personalizar as cores do tema, os gráficos e os estilos da fonte como quiser. Primeiro, vejas as etapas básicas de alterar um tema. Para obter detalhes sobre os elementos do tema e como fazer alterações específicas, leia as seguintes seções.

Para personalizar seus temas:

1. Selecione Themes no menu Format para exibir a caixa de diálogos Themes.
2. Clique o botão Modify (Modificar) e então clique o botão Colors (Cores), Graphics (Gráficos) ou Text (Texto) para modificar essa parte do tema. Talvez você goste de tudo no tema, exceto a fonte nos cabeçalhos. Clique o botão Text, escolha Heading (Cabeçalho) na lista Item, selecione a fonte desejada e clique em OK. E se você quiser alterar a cor de fundo? Clique o botão Colors, selecione uma nova cor de fundo, etc. É fácil.

Não para o medroso!

Antes de começar a personalizar um tema, lembre-se de que fazer isso requer algum conhecimento sobre o desenvolvimento e a Web. Felizmente, o FrontPage permite que você visualize suas alterações antes de aplicá-las e torná-las permanentes. Exibindo primeiro as combinações de cores, você poderá assegurar-se de que elas estão coordenadas e que seu texto esteja visível na nova seleção do fundo.

3. Quando você terminar de fazer suas alterações, clique em OK para retornar para a caixa de diálogos Themes.
4. Clique em OK para aplicar as alterações em seu tema. Uma caixa de diálogos Warning (Aviso) aparecerá e perguntará se você deseja gravar as alterações em seu tema.
5. Clique o botão Yes.

O FrontPage gravará as alterações no tema e mudará suas páginas. Se, mais tarde, você decidir que não gosta de suas alterações (é um privilégio do artista ser volúvel!), poderá mudá-las de novo.

Capítulo 4 ➤ Puf! Você é Web *designer* com os temas do FrontPage   49

Como compreender os temas e os elementos da página

O que torna os temas uma marca? Os temas dividem os elementos da página em três categorias (cores, gráficos e estilos) e então aplicam definições em cada elemento. Para ajustar seu tema, você precisará selecionar uma categoria de elemento da página, selecionar um elemento da página em uma lista e então selecionar suas alterações em outra lista. As seguintes seções informarão como alterar os elementos do tema para cada categoria e a figura mostra um exemplo de uma página Web com tema e alguns elementos comuns do tema.

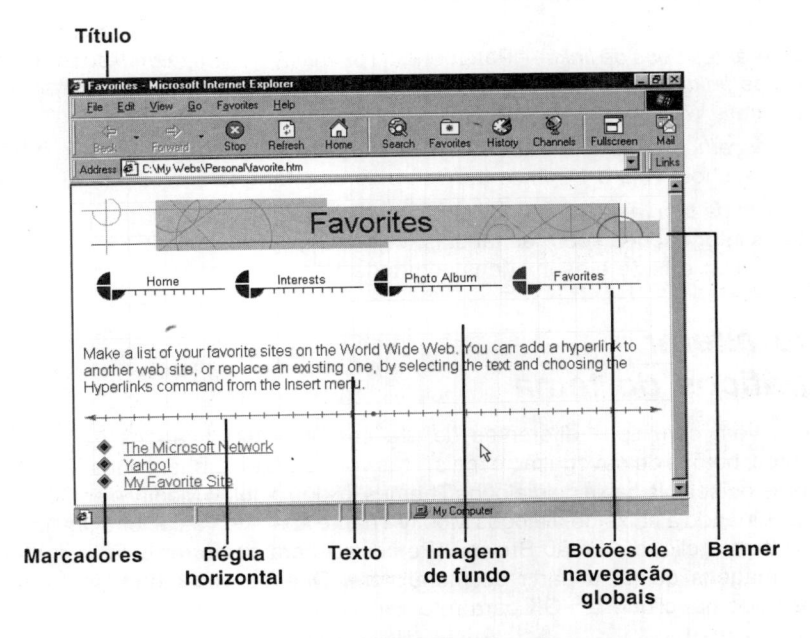

A página Web com o tema Blueprint (Projeto) e os elementos do tema exibidos em um paginador Web.

Como alterar as cores do tema

Não gosta de seu texto, ligações, fundo com cor sólida e cores do texto do *banner*? Para alterá-los a partir da caixa de diálogos Themes, clique o botão Modify e então o botão Colors. Quando a caixa de diálogos Modify Theme (Modificar Tema) aparecer, clique em Custom (Personalizar) para exibir as listas suspensas Item e Color. Então você poderá selecionar os elementos da página na lista Item e novas cores na lista Color. Se você quiser mais opções de cor, selecione More Colors (Mais Cores) na lista Color e selecione uma cor como faria ao criar os esquemas de cores da página, como explicado no Capítulo 3. Quando você terminar de selecionar as cores para os diferentes elementos da página, clique em OK para retornar à caixa de diálogos Themes.

Você poderá alterar as cores dos seguintes elementos da página.

- ➤ *Fundo* — A cor de fundo sólida da página. Para saber mais sobre os fundos da página, veja o Capítulo 3.
- ➤ *Texto banner* — O texto dentro do grande gráfico horizontal que começa cada página.
- ➤ *Corpo* — Os estilos da fonte para o texto do parágrafo e da lista marcada. Para saber mais sobre as listas marcadas, veja o Capítulo 6, "Como criar uma lista, como verificá-la duas vezes".
- ➤ *Diferentes tipos de links* — Para obter as definições dos *hyperlinks*, dos *links* seguidos e dos *links* ativos, veja o Capítulo 7, "Pense nos *links*: Como adicionar *link* a suas páginas Web".
- ➤ *Cabeçalhos* — Cabeçalhos de nível 1 até o nível 6. Para saber mais sobre os cabeçalhos, veja o Capítulo 5, "Como apresentar textos e lidar com as fontes".
- ➤ *Borda da tabela* — Para modificar a cor da borda em torno de uma tabela. Para obter mais informações sobre as tabelas, veja o Capítulo 12, "Coloque em tabelas! Como organizar o texto e as imagens com tabelas".

Como alterar os gráficos do tema

Os temas vêm com tipos diferentes de gráficos, inclusive imagens de fundo, *banners*, marcadores, botões de navegação e mais. Mas você poderá também substituir suas próprias imagens se quiser. Na caixa de diálogos Themes, clique o botão Modify e então clique o botão Graphics. Quando a caixa de diálogos Modify Theme aparecer, selecione um tipo de imagem no menu Item e clique o botão Browse (Percorrer) para percorrer uma imagem. Substitua quantas imagens quiser a partir do menu Item. Quando você terminar de substituir as imagens do tema, clique em OK para retornar para a caixa de diálogos Themes.

Você poderá substituir os seguintes tipos de gráficos:

- ➤ *Imagem de fundo* — A imagem que cria um fundo padronizado em uma página, como explicado no Capítulo 3.
- ➤ *Banner* — O grande gráfico horizontal que aparece na parte superior de cada página.
- ➤ *Lista de marcadores* — O gráfico usado como marcadores para as listas marcadas. Para saber mais sobre a configuração de listas, veja o Capítulo 6.
- ➤ *Botões de navegação globais* — Os botões usados nas barras de navegação para as páginas de seção principais no *site*. Para saber mais sobre as barras de navegação, veja os Capítulos 7 e 14.

Capítulo 4 ➤ Puf! Você é Web *designer* com os temas do FrontPage 51

Antes que você substitua qualquer gráfico!
Você precisará saber como criar e editar imagens e adicioná-las às páginas Web. Seu gráfico de substituição deverá ter o mesmo tamanho do gráfico do tema original para que o tema fique correto.

➤ *Navegação horizontal e vertical* — Os botões de navegação secundários ou o texto usado para listar as páginas em uma seção. Dependendo do *layout* do tema, são os elementos Horizontal Navigation (Navegação Horizontal) ou Vertical Navigation (Navegação Vertical).

➤ *Régua horizontal* — O gráfico usado como um divisor de páginas.

➤ *Botões rápidos* — Os botões de navegação especiais que informam Home (Início), Next (Próximo), Previous (Anterior) e Up (Para cima).

Como alterar os estilos do tema

Cansado de ver essas fontes modernas e novas? Prossiga e volte à boa Times Roman ou qualquer fonte que queira. Na caixa de diálogos Themes, clique o botão Modify e então o botão Styles (Estilos) para exibir a caixa de diálogos Modify Themes. Selecione um elemento de texto no menu Item e escolha uma fonte. Para obter mais opções, clique o botão More Text Styles (Mais Estilos de Texto). Para saber mais sobre as fontes, veja o Capítulo 5 e para saber mais sobre os estilos, veja o Capítulo 15.

Como editar os títulos do gráfico banner

O gráfico *banner* exibe o título da página na parte superior da página. Por que não chamar suas páginas de algo divertido como "Bem-vindo ao meu mundo?" Os *banners* de tema FrontPage têm títulos genéricos, mas você poderá melhorá-los. Clique no *banner* com o botão direito de seu mouse e selecione Page Banner Properties (Propriedades do Banner da Página) no menu de atalho para exibir a caixa de diálogos Page Banners Properties. Selecione Image na lista Properties e então forneça seu novo texto na caixa Page Banner Text (Texto do Banner da Página). Você poderá também alterar a imagem de seu *banner* para um cabeçalho de texto selecionando o botão de rádio Text. Quando terminar, clique em OK para aplicar as alterações.

Como alterar as etiquetas da barra de navegação

Certamente, o assistente Web é ótimo para criar barras de navegação para você, mas você poderá querer recolocar as etiquetas nelas. O FrontPage gera as etiquetas do botão de navegação a partir dos títulos da página e você poderá alterá-las na exibição Navigation. Selecione Navigation na lista Views para exibir as páginas e os títulos da página, clique com o botão direito de seu mouse em um título da página e selecione Rename (Renomear) no menu de atalho. O FrontPage destacará o título da página para que você possa fornecer um novo nome. Para saber mais sobre como trabalhar com as barras de navegação, veja o Capítulo 7.

Cinco temas Web a verificar

Ally McBeal tem seu próprio tema, então por que você não deveria ter o seu também? Tudo bem, talvez não tenha ninguém para escrever uma canção para você e segui-lo onde quer que vá. Mas você ainda selecionará os temas do Web *site* adequados à sua personalidade ou mesmo ao seu humor do dia.

O FrontPage oferece muitos temas atraentes, mas você poderá verificar cinco dos meus favoritos se quiser:

➤ *Blueprint* (Projeto) — Uma aparência profissional muito interessante

➤ *Poetic* (Poético) — Forma livre e harmoniosa

➤ *Blends* (Misturas) — Audacioso e picante

➤ *Citrus Punch* (Ponche cítrico) — Uma bebida matinal

➤ *LaVerne* — Amistoso, com um certo charme retrô

Capítulo 4 ➤ Puf! Você é Web *designer* com os temas do FrontPage

O mínimo que você precisa saber

- ➤ *Como selecionar os temas Web* — O FrontPage vem com vários temas construídos profissionalmente para os sites Web imediatos. Para criar um tema para seu Web, exiba a caixa de diálogos Themes e selecione um tema na lista para exibir uma visualização do tema na janela Sample of Theme.

- ➤ *Como adicionar efeitos especiais aos temas Web* Na caixa de diálogos — Themes, você poderá também escolher os quadros de seleção Vivid Colors, Active Graphics, Background Image ou Apply Theme Using CSS (folhas de estilo).

- ➤ *Como usar temas para páginas selecionadas* — Você poderá também usar diferentes temas em seu Web *site*. Para aplicar um tema nas páginas selecionadas em seu Web *site*, selecione as páginas em Folder List, exiba a caixa de diálogos Themes e escolha um tema.

- ➤ *Como aplicar bordas compartilhadas para fazer seu tema funcionar* — Para fazer seus temas funcionarem, você precisará aplicar bordas compartilhadas em seu Web. Aplique as bordas compartilhadas com a caixa de diálogos Shared Borders. Veja o Capítulo 14 para obter detalhes.

- ➤ *Como obter mais temas* — Você poderá instalar mais temas colocando o CD-ROM FrontPage no drive de CD-ROM, exibindo a caixa de diálogos Theme e selecionando Install Additional Themes na lista.

- ➤ *Como compreender os elementos do tema* — Os temas consistem em uma cor de fundo ou imagem, *banner*, botões de navegação globais, texto, marcadores e réguas horizontais. E mais, os temas determinam os estilos da fonte e a formatação do texto para as páginas Web.

- ➤ *Como personalizar os temas FrontPage* — Uma vez que você tenha configurado seus temas, poderá alterar as cores, gráficos e estilos da fonte na caixa de diálogos Themes. Porém, personalizar os temas poderá ser um ardil. Um método melhor para os tipos criativos é construir seu próprio gabarito, como tratado no Capítulo 14.

- ➤ *Como alterar os títulos do* banner — Para editar os títulos do gráfico *banner* de suas páginas, selecione cada *banner*, exiba a caixa de diálogos Page Banner Properties, escolha Image na lista Properties e digite seu novo texto na caixa de texto Page Banner.

- ➤ *Como editar as etiquetas dos botões de navegação globais* — Para alterar as etiquetas em seus botões de navegação globais (também chamados de barras de navegação), escolha Navigation na lista Views para exibir a exibição da página Navigation e altere os títulos de cada página. As etiquetas dos botões de navegação globais mudarão com os títulos da página. Para saber mais sobre como trabalhar com as barras de navegação na exibição Navigation, veja o Capítulo 7.

Capítulo 5

Como apresentar textos e lidar com as fontes

Neste capítulo
- ➤ Como criar parágrafos e quebras de linha
- ➤ Como selecionar, apagar e mover o texto
- ➤ Como importar o texto de um arquivo
- ➤ Como aplicar os estilos do texto
- ➤ Como usar o Format Painter
- ➤ Como inserir sinais, linhas e outros caracteres especiais
- ➤ Como verificar a ortografia, encontrar e substituir o texto
- ➤ Cinco truques eficazes de formatação de texto

Quando a World Wide Web começou, as pessoas brincavam sobre como seria possível usar qualquer fonte desejada, contanto que gostasse da Times Roman e da Courier. Puxa! Os tempos realmente mudaram. Embora a Web ainda tenha seus limites, atualmente você pode fazer muitas coisas interessantes para animar seu texto. Adicione um pouco de cor ou experimente algumas fontes. O céu é o limite, ou quase. Com o FrontPage, você poderá fazer quase tudo o que faz com seu processador de textos.

Mais como texto

Se você usa o Microsoft Word, achará que o FrontPage ainda tem muitos dos mesmos botões e funções da barra de ferramentas. A Microsoft integrou o FrontPage na família do software Office 2000, tornando-o mais fácil do que nunca usar. Para saber mais sobre como trabalhar com o FrontPage e o Microsoft Office, leia o Capítulo 18, "Uma combinação feita em Redmond: FrontPage e Microsoft Office 2000".

Como controlar o texto: como adicionar e editar o texto

O texto não parece elegante e ninguém parece falar sobre ele. (Afinal, alguma empresa de alta tecnologia glamourosa balança a Bolsa de Valores ou faz a notícia vespertina porque sua aplicação ajuda as pessoas a criarem ou verem o texto?) Contudo, tente imaginar uma página Web ou qualquer outra coisa que as pessoas criam com computadores que não tenha nenhum texto.

Sim, mesmo com toda a euforia sobre a multimídia, animação e outras coisas na Web, você ainda acabará escrevendo e editando muito texto. Felizmente, o FrontPage fornece todas as ferramentas que você esperava em suas outras aplicações. Portanto, vá em frente e crie cabeçalhos, alinhe o texto, verifique a ortografia, pesquise e substitua, copie e cole e faça tudo o que normalmente faz ao criar suas páginas Web. A figura a seguir mostra alguns elementos básicos do texto, com os quais você aprenderá a trabalhar neste capítulo.

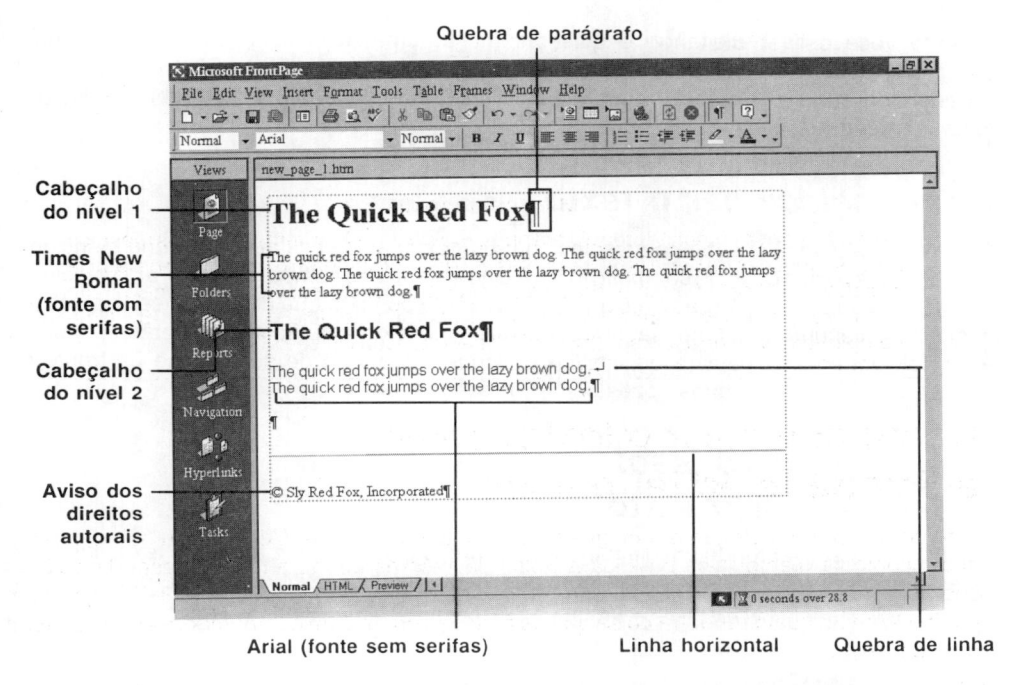

Capítulo 5 ➤ Como apresentar textos e lidar com as fontes   57

Figura com anotações:

- Quebra de parágrafo
- Cabeçalho do nível 1
- Times New Roman (fonte com serifas)
- Cabeçalho do nível 2
- Aviso dos direitos autorais
- Arial (fonte sem serifas)
- Linha horizontal
- Quebra de linha

Alguns elementos de texto básicos exibidos na janela de aplicação FrontPage com os marcadores de parágrafo ativados.

Parágrafos e quebras de linha: qual é a diferença?

Seu professor de português do segundo Grau provavelmente disse que um parágrafo contém duas ou mais sentenças. Esqueça isso quando criar as páginas Web. O FrontPage considera um parágrafo como uma linha de texto (ou várias sentenças) com um espaço extra acima ou abaixo dela. Sempre que você pressionar a tecla Enter, iniciará um novo parágrafo.

Ative seus parágrafos

Algumas vezes é mais fácil ver o que você está fazendo quando exibe a formatação do parágrafo na página. Para exibir a formatação do parágrafo, clique o botão Show All (Mostrar Tudo) na barra de ferramentas Standard (Padrão). Para desativar a exibição da formatação do parágrafo, clique novamente o botão Show All. Esse recurso não afetará como sua página Web será exibida no *browser*.

Quando você estiver digitando e quiser começar uma nova linha sem criar um novo parágrafo, poderá inserir uma quebra de linha pressionando a tecla Shift e mantendo-a pressionada enquanto pressiona a tecla Enter. Quando você cria uma quebra de linha, o texto mantém a formatação do parágrafo atual.

Como selecionar o texto

Provavelmente você já sabe como selecionar um texto; ainda assim vale a pena mencionar isso, apenas para o caso de ser *muito* iniciante no mundo dos computadores. Para selecionar o texto, coloque o cursor (parece com um I) na frente do texto que deseja selecionar, clique com o botão esquerdo do mouse, arraste o cursor no texto e então solte o botão do mouse. Para selecionar uma palavra ou um *link*, coloque o ponteiro de seu mouse na frente da palavra ou *link* e clique duas vezes com o botão do mouse.

Eca, não quero isso!
Como apagar o texto

Quando você estiver tendo um dia ruim e odiar tudo o que escrever, apagar o texto será uma catarse maravilhosa. Experimente algum dia! Para apagar o texto, selecione-o e pressione a tecla Delete ou a tecla Backspace.

Como copiar
e colar o texto

Por que digitar de novo quando você pode copiar e colar o texto? Para copiar e colar o texto, selecione-o e clique o botão Copy (Copiar) na barra de ferramentas Standard (ou use a combinação de teclas Ctrl+C). Coloque seu cursor onde deseja copiar o texto e clique o botão Paste (Colar) na barra de ferramentas Standard (ou use a combinação de teclas Ctrl+V).

Como mover
o texto para outro lugar

Você poderá mover blocos de texto para uma área diferente do documento atual ou para um documento diferente, cortando e colando. Lembra do maternal? Eu costumava adorar cortar e colar coisas. (Estou surpresa de o professor não ter tirado minha tesoura!) Com computadores, cortar e colar funciona da mesma maneira; você corta algo e cola-o em algum outro lugar. Para mover o texto, selecione-o e pressione o botão Cut na barra de ferramentas Standard (ou use a combinação de teclas Ctrl+X). Então coloque seu cursor onde deseja colocar o texto e clique o botão Paste na barra de ferramentas Standard (ou use a combinação de teclas Ctrl+V).

Capítulo 5 ➤ Como apresentar textos e lidar com as fontes   59

Experimente arrastar e soltar

Quando você estiver movendo o texto para algum lugar no documento atual, poderá arrastá-lo e soltá-lo. Selecione o texto, clique-o e use o mouse para arrastá-lo para o novo local quando o cursor com seta aparecer.

Carregue, Charlie! Como importar o texto de outro arquivo

Se você estiver criando um Web *site* para uma organização ou seu negócio pessoal, provavelmente já terá coisas em seu computador que gostaria de incluir em seu Web *site* — uma instrução de missão, uma lista de produtos ou um relatório anual. Com o FrontPage, você poderá colocar documentos de processador de textos, planilhas e mesmo o texto de outras páginas Web em sua página muito rapidamente. O FrontPage poderá ainda lidar com alguns tipos de documento e planilha que não foram criados com as aplicações Microsoft Office.

Veja como importar o texto de um arquivo diferente.

1. Coloque seu cursor onde deseja inserir o texto.
2. Selecione File (Arquivo) no menu Insert (Inserir) para exibir a caixa de diálogos Select File (Selecionar Arquivo).
3. Pagine para encontrar o arquivo que deseja e então clique o botão Open (Abrir). Para pesquisar um tipo específico de arquivo (como um documento Word), selecione o tipo de arquivo na lista File of Type (Arquivo do Tipo). Se você não tiver certeza do tipo de arquivo, selecione All Files (Todos os Arquivos).
4. Selecione o arquivo e clique em OK.

Para os editores eletrônicos

Se você for um *designer* gráfico migrando para a Web, provavelmente desejará colocar algumas partes de sua pasta de documentos *online*. Embora o FrontPage não possa importar os arquivos QuarkXPress e PageMaker, ainda há uma esperança.

Se você tiver uma versão recente do Quark ou do PageMaker, poderá exportar seus arquivos como documentos HTML e então importar essas páginas Web e gráficos para seu FrontPage Web, como descrito no Capítulo 24, "Você e seus arquivos Web". Provavelmente você precisará fazer muitos ajustes nesses arquivos, porque o Quark e o PageMaker realmente fazem uma confusão quando chegam às páginas Web.

Você poderá também exportar seu texto do Quark ou do PageMaker como arquivos .RTF (formato rich text), importar o texto para sua página (ou páginas), trazer imagens para seu Web separadamente e recriar suas construções como páginas Web.

Se você usar programas de desenho como o Adobe Illustrator, Macromedia Freehand ou CorelDRAW, poderá também usar acréscimos especiais para que as pessoas possam ver seu trabalho na Web. O capítulo 17, "Organize os elementos: som, vídeo e mais", falará sobre os tipos de arquivo que requerem acréscimos.

Como formatar os parágrafos

Qual é a diferença entre páginas Web e documentos do processador de textos? Não muita, se você usar o FrontPage. Os formatos do parágrafo são diferentes dos formatos dos caracteres, como você verá na seção "Uma pequena fonte mágica: como lidar com as fontes" posteriormente neste capítulo. Os *formatos do parágrafo*, como alinhamento, recuos e estilos de texto HTML, são aplicados em todo o parágrafo, não apenas em uma palavra ou duas (a menos que a palavra fique sozinha como um parágrafo).

Você poderá encontrar as opções do parágrafo e de formatação do texto no menu Format (Formatar) ou no menu de atalho (clicando com o botão direito no parágrafo). Melhor ainda, a barra de ferramentas Formatting (Formatação) (mostrada na figura a seguir) tem várias dessas opções de formatação.

Capítulo 5 ➤ Como apresentar textos e lidar com as fontes   61

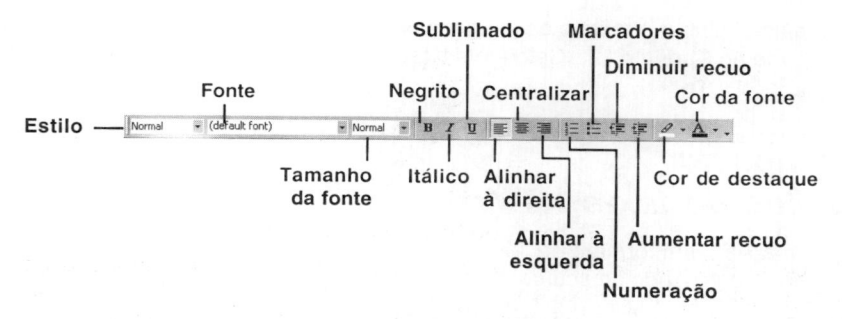

A barra de ferramentas Formatting.

Como alinhar o texto

A vida certamente seria um tédio se todo o texto fosse alinhado automaticamente à esquerda. Alinhar o texto irá colocá-lo na horizontal em relação ao resto da página. Para alinhar o texto à esquerda, centralizar ou à direita, clique o botão Align Left (Alinhar à Esquerda), Align Center (Centralizar) ou Align Right (Alinhar à Direita) na barra de ferramentas Formatting. Você poderá também alinhar o texto, clicando com o botão direito no texto selecionado, selecionando Paragraph (Parágrafo) no menu de atalho e então escolhendo uma opção no menu Alignment (Alinhamento).

Como recuar o texto

Recuar o texto poderá fazer com que itens importantes como citações sejam destacados. Para recuar o texto, coloque seu cursor em uma linha ou parágrafo e clique o botão Increase Indent (Aumentar Recuo) na barra de ferramentas Formatting. Você poderá aumentar seu recuo clicando o botão Increase Indent novamente. E se você ficar muito entusiasmado com seu recuo, poderá corrigir as coisas clicando o botão Decrease Indent (Diminuir Recuo).

Para obter mais opções, você poderá clicar com o botão direito no texto selecionado e escolher Paragraph no menu de atalho para exibir a caixa de diálogos Paragraph. Então poderá selecionar os itens no menu Indentation (Recuo) para ajustar o recuo da margem esquerda, direita e a primeira linha do parágrafo selecionado.

Como inserir espaços em branco

Espaçar o texto poderá ser traiçoeiro na Web. Você poderá inserir espaços com a barra de espaço até ficar vermelho e as coisas ainda poderão não ficar alinhadas corretamente. Você poderá experimentar pressionar a tecla Tab, mas quando exibir sua página no paginador, aprenderá a lição desagradável de que não há algo como tabulações na Web. O FrontPage *deixará* que você insira alguns espaços antes de um parágrafo como um recuo e adicione espaços entre as palavras em um parágrafo usando a barra de espaço. Mas se você realmente quiser alinhar o texto e as imagens em uma página Web, precisará criar tabelas, como explicado no Capítulo 12, "Coloque em tabelas! Como organizar o texto e as imagens com tabelas".

Como aplicar os estilos de texto HTML

Você poderá aplicar um formato de texto no FrontPage da mesma maneira que faria com o Microsoft Word, colocando seu cursor na linha de texto que deseja formatar e selecionando um estilo na lista Styles (Estilos) na barra de ferramentas Formatting. Quando você selecionar um estilo, o FrontPage irá aplicá-lo em todo o parágrafo mesmo que você selecione apenas uma palavra.

Você poderá escolher a partir dos seguintes estilos HTML ou criar os seus próprios, como descrito no Capítulo 15, "Agora você tem estilo! Como usar as folhas de estilo":

➤ *Normal text* (Texto normal) — Use para o texto do parágrafo normal.

➤ *Formatted* (Formatado) — Também chamado de texto *pré-formatado*, aplica uma fonte com espaçamento uniforme, como Courier, em seu texto.

➤ *Address* (Endereço) — Esse estilo é geralmente aplicado nas informações de contato ou de direitos autorais, geralmente localizado na parte inferior de uma página Web.

➤ *Headings* (Cabeçalhos) — O FrontPage e a HTML suportam seis níveis diferentes de cabeçalho.

Experimente as folhas de estilo!

Se a antiga HTML comum não fornece o tipo de formatação de texto e opções de *layout* desejadas, experimente usar as folhas de estilo, como explicado no Capítulo 15.

➤ *Lists* (Listas) — Esse estilo é aplicado a todas as listas numeradas, com marcadores e do tipo índice com termos de definição e descrições de definição, como explicado no Capítulo 6, "Como criar uma lista, como verificá-las duas vezes".

Como remover a formatação do texto

Não gosta dos formatos de texto aplicados? Livre-se deles! Para retirar a formatação de uma linha ou parágrafo, selecione-o, clique no menu Format e selecione Remove Formatting (Remover Formatação) na lista suspensa.

Como inserir
uma linha horizontal

As linhas horizontais (também chamadas de *réguas horizontais* ou *divisores de páginas*) são úteis quando você deseja separar seções diferentes de sua página de outra. Para inserir uma linha horizontal, selecione Horizontal Line (Linha Horizontal) no menu Insert.

Não gosta da aparência de sua linha? Sinta-se à vontade para alterar sua largura, altura, alinhamento e cor clicando-a com o botão direito do mouse e selecionando Horizontal Line Properties (Propriedades da Linha Horizontal) no menu de atalho. Quando a caixa de diálogos Horizontal Line Properties aparecer, você poderá alterar as configurações para o seguinte:

➤ *Width* (Largura) — Selecione um número na lista e então selecione o botão de rádio Percent of Window (Porcentagem da Janela) ou Pixels para determinar qual unidade de medida você deseja usar e então forneça um número na caixa.

➤ *Height* (Altura) — Esse é um termo engraçado de usar porque essa configuração na verdade controla a espessura da linha. Para ajustar a espessura de sua linha, selecione um número na lista.

➤ *Alignment* (Alinhamento) — Clique em um botão de rádio para alinhar sua linha horizontal à esquerda, centralizar ou à direita da página.

➤ *Color* (Cor) — Você poderá adicionar um pouco de cor à sua página, selecionando uma cor na lista Color.

➤ *Solid Line (no shading)* (Linha Sólida (sem sombreamento)) — Por default, as linhas horizontais são sombreadas para que pareçam estar incorporadas na página. Para exibir sua linha como uma linha sólida, clique no quadro de seleção.

O que são pixels?

Não, os pixels não essas pequenas e simpáticas criaturas espaciais que você viu enquanto assistia *Guerra nas estrelas*. São a unidade de medida usada na Web e no mundo gráfico do computador em geral. Os computadores exibem o texto e os gráficos como minúsculos pontos, como as impressões dos livros em quadrinhos de Roy Lichtenstein dos anos 60. O tamanho real de um pixel depende da tela de seu computador, mas se você tiver uma aplicação como o Microsoft Word que vem com uma régua, cada polegada nessa régua representa cerca de 72 pixels.

Uma pequena fonte mágica: como lidar com as fontes

Com o seu primeiro computador, é difícil parar de lidar com todas as fontes. Muitas pessoas ficam tão empolgadas que escrevem cartas para todos os seus amigos e circulam memorandos no escritório, usando cinco ou 10 fontes em cada página! É terrível do ponto de vista do *design*, mas pode ser certamente divertido. Com o FrontPage, você poderá ainda lidar com as fontes. Mas lembre-se que as páginas Web não funcionam como as impressas. Se seus visitantes não tiverem as mesmas fontes instaladas em seus sistemas, eles verão as antigas fontes chatas ao invés das fabulosas que você selecionou.

Você poderá evitar esse problema ficando com as fontes que a maioria das pessoas tem em seus sistemas, como Times New Roman, Arial, Helvética, Trebuchet e Verdana. Entretanto, existem muitas coisas legais que você poderá fazer com as fontes que todos podem ver, como redimensioná-las e colori-las. As três seções a seguir falarão sobre os estilos de caracteres que você poderá aplicar em uma letra, palavra ou várias palavras sem mudar todo o parágrafo.

Como alterar a fonte e o tamanho da fonte

Quando você aplica os estilos do parágrafo HTML a partir da lista Style, ela formata seu texto de acordo com os tamanhos defaults do texto e suas configurações do esquema de cores (como explicado no Capítulo 3, "Como lidar com páginas Web"). Mas você poderá anular essas configurações para fazer com que seus cabeçalhos e texto sobressaiam. A barra de ferramentas Formatting é apenas uma maneira rápida de clicar com o mouse.

Para mudar uma fonte, selecione o texto e então selecione uma fonte no menu Font (Fonte). Para ajustar o tamanho da fonte, selecione o texto e escolha um tamanho da fonte a partir da lista Size (Tamanho). O FrontPage lista ainda os tamanhos do texto Web (níveis 1-6, com 1 como o menor) com seus tamanhos de ponto equivalentes uma vez que a maioria dos programas de software mede os tamanhos do texto como *pontos*.

Como adicionar um pouco de cor com as cores da fonte e o destaque

Publicar documentos ao vivo em Technicolor costumava ser complicado e caro, mas a Web permite que você use todas as cores desejadas. Você poderá adicionar um pouco de cor à sua linguagem ou criar um efeito de caneta de destaque para o texto que deseja enfatizar.

Para colorir seu texto, selecione-o, clique na pequena seta ao lado do botão da barra de ferramentas Font Color (Cor da Fonte) na barra de ferramentas Formatting. Então selecione uma cor na paleta de cores. Para destacar seu texto com uma cor, selecione-o, clique na pequena seta ao lado do botão Highlight Color (Cor de Destaque) na barra de ferramentas Formatting e selecione uma cor na palheta de cores.

Você poderá ler mais sobre como selecionar as cores na seção "Pinte minha página Web: como alterar as cores de fundo, texto e ligação" do Capítulo 3.

Como aplicar negrito, itálico e sublinhados

Como na maioria das aplicações, o FrontPage permite que você aplique os estilos negrito, itálico e sublinhado em seu texto. Selecione seu texto e clique o botão Bold (Negrito), Italic (Itálico) ou Underline (Sublinhado) na barra de ferramentas Formatting. (A propósito, sublinhar o texto em uma página Web não é recomendado. Os surfistas da Web esperam que o texto sublinhado funcione como um *link* e ficam muito chateados quando clicam no texto e nada acontece!)

Sobrescritos, subscritos, versaletes, etc: como aplicar efeitos de caracteres especiais

Precisa de mais alguns efeitos de caracteres especiais, como versaletes, superescritos e subscritos? Imagine publicar documentos científicos sem o texto sobrescrito! Se você não vir o efeito especial que está procurando, selecione seu texto, clique-o com o botão direito de seu mouse e selecione Font no menu de atalho para exibir a caixa de diálogos Font. Lá agora é assim!

Para aplicar efeitos de caracteres especiais, selecione um quadro de seleção na lista Effects (Efeitos) e clique o botão OK. A caixa de diálogos Font ainda fornecerá uma janela Preview (Visualização) para que você possa ver como suas escolhas ficam antes de aplicá-las.

Como copiar os formatos do texto com o Format Painter

Uma vez que você tenha decidido como deseja que fique seu texto, quem desejará continuar selecionando o texto e aplicando os estilos do parágrafo e do texto mais e mais? Ninguém. Por que se preocupar quando o Format Painter pode fazer o trabalho para você? Para copiar a formatação de um parágrafo para outro, selecione o texto que contém a formatação que deseja copiar, clique o botão Format Painter na barra de ferramentas Standard e então clique seu cursor (ele irá se transformar em um pincel) no texto que deseja formatar de novo.

A barra de ferramentas Standard é mostrada na figura a seguir.

Parte II ➤ *Mergulhe! A água está ótima!*

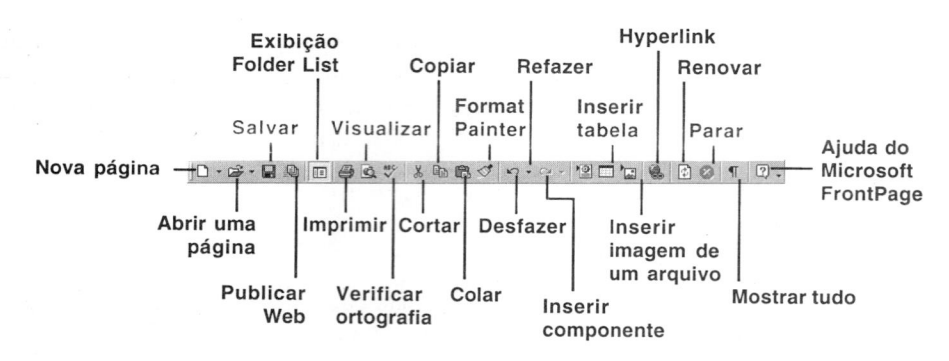

A barra de ferramentas Standard.

Para copiar a formatação de um parágrafo para vários parágrafos, selecione o texto que contém a formatação que você deseja copiar, clique duas vezes o botão Format Painter e então clique em todos os parágrafos que deseja formatar de novo. Para desativar o Format Painter, clique o botão Format Painter novamente.

Sinais, símbolos e caracteres especiais

Mais cedo ou mais tarde, todos começam a usar símbolos e caracteres especiais em seus documentos. Afinal, seu Web *site* pertence a você ou a sua organização e você deverá incluir avisos de direitos autorais e marcas registradas quando for apropriado. Um símbolo © ou ® parece muito mais profissional do que escrever as palavras "Direitos autorais" ou "Marca registrada". E o que seus futuros chefes pensarão de seu currículo na Web se você escrever uma palavra incorretamente, sem os acentos?

Para inserir um caractere especial, escolha Symbol (Símbolo) no menu Insert. Quando a caixa de diálogos Symbol aparecer, clique em um símbolo, clique o botão Insert e então clique o botão Close (Fechar).

Ooopa! Posso desfazer isso?

Sim! Apenas um pequeno erro e você fez uma confusão! Deixe que Undo (Desfazer) venha em seu auxílio. Clique o botão Undo na barra de ferramentas Standard, selecione Undo no menu Edit (Editar) ou use a combinação de teclas Ctrl+Z e sua página ficará boa como nova. Ah, você não queria desfazer isso? Tudo bem. Apenas clique o botão Redo (Refazer) na

Capítulo 5 ➤ Como apresentar textos e lidar com as fontes   **67**

barra de ferramentas Standard, selecione Redo no menu Edit ou use a combinação de teclas Ctrl+Y. (Agora, como desfazer o comentário excessivamente honesto que você fez sobre a roupa sugestiva do seu colega esta manhã?)

Hora de verificar a ortografia

Você trabalhou muito em seu Web *site*, mas não deixe que erros desagradáveis passem e o embaracem ao mostrar seu Web site para o mundo! O FrontPage vem com um recurso de verificação de ortografia para que você possa tornar perfeitas as palavras de suas páginas.

Para executar uma verificação de ortografia rápida, clique o botão Spelling (Verificar Ortografia) na barra de ferramentas Standard para exibir a caixa de diálogos Spelling, como mostrado na figura a seguir. Ou exiba a caixa de diálogos Spelling, pressionando a tecla F7 ou selecione Spelling no menu Tools (Ferramentas). Quando o FrontPage pegar uma palavra errada, exibirá a palavra na caixa Not in Dictionary (Não no Dicionário) com uma lista de correções sugeridas sob ela. Para alterar a ortografia, selecione uma palavra na lista Suggestions (Sugestões) ou forneça você mesmo a ortografia correta na caixa Change To (Alterar Para) e então clique o botão Change (Alterar).

E se a palavra não estiver de fato errada? Você poderá clicar o botão Ignore (Ignorar). Ou se você usar a palavra com freqüência, adicione-a ao dicionário clicando o botão Add (Adicionar). O FrontPage reconhecerá a palavra desse momento em diante. Você poderá também impedir que o FrontPage marque a palavra sempre clicando o botão Ignore All (Ignorar Todas) ou Change All (Alterar Todas).

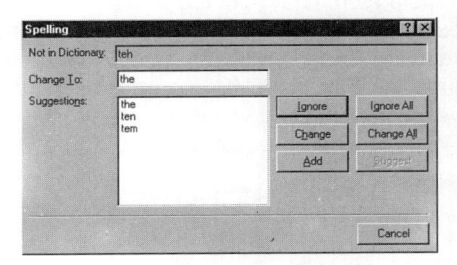

A caixa de diálogos Spelling.

Como pesquisar o texto

Paginar os documentos para localizar um pedacinho de texto poderá ser terrivelmente aborrecido. Felizmente, o FrontPage vem com um recurso Find (Localizar) para que você possa encontrar rapidamente o texto na página atual ou em todo o seu Web site.

Para localizar uma palavra ou frase em uma única página, selecione Find no menu Edit ou use a combinação de teclas Ctrl+F para exibir a caixa de diálogos Find. (A figura a seguir mostra uma imagem da caixa de diálogos Replace (Substituir), que é semelhante.) Forneça uma palavra ou frase na caixa Find e clique em um botão de rádio da lista Direction (Direção) para determinar se a pesquisa será para cima ou para baixo no documento. Para pesquisar o próximo lugar onde a palavra ou frase aparece, clique o botão Next (Próxima). Quando o FrontPage terminar de pesquisar sua página, uma caixa de diálogo aparecerá informando isso.

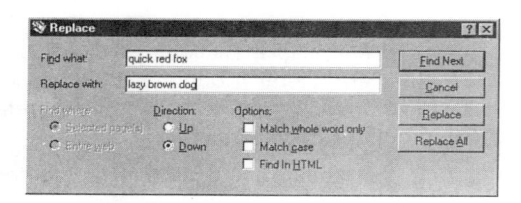

A caixa de diálogos Replace.

Você poderá restringir as opções de sua pesquisa clicando nos quadros de seleção da lista Options (Opções). Match Whole Word Only (Coincidir Palavra Inteira Apenas) pesquisará as versões com letras maiúsculas e minúsculas de sua palavra ou frase e Match Case (Coincidir maiúscula/minúscula) pesquisará as palavras e as frases com a mesma combinação exata de letras maiúsculas e minúsculas. Find in HTML (Localizar na HTML) será útil se você souber a HTML, porque permite pesquisar os bits do código-fonte. Você poderá também pesquisar todas as páginas em seu Web clicando o botão de rádio Entire Web (Todo Web).

Pesquise e substitua todo seu Web!

O FrontPage também permite encontrar e substituir o texto em todo o seu Web *site*. Você poderá fazer isso clicando no botão de rádio Entire Web. O Capítulo 25, "Testando, testando, um, dois, três: como verificar seu Web *site*", falará mais sobre como colocar os toques finais em seu site.

Capítulo 5 ➤ Como apresentar textos e lidar com as fontes   69

Como pesquisar
e substituir o texto

O FrontPage não ajuda apenas a encontrar palavras e frases, também facilita substituí-las por um texto diferente. Para pesquisar e substituir o texto, selecione Replace no menu Edit ou use a combinação de teclas Ctrl+H. Isso exibirá a caixa de diálogos Replace, que se parece muito com a caixa de diálogos Find e oferece as mesmas opções. Forneça uma palavra ou frase na caixa Find What (Localizar O Que) e então forneça o texto de substituição na caixa Replace With (Substituir Por).

Para substituir todas as palavras ou frases de uma só vez, clique o botão Replace All (Substituir Todas). Para pesquisar e substituir os itens um por um, clique o botão Find Next (Localizar Próxima) para substituir o texto e ir para o próximo item ou você poderá clicar o botão Find Next para deixar o item inalterado e ir para o seguinte.

Cinco truques
de formatação de texto

Com um pouco de imaginação e experimentação, você poderá acrescentar maior interesse visual a suas páginas com alguns truques de texto:

➤ *Cabeçalhos que saltam!* — Dê a seus cabeçalhos uma aparência de salto, fazendo com que cada letra tenha um tamanho diferente ou alternando fontes diferentes. Isso fica muito interessante quando feito corretamente. Lembre-se, porém, que cabeçalhos que saltam *demais* poderão parecer uma distração.

➤ *Experimente alguma arte ASCII* — ASCII significa *American Standard Code for Information Interchange* (Código Padrão Americano para Troca de Informações) e é pronunciado como "assi". É o texto comum, não formatado que qualquer pessoa pode ler, não importando qual computador ou paginador é usado. Usando o texto formatado, você poderá transformar o velho texto ASCII chato em arte. Para obter alguns exemplos de arte ASCII, visite a ASCII Art Gallery de Joan Stark em http://www.geocities.com/SoHo/7373/.

➤ *Adicione um contorno de texto com paginação* — Você poderá criar um contorno de texto com paginação que fará seu texto paginar sua página como um fornecedor de informações vivo, como explicado no Capítulo 20, "Páginas divinas com efeitos especiais animados".

➤ *Transforme caracteres e símbolos em gráficos* — Os caracteres do teclado e os símbolos poderão ser usados para criar gráficos. Experimente cores e tamanhos diferentes. Tente digitar uma lista de asteriscos e usá-los como um divisor de páginas ao invés de uma linha horizontal. Alguns símbolos parecem bem interessantes também.

➤ *Aprenda mais dicas e truques de digitação* — O site Typography da Microsoft em http://www.microsoft.com/typography/ tem muitas informações sobre textos na Web.

O mínimo que você precisa saber

➤ *Como adicionar e selecionar o texto*—Para adicionar o texto, coloque seu cursor na página e comece a digitar. Para selecionar o texto, coloque seu cursor antes do texto que deseja selecionar e arraste-o no texto.

➤ *Como importar o texto*—Você poderá adicionar o texto de outras páginas Web e documentos do processador de textos, colocando o mouse onde deseja colocar o texto, selecionando File no menu Insert e selecionando um documento.

➤ *Como formatar o texto*—Você poderá selecionar o texto e então aplicar os estilos da fonte e do parágrafo a partir da barra de ferramentas Formatting. Você poderá também exibir a caixa de diálogos Paragraph ou Font a partir do menu Format para obter mais opções. Os formatos da fonte incluem a fonte, o tamanho, o estilo (negrito, itálico ou sublinhado) e a cor. Os formatos do parágrafo incluem o estilo (como Cabeçalho 1), o alinhamento e o recuo.

➤ *Como editar o texto*—Você poderá selecionar o texto e então fazer edições a partir da barra de ferramentas Standard ou do menu Edit. As funções da edição incluem copiar, cortar, colar e apagar. E mais, você poderá usar o Format Painter para copiar os formatos da fonte e do parágrafo de um parágrafo para o seguinte ou apagar o texto selecionando-o e pressionando a tecla Delete.

➤ *Outras ferramentas úteis*—Você poderá adicionar símbolos e caracteres especiais a partir da caixa de diálogos Symbol, executar um verificador de ortografia a partir da caixa de diálogos Spelling, pesquisar o texto a partir da caixa de diálogos Find e substituir palavras e frases a partir da caixa de diálogos Replace.

Capítulo 6

Como criar uma lista, como verificá-la duas vezes

Neste capítulo
➤ Como criar listas marcadas e escolher os estilos dos marcadores
➤ Como usar gráficos como marcadores
➤ Como criar listas numeradas e escolher os estilos dos números
➤ Como configurar as listas de definição
➤ Como construir listas dentro de listas
➤ Como criar e visualizar listas reduzíveis
➤ Cinco maneiras de usar as listas

Sempre que você vir uma revista anunciando Os Dez Mais Qualquer Coisa, pode resistir a pegá-la e dar uma olhada? As pessoas adoram listas, portanto a mídia obriga-nos a olhá-las e continua produzindo-as. Se você não concorda com suas escolhas, bem, reclamar sobre as listas é quase tão divertido quando lê-las.

As listas também tornam mais fácil para as pessoas absorverem fatos, imagens e tarefas. É por isso que as pessoas que apresentam informações diariamente, como professores, oradores públicos e escritores de livros do tipo "Como fazer", usam muito as listas. Agora que você tem algumas informações sobre si mesmo para apresentar em suas páginas Web, poderá criar listas também, como mostrado na figura a seguir.

Parte II ➤ *Mergulhe! A água está ótima!*

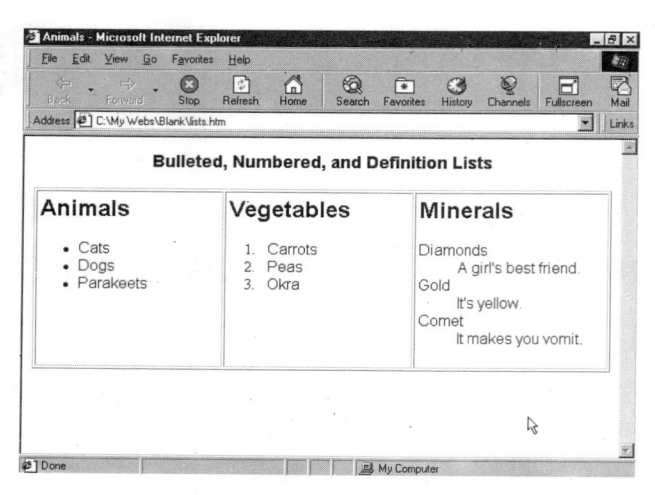

```
Bulleted, Numbered, and Definition Lists

Animals          Vegetables        Minerals
  • Cats          1. Carrots        Diamonds
  • Dogs          2. Peas             A girl's best friend.
  • Parakeets     3. Okra           Gold
                                      It's yellow.
                                    Comet
                                      It makes you vomit.
```

Exemplos de uma lista marcada, numerada e de definição.

Entendeu? Como criar listas marcadas

Deseja informar a seus clientes sobre seus últimos produtos ou indicar para as pessoas seus links favoritos e explicar por que gosta deles? As listas marcadas poderão fazer o truque. Os marcadores atraem a atenção para os pontos mais importantes e se as pessoas quiserem mais informações, poderão seguir seus links.

Como criar o espaço do parágrafo entre os itens da lista

Se seus itens da lista contiverem cada um uma sentença ou duas, você poderá separá-los para que fiquem mais fáceis de serem lidos. Sendo bastante estranho, para criar a ilusão de espaços do parágrafo entre os itens da lista, você precisará adicionar uma quebra de linha. Do contrário, acabará com um marcador ou número extra flutuando no espaço. Para criar uma quebra de linha, coloque seu cursor no final do item da lista e pressione a tecla Enter, enquanto mantém pressionada a tecla Shift.

Capítulo 6 ➤ Como criar uma lista, como verificá-la duas vezes　　　　　　　　　　**73**

Para iniciar uma lista marcada, clique o botão da barra de ferramentas Bullets (Marcadores) ou selecione Bulleted List (Lista Marcada) na lista Style (Estilo) na barra de ferramentas Formatting (Formatação) e comece a digitar. Quando você pressionar a tecla Enter, o FrontPage adicionará outro marcador para que você possa começar um novo item da lista. Portanto agora você pode estar imaginando: se o FrontPage adiciona um novo item da lista marcada sempre que você pressiona a tecla Enter, como terminará a lista? Não se preocupe, o FrontPage não irá destiná-lo a uma eternidade de fornecimento de marcadores, apenas pressione Enter duas vezes e estará terminado.

Você poderá também formatar o texto existente como uma lista marcada. Selecione o texto e clique o botão da barra de ferramentas Bullets ou selecione Bulleted List na lista Style na barra de ferramentas Formatting.

Como selecionar um estilo de marcador

Se você ficar cansado de ver pequenos pontos pretos com cor sólida, experimente os pequenos círculos com contorno ou os quadrados com cor sólida. Selecione sua lista, clique nela com o botão direito de seu mouse e selecione List Properties (Propriedades da Lista) no menu de atalho. O FrontPage exibirá a caixa de diálogos List Properties com a Plain Bullets (Marcadores Comuns) já selecionado, como mostrado na figura a seguir. Selecione o estilo de marcador desejado, clique o botão OK e terá terminado.

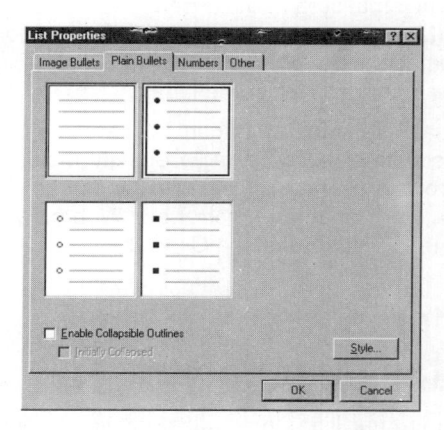

A caixa de diálogos List Properties com Plain Bullets selecionada.

Mas, espere, você notou o botão Style nessa caixa de diálogos? Se você clicá-lo, a caixa de diálogos Modify Style (Modificar Estilo) aparecerá para que possa usar as folhas de estilo para formatar o texto em sua lista marcada. As folhas de estilo permitem que você faça todos os tipos de coisas que não pode fazer com um texto Web HTML comum. Falaremos sobre as folhas de estilo no Capítulo 15, "Agora você tem estilo! Como usar as folhas de estilo".

Como usar imagens para os marcadores

Por que usar marcadores normais, quando você pode ter gráficos elegantes? Pequenas formas e ícones poderão criar ótimos marcadores e a Clip Art Gallery (Galeria de Clipart) do FrontPage vem com muitas coisas gratuitas que você poderá usar. Para dar à sua lista marcada uma aparência diferente, façamos uma outra viagem à caixa de diálogos List Properties.

Não gosta de clicar com o botão direito de seu mouse?

Clicar com o botão direito é mais fácil para a maioria das pessoas, mas você poderá também exibir a caixa de diálogos List Properties selecionando Bullets and Numbering (Marcadores e Numeração) no menu Format (Formatar).

Se sua página Web tiver um tema, será fácil. De dentro da caixa de diálogos List Properties, selecione Picture Bullets (Marcadores com Imagem), clique no botão de rádio Use pictures from current theme (Use imagens do tema atual), clique o botão, e o FrontPage adicionará os gráficos dos marcadores com cores coordenadas.

Se você preferir selecionar sua própria imagem, espere! Faltam apenas mais algumas etapas para continuar. Escolha o botão de rádio Specify Picture (Especifique Imagem) e então clique o botão Browse (Percorrer) para exibir a caixa de diálogos Select File (Selecionar Arquivo). Nela, você poderá percorrer seu Web para obter um gráfico ou clicar o botão Clip Art para dar uma volta na galeria Clip Art.

Você tem números: como criar listas numeradas

Agora que você sabe como criar listas marcadas, configurar listas numeradas será café pequeno pois funcionam da mesma maneira. Você poderá usar listas numeradas para colocar as coisas em ordem de importância ou para ensinar as pessoas como fazer algo passo a passo.

Para iniciar uma lista numerada, clique o botão da barra de ferramentas Numbering (Numeração) ou selecione Numbered List (Lista Numerada) no menu Style e comece a digitar. Para transformar parágrafos ou linhas de texto em uma lista numerada, selecione o texto e clique o botão da barra de ferramentas Numbering ou selecione Numbered List no menu Style.

Como selecionar
um estilo de número

Algumas pessoas gostam de começar com 1, 2, 3, ao passo que outras preferem numerais romanos ou letras. Sinta-se à vontade para numerar suas listas como desejar ou colocar letras. Selecione sua lista numerada, clique-a com o botão direito do mouse e selecione List Properties no menu de atalho. O FrontPage exibirá a caixa de diálogos List Item Properties (Propriedades do Item da Lista) com Numbers (Números) já selecionado, como mostrado na figura a seguir. Selecione um estilo de número, clique o botão OK e terá terminado.

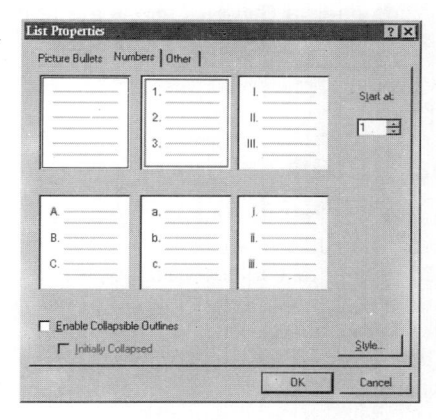

A caixa de diálogos List Properties exibida com Numbers selecionado.

Você poderá também escolher por que número começará sua lista; um recurso útil para construir listas dentro de listas, como explicado na seção "Como misturar: listas dentro de listas" posteriormente neste capítulo. Para começar sua lista com um número diferente de 1, clique no botão com seta para cima ou para baixo ao lado da lista Start At (Começar Em) até encontrar o número desejado.

Como criar listas
de definição

As listas de definição são diferentes, porque são feitas com dois estilos de lista diferentes. Esse formato funciona perfeitamente quando você precisa listar títulos curtos ou sentenças seguidos de parágrafos mais longos na próxima linha. O *termo de definição* alinha-se à esquerda com o resto da página, seguido de uma *definição*, que recua sob o termo de definição.

Para iniciar uma lista de definição, selecione Defined Term (Termo Definido) na caixa Style (a caixa de menu suspenso à esquerda da caixa de estilo da fonte) na barra de ferramentas Formatting. Digite uma linha de texto e então pressione a tecla Enter. O FrontPage aplicará automaticamente o estilo Definition (Definição) e recuará a próxima linha. Digite um parágrafo ou mais de texto e pressione a tecla Enter. Viu? O FrontPage irá retorná-lo para o estilo Definition Term (Termo de Definição) para que possa fornecer seu próximo conjunto de itens da lista de definição.

Para formatar o texto existente como uma lista de definição, clique na lista de texto que deseja formatar como um termo definido (alinhado à esquerda da página) e selecione Defined Term na lista Style. Então clique no parágrafo de texto que você formatar como uma definição (recuada) e selecione Definition na lista Style. Continue até terminar de formatar sua lista de definição.

Como misturar: listas dentro de listas

Por que se limitar a apenas um tipo de lista? Alguns documentos, como o índice mostrado na figura a seguir, chamam-se listas dentro de listas (também chamadas de *listas aninhadas*) e tipos diferentes de listas. Sinta-se à vontade para experimentar. Você poderá também recuar suas listas aninhadas, selecionando-as e clicando o botão Increase Indent (Aumentar Recuo) na barra de ferramentas Formatting.

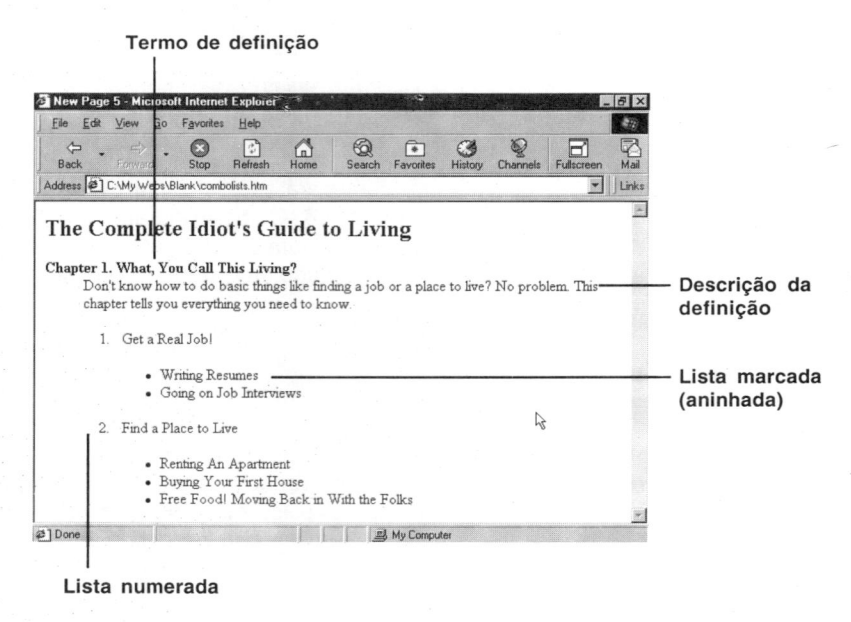

A página de índice com listas aninhadas.

Capítulo 6 ➤ Como criar uma lista, como verificá-la duas vezes   77

Como criar
listas reduzíveis

Os documentos impressos não respondem aos usuários. Eles apenas ficam esperando que você os leia e vire as páginas. A interatividade é a característica que torna a Web tão interessante. As listas reduzíveis são impressionantes e também economizam algum valioso *estado real da tela* (a quantidade de espaço disponível para exibir os elementos de sua página Web antes que seus visitantes tenham que usar o browser). Quando sua página aparece na janela de um paginador, apenas o primeiro item em uma lista reduzível é exibido. Quando você clica no primeiro item da lista, o resto da lista aparece. Isso também é chamado de *expandir* a lista. Clique no primeiro item da lista novamente e ela desaparecerá de novo. Isso se chama *reduzir* a lista.

O melhor é que as listas marcadas e numeradas reduzíveis são incrivelmente fáceis de criar. Para configurar listas reduzíveis, faça o seguinte:

1. Crie uma lista marcada ou numerada.
2. Selecione os itens da lista que você deseja reduzir e clique o botão Increase Indent na barra de ferramentas Formatting duas vezes. Isso recuará os itens da lista abaixo do item da lista superior e aplicará um estilo de marcador ou número diferente nos itens recuados.
3. Selecione os itens da lista recuados e exiba a caixa de diálogos List Properties.
4. Clique no quadro de seleção Enable Collapsible Outlines (Permitir Contornos Reduzíveis). Quando fizer isso, o quadro de seleção Initially Collapsed (Reduzido Inicialmente) ficará ativo. Clique nesse quadro de seleção para assegurar-se de que todas as suas listas serão iniciadas reduzidas e então clique em OK.
5. Repita as etapas 1 a 4 para reduzir o resto dos itens de sua lista.

Como visualizar
uma lista reduzível

Pronto para ver sua lista reduzível em ação? Embora não seja exibida na exibição de página Normal, você poderá experimentá-la, clicando em Preview (Visualizar) e exibindo sua página no modo Preview. Você poderá também visualizar sua página em um browser Web, como mostrado na figura a seguir, clicando o botão Preview na barra de ferramentas Standard ou selecionando Preview in Browser (Visualizar no Paginador) no menu File (Arquivo).

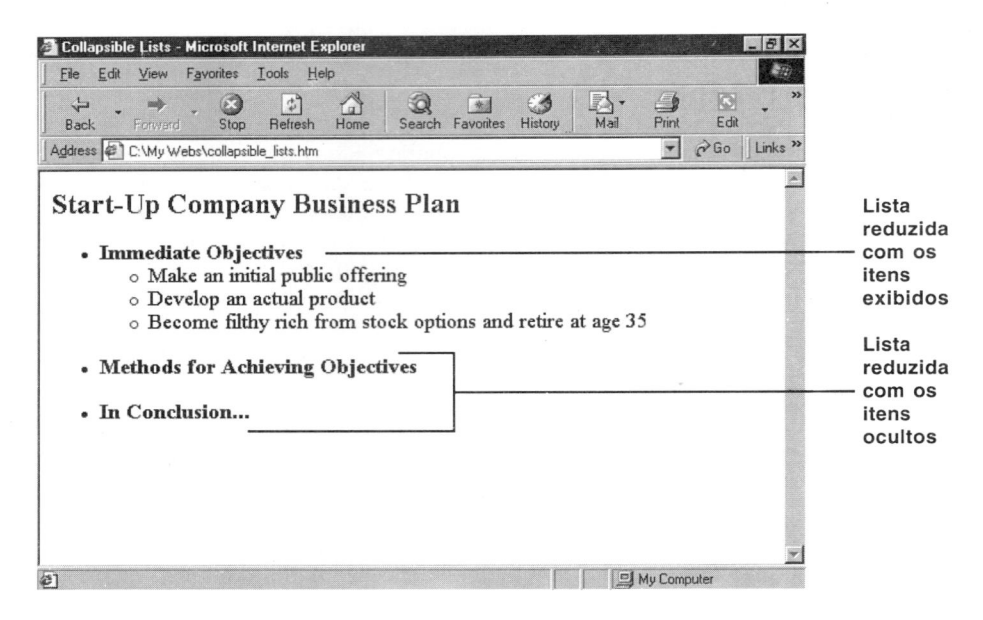

A página Web com as listas reduzíveis.

Como alterar uma lista para um tipo diferente de lista

Você poderá aplicar um formato de lista diferente em qualquer lista quando desejar. Selecione toda a lista, clique com o botão direito do mouse e abra a caixa de diálogos List Properties, clique em uma ficha para o tipo de lista que deseja criar, selecione um estilo e clique o botão OK. Para aplicar os números ou marcadores do estilo default, clique o botão da barra de ferramentas Numbering ou Bullets.

Como remover a formatação da lista

Se você decidir que seu texto não fica tão bom quanto uma lista depois de tudo, prossiga e remova a formatação. Selecione sua lista e exiba nossa velha amiga, a caixa de diálogos List Properties. Com Plain Bullets or Numbers (Marcadores ou Números Comuns) selecionado, clique no estilo de lista sem formatação à esquerda superior e clique o botão OK. Isso removerá toda a formatação dos marcadores, números e lista de definição sem retirar os outros estilos de seu texto.

Cinco maneiras
de usar as listas

As listas são muito básicas, mas não deixe que isso impeça que você seja criativo. Experimente as seguintes idéias para o tamanho:

- ➤ *Inicie sua própria lista dos dez mais* — Divirta seus amigos e colaboradores com uma lista dos dez mais diária, semanal ou mensal. Ei, se David Letterman pode fazê-lo, por que você não?
- ➤ *Crie listas de botões indefinidos* — As listas de links que podem mudar de cor quando o usuário passar o ponteiro de um mouse sobre elas são realmente atrativas. O Capítulo 20, "Páginas divinas com efeitos animados especiais", informará como fazer com que seus links sejam do tipo *rollover*.
- ➤ *Use estilos de marcador ou número diferentes para as listas aninhadas* — Você poderá fazer com que as listas aninhadas tenham mais estilo (e sejam mais fáceis de serem lidas), usando estilos diferentes de marcador ou número de acordo com os níveis da lista.
- ➤ *Coloque em quadros* — Cria páginas Web com quadros, onde você poderá clicar nas listas de links em um quadro para exibir uma nova página em outro quadro. O Capítulo 11, "Enquadre-se! Como construir um site Web com quadros", mostrará como.
- ➤ *Seja criativo com as imagens da lista marcada* — Você poderá usar os marcadores de imagem de maneira criativa para marcar pontos com seus visitantes. Por exemplo, se você incluir listas de arquivos e pastas para a intranet de sua empresa, experimente alguns ícones de pasta e arquivo. O Capítulo 8, "A página Web perfeita com imagens: como colocar e ajustar as imagens", informará onde obter clipart gratuito na Web.

O mínimo que você precisa saber

➤ *Tipos de listas* — Com o FrontPage, você poderá configurar listas marcadas, listas numeradas e listas de definição. As listas marcadas são recuadas e os itens da lista são precedidos de um marcador. As listas numeradas são recuadas e os itens da lista aparecem em ordem numérica. As listas de definição consistem em itens da lista principais seguidos de descrições recuadas para cada item da lista principal.

➤ *Listas reduzíveis* — As listas reduzíveis são como as listas marcadas ou numeradas normais, exceto que apenas o item da lista superior aparece quando a página é carregada pela primeira vez. Os visitantes poderão então expandir a lista para exibir os itens restantes, clicando no primeiro item da lista e então reduzir a lista clicando novamente no primeiro item da lista.

➤ *Como criar listas marcadas e numeradas* — Para criar uma lista, digite uma lista de itens, selecione a lista e então clique o botão da barra de ferramentas da lista Numbering ou Bullets ou selecione Numbering no menu Format para exibir a caixa de diálogos Numbering.

➤ *Como configurar listas de definição* — Para criar uma lista de definição, digite uma lista de itens principais seguidos do texto descritivo. Formate cada item da lista principal como uma definição, selecionando o texto e escolhendo Defined Term no menu Style na barra de ferramentas Formatting. Então formate cada descrição selecionando o texto e então escolha Definition no menu Style na barra de ferramentas Formatting.

➤ *Como reduzir uma lista marcada ou numerada* — Para reduzir uma lista marcada ou numerada, selecione os itens da lista sob o primeiro item da lista e clique o botão Increase Indent na barra de ferramentas Formatting duas vezes. Em seguida, selecione toda a lista, exiba a caixa de diálogos Numbering e clique nos quadros de seleção Enable Collapsible Outlines e Initially Collapsed. As listas reduzíveis funcionam apenas quando você clica em Preview ou visualiza a página Web em um browser.

➤ *Como escolher os estilos do marcador e do número* — Você poderá alterar os estilos do marcador e do número para suas listas, exibindo a caixa de diálogos Numbering, clicando na devida ficha e escolhendo uma opção. Você poderá também usar suas próprias imagens como marcadores.

Capítulo 7

Pense nos links: como adicionar links a suas páginas Web

Neste capítulo
- Como criar links para Web sites local e remoto
- Como configurar links em um documento
- Como criar links de e-mail
- Como exibir páginas em hyperlinks
- Como adicionar os efeitos rollover de hyperlink
- Como criar uma barra de navegação

Seguir os *links* é como usar os botões de discagem de um telefone para fazer uma chamada, só que custa menos! Apenas pressione um botão (uma imagem ou algum texto) e prossiga. Assim como os números de telefone são associados aos botões de discagem, os endereços da página Web são associados aos *links* para que você possa abrir uma página Web com um único clique ao invés de digitar todo o URL. Felizmente, você achará que criar *links* é muito mais fácil do que programar os botões de discagem de seu telefone...ou de seu videocassete, se for o caso.

Alô? Há alguém aí? Como se ligar a outros Web sites

Nenhum homem ou mulher é uma ilha, portanto provavelmente você desejará fazer *links* com páginas Web de outras pessoas. Você poderá usar os *links* para indicar aos seus visitantes os recursos úteis que se relacionam com o material em sua página Web, apresentá-los aos amigos e parentes que têm Web *sites* configurados ou contar ao mundo sobre seus lugares favoritos para visitar na Web. Os *sites* externos da Web são também chamados de *sites* remotos, porque seu computador não está conectado diretamente a eles.

Nova ligação melhorada!

Se você usou as versões anteriores do FrontPage, certamente apreciará a caixa de diálogos Create Hyperlink (Criar Hiperlink) mais fácil de usar no FrontPage 2000! Por exemplo, quando você estiver criando *links* de e-mail, clique o botão Make a Hyperlink That Sends Email (Crie um Hiperlink que Envia E-mail) e digite um endereço de e-mail quando a caixa de diálogo Create Hyperlink aparecer.

Para se ligar ao Web *site* de outra pessoa, selecione o texto ou imagem com o qual deseja estabelecer o link e então clique o botão Hyperlink na barra de ferramentas Standard (Padrão) para exibir a caixa de diálogos Create Hyperlink. Você poderá então fornecer o endereço de um Web *site* na caixa URL e clicar o botão OK. Os endereços do Web *site* têm que começar com http:// (como em http://www.website.com/). O FrontPage ainda irá colocá-lo na caixa URL para que você não esqueça! Se você não estiver certo sobre o URL da página Web, poderá clicar o botão Use your Web Browser to Select a Page or File (Use seu Browser Web para Selecionar uma Página ou Arquivo) para inicializar seu *browser* Web e ir para a página desejada.

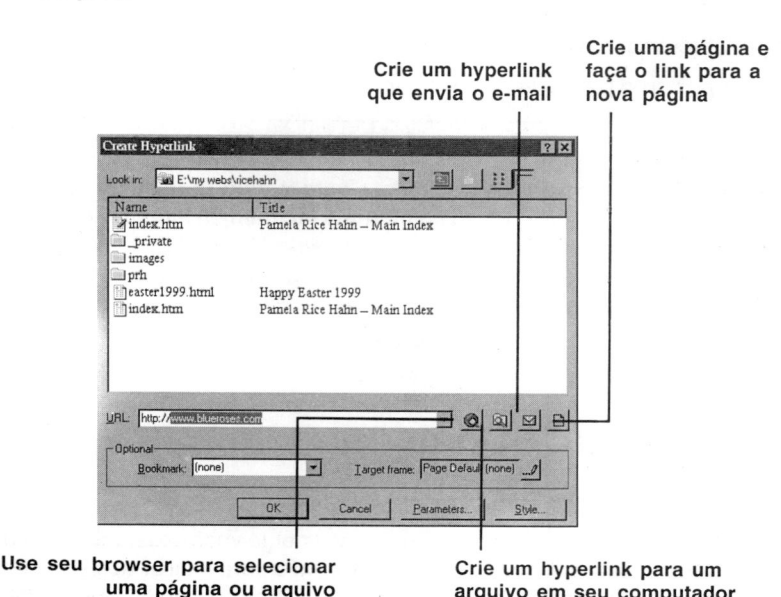

A caixa de diálogos Create Hyperlink.

Capítulo 7 ➤ Pense nos links: como adicionar links a suas páginas Web   **83**

Como ligar as páginas
Web em seu Web site

Fazer os *links* das páginas em seu próprio Web *site* poderá ser mais fácil porque você não tem que se lembrar de nenhum URL; poderá percorrer seus arquivos. Para fazer o *link* de uma página em seu Web, selecione seu texto, exiba a caixa de diálogos Create Hyperlink, selecione o arquivo e clique o botão OK. Se você armazenou sua página Web em uma pasta diferente, poderá selecionar uma pasta na lista Look in (Pesquisar).

Como se diz "URL"?

Não diga "url" a menos que queira que as pessoas pensem que você é o urso de estimação do filme *The World According to Garp!* Diga "U-R-L".

Como ligar
os arquivos locais

Você poderá fazer os *links* das páginas em outras pastas em seu computador ou rede; também chamados de *arquivos locais*. Para fazer um *link* em arquivo local, exiba a caixa de diálogos Create Hyperlink e clique em Make a hyperlink to a file on your computer (Crie um hyperlink para um arquivo em seu computador). Quando a caixa de diálogos Select File (Selecionar Arquivo) aparecer, você poderá percorrer os arquivos, selecionar um e clicar o botão OK para retornar para a caixa de diálogos Create Hyperlink.

Observe seus links locais!

Se você pretende manter seu *site* em um servidor Internet remoto, como seu ISP ou empresa de host Web, *não* ligue seus arquivos locais! Do contrário, seus links não funcionarão porque eles vão apontar para os arquivos em seu computador ao invés dos arquivos na Web. Você deverá importar os arquivos para seu FrontPage Web primeiro, como explicado no Capítulo 24, "Você e seus arquivos Web".

Se você fizer o *link* de uma página na intranet em seu escritório, poderá querer se comunicar com o administrador de sua rede antes de fazer os links. Dependendo de como ele configurar a rede, os Web *sites* para os quais você deseja fazer *links* poderão ter seus próprios URLs locais, como http://theserver/department/sales.htm. Mesmo que essas páginas não estejam na Internet, ainda assim você deverá ligá-las como se estivessem. Para saber mais sobre a administração do servidor, veja o Capítulo 27, "Você é o chefe! Como se tornar um administrador do Web *site*."

Como estabelecer links entre as áreas em um documento

Em geral, uma página Web não deve ter mais de uma ou duas telas de elementos, porque as pessoas não gostam de ficar rodando pelas páginas (para obter mais dicas, veja o Capítulo 10, "Elementos do estilo: o básico da construção Web"). Algumas vezes, porém, você poderá precisar criar documentos mais longos. Por exemplo, se você for um escritor que deseja tornar seu trabalho disponível *online*, nem sempre fará sentido dividir suas pequenas histórias ou imprimir recortes em páginas Web separadas. Felizmente, os documentos longos não *têm* que fazer com que visitantes recorram páginas. Você poderá criar *links* com as áreas dentro da mesma página Web para que as pessoas possam navegar facilmente. As seções a seguir explicam como configurar os destinos (bookmarks) e criar *links* para eles.

Como configurar o destino

Para criar uma ligação com uma área em seu documento, você primeiro precisará criar um *bookmark* (palavra da Microsoft para o que os Webmasters chamam de *destinos*). Selecione o texto que você deseja como o destino e escolha Bookmark (Marcador de Livro) no menu Insert (Inserir). Quando a caixa de diálogos Bookmark aparecer, como mostrado na figura a seguir, forneça um nome com uma palavra na caixa Bookmark Name (Nome do Marcador de Livro) (os nomes dos *bookmarks* não podem ter espaços) e clique o botão OK.

Se você usa o Netscape Navigator...

Não confunda os *bookmarks Netscape* com os do *FrontPage*. Os *bookmarks* Netscape são como os favoritos do Internet Explorer, os URLs que você pode gravar e visitar novamente. Os *bookmarks* do FrontPage são destinos que permitem que você se ligue com as áreas de uma página Web, como verá nas próximas seções.

Capítulo 7 ➤ Pense nos links: como adicionar links a suas páginas Web   **85**

A caixa de diálogos Bookmark também será útil quando você precisar se mover em seu documento rapidamente enquanto trabalha nele. Para pular para uma área marcada de seu documento, exiba a caixa de diálogos Bookmark, selecione um *bookmark* na caixa Other Bookmarks on this Page (Outros Bookmarks nesta Página) e clique o botão Go (Prosseguir). Você poderá também renomear um *bookmark,* selecionando-o e digitando um novo nome na caixa Bookmark Name.

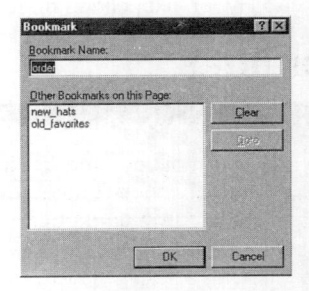

Caixa de diálogos Bookmark.

Como criar um link

Uma vez que você tenha criado alguns *bookmarks*, poderá criar *links* para eles. Para fazer um *link* de um bookmark, exiba a caixa de diálogos Create Hyperlink, selecione um bookmark na lista Bookmark e clique o botão OK. Para ajudar os visitantes a navegarem em um documento longo, você poderá fornecer um índice ligado no início da página e então fornecer um *link* de volta para o início da página a cada parágrafo ou mais. Poderá também estabelecer *links* dos bookmarks em outras páginas em seu Web. Quando selecionar uma página Web para o *link,* poderá então selecionar um *bookmark* na lista Bookmark, como mostrado na figura da caixa de diálogos Create Hyperlink anteriormente neste capítulo.

Envie o e-mail! Como criar um link de e-mail

Os *links* de e-mail facilitam a comunicação entre os visitantes e você e fornecem informações sobre seu Web *site*. Quando você clica em um *link* de e-mail, sua aplicação de e-mail é inicializada e uma janela de mensagem aparece com o endereço de e-mail fornecido para que você possa iniciar uma mensagem. Para criar um *link* de e-mail para que os visitantes possam responder à sua página Web, selecione o texto e exiba a caixa de diálogos Create Hyperlink. Então clique o botão Make a Hyperlink that Sends Email para exibir a caixa de diálogos Create Email Hyperlink (Crie Hyperlink de E-mail), forneça seu endereço de e-mail na caixa Type an Email Address (Digite um Endereço de E-mail) e clique em OK. Quando você retornar para a caixa de diálogos Create Hyperlink, clique o botão OK para aplicar a ligação.

Para onde vão meus links: como apresentar páginas Web em Hyperlinks

Os *links* são a cola que mantém as páginas Web juntas. Sem os *links*, as páginas Web não iriam a nenhum lugar, portanto não seriam nada úteis ou divertidas. Você poderá verificar como suas páginas Web são ligadas na exibição Hyperlinks, como mostrado na figura a seguir. Para ver seu *site* na exibição Hyperlinks, clique no ícone Hyperlinks no menu Views (Exibições).

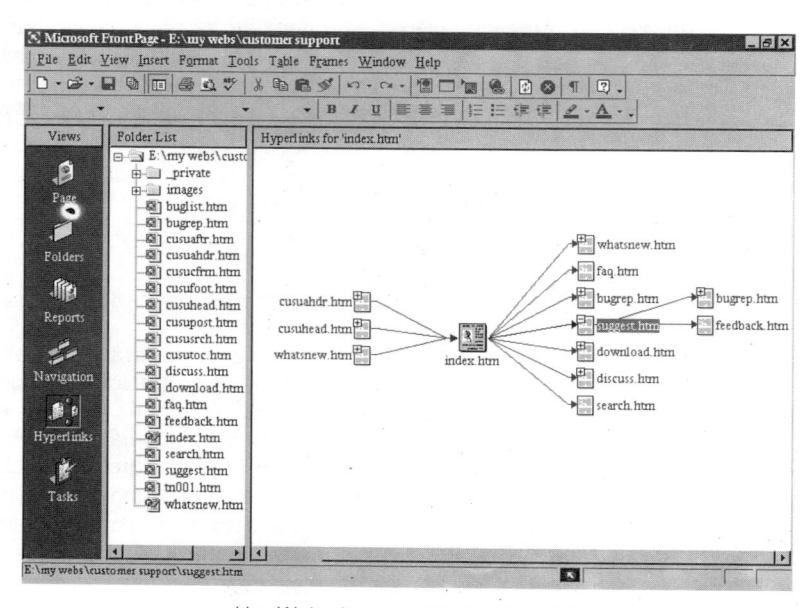

Um Web site na exibição Hyperlinks.

O FrontPage exibe a página atual com setas apontando para as páginas ligadas com os nomes de arquivo. Se um sinal de mais (+) aparecer no canto superior direito de um ícone do documento, você poderá clicá-lo para ver com qual lugar esse documento está ligado. Ou você poderá clicar em um sinal de menos (-) para reduzir a exibição de uma ligação. As ligações com Web *sites* remotos são indicadas com um URL completo e o ícone de um pequeno globo.

Como animar
seus links de texto

Gostaria de fazer com que seus *links* de texto mudassem de cor quando o usuário passasse o cursor do mouse sobre elas? No jargão Web, isso é chamado de *rollovers*. Para ativar seus *links*, selecione Background (Fundo) no menu Format (Formatar) para exibir a caixa de diálogos Background, nossa velha amiga do Capítulo 3, "Como lidar com páginas Web". Selecione o quadro de seleção Enable Hyperlink Rollover Effects (Permitir Efeitos Rollover da Hyperlink) e clique em Rollover Style (Estilo do Rollover) para exibir a caixa de diálogos Font (Fonte). Selecione uma nova cor para mudar a aparência de seus *links* quando um mouse passar sobre ela (você poderá também aplicar efeitos de caracteres, como negrito e itálico, ou mesmo escolher estilos de fonte diferentes) e clique em OK. Quando retornar para a caixa de diálogos Properties (Propriedades), clique em OK. Então clique em Preview (Visualizar) e verifique seus novos *rollovers*!

Se você aplicou um tema em sua página Web
Você não poderá mudar as propriedades de fundo da sua página, porém, poderá criar *rollovers* configurando botões indefinidos animados, como tratado no Capítulo 20, "Páginas divinas com efeitos especiais animados".

Como mostrar o caminho aos seus
visitantes com as barras de navegação

As barras de navegação são grupos de *links* de imagens ou *links* de texto que aparecem de maneira consistente em todo um Web *site* para que os visitantes possam encontrar seu caminho. Web *sites* maiores geralmente têm vários conjuntos de barras de navegação, com uma barra de navegação principal que aparece em todas as páginas e *links* com as seções maiores do *site* e outras que aparecem apenas em cada seção, contendo *links* com as páginas dentro de uma seção em especial. As barras de navegação também informam aos visitantes em qual página está sendo exibido um gráfico diferente ou texto sem *link* para a página atual. Puxa! Isso parece ser muito trabalhoso! E era, até chegar o FrontPage.

Como exibir o mapa de navegação de seu Web site

A primeira etapa ao criar as barras de navegação FrontPage é configurar seu mapa de navegação (também chamado de mapa de *salto* no jargão Web). Veja seu Web *site* na exibição Navigation (Navegação), clicando o ícone Navigation na lista View (Exibir). Se você usou um assistente FrontPage para construir seu Web, o assistente já terá criado um mapa de navegação para suas páginas, como mencionado rapidamente no Capítulo 2, "Web *site* urgente: como dar uma volta nos FrontPage Webs".

Um Web *site* com um mapa de navegação é parecido com um Web *site* de serviços do cliente, conforme mostrado na figura a seguir. Se você importou seu Web *site* ou criou-o a partir do zero, ao invés de usar um assistente Web, verá apenas um item que informa Main Page (Página Principal). Tudo bem, porque você mesmo poderá configurar o mapa de navegação, como explicado na seção a seguir. Os mapas de navegação se parecem muito com os gráficos genealógicos e na verdade, o FrontPage usa os termos *mãe* e *filha* para descrever as relações entre as diferentes páginas em um Web.

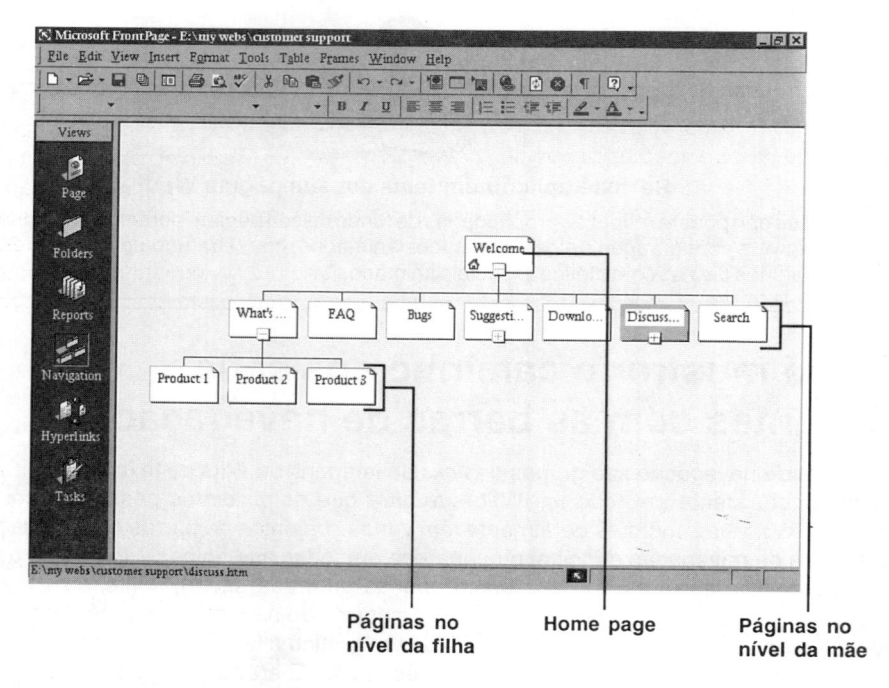

O Web site de serviços do cliente exibido em Navigation.

Capítulo 7 ➤ Pense nos links: como adicionar links a suas páginas Web   89

Um mapa de navegação consiste nos seguintes níveis.

- ➤ *Home page* — A avó de todos os documentos em seu Web *site*, é a página principal (alto nível). A *home page* é sempre nomeada como index.htm, index.html, default.htm ou default.html e deve ligar-se a cada uma das páginas de sua seção principal (nível da mãe).

- ➤ *Páginas no nível da mãe* — As páginas de cada uma das seções principais em seu Web *site*, como Favorite Links (Links Favoritas) ou Products (Produtos).

- ➤ *Páginas no nível da filha* — Ligam-se às páginas no nível da mãe (seção principal). Por exemplo, se você tiver uma seção Products (uma página no nível da mãe) e então criar uma página para cada produto, as páginas de cada produto serão as páginas no nível da filha.

Como nas famílias humanas, as relações da página Web podem ficar complicadas! Por exemplo, uma página no nível da filha poderá também ser mãe de outro conjunto de páginas Web.

Como construir uma estrutura de navegação

A menos que você tenha criado seu Web *site* com um assistente, precisará mapear seu Web *site* para usar as barras de navegação. Isso também é chamado de construir uma *estrutura de navegação*. Se você usou um assistente para criar seu Web *site*, ele já configurou uma estrutura de navegação para você. Você não *terá* que mapear seu *site* (a não ser que pretenda usar temas), mas ser capaz de colocar barras de navegação FrontPage em suas páginas poderá evitar muito trabalho. Você poderá criar um novo *site* a partir do zero a partir da exibição de Navigation, enquanto constrói sua estrutura de navegação ou poderá criar uma estrutura de navegação a partir de suas páginas Web existentes.

Como criar novas páginas para sua estrutura de navegação

Você ainda não tem todas as páginas que deseja incluir em sua estrutura de navegação? Prossiga e crie uma nova página para cada item que pretende incluir em sua barra de navegação e então alterne para a exibição Navigation. Você poderá deixar suas páginas em branco agora, pois o FrontPage precisará apenas dos documentos e dos títulos da página. (Não se esqueça de colocar título em suas páginas, como explicado no Capítulo 2.)

Você poderá também criar novas páginas diretamente a partir da exibição Navigation. Clique com o botão direito na página à qual deseja ligar a nova página e então escolha New Page (Nova Página) a partir do menu de atalho. O FrontPage criará uma nova página em branco, um nível abaixo da página selecionada.

Como adicionar páginas no nível da mãe

Agora adicione suas páginas no nível da mãe. Selecione sua primeira página da seção principal (aquela que você deseja que apareça primeiro em uma lista de ligações) em Folder List (Lista de Pastas) e arraste-a para o item Home Page no quadro da janela Navigation. A home page poderá ter um nome diferente, dependendo de como você denominou suas páginas, mas sempre aparecerá com um pequeno ícone de casa. Quando o FrontPage inserir a página abaixo do ícone Home Page, prossiga e adicione suas outras páginas ao seu mapa de navegação.

> **Atenção, usuários do tema!**
>
> Se você pretende usar temas, precisará mapear seu Web *site*. Os temas vêm com barras de navegação predefinidas e geram as etiquetas dos botões de navegação globais e as ligações a partir da estrutura de navegação de seu Web. Para saber mais sobre os temas, veja o Capítulo 4, "Puf! Você é um construtor com os temas do FrontPage".

Você poderá alterar a ordem na qual as páginas aparecem, selecionando uma página e arrastando-a para a esquerda ou para a direita. Para adicionar páginas no nível da filha (se tiver), selecione uma página em Folder List e arraste-a para uma página na estrutura da janela de navegação.

Como adicionar as páginas no nível da filha

Uma vez que você tenha criado suas páginas no nível da mãe, poderá criar as páginas no nível da filha da mesma maneira. Selecione uma página em Folder List e arraste-a para a página no nível da mãe com a qual você deseja que combine. As páginas no nível da filha aparecerão abaixo de suas páginas respectivas no nível da mãe.

Como compartilhar suas bordas

Antes de você poder colocar uma barra de navegação em seu Web *site*, precisará aplicar bordas compartilhadas em suas páginas. Para aplicar bordas compartilhadas em um Web *site* com um tema, veja o Capítulo 4. Para adicionar bordas compartilhadas e barras de navegação às páginas que não usam temas, veja o Capítulo 14, "Não gosta do que vê? Como construir seu próprio gabarito de páginas".

Se você usou um dos assistentes FrontPage Web para criar seu Web, como tratado no Capítulo 2, suas páginas Web já têm bordas compartilhadas, um tema e barras de navegação.

Como inserir uma barra de navegação

Uma vez que você tenha criado uma estrutura de navegação para seu *site*, poderá adicionar barras de navegação às suas páginas. Coloque seu cursor onde deseja inserir a barra de navegação e então selecione Navigation Bar (Barra de Navegação) no menu Insert (Inserir) para exibir a caixa de diálogos Navigation Bar Properties (Propriedades da Barra de Navegação), como mostrado na figura a seguir. Selecione suas opções e clique o botão OK.

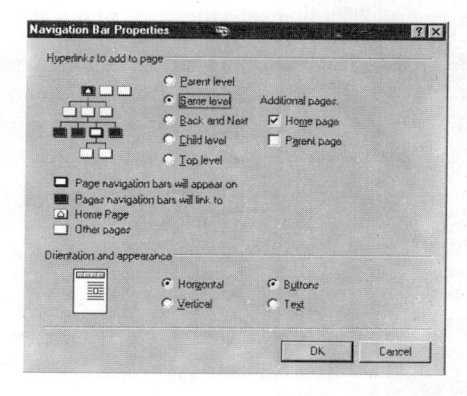

Caixa de diálogos Navigation Bar Properties.

A caixa de diálogos Navigation Bar Properties oferece as seguinte opções.

➤ *Hyperlinks to add to page* (Hyperlinks para adicionar à página) — Você poderá escolher ligar as páginas no nível da mãe ou da filha ou com as páginas no mesmo nível. Se você deseja que os visitantes vejam suas páginas em uma determinada seqüência, clique nos botões de rádio Back and Next (Anterior e Seguinte) para inserir botões nesse link para a página anterior e para a seguinte, respectivamente.

➤ *Additional pages* (Páginas Adicionais) — Você poderá também fornecer *links* para a página principal (*home page*) e para a página-mãe.

Planeje seu Web site à moda antiga!

Fazer o esboço de um mapa de saltos (também chamado de *mapa de navegação*) com caneta e papel também ajudará a ver onde tudo deverá ficar.

➤ *Orientation and appearance* (Orientação e aparência) — Selecione Horizontal para organizar seus links em uma linha ou Vertical, para organizá-los em uma coluna. Selecione Buttons (Botões) se quiser usar imagens para seus *links* ou Text (Texto) se quiser usar *links* de texto.

Quando você inserir a barra de navegação (ou barras), elas deverão ficar parecidas com as mostradas na figura a seguir.

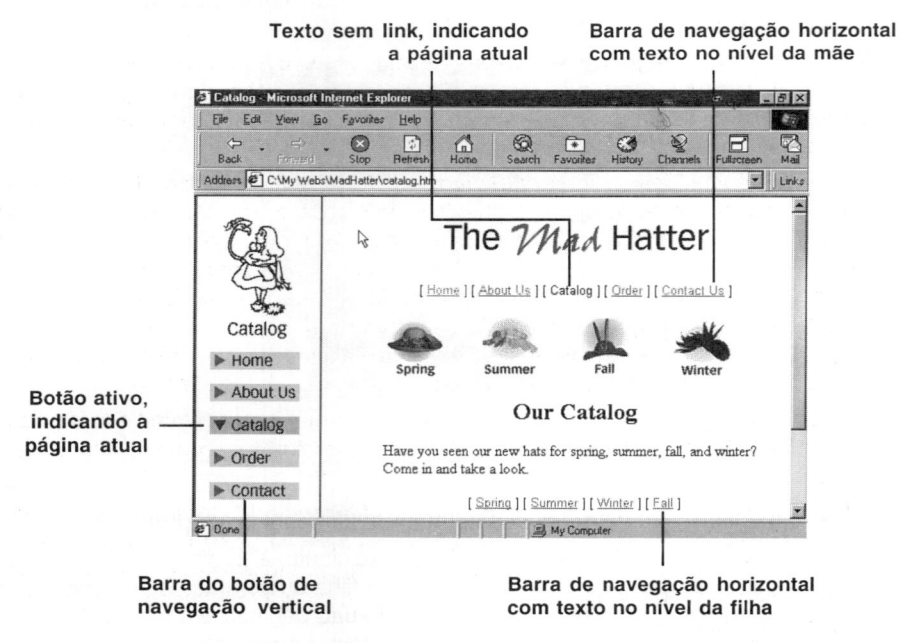

A página Catalog Web no site Web Mad Hatter com as barras de navegação no mesmo nível e no nível da filha.

Capítulo 7 ➤ Pense nos links: como adicionar links a suas páginas Web   93

Como ajustar a exibição Navigation

Ufa, está lotado aqui! Os Web *sites* maiores, algumas vezes, não cabem exatamente na janela de exibição Navigation. Mas você pode *fazer* com que um desses *sites* caiba com alguma ajuda da barra de ferramentas Navigation. A barra de ferramentas Navigation deverá aparecer automaticamente, mas se isso não ocorrer, você poderá selecionar Toolbars (Barras de Ferramentas) no menu Tools (Ferramentas) e então selecionar Navigation. Para ampliar ou reduzir, seleciona uma opção na lista Zoom. Você poderá também alternar entre as exibições paisagem (horizontal) e retrato (vertical), clicando o botão Portrait/Landscape (Retrato/Paisagem).

Cinco maneiras de usar os links

Este capítulo fala sobre como criar *links* básicos de texto para as páginas Web. No decorrer da leitura deste livro, você descobrirá que poderá fazer todos os tipos de coisas interessantes com as ligações também.

Eis alguns pequenos truques excelentes dos *links*.

➤ *Crie um mapa de imagem* — Os mapas de imagens são figuras comuns com *pontos de ativação* clicáveis, partes da imagem que você pode clicar para seguir os links. O Capítulo 16, "O x marca o ponto de ativação! Como criar mapas de imagens", informará sobre como criar os mapas de imagens.

➤ *Crie listas de ligações com os bookmarks do Netscape* — Pensando em adicionar listas de *links* favoritos às suas páginas? Se você usa o Netscape Navigator, já tem uma lista. O Netscape armazena seus *bookmarks* (como definidos anteriormente neste capítulo) como um documento HTML que você poderá importar para uma página Web e retocar um pouco. Os *bookmarks* Netscape estão localizados em sua pasta Netscape, que geralmente está localizada em sua pasta Programs (Programas). Dependendo de qual versão do Netscape você tem, poderá ter que procurar um pouco para encontrar seu arquivo de *bookmarks*.

➤ *Ligue com imagens* — Você poderá também transformar imagens em *links*. Veja como fazer isso no Capítulo 8, "A página Web perfeita com imagens: como colocar e ajustar imagens".

➤ *Links de arquivos* — Como você descobrirá nos Capítulos 17 ("Estruture suas coisas: som, vídeo e mais") e 18 ("Uma combinação feita em Redmond: FrontPage e Microsoft Office 2000"), você poderá estabelecer *links* entre praticamente quaisquer tipos de arquivo, segundo o desejado. Se o usuário tiver o *plug-in* adequado, será capaz de visualizar o arquivo em seu *browser*.

➤ *Experimente os botões para animação* — Com o FrontPage, você poderá criar *links* de imagens que se alteram quando o usuário passa o ponteiro do mouse sobre elas. O Capítulo 20 falará sobre esses botões (também chamados de *rollovers*).

O mínimo que você precisa saber

➤ Você pode ligar-se a outros *sites* da Web, a páginas em seu próprio Web ɔite, a arquivos e a áreas em uma página Web (bookmarks FrontPage) a partir da caixa de diálogos Create Hyperlink.

➤ Você poderá ver onde todos os *links* de seu Web *site* na exibição Hyperlinks. Para exibir seu Web *site* na exibição Hyperlinks, clique no ícone Hyperlinks na lista Views.

➤ Em Background, na caixa de diálogo Page Propertieś, você poderá fazer com que os links de texto mudem de cor quando um visitante passa o ponteiro do mouse sobre eles. Se sua página Web tiver um tema, não poderá alterar suas propriedades do fundo.

➤ Para exibir um mapa de saltos de seu Web *site* ou criar um mapa de navegação para que possa configurar as barras de navegação, clique no ícone Navigation na lista Views. Na exibição Navigation, as páginas são exibidas como um fluxograma e designadas como páginas no nível da mãe ou no nível da filha.

➤ Para criar uma estrutura de navegação para seu Web *site*, vá para a exibição Navigation, selecione a página principal, arraste suas páginas no nível da mãe para a página principal a partir de Folder List e então arraste suas páginas no nível da filha para as páginas no nível da mãe a partir de Folder List.

➤ Você poderá construir sua própria barra de navegação, como explicado nos Capítulos 4 e 14.

Capítulo 8

A página Web perfeita com imagens: como colocar e ajustar as imagens

Neste capítulo
- Como colocar imagens em suas páginas
- Como importar imagens para seu Web
- Como usar a Clip Art Gallery do FrontPage
- Como alinhar e redimensionar as imagens
- Como adicionar espaço e bordas em torno das imagens
- Como especificar um texto alternativo para as imagens
- Como converter entre os formatos de imagem Web
- Cinco lugares para obter imagens gratuitas

Um Web *site* sem imagens? Não é divertido. Naturalmente, você desejará animar suas páginas com alguns gráficos. Com o FrontPage, levará apenas alguns segundos para colocar suas imagens e torná-las fabulosas. Você não precisará nem mesmo ser um artista. O FrontPage tem todas as ferramentas necessárias e ainda vem com uma Clip Art Gallery (Galeria de Clipart). Você poderá também encontrar muitos trabalhos fornecidos gratuitamente na Web; veja a seção "Cinco *sites* Web onde você poderá obter imagens gratuitas" no final deste capítulo.

Como colocar
uma imagem em sua página

Alguma vez você usou imagens em seus documentos do processador de textos ou de editoração eletrônica? Se já o fez, então sabe colocar uma imagem em sua página Web. Se a área de informática é totalmente nova para você, não se preocupe, o FrontPage poderá ajudá-lo a colocar essas imagens em sua página Web rapidamente.

Agora, há algo que você deve saber antes de começar a trabalhar com as imagens. Na Web, os gráficos têm apenas três tipos: GIF, JPEG e PNG. O formato GIF funciona melhor para as imagens de *arte com linhas* e o JPEG funciona melhor para as imagens *fotorrealísticas* (a seguinte lista explicará o que esses termos significam). Tanto os GIFs como os JPEGs têm tamanhos de arquivo muito menores do que os outros tipos de imagens, o que os torna perfeitos para a Web. Quando você coloca uma imagem que é formatada como um tipo de arquivo de imagem diferente, o FrontPage converte-a automaticamente em um GIF ou JPEG.

E mais, o FrontPage permite que você importe e converta seus GIFs e JPEGs no formato PNG, um tipo de imagem que promete para a Web. Os PNGs oferecem muitos recursos que os profissionais gráficos precisam para criar gráficos com alta qualidade. Como se não fosse bom o bastante, as imagens PNG são ainda menores (e são carregadas mais rapidamente) do que os GIFs ou JPEGs. Veja a seção "Como converter as imagens" posteriormente neste capítulo para obter informações.

O FrontPage converte suas imagens automaticamente!

Existem muitos outros formatos de arquivo de imagens populares para o Windows, inclusive BMP, PCX, TIFF e WMF. Se você já tiver imagens que copiou com o scanner, obtidas com uma câmera digital ou se tiver um CD-ROM, elas poderão ter sido gravadas em um desses formatos de arquivo ao invés dos GIFs, JPEGs ou PNGs amistosos da Web. Tudo bem, você poderá ainda colocar suas imagens em sua página Web. Apenas adicione a imagem, como será visto mais adiante, e o FrontPage irá convertê-la em um GIF ou JPEG.

Tipos de imagens usadas nas páginas Web:

➤ *Fundos padronizados* — Você poderá usar imagens como fundos padronizados, como explicado no Capítulo 3, "Como lidar com páginas Web".

➤ *Arte com linhas* — Esse termo aplica-se aos logotipos, clipart, desenhos aninhados e outras imagens desenhadas com linhas simples e cores sólidas.

Capítulo 8 ➤ A página Web perfeita com imagens: como colocar e ajustar as imagens   **97**

➤ *Imagens fotorrealísticas* — Esse termo é usado para as fotografias, varreduras de pinturas a óleo ou aquarelas e outros gráficos com texturas complexas, sombreamento e graduações de cores. Os profissionais gráficos geralmente referem-se a esses tipos de imagens como *imagens em tons contínuos*.

➤ *Gráficos de texto* — A tipologia na Web tem seus limites. Quando você quiser usar uma fonte especial para um cabeçalho ou desejar que uma ou duas linhas de texto apareçam como são, poderá criar uma imagem e colocá-la em sua página Web.

➤ *Marcadores gráficos* — São pequenas imagens usadas como marcas para as listas marcadas, como explicado no Capítulo 6, "Como criar uma lista, como verificá-la duas vezes".

➤ *Linhas horizontais* — Também referidas como *divisores de páginas* ou *réguas horizontais*, esses divisores gráficos de páginas poderão melhorar sua página enquanto separam as informações nela contidas.

➤ *Botões de navegação* — Usados para ajudar os visitantes a encontrarem seu caminho em seu Web *site*. Para saber mais sobre os *links* e os botões de navegação, veja o Capítulo 7, "Pense nos *links*: como adicionar *links* a suas páginas".

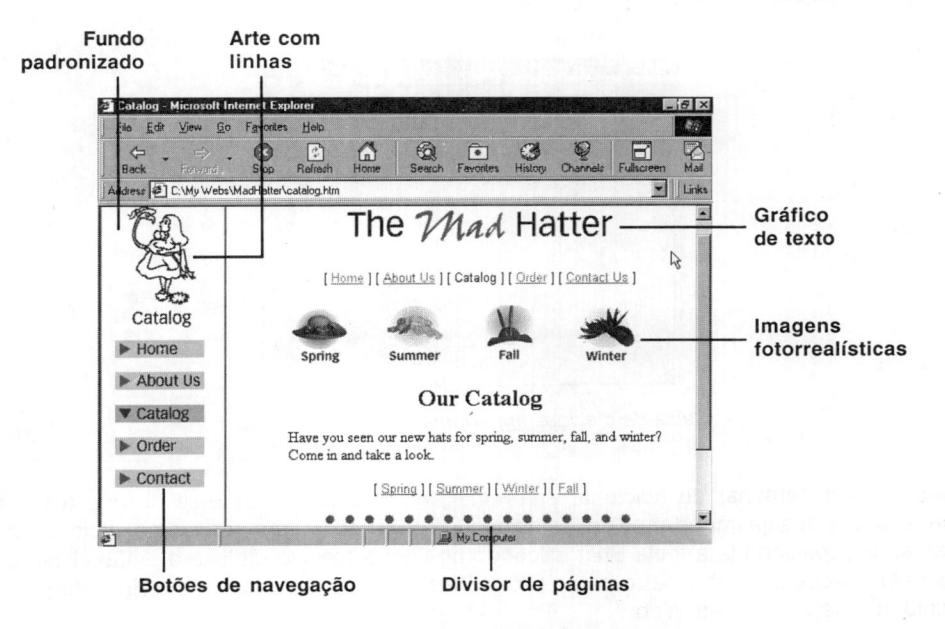

Uma página Web com tipos diferentes de gráficos Web.

Como importar imagens para seu Web

Se você pretende carregar suas imagens em um servidor remoto, deverá importar imagens para seu Web antes de colocá-las em suas páginas. Não, o FrontPage não está tentando dificultar as coisas. Apenas deseja assegurar que suas imagens serão exibidas corretamente quando você carregar suas páginas em seu servidor.

Para importar suas imagens para o Web atual, vá para exibição Folders (Pastas), abra sua pasta Images (Imagens) (que é onde o FrontPage gosta que você coloque suas imagens) e selecione Import (Importar) no menu File (Arquivo). Quando a caixa de diálogos Import File aparecer, clique o botão Add File (Adicionar Arquivo) para exibir a caixa de diálogo Add File to Import List (Adicionar Arquivo à Lista de Importação). Percorra até um arquivo, clique o botão Import para adicionar o arquivo a sua pasta de imagens e retorne para a caixa de diálogos Import File to FrontPage Web (Importar Arquivo para FrontPage Web). Então você poderá clicar o botão Add File novamente para importar quantas imagens quiser. A caixa de diálogos Import File to FrontPage Web exibirá uma lista de seus arquivos, como mostrado na figura a seguir.

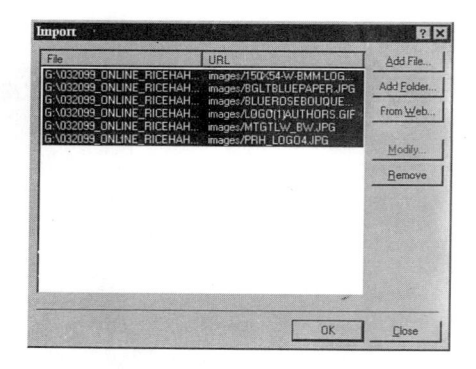

Caixa de diálogos Import File to FrontPage Web.

Quando você terminar de adicionar suas imagens à lista, certifique-se de que todas as imagens que deseja importar sejam selecionadas clicando em um arquivo no início da lista, mantendo pressionada a tecla Shift, clicando no último arquivo na lista e então clicando o botão OK. Você poderá clicar o botão Close (Fechar) para retornar para o FrontPage sem adicionar imagens a seu Web.

Evite trabalho

Você precisa importar muitas imagens? Você poderá selecionar mais de uma imagem de cada vez a partir da caixa de diálogo Add File to Import List, se elas estiverem localizadas na mesma pasta. Percorra a caixa de diálogo para obter a pasta que contém suas imagens e abra-a para exibir a lista de arquivos de imagem. Para importar diversos arquivos que aparecem consecutivamente na lista, pressione a tecla Shift, clique no primeiro e último itens na lista e então clique o botão Import. Para importar diversos arquivos que não aparecem consecutivamente na lista, pressione a tecla Ctrl ao selecionar as imagens desejadas e então clique o botão Import.

Como inserir uma imagem a partir do Web atual

Voltemos à exibição Page (Página) e coloquemos uma imagem em sua página. Coloque seu cursor onde deseja colocar a imagem (não se preocupe com seu posicionamento ainda, chegaremos lá) e clique o botão Insert Image (Inserir Imagem) na barra de ferramentas Standard (Padrão) ou selecione Picture (Desenho) no menu Insert e então selecione From File (A Partir do Arquivo). Quando a caixa de diálogos Picture aparecer, selecione uma imagem na pasta Images e clique em OK. O FrontPage exibirá a imagem em sua página e também exibirá a barra de ferramentas Picture para que possa ajustar sua imagem, como explicado posteriormente neste capítulo e no Capítulo 9, "Como obter páginas elegantes".

Como inserir os atrativos de clipart do FrontPage

O FrontPage vem com muitos cliparts organizados em várias categorias, inclusive Dividers and Decoration (Divisores e Decoração), People at Work (Pessoas no Trabalho), Seasons (Estações do Ano), Web Bullets and Buttons (Marcadores e Botões Web), Plants (Plantas) e Travel (Viagem). Para inserir um item de clipart do FrontPage, clique o botão Insert Image para exibir a caixa de diálogos Picture. Clique o botão Clip Art para exibir a Clip Art Gallery, como mostrado na figura a seguir. Você poderá também exibir a Clip Art Gallery selecionando Picture no menu Insert e então Clip Art. Se uma categoria agradá-lo, clique-a para exibir suas imagens. Quando você passar o ponteiro de seu mouse sobre uma categoria ou imagem, uma ToolTip (Dica da Ferramenta) aparecerá com uma descrição.

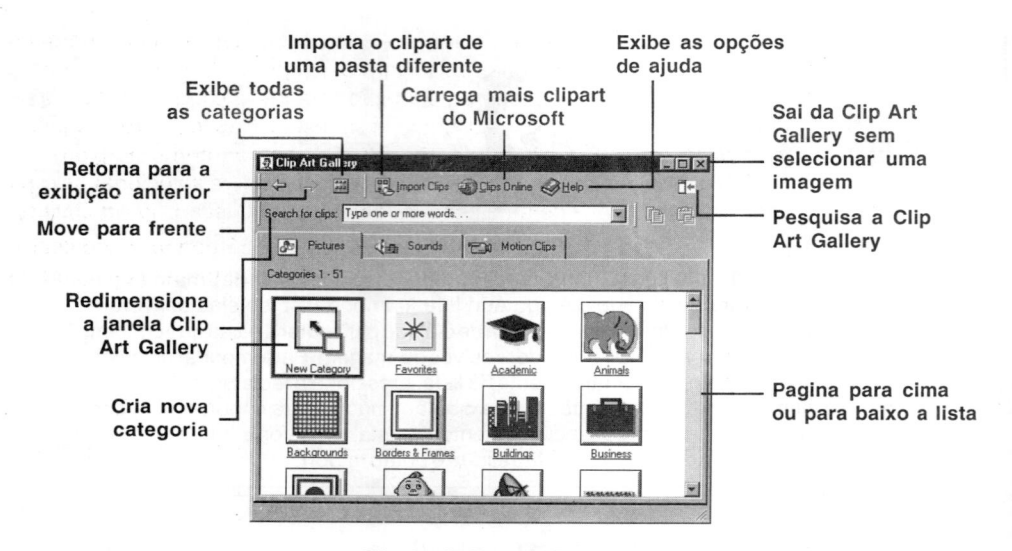

Clip Art Gallery do FrontPage.

Quando você clica em qualquer imagem na Clip Art Gallery, um menu instantâneo aparece com as opções. Para adicionar a imagem à sua página Web, clique o botão Insert clip (Inserir clip). Para visualizar a imagem em tamanho real, clique o botão Preview (Visualizar). Para adicionar a imagem a uma categoria diferente, clique o botão Add Clip to Favorites (Adicionar Clip a Favoritos) ou Another Category (Outra Categoria). Para pesquisar imagens parecidas na Clip Art Gallery, clique o botão Search (Pesquisar).

A Clip Art Gallery do FrontPage também tem algumas cartas na manga.

- *Retorne para lista principal a partir de uma lista de imagens* — Depois de verificar suas imagens em uma categoria, você poderá voltar para a lista principal clicando o botão All Categories (Todas as Categorias) ou usando a combinação de teclas Alt+Home.

- *Importe o clipart de uma pasta diferente* — Você poderá importar o trabalho de qualquer outra fonte, como uma pasta em seu próprio computador (ou um em sua rede) ou de um CD-ROM, clicando o botão Import Clips. Quando a caixa de diálogos Add Clip to Clip Gallery (Adicionar Clip à Galeria de Clips) aparecer, você poderá percorrer suas imagens. O FrontPage importará o trabalho para a categoria selecionada atualmente. Se você importar uma imagem diretamente de uma lista, ela aparecerá na lista principal.

Capítulo 8 ➤ A página Web perfeita com imagens: como colocar e ajustar as imagens   **101**

➤ *Carregue mais clipart do site Web da Microsoft* — A Microsoft atualiza suas fotografias de clipart e multimídia de tempos em tempos. Para carregar os últimos arquivos do Web *site* especial da Microsoft, disque sua conexão Internet e clique o botão Clips Online (Clips Online). Quando a caixa de diálogos Connect to Web for More (Conectar Web para Obter Mais) aparecer, clique o botão OK. Quando o Internet Explorer for inicializado e exibir o Web *site* de cliparts da Microsoft, você poderá selecionar os clips que deseja carregar e o FrontPage atualizará automaticamente sua Clip Art Gallery.

➤ *Obtenha ajuda!* — Confuso? Clique o botão Help (Ajuda). Você poderá pesquisar o menu Help, digitando uma palavra que se relaciona à tarefa que precisa de ajuda ou percorrendo a lista de tópicos de ajuda.

Pesquise a Clip Art Gallery

Para pesquisar uma parte do clipart relacionada a um determinado tópico (como "birthday" ou "office"), digite uma palavra-chave na caixa Search for Clips (Pesquisar Clips).

➤ *Redimensione a janela Clip Art Gallery* — Sem espaço na tela de seu computador? Clique o botão Change to Smaller Screen (Alterar para Tela Menor). Isso tornará menor a janela do Clip Art Gallery para que você possa ver qualquer outra janela aberta mais facilmente. Para exibir a janela maior de novo, clique o botão Change to Full Window (Alterar para Janela Completa).

➤ *Crie uma nova categoria de cliparts* — Antes de importar o trabalho de outra fonte, você poderá querer criar uma nova categoria para ele. Isso ajudará a manter suas imagens organizadas para que possa encontrá-las sempre que precisar. Para criar uma nova categoria, exiba a lista principal clicando o botão All Category (Toda a Categoria), então clique no ícone New Category (Nova Categoria) na lista principal. Quando a caixa de diálogos New Category aparecer, forneça um nome para a nova categoria na caixa Enter New Category (Forneça Nova Categoria) e clique o botão OK.

➤ *Feche a Clip Art Gallery sem inserir uma imagem* — Clique na caixa Close no canto superior direito da caixa de diálogos Clip Art Gallery.

Como inserir uma imagem a partir de seu computador ou rede

Se você estiver construindo um Web *site* intranet para sua organização e não pretende transferi-lo para um servidor remoto, poderá inserir imagens em suas páginas de qualquer lugar em seu computador ou rede. Na caixa de diálogos Picture, clique o botão Select a File on Your Computer (Selecionar um Arquivo em Seu Computador). Quando a caixa de diálogos Select File aparecer, pagine suas pastas ou drives para obter a imagem e clique em OK uma vez quando tiver encontrado o que desejar.

Scanners e câmeras digitais

Se você tiver um scanner ou uma câmera digital conectada a seu computador, poderá obter uma imagem imediatamente. Na caixa de diálogos From the Picture (A Partir da Imagem), clique o botão Scan (Varrer) para exibir a caixa de diálogos Camera/Scanner (Câmera/Scanner). Para selecionar uma origem (especialmente importante se você tem uma câmera digital e um scanner anexado a seu computador), clique o botão Source (Origem) para exibir a caixa de diálogos Select Source (Selecionar Origem), selecione uma câmera ou scanner na lista e clique o botão Select. Para varrer ou obter uma imagem e importá-la diretamente para sua página Web, clique o botão Acquire (Adquirir). Quando terminar, clique o botão Close.

Como exibir uma imagem de outro Web site

Você poderá também exibir uma imagem de outro Web *site*. A partir da caixa de diálogo Picture, forneça o endereço do *site* Web *site* (como http://website.com/images/picture.gif) ao invés de selecionar uma imagem. Por que você faria isso? Bem, não o recomendo na maioria dos casos. Quando você exibe uma imagem do Web *site* de outra pessoa, leva mais tempo para ser carregada no paginador e seus visitantes poderão ficar irritados. Mas algumas vezes você poderá precisar. Por exemplo, se você ganhar um Web *site* como prêmio ou reunir-se a um programa de troca de anúncios de *banner* (como explicado no Capítulo 26, "Não fique aí sentado aí! Como publicar seu Web *site*"), receberá um URL de imagem e será solicitado a inseri-lo em sua página Web.

Capítulo 8 ➤ A página Web perfeita com imagens: como colocar e ajustar as imagens **103**

Que conveniente!
Quando você insere uma imagem ou clica em uma, o FrontPage exibe a barra de ferramentas Picture para que possa torná-la perfeitamente adequada. O próximo capítulo falará em detalhes sobre as opções da barra de ferramentas Picture.

Como alterar as propriedades de sua imagem

Uma vez que você tenha colocado uma imagem, poderá querer trabalhar um pouco com ela, para que fique harmoniosa com os elementos de suas outras páginas. Você poderá determinar como a imagem aparecerá em relação ao texto em volta alterando o alinhamento, adicionando algum espaço do *buffer* ou exibindo uma borda em torno dela. Se a imagem parecer grande demais ou pequena demais, você poderá ajustá-la, fazendo os redimensionamentos necessários. Finalmente, se você achar que uma imagem pode ficar grande demais para ser carregada em um *browser*, poderá configurar as coisas para que um arquivo menor seja exibido primeiro, enquanto a imagem maior é carregada.

Para mudar as propriedades de uma imagem, exiba a caixa de diálogos Picture Properties (Propriedades da Imagem) clicando com o botão direito na imagem e selecionando Picture Properties no menu de atalho. Você poderá também clicar na imagem de maneira normal e escolher Properties no menu Format (Formatar). Quando terminar, clique em OK para aplicar suas alterações. Ou poderá clicar em Cancel (Cancelar) para retornar para o FrontPage sem fazer nenhuma alteração. As seguintes seções explicarão as diferentes propriedades em detalhes.

Como alinhar uma imagem com o texto

Não gosta do modo como sua imagem alinha-se com o texto em volta? Leve-a à loja Picture Properties para um alinhamento. Exiba a caixa de diálogos Picture Properties e clique em Appearance (Aparência). Então você poderá selecionar um item no menu suspenso Alignment List (Lista de Alinhamentos). Quando terminar, clique em OK para aplicar suas alterações. Você poderá clicar em Cancel para retornar para o FrontPage sem fazer nenhuma alteração. Sim! O que todas essas opções significam? Não se preocupe, a figura a seguir mostra as definições de alinhamento das imagens em ação.

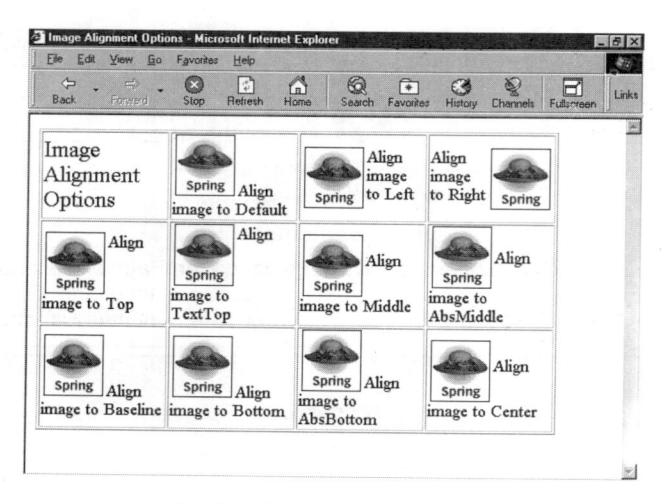

Opções de alinhamento das imagens.

Essas opções de alinhamento das imagens são explicadas na lista a seguir:

- ➤ *Default* — Se você não selecionar uma definição de alinhamento, a imagem será alinhada com a parte inferior, como explicado posteriormente nesta lista.
- ➤ *Left* (Esquerdo) — Alinha a parte superior da imagem com a letra mais alta na primeira linha de texto e integra o texto na imagem (com a imagem à esquerda).
- ➤ *Right* (Direito) — Alinha a parte superior da imagem com a letra mais alta na primeira linha de texto e integra o texto na imagem (com a imagem à direita).
- ➤ *Top* (Superior) — Alinha a parte superior da imagem com a letra mais alta na primeira linha de texto (mesmo que exista outro gráfico na linha que seja mais alto do que o resto do texto). As linhas seguintes do texto ficarão abaixo da imagem.
- ➤ *TextTop* (Texto Superior) — Alinha a parte superior da imagem com a letra mais alta na primeira linha do texto. As linhas seguintes do texto ficarão abaixo da imagem.
- ➤ *Middle* (Meio) — Alinha o meio da imagem com a parte inferior da primeira linha do texto. As linhas seguintes do texto ficarão abaixo da imagem.
- ➤ *AbsMiddle* (Meio Abstrato) — Alinha o meio da imagem com o meio do elemento maior na primeira linha do texto (mesmo que exista outro gráfico na linha que seja mais alto que o resto do texto). As linhas seguintes do texto ficarão abaixo da imagem.
- ➤ *Baseline* (Linha de Base) — Alinha a parte inferior da imagem com a *linha de base* da primeira linha do texto. A linha de base é onde as partes inferiores de todas as letras que não têm pernas (como os ps e os bs minúsculos) se alinham.

Capítulo 8 ➤ A página Web perfeita com imagens: como colocar e ajustar as imagens   **105**

➤ *Bottom* (Inferior) — Também alinha a parte inferior da imagem com a linha de base da primeira linha do texto.

➤ *AbsBottom* (Inferior Abstrato) — Alinha a parte inferior da imagem com a parte inferior da letra mais baixa na linha do texto (as pernas dos ps, qs, gs e ys).

➤ *Center* (Centro) — Alinha o meio da imagem com o meio da primeira linha do texto. As seguintes linhas do texto ficarão abaixo da imagem.

Como dar às imagens algum espaço: como adicionar espaço em torno de uma imagem

Se você escolher integrar o texto à direita ou à esquerda de uma imagem, poderá criar um *buffer* para impedir que o texto toque a imagem. Para criar um espaço de *buffer* em torno de sua imagem, vá para a caixa de diálogos Picture Properties e clique em Appearance. Selecione um número na caixa Horizontal Spacing (Espaçamento Horizontal) clicando na seta para cima ou para baixo (5-10 pixels geralmente é suficiente). Isso especificará a quantidade de espaço entre a imagem e o texto à direita ou à esquerda. Selecione um número na caixa Vertical Spacing (Espaçamento Vertical), clicando na seta para cima ou para baixo. Isso especificará a quantidade de espaço entre a imagem o texto abaixo dela. (3 a 5 pixels normalmente funcionarão bem; você não precisará de tanto espaço vertical quanto de espaço horizontal.)

Quando terminar, clique em OK para aplicar suas alterações. Ou poderá clicar em Cancel para retornar para o FrontPage sem qualquer alteração.

Como redimensionar uma imagem

Se você achar que sua imagem parece grande demais, poderá redimensioná-la no FrontPage. Selecione a imagem, exiba a caixa de diálogos Picture Properties e clique em Appearance, como mostrado na figura a seguir. Clique no quadro de seleção Specify Size (Especificar Tamanho) e deixe o quadro de seleção Keep Aspect Ratio (Manter Relação Entre Eixos) selecionado para que sua imagem seja redimensionada proporcionalmente e não acabe ficando com aspecto desagradável. Você poderá escolher usar pixels ou porcentagem (como 75%) como sua unidade de medida, clicando o botão de rádio In Pixels (Em Pixels) ou In Percent (Em Porcentagem). Agora, forneça um número na caixa Width (Largura) ou Height (Altura) (se você alterar uma medida com o quadro de seleção Keep Aspect Ratio selecionado, o FrontPage ajustará a outra medida automaticamente). Quando você terminar de redimensionar sua imagem, clique em OK para aplicar suas alterações. Ou poderá clicar em Cancel para retornar ao FrontPage sem fazer nenhuma alteração.

Especifique a largura da borda — Clique para redimensionar
Deixe selecionado para redimensionar uma imagem proporcionalmente

Selecione uma opção de alinhamento

Especifique o espaço do buffer

Escolha uma unidade de medida

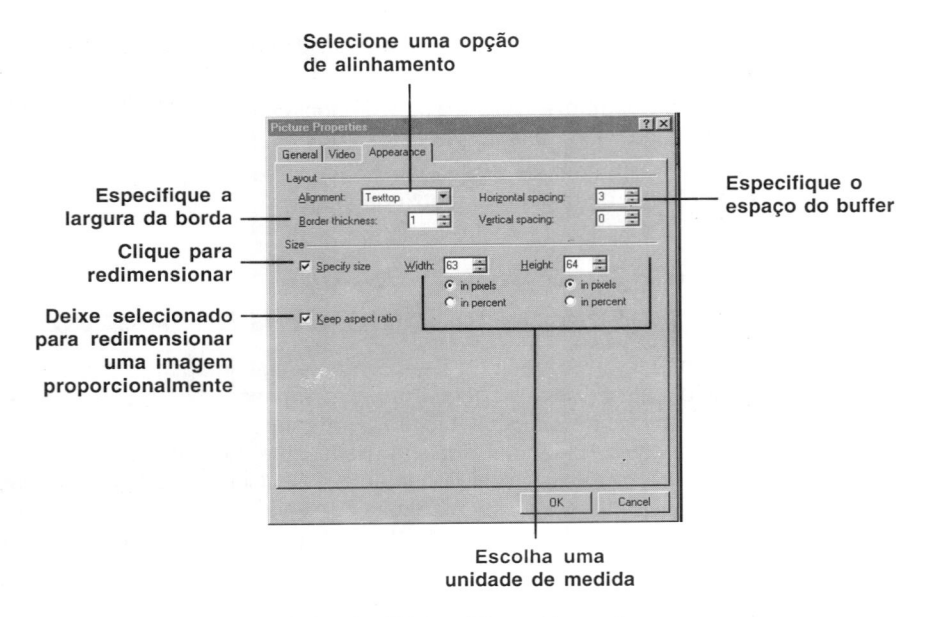

Caixa de diálogos Picture Properties com a ficha Appearance selecionada.

Atraia e troque: como exibir uma imagem menor enquanto uma maior é carregada

Você tirou uma daquelas fotografias únicas na vida — um pôr-do-sol magnífico ou sua filha marcando um gol para seu time de hóquei — e agora gostaria de mostrá-la em sua página Web. Ai, o arquivo de imagem é *enorme*! Como você impedirá que seus visitantes percam a paciência enquanto ela é carregada no browser? As velhas imagens atrativas em preto e branco dificilmente levam muito tempo para serem carregadas.

Então por que não criar uma cópia em preto e branco de sua imagem e exibi-la primeiro? quando a imagem *real* estiver pronta, ela substituirá a imagem em preto e branco. Essa técnica é chamada de usar uma imagem de **baixa resolução** (*low-res*). Contanto que as duas imagens tenham as mesmas dimensões (largura e altura), essa técnica funcionará bem. Uma vez que você tenha configurado tudo, poderá ainda clicar o botão Preview na barra de ferramentas Standard para vê-la em ação.

Parece mágica, experimente! Selecione a criatura voraz da largura de banda, exiba a caixa de diálogos Picture Properties e deixe General (Geral) selecionada, como mostrado na figura a seguir. Clique o botão Browse (Percorrer) à direita da caixa Low-Res (Baixa Resolução),

Capítulo 8 ➤ A página Web perfeita com imagens: como colocar e ajustar as imagens **107**

selecione a versão menor de sua imagem na caixa de diálogos Select Alternate Picture (Selecionar Imagem Alternativa) e clique em OK. Quando você retornar para a caixa de diálogos Picture Properties, o nome da imagem aparecerá na caixa Low-Res. Agora você poderá clicar em OK para retornar à janela FrontPage.

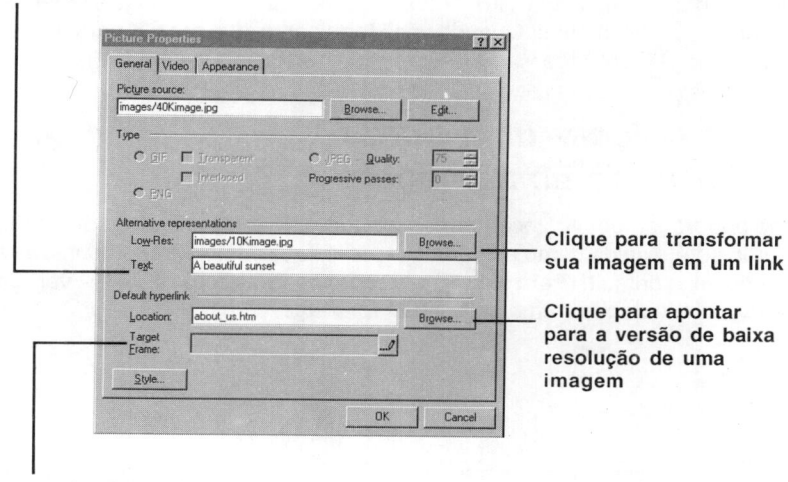

Forneça o texto alternativo para uma imagem

Clique para transformar sua imagem em um link

Clique para apontar para a versão de baixa resolução de uma imagem

Especifique um quadro de destino para a página linkada (Web *sites* apenas com quadros)

Caixa de diálogos Picture Properties com a ficha General selecionada.

Como obtenho uma cópia em preto e branco de minha imagem?

Você poderá fazer uma cópia de sua imagem a partir da exibição Folders, colocá-la em sua página Web e usar a barra de ferramentas Picture para criar uma imagem em preto e branco. O próximo capítulo falará sobre como deixar elegantes suas imagens com a barra de ferramentas Picture e o Capítulo 24, "Você e seus arquivos Web", falará sobre como trabalhar com arquivos na exibição Folders. Você poderá também usar um programa de imagem como o PhotoDraw (que vem com o Office 2000 e é mencionado no Capítulo 18, "Uma combinação feita em Redmond: FrontPage e Microsoft Office 2000") ou Paint Shop Pro (http://www.jasc.com/) para editar suas imagens.

Como fazer o link de uma imagem

As imagens criam ótimos links; na verdade, os surfistas da Web geralmente clicam as imagens para ver se elas levam a algum lugar. Para criar link a partir de uma imagem, selecione uma imagem e inicialize a caixa de diálogos Picture Properties com General selecionada. Forneça um URL na caixa Location (Local) ou clique o botão Browse para obter uma página na Web atual. Quando você terminar, clique em OK para aplicar seu link e voltar para a janela FrontPage.

Como colocar uma borda em torno de uma imagem

Você poderá também colocar bordas em torno de suas imagens. Se você linkar a imagem, a borda será exibida como a cor da ligação default. Do contrário, a borda será exibida como a cor do texto default. (Para saber mais sobre os esquemas de cores, veja o Capítulo 2, "Web site urgente: como dar uma volta nos FrontPage Webs".)

As imagens criam ótimos botões de navegação!

Provavelmente você visitou Web *sites* atraentes que usam imagens como botões de navegação ao invés daqueles antigos e aborrecidos links de texto. O Capítulo 7 fala mais sobre como funcionam os links e as barras de navegação.

Para adicionar uma borda à sua imagem, selecione a imagem, exiba a caixa de diálogos Picture Properties e clique em Appearance. Você poderá então clicar na seta para cima ou para baixo ao lado da caixa Border Thickness (Espessura da Borda) para ajustar a largura da borda. Se você não quiser uma borda em volta de sua imagem, selecione 0. Quando terminar, clique em OK para aplicar suas alterações. Ou poderá clicar em Cancel para retornar para o FrontPage sem fazer nenhuma alteração.

Como especificar texto alternativo para uma imagem

As imagens podem ajudar a transmitir idéias e informações; geralmente não podemos descobrir nosso caminho na Web sem elas. Mas, e os visitantes que não podem ver suas imagens por alguma razão? Não estou falando apenas sobre os que apresentam alguma dificuldade visual. Você ficaria surpreso com a quantidade de pessoas que desativam as opções gráficas de seus *browsers* para surfarem mais rapidamente. E mais, esses pequenos assistentes digitais pessoais e espertos (PDAs) como o PalmPilot não podem exibir imagens também.

Imagens e folhas de estilo

Você pode ter ouvido falar sobre as folhas de estilo na Web. Você poderá criar folhas de estilo que aplicam bordas automaticamente e outra formatação nas imagens em seu Web *site*. Para saber mais sobre as folhas de estilo, leia o Capítulo 15, "Agora você tem estilo! Como usar as folhas de estilo".

É por isso que você deve sempre fornecer um *texto alternativo* para suas imagens. Se alguém não puder ver suas imagens, poderá pelo menos ler o texto ou fazer com que seu computador leia-o para ele. E mais, nos *browsers* mais recentes seu texto alternativo será exibido com uma dica da ferramenta quando um visitante passar o ponteiro do mouse sobre a imagem. Selecione sua imagem, exiba a caixa de diálogos Picture Properties com General selecionada e forneça uma palavra descritiva ou duas para a imagem ou página linkada (como "Meu poodle Tilly e eu" ou "Página de Serviços do Cliente"). Clique em OK para aplicar suas alterações e retornar para a janela FrontPage.

Como copiar e colar uma imagem

Se você precisar usar a mesma imagem em uma página várias vezes, poderá copiá-la e colá-la. Clique com o botão direito em uma imagem e selecione Copy (Copiar) no menu de atalho (você poderá também selecionar a imagem, clicando-a com o botão esquerdo, clicando o botão Copy na barra de ferramentas ou usando a combinação de teclas Ctrl+C). Então coloque seu cursor onde deseja inserir uma cópia de sua imagem e clique o botão da barra de ferramentas Paste (Colar) ou use a combinação de teclas Ctrl+V.

Como converter as imagens

Se você acha que sua imagem JPEG ficaria melhor como GIF ou vice-versa, tente convertê-la. Você poderá também tornar suas imagens menores convertendo-as em PNGs. Selecione uma imagem e exiba a caixa de diálogos Picture Properties. Então poderá escolher um novo formato de imagem selecionando os botões de rádio GIF, JPEG ou PNG e depois clique em OK para voltar para sua página Web. O FrontPage copiará sua imagem e irá reformatá-la, para que você não tenha que se preocupar em perder a original, caso não goste dos resultados.

Se você gostar da nova versão de sua imagem, grave sua página Web. Quando a caixa de diálogos Save Embedded Files (Salvar Arquivos Incorporados) aparecer, como mostrado na figura a seguir, clique o botão OK para gravar a nova imagem e incluí-la em sua página Web.

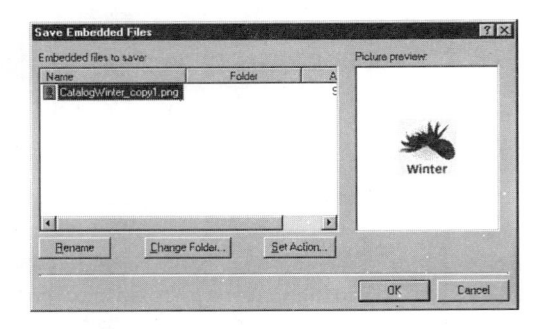

Caixa de diálogos Save Embedded Files.

Agilize suas páginas Web!

As imagens podem certamente reduzir a velocidade de sua página Web. Uma olhada rápida na barra de status no canto esquerdo inferior da janela de aplicação do FrontPage (tratada no Capítulo 1, "Fique pronto para tocar rock com o FrontPage 2000") informará por quanto tempo os visitantes terão que esperar para ver sua página. Então o que fazer quando suas páginas ficam grandes demais? Converta seus JPEGs em PNGs para reduzi-los a um terço de seu tamanho original! Há apenas um problema com os PNGs: as pessoas com browsers de versões anteriores a 4.0 não conseguirão vê-los.

Capítulo 8 ➤ A página Web perfeita com imagens: como colocar e ajustar as imagens **111**

Cinco Web *sites* onde você poderá obter imagens gratuitas

Precisa de algumas imagens atraentes para suas páginas? Pegue-as na Web. A seguinte lista aponta para os lugares que oferecem clipart gratuito para obter, embora você deva fornecer-lhes crédito em algum lugar em seu Web *site*.

➤ *Web Site da Microsoft*
   (http://cgl,microsoft.com/clipgallerylive/cgl23/eula.asp) — Você poderá carregar atrativos clipart totalmente novos no Web *site* da Microsoft através da Clip Art Gallery, como explicado anteriormente neste capítulo.

➤ *The Icon Bazaar* (http://www.iconbazaar.com) — Obtenha seus fundos, botões, animações GIF, divisores de páginas, marcadores, símbolos e outras coisas muito boas lá. Você poderá também encontrar informações úteis e respostas para suas perguntas relacionadas às imagens.

➤ *Best Free Clip Art On the Net* (http://www.net-matrix.com/graphx/index.html) — É enorme a coleção enorme de cliparts relacionada a tudo, desde esportes até escritório.

➤ *The Animation Factory* (http://www.eclipsed.com/) — Milhares de animações GIF, juntamente com ícones comuns, botões e imagens.

➤ *The Mining Company* (http://webclipart.miningco.com) — Muitos gráficos gratuitos classificados em categorias para facilitar a localização do que você deseja.

O mínimo que você precisa saber

➤ As imagens na Web têm três tipos: GIFs, JPEGs e PNGs. GIF funciona bem para arte a traço e JPEG funciona melhor para as imagens fotorrealísticas. PNG é uma novidade na Web e torna as imagens significativamente menores, carregando-as mais rápido.

➤ Se você colocar uma imagem que foi gravada em um formato não amistoso da Web, como um arquivo BMP ou PCX, o FrontPage irá convertê-la em um GIF ou JPEG para você.

➤ Você poderá inserir imagens em sua página Web a partir da caixa de diálogos Picture. Poderá também importar imagens de pastas diferentes para a Web atual através da caixa de diálogos Import File.

➤ Não tem nenhuma imagem para animar suas páginas? Experimente a Clip Art Gallery do FrontPage. Ou você poderá carregar um *host* de gráficos atraentes da Web.

➤ Você poderá alinhar, redimensionar, adicionar espaço do *buffer*, criar bordas, especificar texto alternativo e imagens de visualização com baixa resolução para suas imagens a partir da caixa de diálogos Picture Properties.

➤ Deseja usar imagens como links, ao invés do antigo e aborrecido texto? Selecione uma imagem, exiba a caixa de diálogos Create Hyperlink (Cria Hyperlink) e crie seu *link*, como explicado no Capítulo 7.

Capítulo 9

Como deixar elegantes as imagens

Neste capítulo

➤ Como redimensionar e recortar as imagens
➤ Como adicionar efeitos especiais interessantes a suas imagens
➤ Como colocar texto em uma imagem
➤ Como tornar transparentes os GIFs
➤ Como configurar pequenas exibições
➤ Como posicionar as imagens e colocá-las em camadas
➤ Como editar imagens com a aplicação de suas imagens favoritas
➤ Cinco bons programas de imagem que você poderá carregar da Web

---

Se você gosta de trabalhar com imagens, poderá já ter um programa de imagem como o Photoshop ou o Paint Shop Pro. Se já tem o Office 2000, poderá lidar com o PhotoDraw, uma nova e excelente aplicação do Office tratada no Capítulo 18, "Uma combinação feita em Redmond: FrontPage e Microsoft Office 2000". Para o resto dos mortais, o FrontPage vem com a útil barra de ferramentas Picture (Desenho), contendo recursos indispensáveis ao Webmaster novato. Mesmo que você já tenha outro programa de imagem, a barra de ferramentas Picture será útil para fazer alterações rápidas de maneira independente.

Seu próprio laboratório fotográfico: sobre a barra de ferramentas Picture

Então o que é a barra de ferramentas Picture e o que ela faz? Clique em uma imagem ou insira uma e terá as respostas. A barra de ferramentas Picture aparecerá na parte inferior da janela de aplicação FrontPage quando você estiver trabalhando na imagem e então sairá bondosamente para economizar espaço em sua tela, quando você começar a fazer outra coisa. Você poderá trabalhar em suas imagens com a barra de ferramentas Picture, como mostrado nas figuras a seguir.

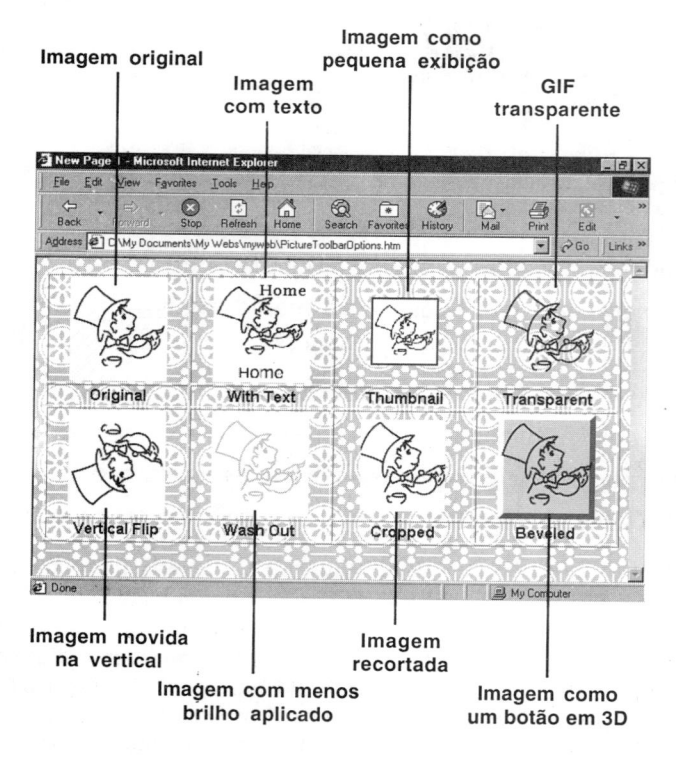

Alguns efeitos da imagem que você pode aplicar usando a barra de ferramentas Picture.

Capítulo 9 ➤ Como deixar elegantes as imagens   **115**

Portanto, prossiga e transforme um retângulo em um botão em 3D e então digite uma etiqueta nele. Recorte os excessos de uma imagem e redimensione-a. Formate um gráfico como um GIF transparente para que seja bem exibido no fundo de uma página Web. Enfraqueça uma imagem para obter um efeito de desgaste ou torne uma imagem colorida em preto e branco. Gire ou mova um gráfico de botão ou de texto e veja como fica. O céu é o limite. E mais, você poderá usar a barra de ferramentas Picture para configurar um mapa de imagem, como explicado no Capítulo 16, "O x marca o ponto de ativação! Como criar mapas de imagens". Puxa! Nada mal para uma barra de ferramentas tão magricela, heim?

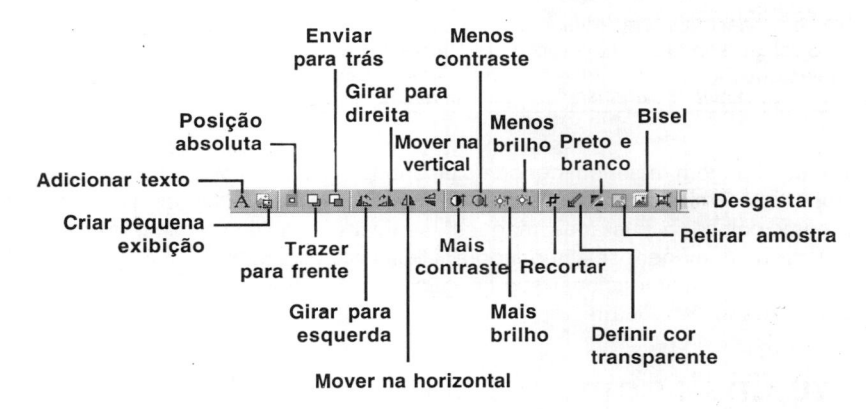

Barra de ferramentas Picture.

Como dimensionar: como tirar amostra das imagens

"Você já *disse* como redimensionar uma imagem no último capítulo", provavelmente é isso o que você está pensando. Não se preocupe, este livro não foi escrito pelo "Departamento Nacional de Redundância". *Tirar amostra* das imagens funciona de maneira um pouco diferente de redimensioná-las. Quando você fornece novas dimensões para uma imagem na caixa de diálogos Image Properties, isso não altera o tamanho da imagem original, apenas muda como os browsers exibirão a imagem. Quando você tira amostra de uma imagem, ela muda as dimensões da imagem real. Tirar amostra também ajuda que suas páginas sejam carregadas mais rapidamente, porque o *browser* não recalcula as dimensões da imagem.

Como exibir a barra de ferramentas Picture

Se você achar mais seguro ver a barra de ferramentas Picture em sua tela, mesmo que não a esteja usando, selecione Toolbars (Barras de Ferramentas) no menu View (Exibir) e selecione Picture no menu em cascata.

Para tornar sua imagem maior ou menor, selecione-a e redimensione-a na caixa de diálogos Image Properties como normalmente faria. (Veja o Capítulo 8, "A página Web perfeita com imagens: como colocar e ajustar as imagens", se tiver esquecido de como fazer isso.) Você poderá ajustar uma imagem selecionando-a, clicando e arrastando um marcador de limite. Quando terminar de redimensionar sua imagem, clique o botão Resample (Tirar Amostra) na barra de ferramentas Picture.

O corte final: como recortar uma imagem

Você adora a imagem que tirou de seu poodle, Fifi, mas queria que fosse um *close-up*. Ou talvez gostaria de colocar uma agradável imagem de si mesmo em seu currículo na Web, mas preferiria não deixar que seus prováveis empregadores vissem a mesa de sinuca e a marca de cerveja em néon atrás de você. Envie a barra de ferramentas Picture em seu auxílio! Você poderá recortar os indesejados elementos do fundo.

Copie suas imagens primeiro!

Quando você aplicar os efeitos especiais da barra de ferramentas Picture, o FrontPage 2000 mudará seus arquivos de imagem. Antes de animar suas imagens, vá para a exibição Folders (Pastas) e faça uma ou duas cópias (como explicado no Capítulo 24, "Você e seus arquivos Web"). Assim, terá seus originais para trabalhar.

Capítulo 9 ➤ Como deixar elegantes as imagens **117**

Selecione uma imagem e clique na ferramenta Crop (Recortar) na barra de ferramentas Picture. Um quadro de seleção com linhas tracejadas e pequenas alças quadradas aparecerá. Coloque seu cursor sobre uma alça até ele se transformar em uma seta com dois lados e então pressione o botão do mouse e arraste a alça. Ajuste as alças até que o quadro de seleção fique em torno da parte da imagem que você deseja manter. Quando terminar de ajustar sua área de recorte, clique o botão Crop novamente.

Você mesmo poderá também desenhar um quadro de seleção. Clique em qualquer lugar na imagem para exibir o cursor em forma de cruz. Clique esse cursor no canto superior esquerdo da parte da imagem que deseja manter e arraste-o em diagonal para a direita para criar um retângulo ou quadrado. Quando você terminar de desenhar sua área de recorte, clique novamente o botão Crop.

Como adicionar efeitos especiais

Tudo bem, chega do básico, vejamos a coisa *divertida*. Você poderá animar suas imagens com efeitos especiais simplesmente clicando um botão. Se você for o tipo de pessoa prática, não vá embora ainda. A barra de ferramentas Picture poderá ajudá-lo a resolver os últimos problemas de *layout* da página Web com rapidez e eficiência.

Como tornar os GIFs transparentes

Você reuniu suas imagens e encontrou uma ótima imagem de fundo. Então, de repente, um choque de horror! Não, não é o sujeito com uma máscara do Capitão Kirk pintada de branco que persegue Jamie Lee Curtis há alguns anos. É o temido fundo retangular que aparece em torno de sua imagem com linhas e faz com que sua página Web pareça muito ineficiente. Não seria ótimo se a imagem flutuasse sem marcas sobre o padrão de fundo da página Web ou a imagem atrás dela?

Com a barra de ferramentas Picture, você poderá remover a cor de fundo de sua imagem. As imagens sem um fundo são chamadas de *GIFs transparentes*. Você poderá remover a cor de fundo de qualquer imagem. Selecione a imagem e então clique o botão da barra de ferramentas Set Transparent Color (Definir Cor Transparente). Isso transformará seu cursor em algo que se parece com um lápis-borracha com uma seta na ponta. Clique o cursor na cor que deseja remover. Se a imagem original não estiver formatada como um GIF, uma caixa de diálogos aparecerá e informará que o FrontPage precisa converter a imagem. Clique em OK.

De volta aos bons e velhos tempos: como tornar uma imagem colorida em preto-e-branco

As fotos em preto e branco podem acrescentar um efeito antigo interessante a suas páginas Web. Como levam menos tempo para serem carregadas nos paginadores do que suas primas Tecnicolor, as imagens em preto e branco também funcionam bem como imagens de baixa resolução. Para tornar uma imagem preto e branco, selecione-a e clique o botão Black and White (Preto e Branco).

Como ajustar o brilho e o contraste

Sua imagem parece clara ou escura demais? Selecione a imagem e clique o botão Less Brightness (Menos Brilho) ou More Brightness (Mais Brilho). Se o tema de sua imagem parece desaparecer no fundo ou a imagem parece enfraquecida ou imprecisa, experimente os controles de contraste. Para aumentar o contraste, selecione a imagem e clique o botão More Contrast (Mais Contraste). Você poderá também suavizar as linhas marcadas e as sombras, selecionando a imagem e clicando o botão Less Contrast (Menos Contraste).

Como desbotar uma imagem

Neste capítulo você aprenderá como, utilizando o FrontPage, poderá criar *overlays* de texto e imagem impressionantes como os profissionais,. Mas essa técnica poderá ser como um tiro pela culatra se as pessoas não puderem ler o texto, no caso de a imagem subjacente se apresentar escura demais. A barra de ferramentas Picture fornece uma maneira de resolver esse problema; você poderá *desbotar* a imagem para que ela pareça enfraquecida. Desbotar uma imagem também fornecerá uma aparência indistinta à sua página. Para desbotar uma imagem, selecione-a e clique o botão Wash Out (Desgastar).

Como criar botões em 3D imediatos

Os botões em 3D ficam ótimos nas páginas Web porque simplesmente *imploram* aos visitantes que os cliquem. Você poderá transformar qualquer gráfico em um botão em 3D, clicando na imagem e então clicando na ferramenta Bevel (Bisel). O *bisel* é uma técnica de tratamento de imagem que cria uma borda em torno da imagem para fazer com que ela pareça ser tridimensional.

Capítulo 9 ➤ Como deixar elegantes as imagens   119

Como digitar o texto em uma imagem

Não apenas você poderá criar seus próprios botões em 3D, como poderá colocar etiquetas neles também. Ou poderá digitar um título ou qualquer outra coisa que quiser em suas imagens. Para digitar o texto em um gráfico, selecione a imagem e clique o botão Text (Texto) na barra de ferramentas Picture. Um quadro delimitador aparecerá com um cursor em forma de linha piscando no meio. Você poderá digitar seu texto e selecionar uma fonte, tamanho da fonte, estilo do texto, opção de alinhamento e cor da fonte na barra de ferramentas Formatting (Formatação). Quando terminar, poderá clicar seu cursor em qualquer outro lugar na página.

Agora que você experimentou alguns efeitos especiais da barra de ferramentas Picture, vejamos como ficam em uma página Web real.

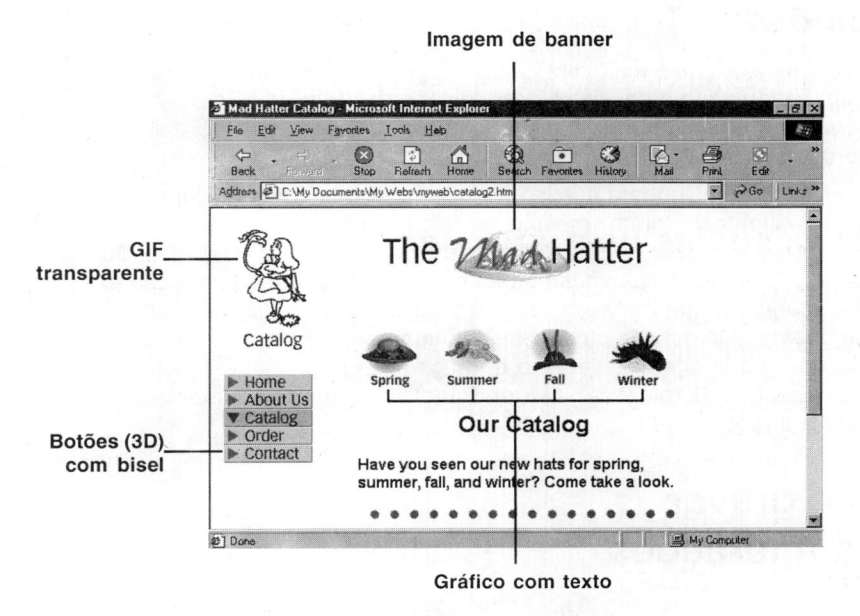

Uma página Web com alguns efeitos especiais aplicados.

Como girar e mover as imagens

Você poderá também girar as imagens para a esquerda ou para a direita ou movê-las na horizontal ou vertical. Isso poderá ser útil se você quiser usar um cabeçalho gráfico com texto como um gráfico com bloco de texto ou apontar um marcador ou outra imagem em uma direção diferente. Para girar uma imagem para a esquerda, clique o botão Rotate Left (Girar para Esquerda). Para girar uma imagem para a direita, clique o botão Rotate Right (Girar para Direita). Para inverter um gráfico em seu eixo vertical, clique o botão Flip Horizontal (Mover na Horizontal). Para inverter um gráfico em seu eixo horizontal, clique o botão Flip Vertical (Mover na Vertical).

Como criar pequenas exibições

Uma *pequena exibição* é uma versão em miniatura de uma imagem maior. Se você for um artista ou um fotógrafo e deseja colocar seu portafólio *online* ou deseja colocar as fotos de suas férias em seu Web *site*, irá adorar o recurso de pequenas exibições da barra de ferramentas Picture.

Em algum ponto você poderá precisar ou desejará compartilhar algumas imagens grandes com seus visitantes. Porém, mesmo as fotos padrão 4x5 poderão ocupar um espaço impressionante em sua página, sem mencionar o longo tempo exigido para serem carregadas. Ao invés disso, você poderá criar uma imagem de pequena exibição e então ligá-la à imagem original. Assim, as pessoas poderão visualizar a pequena exibição e verificar o tempo necessário para exibir a imagem real. Para criar uma versão de pequena exibição de uma imagem, selecione a imagem e então clique o botão Auto Thumbnail (Pequena Exibição Automática). O FrontPage criará automaticamente a imagem menor e irá ligá-la à imagem maior.

Como gravar suas alterações

Quando você altera suas imagens, o FrontPage precisa fazer as alterações necessárias para seu Web. (Lembre-se de que o FrontPage é um servidor Web também e que os servidores precisam saber tudo!) Na próxima vez em que você gravar sua página, a caixa de diálogos Save Embedded Files (Salvar Arquivos Incorporados) aparecerá com uma lista das imagens editadas, como mostrado na figura a seguir. O FrontPage fornecerá a opção de renomear suas imagens melhoradas para que você possa gravá-las como novos arquivos, ao invés de alterar os originais. Será mais simples fazer cópias de suas imagens antes de editá-las, como explicado anteriormente neste capítulo. Mas é ótimo saber que o FrontPage fornece uma segunda chance, caso você se esqueça disso.

Capítulo 9 ➤ Como deixar elegantes as imagens

Lista de imagens editadas

Clique para renomear as imagens

Clique para gravar as imagens em uma pasta diferente

Clique para definir a ação (Save ou Overwrite)

Visualização da imagem selecionada (ou a primeira imagem na lista se diversas imagens estiverem selecionadas)

Clique para gravar a página Web e as imagens incorporadas

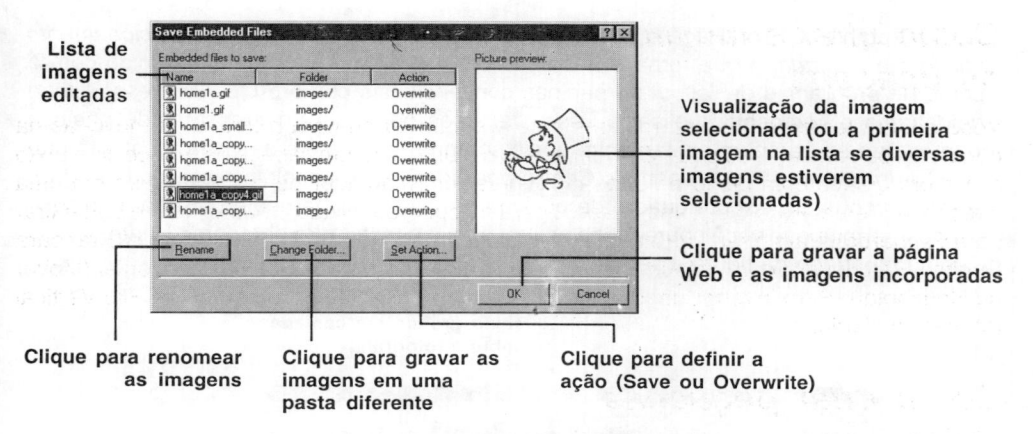

Caixa de diálogos Save Embedded Files.

Para gravar sua página e substituir suas imagens originais pelas as alterações feitas, clique o botão OK. Para renomear suas imagens e incorporar as cópias na página Web atual, selecione uma imagem na lista Embedded Files to Save (Arquivos Incorporados para Salvar), clique o botão Rename (Renomear) e digite um novo nome de arquivo. Repita para cada imagem e então clique o botão OK.

Como posicionar as imagens e o texto

A construção da página Web costumava realmente frustrar as pessoas. As limitações da antiga HTML comum tornavam difícil colocar os elementos no local desejado ou assegurar que os *layouts* ficariam iguais nos *browsers* das outras pessoas. E mais, você realmente não podia fazer *layouts* criativos com texto e imagens se sobrepondo.

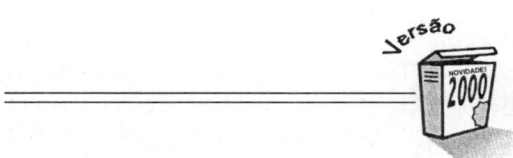

Layouts em camadas

A barra de ferramentas Picture do FrontPage 2000 tem novos botões para posicionar e colocar em camadas as imagens. O FrontPage também facilita criar quadros de posição para o texto e outros elementos da página para que você possa posicioná-los e colocá-los em camadas também.

Agora, entretanto, o FrontPage e os *browsers* mais recentes suportam o *posicionamento absoluto* e a *camada*, o que torna o trabalho com as páginas Web mais parecido com o trabalho de programas de *layout* de páginas convencionais como o QuarkXPress, Adobe PageMaker e o Microsoft Publisher. Esses recursos permitem criar *designs* de páginas elegantes que se parecem exatamente iguais sempre que alguém as visita (contanto que tenham um *browser* 4.0 ou superior). Com o posicionamento absoluto, você poderá obter uma imagem ou item em um quadro de posição e movê-lo exatamente para onde deseja. A camada permite que você sobreponha as imagens e o texto para obter efeitos interessantes, como mostrado na figura a seguir.

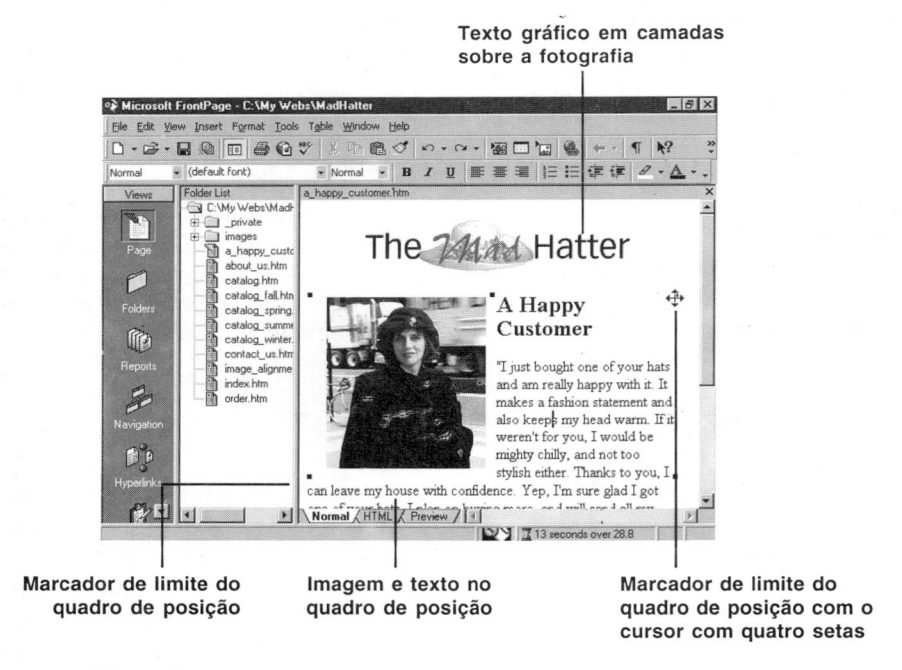

Página Web com os elementos posicionados absolutamente e em camadas.

Então qual é a desvantagem?

Ter um controle completo sobre o *layout* de uma página Web faz os artistas pularem de alegria. Ai, o posicionamento absoluto tem sua desvantagem. Os paginadores mais antigos não poderão exibir suas páginas corretamente, e o *layout* de sua página poderá ficar confuso e difícil de ler e navegar.

Capítulo 9 ➤ Como deixar elegantes as imagens   **123**

Use GIFs transparentes para colocar em camadas os gráficos do texto

Como coloquei o gráfico de texto "The Mad Hatter" sobreposto à imagem do chapéu sem exibir um quadro feio e cobrir parte do chapéu? Formatei-o como um GIF transparente. Você poderá tornar suas imagens GIF transparentes também. A seção anterior "Como tornar os GIFs transparentes" explica como fazê-lo.

Como posicionar uma imagem

Clique em uma imagem na página Web atual. Quando a barra de ferramentas Picture aparecer na parte inferior da página, clique o botão Position Absolutely (Posição Absoluta) e arraste sua imagem para um novo local na página. Uma vez que você tenha posicionado sua imagem, poderá movê-la sempre que desejar. Simplesmente clique na imagem para exibir o cursor com quatro setas e então arraste-a para outro lugar em sua página.

Como posicionar o texto e outros elementos

Se você quiser posicionar o texto e colocá-lo em camadas, assim como tabelas ou grupos de elementos, precisará primeiro criar um *quadro de posição* para eles. Posicionar o texto e outros elementos da página funciona de maneira um pouco diferente das imagens, porque você não poderá ativar o recurso de posicionamento a partir da barra de ferramentas Picture.

Selecione os elementos da página e então escolha Position Box (Quadro de Posição) no menu Format (Formatar) para exibir a caixa de diálogos Position (Posição), como mostrado na figura a seguir. Escolha suas opções, como explicado na seguinte lista, e então clique em OK para criar o quadro de posição e retornar para sua página Web.

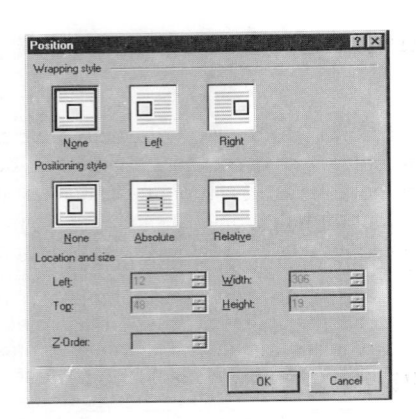

Caixa de diálogos Position.

Na caixa de diálogos Position, você poderá escolher as seguintes opções:

- ➤ *Wrapping style* (Estilo da Integração) —Determina como o texto na página fluirá em relação ao quadro de posição. Escolha None (Nenhum) para colocar em camada seu quadro de posição (sobreponha-o com outro elemento da página) ao invés de fazer com que o texto se integre em volta dele. Escolha Left (Esquerda) para colocar o quadro de posição à esquerda do texto em volta e integrar o texto no lado direito. Ou escolha Right (Direita) para colocar o quadro de posição à direita do texto em volta e integrar o texto no lado esquerdo.

- ➤ *Positioning style* (Estilo do Posicionamento) — Selecione Absolute (Absoluto) para colocar e aplicar camadas no quadro de posição. Escolha Relative (Relativo) para colocar o quadro de posição e integrar o texto em volta de acordo com a opção Wrapping style escolhida. Não escolha None, pois seu quadro de posição se comportará como um elemento de página normal que não poderá ser posicionado ou colocado em camadas! E isso não será engraçado.

- ➤ *Location and size* (Local e tamanho) — Você poderá também determinar o local exato e o tamanho de seu quadro de posição. Para colocar o quadro de posição em relação ao lado superior e esquerdo de sua página Web, forneça as coordenadas (em pixels) nas caixas Left e Top (Superior). Para determinar o tamanho de seu quadro de posição, forneça as medidas (em pixels) nas caixas Width (Largura) e Height (Altura). Se você não conhecer um ponto (pixel) de um abacaxi, tudo bem. Poderá também colocar e ajustar o tamanho de seu quadro de posição a partir da exibição Page (Página).

Como ajustar o quadro de posição

Para mover o quadro de posição, passe o ponteiro de seu mouse sobre uma das bordas até que o cursor fique com quatro setas. Então poderá pressionar o botão do mouse e arrastar o quadro de posição para um novo local. Para redimensionar o quadro de posição, passe o ponteiro do mouse sobre um dos marcadores de limite até que o cursor fique com duas setas. Então você poderá pressionar o botão do mouse e arrastar o quadro delimitador para cima, para baixo, em sentido diagonal, para a direita ou esquerda, dependendo de qual marcador de limite você tiver selecionado.

Como colocar em camadas as imagens e os quadros de posição

Graças ao recurso de posicionamento absoluto, você poderá também criar interessantes efeitos de camada. Experimente sobrepor o texto e as imagens para obter uma aparência texturizada ou colocar em camada algum texto sobre uma fotografia desbotada para obter impacto visual.

Para colocar em camadas os objetos, você primeiro terá que criar uma *ordem Z* para eles. Essa é a terceira dimensão (profundidade) em uma tela de computador. Especificando a ordem Z de uma imagem ou quadro de posição, você poderá determinar quais objetos ficam em cima e quais ficam em baixo. Tudo o que terá que fazer será atribuir um número a cada objeto; 0 colocará um objeto na camada inferior, 1 moverá o objeto para cima em um nível, e assim sucessivamente.

Como trabalhar com imagens em camadas e quadros de posição

Os objetos em camadas poderão ficar um pouco traiçoeiros quando você precisar editá-los ou movê-los. Afinal, como você chegará àquela pequena imagem introduzida na camada inferior? Com as imagens, você poderá usar a barra de ferramentas Picture para movê-las para trás e para a frente. Para os quadros de posição, você precisará reorganizá-los a partir da caixa de diálogos Position.

Para mover uma imagem para trás para que você possa trabalhar com ela ou o quadro em posição abaixo dela, selecione-a e clique o botão Send Backward (Enviar para Trás). Para trazer uma imagem para a frente, para que possa editá-la ou movê-la, selecione-a e clique o botão Bring Forward (Trazer para Frente).

Para mudar um quadro de posição — para trás ou para frente —, clique-o e então exiba a caixa de diálogos Position, selecionando Position no menu Format. Forneça ou selecione um número na caixa Z-Order (Ordem Z) e clique em OK. Você poderá também atribuir os números da ordem Z às imagens seguindo essas etapas.

Como editar uma imagem com outro editor de imagens

A barra de ferramentas Picture funciona muito bem para a edição de imagens básicas. Se você preferir usar um editor de imagens real como o PhotoDraw, o FrontPage poderá inicializar esse programa quando você precisar. Primeiro, você terá que informar ao FrontPage onde ele está. Uma vez que tenha configurado um editor de imagens, tudo que terá que fazer é clicar duas vezes na imagem, e o FrontPage inicializará o programa.

Como informar o FrontPage onde encontrar seu programa de imagem

Para configurar um editor de imagem, selecione Options (Opções) no menu Tools (Ferramentas) para exibir a caixa de diálogos Options e então selecione a ficha Configure Editors (Configurar Editores). Você verá uma lista de tipos básicos de arquivo e a aplicação que lida com esses tipos de arquivos.

Lembre-se de configurar todos os seus tipos de arquivos de imagem!

Você precisará configurar seu editor de imagem para todos os tipos de arquivo de imagem com os quais geralmente trabalha. Isso inclui .jpeg, .jpg e .gif. Você poderá também querer adicionar outros tipos de arquivo à lista, como .pcx, .bmp, .tiff e .wmf.

Clique o botão Add (Adicionar) para exibir a caixa de diálogos Add Editor Association (Adicionar Associação do Editor). Forneça uma extensão do nome de arquivo para o tipo de arquivo que seu editor pode editar (como .jpeg, .jpg, .png ou .gif) na caixa File Type (Tipo de Arquivo) e forneça o nome de seu programa de imagem na caixa Editor Name (Nome do Editor). Ah, e não se esqueça da caixa com aparência assustadora que solicita um comando. Não se preocupe, ela apenas quer que você informe onde está a aplicação.

(Uma aplicação é um arquivo executável que termina com a extensão .exe.) Clique o botão Browse (Percorrer) para exibir a caixa de diálogos Browse e localize seu programa. Na maioria dos casos, você poderá encontrá-lo em algum lugar em sua pasta Programs (Programas). Selecione o arquivo .exe e então clique o botão Open (Abrir) para retornar para a caixa de diálogos Add Editor Association. Clique em OK para voltar para a caixa de diálogos Options. Agora você poderá repetir essas etapas para as outras extensões da imagem Web ou clicar em OK para gravar suas alterações e retornar para a janela FrontPage.

Capítulo 9 ➤ Como deixar elegantes as imagens   **127**

Cinco programas de imagem que você poderá carregar

Se você quiser se aprofundar em suas imagens, poderá querer mais do que pode conseguir com a barra de ferramentas Picture. Eis alguns outros programas:

- ➤ *Paint Shop Pro da JASC* — Um programa *shareware* que custa em torno de US$ 99,00 com recursos de edição de imagens avançados. Está disponível em http://www.jasc.com/.
- ➤ *LviewPro* — Um utilitário *shareware* de (mais ou menos US$40,00) para abrir e converter tipos diferentes de imagens. Também tem algumas outras ferramentas para recortar e aplicar filtros de imagens com efeitos especiais. Está disponível em http://www.lview.com/.
- ➤ *Reptile da Sausage Software* — Um pequeno "gizmo" *freeware*, excelente para criar texturas e fundos padronizados para suas páginas Web. Está disponível em http://www.sausage.com/reptile/.
- ➤ *Xara 3D* — Um programa (US$ 39,00 aproximadamente) que permite criar gráficos de texto em 3D avançados. Está disponível em http://www.xara.com/xara3d/.
- ➤ *Ulead Web Razor* — Um conjunto completo de programas de imagens Web para controlar seus arquivos, construir animações GIF, criar botões, aplicar efeitos especiais e compactar suas imagens em tamanhos pequenos de arquivo. Está disponível em http://www.ulead.com/

O mínimo que você precisa saber

- ➤ A barra de ferramentas Picture aparece quando você seleciona uma imagem ou insere uma imagem. A barra de ferramentas Picture tem opções para retocar, colocar em camadas, posicionar e adicionar efeitos especiais em suas imagens.
- ➤ Você poderá usar a barra de ferramentas Picture para posicionar, colocar em camadas, mover, recortar, desgastar, colocar bisel e ajustar o brilho e o contraste de suas imagens. E mais, poderá tornar um GIF transparente removendo o fundo e poderá criar automaticamente uma pequena exibição que se liga à imagem original.
- ➤ Quando você grava uma página Web com imagens que acabou de editar, a caixa de diálogos Embedded Files aparece para que você possa gravar as cópias e deixar os originais intocados.
- ➤ Você poderá posicionar e colocar em camadas as imagens a partir da barra de ferramentas Picture e poderá criar quadros de posição para o texto e outros elementos da página a partir da caixa de diálogos Position. A caixa Position também permite que você aplique camadas nas imagens e coloque-as atribuindo uma ordem Z para cada elemento.

Parte III

Você conseguiu a aparência!
Como construir páginas como profissionais

As primeiras impressões são as que ficam. E quando isso ocorrer em seu Web site, você desejará que a primeira impressão de seu visitante seja boa, não é? A Web fornece uma maneira excitante e de baixo custo de criar, comunicar e publicar. Mas essa nova mídia também precisa de um pouco de familiaridade. Os visitantes esperam mais de um Web site do que os leitores esperam de uma brochura impressa, relatório ou artigo de revista.

Por exemplo, se você escrever para seus pais uma carta sobre sua viagem para a França, eles ficarão contentes com uma caligrafia decente e algumas fotos. Se você criar uma página Web sobre sua viagem e enviar por e-mail o URL para seus pais, essa será uma situação totalmente diferente! Eles esperarão muitas imagens e links para os Web sites relacionados e desejarão isso rápido.

Felizmente, o FrontPage 2000 facilita criar Web sites que mantêm seus visitantes contentes. O primeiro capítulo nesta parte fornecerá os fatos relativos à organização e construção de seu Web site para que pareça bom e seja fácil para as pessoas navegarem. Você aprenderá a usar as ferramentas do FrontPage 2000 para construir páginas com ótima aparência com quadros, tabelas, formulários online, gabaritos e folhas de estilo.

Capítulo 10

Elementos do estilo: o básico da construção de um Web site

Neste capítulo
➤ Como planejar seu Web site
➤ Design dos elementos de navegação
➤ Como criar o layout de suas páginas
➤ Como escolher cores e gráficos
➤ Cinco sites para visitar para obter ajuda para o design

A euforia dos meios de comunicação sobre a Web faz com que ela soe como uma enorme revista *online*, catálogo, brochura e aparelho de TV, tudo reunido em uma só coisa. Como dizem em Nova Iorque, *fuhgeddaboutit*. A Web está em uma classe própria. Certamente, tem imagens e texto, como uma mídia impressa, e alguns Web *sites* transmitem áudio e vídeo como a TV e as estações de rádio. Mas é importante compreender a diferença entre mídia *linear* e *não-linear*.

Estamos acostumados com a mídia linear como livros, filmes, jogos e programas de TV, que se movem para frente do começo ao fim. A Web não é linear; os surfistas da Web podem seguir quantos *links* desejarem para explorar um Web *site,* ou ir para um *site* totalmente diferente. Isso significa que, quando você construir e organizar seu Web *site*, terá que pensar de maneira um pouco diferente. Felizmente, o FrontPage tem experiência em ajudar as pessoas a começarem. Este capítulo explicará o planejamento básico, os conceitos da construção e executará o processo de planejar um pequeno Web *site* comercial chamado Four Goldens Press (em http://www.fourgoldenspress.com/), empresa de um artista que vende cartões de visita e impressos.

"O meio é a mensagem"

O famoso estudioso dos meios de comunicação Marshall McLuhan usou essa frase para explicar como os tipos diferentes de mídia mudam nossa maneira de pensar. Embora McLuhan estivesse falando sobre a televisão, o mesmo aplica-se para a Web. Primeiro, você tem que pensar nos *links* e na construção de suas páginas Web assim. Os surfistas Web esperam mais das páginas Web do que esperam das revistas ou dos programas de TV. Eles esperam clicar em um *link* para encontrar facilmente o que desejam e simplesmente pulam por cima daquilo que não lhes interessa. Se você vender produtos que estimulam o interesse das pessoas, elas desejarão fazer pedidos *online* **imediatamente**! Do mesmo modo, se você recomenda outro Web *site*, as pessoas esperarão que forneça um *link* para ele. E quando as pessoas visitarem seu *site* pessoal, esperarão encontrar imagens e *links* para seus amigos e locais favoritos da Internet. Afinal, apontar e clicar não é apenas um conceito; rapidamente torna-se um estilo de vida!

Como se familiarizar com o link

Então como você trabalha nessa nova mídia excitante? Primeiro, comece pensando sobre como funcionam os *links* e como as coisas ficam em uma tela de computador. Provavelmente você já sabe mais do que pensa. Afinal, passou uma boa parte do tempo surfando na Web. Os *links* permitem que seus visitantes apontem e cliquem como desejarem, portanto cada uma de suas páginas Web deverá facilitar o acesso a outras páginas e seções em seu *site*. E mais, se você mencionar outros *sites* ou algum material em seu próprio *site*, deverá também fornecer os *links* correspondentes.

Como construir as telas de computador das pessoas

Quando você constrói suas páginas e adiciona suas imagens, está desenvolvendo uma apresentação para as pessoas visualizarem nas telas de seus computadores. Muitas das antigas regras do *design* impresso ainda se aplicam, mas o que fica bom no papel poderá não funcionar tão bem na tela de um computador. Primeiro, suas páginas Web poderão não se apresentar da mesma forma nos computadores e monitores das outras pessoas. O Windows 95/98, Macintosh, UNIX e Windows 3.x lidam com as cores de maneiras diferentes.

Você poderá evitar qualquer provável armadilha, testando seu trabalho em definições diferentes do monitor antes de construir todo seu Web *site* (como explicado na seção "Como experimentar as definições do monitor", posteriormente neste capítulo) e ficando com as *cores protegidas do browser* para seu texto, fundos da página e gráficos de arte com linhas. O Capítulo 3, "Como lidar com páginas Web" apresentou a paleta de cores protegidas do *browser*.

Como manter suas cores protegidas do browser

A paleta de cores protegidas do *browser* consiste em 216 cores que ficam iguais no *browser* de todas as pessoas, não importando o tipo de computador usado. Quando você usa cores que não são protegidas do *browser*, elas podem *tremer* quando exibidas em outros computadores. Isso significa que se um computador não puder exibir uma cor corretamente, exibirá uma cor aproximada, que poderá não parecer com aquela escolhida por você. Você não terá que se preocupar com suas fotografias (geralmente formatadas como JPEGs), pois as graduações de cor são tão sutis que as pessoas não notam a diferença. Contudo, deverá ter cuidado com arte a traço (desenhos feitos à mão ou imagens de texto com cores sólidas e linhas em negrito que são formatadas como GIFs) e seus esquemas de cores da página (como explicado no Capítulo 3).

A caixa de diálogos Colors (Cores) do FrontPage exibirá todas as cores protegidas do *browser* para que você possa selecioná-las para o fundo de sua página, texto, *links* e cores da fonte. E mais, você poderá obter, prontos, os gráficos protegidos do *browser* na Clip Art Gallery (Galeria de Clipart) do FrontPage e na Web (como explicado no Capítulo 8, "A página Web perfeita com imagens: como colocar e ajustar as imagens"). Se você quiser criar suas próprias imagens, os programas de imagem de hoje (inclusive os listados no Capítulo 9, "Como deixar elegantes as imagens") têm as ferramentas para ajudar a criar os gráficos protegidos do *browser*. Para aprender mais sobre como colorir os gráficos para a Web, você poderá visitar os Web *sites* listados no final deste capítulo ou pegar o excelente livro de Lynda Weinman, da New Riders, intitulado *Designing Web Graphics*.

Como manter tudo organizado

Antes de começar a construir seu Web *site* no FrontPage, você poderá planejar antes e economizar algum tempo no caminho. Experimente escrever tudo o que deseja incluir e reunir todos os seus documentos e imagens em uma pasta em seu computador. Então poderá abrir a pasta, selecionar todos os arquivos (escolhendo Select All (Selecionar Tudo) no menu Edit (Editar) ou usando a combinação de teclas Ctrl+A) e imprimir uma lista de arquivos, selecionando Print (Imprimir) no menu File (Arquivo). Ou poderá usar a combinação de teclas Ctrl+P. Você poderá também nomear a pasta como Original_Web_Files para que possa, mais tarde, importar seus arquivos para seu FrontPage Web como uma pasta separada. Isso permitirá que você trabalhe com seus arquivos facilmente sem misturá-los com suas páginas Web finais.

Como experimentar as definições do monitor

Deseja ver como sua página Web fica com as diferentes definições do monitor? Primeiro, exiba sua página no *browser*. Então, clique com o botão direito do mouse em qualquer lugar em sua área de trabalho e selecione Properties (Propriedades) para inicializar o painel de controle Display Properties (Exibir Propriedades). Então selecione a guia Settings (Configurações). Para ver como sua página Web fica para um usuário do Windows 3.x (e muitos usuários de laptop com o Windows 95/98 também), selecione 256 Colors (256 Cores) na lista Colors; mova o cursor Screen Area (Área da Tela) para a esquerda até o texto que aparece em baixo informar "640x480 pixels" e então clique em OK. Sim! Muito feio, heim?

Para ver como sua página Web fica para a maioria dos usuários (e para retornar para suas definições de tela defaults), exiba o painel de controle Properties e selecione a guia Settings novamente, selecione True Color (24-bit) (True Color (24 bits)) na lista Colors e mova o cursor Screen Area para a direita até o texto que aparece na porção inferior informar "800x600". Clique em OK para retornar à sua área de trabalho.

Finalmente, você terá que lidar com o número crescente de pessoas que usam definições de área de tela *realmente* altas. Isso torna tudo minúsculo na tela de seu computador. No painel de controle Properties com a guia Settings selecionada, deixe o item True Color (24-bit) selecionado na lista Colors e mova o cursor Screen Area para a direita até o texto abaixo informar "1280x1024 pixels" e então clique o botão OK.

Eh! É difícil criar um Web *site* que agrade a todos. E você não terá necessariamente que fazer isso. Como uma Web *Designer*, crio Web si*tes* com áreas de tela de 640x480 e 800x600 em mente, pois a maioria das pessoas usa essas definições. Para os usuários sofisticados de 1280x1024, imagino que eles têm uma vista sobre-humana ou que se divertem muito forçando a visão.

Como colocar tudo junto

Uma vez que você tenha organizado os arquivos que deseja usar, poderá começar a pensar sobre como tudo irá se encaixar em seu plano geral. Você poderá abordar seu Web *site* como faria com qualquer outro projeto; escreva um esquema com todas as suas seções principais como cabeçalhos e suas páginas, cabeçalhos secundários sob cada cabeçalho principal. Sob cada cabeçalho ou subcabeçalho, experimente escrever uma lista de arquivos que deseja incluir. Você deverá também criar um *esquema de nomenclatura de arquivos*, uma maneira de nomear suas páginas e imagens para que se lembre o que são e como se encaixam em seu Web *site*.

O Four Goldens Press Web Site Outline (Esquema do Web site da Four Goldens Press) mostra como você poderá criar um esboço básico com um esquema de nomenclatura de arquivos para seu Web *site*.

Capítulo 10 ➤ Elementos do estilo: o básico da construção de um Web *site* **135**

Como criar
um mapa de saltos

Um *mapa de saltos* (também chamado de *mapa de navegação*) se parece muito com um fluxograma e ajuda a visualizar como as páginas em seu Web *site* se relacionam entre si. O mapa de saltos do Web *site* da Four Goldens Press é mostrado na figura a seguir. O Capítulo 7, "Pense nos *links*: como adicionar *links* a suas páginas Web", fala sobre como criar um mapa de navegação no FrontPage na exibição Navigation (Navegação). Porém, será uma boa idéia planejar seu mapa de saltos *antes* de começar a criar um Web *site* com o FrontPage. Você poderá esboçar um com caneta e papel. Não seria bom agora se distanciar um pouco de seu teclado? Isso o ajudará a descobrir como organizar seu Web *site*, determinar quais são as páginas de sua seção principal e a quais páginas devem se ligar. Você também terá uma idéia melhor de como construir suas páginas e barras de navegação.

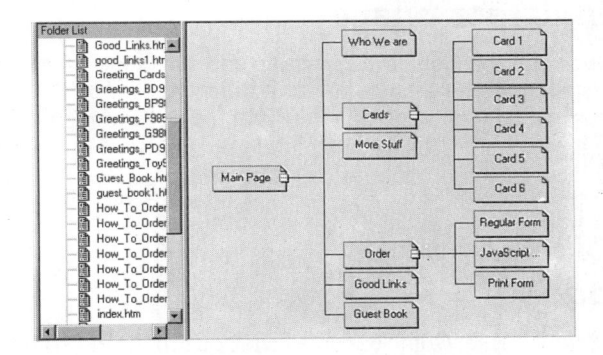

O mapa de saltos para o Web site da Four Goldens Press.

Adivinhe?

Você sabia que a maioria dos surfistas Web não se importa em salvar uma página Web para vê-la depois? Experimente limitar cada página a um gráfico e texto com uma tela e meia (o que significa cerca de 150 a 200 palavras de texto por página). Se suas informações se estenderem além disso, descubra como dividir as coisas em páginas separadas entre s quais possa haver links. Naturalmente, existem exceções a essa regra, mas você ainda deverá mantê-la em mente.

Como construir
suas páginas

Uma vez que você tenha descoberto a estrutura geral de seu Web *site*, poderá começar a experimentar os *layouts* da página. Se você nunca desenvolveu nada em sua vida e não deseja fazer isso, verifique os temas profissionais do FrontPage. O Capítulo 4, "Puf! Você é um Web *designer* com os temas do FrontPage", informa como aplicar os temas em suas páginas, e o Capítulo 7 ajuda a configurar uma barra de navegação para seu *site*. Mas se a Web atiça sua criatividade, mergulhe de cabeça! A água está ótima. Você não precisará de um diploma em artes para criar um Web *site* atraente — é para isso que serve o FrontPage. As dicas da próxima seção poderão ajudá-lo a se manter no caminho e a ficar mais confiante com o passar do tempo.

A consistência é a chave

Embora seja bom variar um pouco as páginas em seu *site*, você deverá manter um *design* com alguma consistência de uma página para a outra. Assim, os visitantes saberão onde procurar seus botões de navegação e não pensarão que pularam para o Web *site* de outra pessoa. Por exemplo, os botões de navegação do esquema de cores e a estrutura básica da página deverão ficar iguais em todo o seu Web *site*.

Como escolher as cores com sabedoria

O Capítulo 2, "Web *site* urgente: Como dar uma volta nos FrontPage Webs", já falou um pouco sobre como criar os esquemas de cores, portanto espero que você não se importe que eu fale sobre o tópico novamente. Mas as cores são importantes. As cores de fundo, texto, os links e os gráficos deverão se complementar e também refletir a finalidade de seu Web *site*. Por exemplo, um advogado provavelmente desejará usar combinações de cores mais conservadoras do que um comediante. Você deverá também prestar atenção no contraste; se sua página tiver um fundo escuro, você precisará usar texto e gráficos com cores claras para que as pessoas possam vê-los. O inverso será verdadeiro para as páginas com fundos com cores claras.

Solução de problemas: como ajudar os visitantes a navegarem

Você precisará incluir texto ou barras de navegação gráficas em cada página para que os visitantes possam chegar às outras páginas em seu *site*. Se você der uma olhada em alguns Web *sites* de empresas, verá que os profissionais geralmente incluem uma barra de navegação para as seções principais e outra barra de navegação para as páginas ou tópicos em cada seção.

Capítulo 10 ➤ Elementos do estilo: o básico da construção de um Web site **137**

Outra boa técnica de construção é fornecer dicas visuais que informam as pessoas em que página elas estão. Você poderá fazer isso colocando título nas páginas para que o texto na barra de títulos do *browser* mude (como explicado no Capítulo 2), ou alterando o cabeçalho ou gráfico de texto de cada página. Você poderá também exibir uma versão diferente do botão de navegação para a seção atual em cada página. Para tanto, precisará criar um segundo conjunto de botões que sejam diferentes dos originais. Poderá então substituir o botão de navegação da página atual pelo botão alternativo. O FrontPage chama esses tipos de botões de *gráficos ativos*.

Automatize seus gráficos ativos

Opa! Alterar sua barra de navegação de cada página Web para exibir um botão alternativo parece ser muito trabalhoso! Não se preocupe, o FrontPage poderá ajudar. Se você usar os temas do FrontPage, ativar a opção Active Graphics (Gráficos Ativos) (como explicado no Capítulo 4) e então criar uma barra de navegação (como tratado no Capítulo 7), o FrontPage fará o trabalho pesado para você. Se preferir usar suas próprias imagens ao invés daquelas que vêm com os temas, poderá personalizar os temas com seus próprios gráficos. O Capítulo 14, "Não gosta do que vê? Como construir seu próprio gabarito de páginas", analisará isso com mais detalhes.

Como escolher seus gráficos

E agora a parte divertida; selecionar suas imagens. Além das fotografias que você deseja incluir, poderá usar imagens para os botões de navegação, marcadores, cabeçalhos de páginas, divisores, fundos de páginas e muito mais. Mas, epa! Se você tiver uma coleção de imagens no CD-ROM, visitar um dos *sites* de clipart na Web ou usar a Clip Art Gallery do FrontPage, as escolhas poderão parecer irresistíveis.

Quando você estiver escolhendo seus gráficos, considere o seguinte:

➤ *Cores* — Selecione imagens que se adaptem ao seu esquema geral de cores para que sua página não fique destoante ou pareça cheia demais.

➤ *Estilo* — Algumas imagens parecem casuais e amistosas, outras parecem sérias e algumas fantásticas e malucas. Escolha os gráficos que se adaptam ao tom e à finalidade de seu Web *site*.

➤ *Tamanho* — Certifique-se de que as imagens caibam no *layout* geral de sua página.

➤ *Motivo* — Veja se você pode encontrar imagens que complementam a idéia básica sob seu Web *site*. Por exemplo, a Four Goldens Press vende cartões de visita com pinturas de cães de caça excelentes e usa imagens relacionadas a cães em todo o seu Web *site*, como mostrado na figura a seguir. Os quatro cães no logotipo, o padrão de osso de cão no fundo e os botões de navegação em forma de *frisbee* contribuem para o motivo. Os construtores se referem a essa técnica como criar *metáforas*.

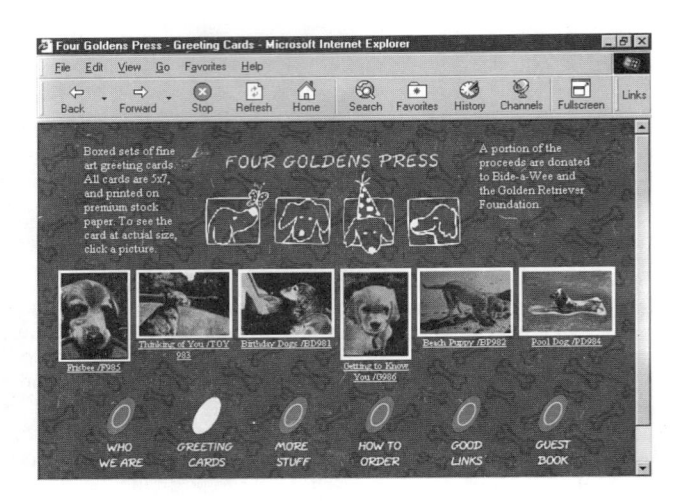

Página Four Goldens Press Greeting Cards
(http://www.fourgoldenspress.com/).

Por que menos é mais

A superlotação não ocorre apenas nas escolas do interior, você sabe. A Web é rica em páginas cheias que fazem com que os visitantes pressionem o botão Back (Voltar) de maneira *realmente* rápida. Os recursos do FrontPage tornam uma tentação lotar suas páginas com imagens, animações, contornos de paginação, multimídia e outros coisas celestiais. Continue com os acessórios; os Capítulos 19, "Caixa de utilidades: Componentes FrontPage" e 20, "Páginas celestiais com efeitos especiais animados" informarão como; mas limite-se a um elemento com movimento por página.

Você poderá também tornar suas páginas Web amenas para os olhos, deixando muito *espaço em branco* ou espaço vazio entre os elementos da página em seu *layout*. Para dividir seu texto um pouco, use muitos cabeçalhos e espaços de parágrafo. Para separar e organizar os elementos de suas páginas, use tabelas (Capítulo 12, "Coloque em tabelas! Como organizar o texto e as imagens com tabelas"), quadros de posição (Capítulo 9) e quadros (Capítulo 11, "Enquadre-se! Como construir um Web *site* com quadros").

Capítulo 10 ➤ Elementos do estilo: o básico da construção de um Web *site*   **139**

Cinco Web *sites* para visitar para obter ajuda para a construção

Se você nunca construiu nada antes e não tem idéia de como começar, poderá encontrar informações e inspiração criativa na Web. Além dos recursos recomendados na lista a seguir, você poderá também marcar os Web *sites* dos quais gosta como favoritos ou fazer *bookmarks* com seu *browser*. Então poderá visitá-los novamente, pensar sobre o que os torna tão bons e aplicar o que tiver aprendido em seu próprio Web *site*.

Os seguintes Web *sites* poderão ajudá-lo a aprender mais sobre a construção Web:

➤ *Web Page Design Introduction* (http://www.wpdfd.com/wpdhome.htm) — Editoriais, recursos de construção, informações sobre gráficos e paletas, dicas de construção, truques da Web e mais. Você poderá também usar a máquina de pesquisa do *site* para pesquisar tópicos através de uma palavra-chave.

➤ *Microsoft Site Builder Network* (http://msdn.microsoft.com/default.asp) — Visite o Web *site* da Microsoft; é útil para obter os artigos, um curso sobre como fazer, exemplos reais e mais.

➤ *Will Harris House* (http://www.will-harris.com/) — Um Web *site* divertido e com ótima aparência com dicas sobre construção, tipografia e mais.

➤ *Earthlink - Creating Web Pages* (http://www.earthlink.net/internet/workshop/) — Uma lista de *links* úteis organizada por categorias para vários tópicos de construção da Web.

➤ *Big Weenie's Wurst of the Web* (http://www.bigweenie.com/) — Aprenda com os erros de outras pessoas! Esse *site* fornece prêmios para os lugares mais feios e ridículos na Web.

O mínimo que você precisa saber

➤ Quando você estiver planejando seu Web site, sempre pense em termos de *links*. Os surfistas Web esperam encontrar facilmente o que desejam quando clicam em um *link* e pulam sobre as coisas que não lhes interessam.

➤ Lembre-se de que as pessoas irão exibir suas páginas em uma tela de computador e de que nem todas essas telas são iguais. Para assegurar-se de que suas páginas sempre ficarão boas, visualize suas páginas com definições diferentes do monitor e use as cores protegidas do *browser*.

➤ Você poderá começar com o pé direito planejando antes. Experimente escrever um esboço de seu Web *site*, criar um esquema de nomenclatura de arquivos para que possa controlar suas páginas e imagens e esboçar um mapa de saltos.

➤ Você não precisará de um diploma em artes para construir um Web *site* de boa aparência. Apenas mantenha seu *layout* consistente entre as páginas; escolha cores que pareçam boas quando juntas e torne suas páginas Web fáceis de ler, use barras de navegação bem colocadas para ajudar os visitantes a solucionarem problemas e escolha suas imagens com sabedoria.

➤ Lembre-se que menos é mais! Páginas com texto bem organizado e fácil de ler e sem imagens ficarão melhor do que páginas lotadas!

Capítulo 11

Enquadre-se! Como construir um site Web com quadros

Neste capítulo

➤ Como os quadros funcionam

➤ Como construir um conjunto de quadros

➤ Como colocar páginas em um conjunto de quadros

➤ Como editar páginas nos quadros

➤ Como ajustar margens, bordas e barras de paginação

➤ Como criar links nas páginas com quadros

➤ Cinco maneiras interessantes para usar os quadros

Provavelmente você viu páginas Web com quadros; elas dividem-se em partes diferentes e algumas vezes têm barras de paginação separadas para cada seção. Os quadros não parecem apenas elegantes, mas podem também evitar algum trabalho. Por que continuar adicionando um logotipo ou um índice para cada página, quando você pode mantê-los em um quadro e ligá-los ao resto? Os quadros são difíceis de configurar? De modo algum. Com o FrontPage, você poderá colocar quadros em seu Web *site* em questão de minutos.

O que são quadros?

Os quadros parecem bem misteriosos e complicados na Web, mas na verdade são muito simples. Primeiro, você criará um *documento com um conjunto de quadros*, uma página Web que se divide em painéis de janelas diferentes e exibe o conteúdo de páginas Web diferentes em cada painel. Então escolherá que páginas exibir em cada painel. Um documento com um conjunto de quadros é um tipo de janela. Ele fornece uma estrutura, mas não mantém nenhum conteúdo em si mesmo.

Como criar um documento com um conjunto de quadros

O FrontPage vem com gabaritos para os *layouts* populares de quadros para ajudá-lo a começar a construir seu conjunto de quadros. Se você não encontrar exatamente o que deseja, poderá selecionar o mais próximo a ajustá-lo posteriormente. Selecione New (Novo) no menu File (Arquivo). Quando a caixa de diálogo New aparecer, clique na guia Frames Pages (Páginas de Quadros), como mostrado na figura a seguir. Clique no ícone de um gabarito. Viu? À direita está uma pequena explicação do tipo de documento com conjunto de quadros que você irá criar e uma visualização de como ficarão suas páginas. Quando você encontrar um conjunto de quadros que se pareça com aquilo que tem em mente, clique o botão OK.

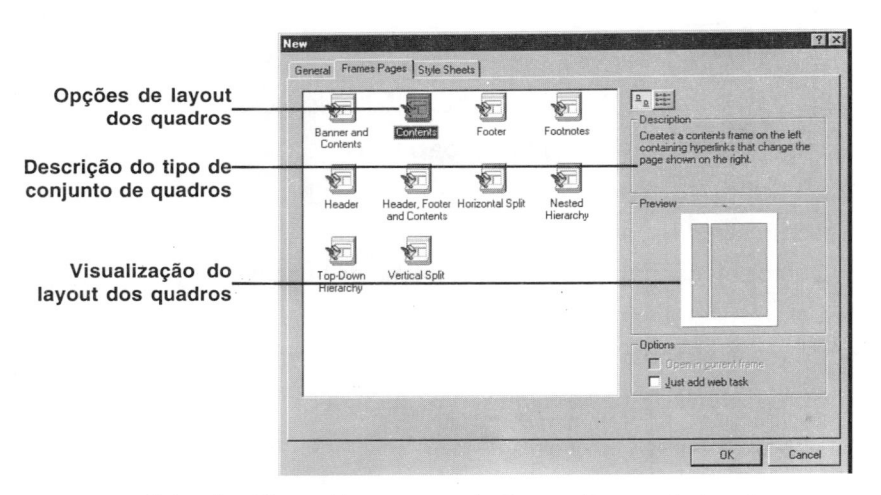

Caixa de diálogos New com a guia Frames Pages selecionada.

Como colocar páginas em seu conjunto de quadros

Quando você selecionar um *layout* do conjunto de quadros e retornar para a janela FrontPage, poderá dizer, "O que é isso, afinal?". Sim, os quadros sem nenhuma página Web parecem muito estranhos, como mostrado na figura a seguir. Melhor colocar alguma coisa lá rapidamente! Cada quadro vazio tem um conjunto de botões. Se você já criou as páginas para seu conjunto de quadros, clique o botão Set Initial Page (Definir Página Inicial). Quando a caixa de diálogos Create Hyperlink (Criar Hyperlink) aparecer, selecione uma página para colocar no quadro e clique em OK. Você poderá também exibir a página Web de outra pessoa em um quadro. Na caixa de diálogos Create Hyperlink, digite o endereço de uma página Web na caixa URL e clique em OK. Repita essas etapas para o resto de seus quadros até ter colocado suas páginas neles.

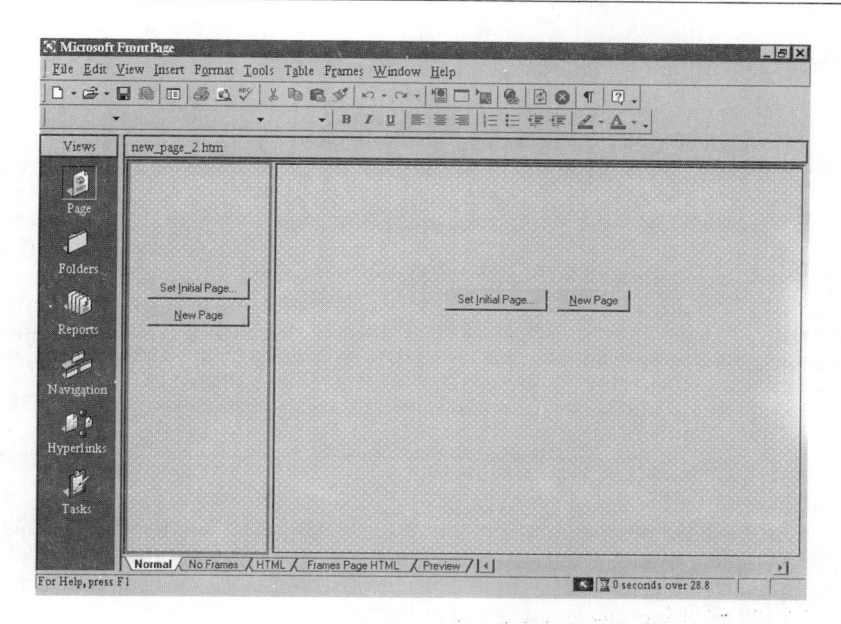

Capítulo 11 ➤ Enquadre-se! Como construir um site Web com quadros **143**

Conjunto de quadros novinho em folha esperando suas páginas Web.

Como criar uma nova página para um conjunto de quadros

Se você não for do tipo que planeja, poderá não ter páginas para seus quadros ainda. Tudo bem. Poderá criá-las agora. Clique o botão New Page (Nova Página) e uma página novinha aparecerá no quadro. Você poderá digitar o texto, criar esquemas de cores e colocar imagens da mesma maneira como faria com as páginas normais.

Como configurar uma alternativa de quadros

Os quadros parecem interessantes, mas os *browsers* Web mais antigos não podem exibi-los e nem os *laptops*, cada vez mais comuns. Os quadros também dificultam que as máquinas de pesquisa façam buscas para reunir informações sobre suas páginas e adicioná-las às suas listagens, como explicado no Capítulo 26, "Não fique apenas sentado aí! Como publicar seu Web *site*". Por que suportar essas inconveniências, quando o FrontPage fornece uma solução simples?

Como criar um índice para os usuários que não utilizam quadros

Você poderá criar um índice para todo o seu Web *site* e fazer os *links* a partir de suas páginas para que os visitantes, cujos *browsers* não suportam quadros, possam assim encontrar seu caminho em seu Web *site*. Parece muito trabalhoso? Deixe que o FrontPage gere um índice para você. O Capítulo 19, "Caixa de utilidades: componentes FrontPage", informará como.

Veja sob seu conjunto de quadros. Percebeu como as guias de exibição da página se multiplicaram rapidamente? Clique na guia No Frames (Sem Quadros) para exibir uma página em branco (é na verdade uma área especial no documento com conjunto de quadros). Agora você poderá digitar uma mensagem como "Este Web *site* é melhor visualizado com quadros, mas você poderá clicar aqui se quiser visitar". E certifique-se de que tenha fornecido um *link* para outra página em seu Web *site*. Se alguma pobre alma infeliz cujo *browser* não pode exibir quadros ao visitar seu Web *site*, o documento com o conjunto de quadros exibirá essa mensagem como uma página Web, ao invés de mostrar seus belos quadros.

Como gravar um conjunto de quadros

Quando você clicar o botão Save (Salvar) para gravar seu conjunto de quadros, a caixa de diálogos Save As (Salvar Como) aparecerá, como ocorre quando você grava qualquer outro tipo de página Web. Uma visualização do conjunto de quadros também aparecerá à esquerda. Forneça um nome para seu documento com um conjunto de quadros na caixa File Name (Nome do Arquivo) e clique o botão Save. Se você criou novas páginas para seu conjunto de quadros, a caixa de diálogos Save As aparecerá para cada uma dessas páginas para que possa gravá-las também.

Como editar páginas nos quadros

Você poderá editar as páginas com quadros de dentro do documento com conjunto de quadros para que possa exibir suas alterações de maneira independente. Ou poderá abri-las separadamente como normalmente abre os arquivos e fazer suas alterações. Se você

Capítulo 11 ➤ Enquadre-se! Como construir um site Web com quadros   **145**

precisar alterar o código-fonte HMTL para uma página Web dentro de um documento com conjunto de quadros, clique na guia HTML. Poderá também editar o código-fonte da página com conjunto de quadros clicando na guia Frames Page HTML (HTML da Página com Quadros).

Como ajustar seus quadros

Uma vez que você tenha criado seu conjunto de quadros, poderá querer lidar um pouco com seus quadros, até que fiquem exatamente como deseja. Você poderá tornar um quadro maior ou menor, configurar uma margem entre a borda do quadro e o texto e determinar se é para exibir ou não uma borda em torno do quadro. Para alterar as definições para um quadro, exiba a caixa de diálogos Frame Properties (Propriedades do Quadro) (como mostrado na figura a seguir), clicando com o botão direito em um quadro e selecionando Frame Properties no menu de atalho.

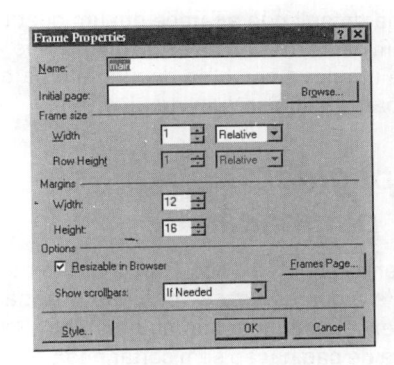

Caixa de diálogos Frame Properties.

Como redimensionar um quadro

Você não precisará da caixa de diálogos Frame Properties desta vez. Para redimensionar um quadro, clique em uma borda (se você escolher exibir barras de paginação, a borda estará próxima à barra de paginação), mantenha pressionado o botão de seu mouse e arraste o mouse para cima, para baixo, para a esquerda ou para a direita. Se você preferir fornecer medidas em pixel ou porcentagem, poderá fazer isso através da caixa de diálogos Frame Properties.

Para especificar um valor de altura ou largura em pixel ou porcentagem, exiba a caixa de diálogos Frame Properties, forneça uma medida na caixa Width (Largura) ou Row Height (Altura da Linha) e selecione uma unidade de medida na lista à esquerda. Você poderá escolher Relative (Relativo) (dimensiona o quadro com base no tamanho dos outros quadros), Percent (Porcentagem) (dimensiona o quadro com base em uma porcentagem de toda a janela do paginador) ou Pixels (uma medida absoluta).

Como adicionar margens a um quadro

Você poderá criar espaço entre a borda de um quadro e seu conteúdo. Para adicionar margens, exiba a caixa de diálogos Frame Properties e forneça valores nas caixas Width e Height.

Como alterar uma página em um quadro

Você poderá alterar a página default que aparece em um quadro ao carregar. Por exemplo, poderá querer exibir o boletim deste mês ao invés do último mês. Inicialize a caixa de diálogos Frame Properties e forneça um novo nome ao documento na caixa Initial Page ou clique o botão Browse (Percorrer) para pesquisar um arquivo.

Paginar ou não paginar: como exibir barras de paginação

As barras de paginação serão úteis se você tiver muito material em seus quadros. Mas também podem ficar feias, e algumas vezes você não precisa delas. Por exemplo, se um quadro não contiver nada, exceto seu logotipo ou uma única linha de texto, provavelmente você poderá remover a barra de paginação sem cortar nada. Tenha cuidado, entretanto; sem uma barra de paginação, os usuários não serão capazes de exibir nada em sua página que fique além da borda do quadro. As barras de paginação podem ser traiçoeiras, porque você nunca sabe qual o tamanho do monitor de seu visitante ou qual o dimensionamento da janela de seu *browser*.

Para remover a barra de paginação de um quadro, exiba a caixa de diálogos Frame Properties e selecione Never (Nunca) na lista Show Scrollbars (Mostrar Barras de Paginação). Ou você poderá escolher Always (Sempre) na lista Show Scrollbars se quiser que a barra de paginação apareça, precisando ou não o usuário. Recomendo escolher a opção default If Needed (Se Necessário). Assim, a barra de paginação aparecerá quando for necessário; do contrário desaparecerá.

Como permitir que os visitantes redimensionem seus quadros (ou não)

Por default, o FrontPage configura seus quadros para que seus visitantes possam redimensioná-los caso queiram. Isso funciona bem na maioria das situações porque é difícil dizer exatamente como ficará seu *layout* para os outros. Em alguns casos, porém, você poderá não querer que os visitantes metam-se com certos quadros. Por exemplo, você não gostaria que alguém redimensionasse seu logotipo ou um anúncio de *banner*.

Para impedir que as pessoas redimensionem um quadro, inicialize a velha caixa de diálogos Frame Properties e cancele a seleção do quadro de seleção Resizable in Browser (Redimensionável no Paginador). Se você mudar de idéia, poderá selecionar o quadro de seleção novamente.

Espaçamento e bordas do quadro

Se você quiser mais espaço entre seus quadros ou não quiser exibir bordas entre eles, o FrontPage fornecerá opções adicionais. Quando você escolher não exibir barras de paginação e bordas, ele fornecerá a seus quadros uma aparência suave e sem marcas, como se tudo estivesse em uma única página Web. Na caixa de diálogos Frame Properties, clique o botão Frames Page. Isso exibirá a caixa de diálogos Page Properties com a guia Frames (Quadros) selecionada. Para remover suas bordas, cancele a seleção do quadro de seleção Show Borders (Mostrar Bordas). Para aumentar ou diminuir a quantidade de espaço entre os quadros, forneça um número na caixa Frame Spacing (Espaçamento do Quadro). O FrontPage aplicará suas novas definições do espaçamento do quadro e da borda em todo o conjunto de quadros, não apenas em um único quadro.

Como criar links em um Web site com quadros

Criar *links* em páginas Web com quadros funciona como criar *links* em páginas Web normais. A diferença é que você poderá fazer coisas muito mais interessantes, como configurar um *link* em um quadro que carrega uma nova página em um quadro diferente. Quando você viu pela última vez a caixa de diálogos Page Properties, pode ter notado que cada quadro em seu conjunto de quadros tem seu próprio nome. O FrontPage nomeia cada quadro automaticamente, mas você poderá alterar o nome como desejar. Esse nomes permitem que você *destine* seus *links* a um quadro específico. Para criar um *link* em um Web *site* com quadros, selecione o texto ou a imagem que deseja ligar e clique o botão Hyperlink (Hyperlink) na barra de ferramentas para exibir a caixa de diálogos Create Hyperlink. Você poderá também selecionar Hyperlink no menu Insert (Inserir) ou usar a combinação de teclas Ctrl+K.

Selecione uma página ou forneça um URL para ligar e então selecione um quadro de destino na lista clicando o botão Change Target Frame (Alterar Quadro de Destino), escolhendo um destino na lista e então clicando em OK.

A lista Target Frame oferece as seguintes opções:

> ➤ *Page Default* (Página Default) — Se você configurar um quadro de destino default para a página atual, todos os *links* na página carregarão a nova página no mesmo quadro de destino, a menos que você especifique o contrário. Para selecionar um destino default para a página atual, clique o botão Change Target Frame para exibir caixa de diálogo Target Frame (Quadro de Destino). Selecione um item na lista de destinos, selecione o quadro de seleção Make Default for Hyperlinks on the Page (Criar Default para *Hyperlinks* na Página) e clique em OK.
>
> ➤ *Same Frame* (Mesmo Quadro) — Carrega a nova página no quadro atual e substitui a página atual no quadro.
>
> ➤ *Whole Page* (Página Inteira) — Substitui todo o conjunto de quadros por uma nova página. Esse tipo de destino permite que os visitantes saiam de seu conjunto de quadros.
>
> ➤ *New Window* (Nova Janela) — Inicializa uma segunda janela no browser e carrega a nova página na janela. Esse tipo de destino é útil quando você deseja exibir para seus visitantes uma página fora de seu conjunto de quadros sem perdê-los totalmente (a janela do *browser*, com seu conjunto de quadros, permanece aberta).

Quando destinar páginas a partir do mundo externo

Tenha cuidado com o *link* com páginas de outras pessoas e ao destiná-las para serem carregadas em seu conjunto de quadros. Algumas pessoas *realmente* não gostam que suas páginas apareçam como parte do conjunto de quadros de outra pessoa. Talvez sejam muito reservadas quanto à aparência de sua página ou talvez não queiram que as pessoas pensem que você criou suas páginas. Quando estabelecer *links* com páginas externas, você deverá pedir permissão ou usar a opção New Window da lista Target Frame.

> ➤ *Parent Frame* (Quadro-Pai) — Carrega uma página no quadro que contém o quadro atual.

Os nomes que você escolheu para os quadros em seu conjunto de quadros também aparecerão na lista Target Frame para que possa selecioná-los como os destinos do quadro.

Cinco usos interessantes para os quadros

Algumas pessoas gostam de quadros e outras não. Quando são bem usados, eles poderão evitar muito trabalho e ajudarão os visitantes a encontrarem informações sobre seu Web *site* facilmente.

Eis algumas boas razões para usar os quadros:

➤ *Índice* — Os quadros fornecem uma ótima maneira de manter o mapa de seu *site* sempre visível. Simplesmente use o gabarito Contents (Conteúdo) e coloque sua lista no quadro esquerdo.

➤ *Cabeçalhos e rodapés* — Se você tiver informações especiais da página que sempre deseja manter na exibição, como um logotipo ou aviso de direitos autorais, poderá usar o gabarito Header (Cabeçalho) ou Footer (Rodapé).

➤ *Impede que os visitantes fiquem perdidos* — Se você tiver muitos *links* com outros *sites*, mas deseja que os visitantes voltem facilmente para seu Web *site*, poderá carregar as páginas em uma janela separada ou em um de seus quadros.

➤ *Mais opções de* layout — Certamente, você poderá usar tabelas (como analisado no Capítulo 12, "Coloque em tabelas! Como organizar o texto e as imagens com tabelas", mas os quadros são muito mais fáceis de criar. E mais, você terá mais flexibilidade com as imagens de fundo e com as cores, porque poderá usar esquemas de cores diferentes para páginas diferentes em seu conjunto de quadros.

➤ *Menos trabalho* — Crie uma página com um índice e uma com informações do cabeçalho e do rodapé, usando o gabarito do quadro Header, Footer e Contents e... bum, você quase terminou com seu Web *site*. Agora está livre para desenvolver as páginas com seu conteúdo principal.

O mínimo que você precisa saber

➤ Um documento do conjunto de quadros aparece como um conjunto de painéis de janelas com uma página Web diferente em cada painel. Para colocar quadros em seu Web *site*, escolha um gabarito do conjunto de quadros FrontPage, ajuste seu *layout* e então insira uma página em cada quadro.

➤ Precisa editar uma página que é exibida em um conjunto de quadros? Tudo bem. Com o FrontPage, você poderá editar páginas individuais que são exibidas em um documento com conjunto de quadros.

➤ Não gosta muito da aparência de seus quadros? Na caixa de diálogos Frame Properties, você poderá ajustar o tamanho, as margens, as bordas e escolher se é para exibir ou não uma barra de paginação.

➤ Você poderá criar um *link* com um quadro que carrega uma página em um quadro diferente ou em uma janela separada escolhendo um destino na caixa de diálogos Hyperlink.

Capítulo 12

Coloque em tabelas! Como organizar o texto e as imagens com tabelas

> **Neste capítulo**
> ➤ Como criar tabelas e colocar objetos nas células da tabela
> ➤ Como alinhar e ajustar as tabelas e os objetos nas células da tabela
> ➤ Como criar cores de fundo e bordas para suas tabelas e células da tabela
> ➤ Como adicionar e remover linhas e colunas
> ➤ Como mesclar e dividir as células da tabela
> ➤ Cinco truques com tabela

Quando você pensa em tabelas (supondo que pense nelas), estatísticas chatas e valores de vendas vêm à sua cabeça. Bem, certamente você poderá publicar esses tipos de tabelas em suas páginas Web se quiser. Mas se usa aplicações de editoração eletrônica ou mesmo um programa de processamento de textos avançado como o Microsoft Word, provavelmente já notou que a Web ainda tem seus limites no *layout* da página.

É aí que entram as tabelas. Com as tabelas, você poderá criar *layouts* de páginas sofisticados e organizar suas imagens e textos com bastante precisão. Praticamente todo browser suporta as tabelas, portanto você não terá que se preocupar se suas páginas serão exibidas corretamente para os visitantes.

De que são feitas as tabelas

Se você criou tabelas com programas de produtividade de escritório como o Microsoft Word ou o Excel, provavelmente já sabe um pouco sobre elas. As tabelas na Web funcionam de maneira bem parecida, como mostrado na figura a seguir. As tabelas são compostas de linhas, colunas e células. As células das tabelas aparecem onde as linhas e as colunas se cruzam e contêm *dados* — texto, imagens ou dados que são inicializados com os acréscimos do paginador, como explicado no Capítulo 17, "Estruture suas coisas: som, vídeo e mais". Você poderá ajustar o tamanho de suas tabelas, linhas e colunas, adicionar fundos coloridos às tabelas e células, criar bordas e colori-las e mesclar ou dividir as células da tabela, como explicado neste capítulo.

Uma tabela exibida no FrontPage.

Como exibir a barra de ferramentas Tables

Antes de começar a criar as tabelas, experimente exibir a barra de ferramentas Tables (Tabelas). Embora você possa ajustar as tabelas e suas células através do menu Table, da caixa de diálogos Table Properties (Propriedades da Tabela) e da caixa de diálogos Cell Properties (Propriedades da Célula), será mais fácil fazer a maioria das coisas com a barra de ferramentas. Para exibir a barra de ferramentas Tables, selecione Toolbars (Barras de Ferramentas) no menu View (Exibir) e então selecione Table. Ou clique com o botão direito de seu mouse em qualquer lugar em qualquer barra de ferramentas e selecione Table no menu de atalho (os menus de atalho poderão evitar muitas lágrimas e muito suor em seu dedo de disparo do mouse).

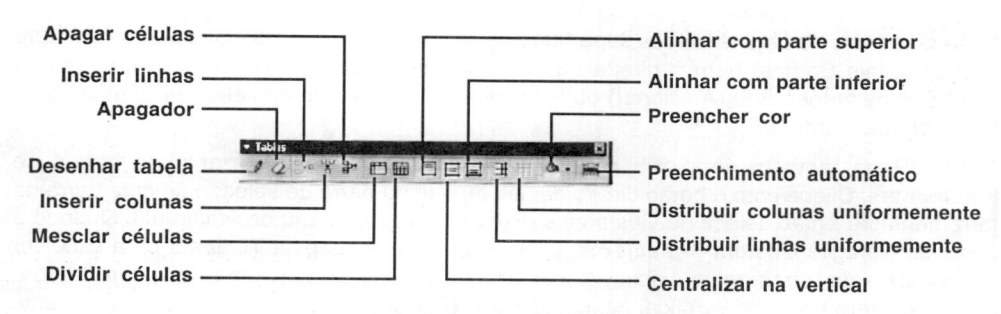

Capítulo 12 ➤ Coloque em tabelas! Como organizar o texto e as imagens com tabelas **153**

```
Apagar células ─────────┐                              ┌───── Alinhar com parte superior
Inserir linhas ─────────┤                              ├───── Alinhar com parte inferior
Apagador ───────────────┤                              ├───── Preencher cor
Desenhar tabela ────────┤   [ Tables toolbar image ]   ├───── Preenchimento automático
Inserir colunas ────────┤                              ├───── Distribuir colunas uniformemente
Mesclar células ────────┤                              ├───── Distribuir linhas uniformemente
Dividir células ────────┘                              └───── Centralizar na vertical
```

Barra de ferramentas Tables.

Como personalizar suas barras de ferramentas

Tomos nós trabalhamos de maneira diferente e nossas telas de computador têm tamanhos diferentes. Se suas barras de ferramentas ficarem em seu caminho ou se você achar que não usa certos botões da barra de ferramentas e preferiria não tê-los amontoando sua tela, poderá personalizar suas barras de ferramentas.

Deseja mover uma barra de ferramentas para que seja exibida na vertical no lado direito ou esquerdo da janela de sua aplicação? Você poderá colocar suas barras de ferramentas em qualquer lugar que deseje. Passe seu cursor sobre a *barra de seleção* de uma barra de ferramentas (o pequeno sulco à esquerda ou na parte superior da barra de ferramentas, dependendo de sua barra de ferramentas ser exibida na horizontal ou vertical). Quando o cursor se transformar em quatro setas, pressione seu mouse e arraste sua barra de ferramentas para outro lugar.

Como colocar a barra de ferramentas Tables

Epa! O que essa barra de ferramentas Tables está fazendo exatamente no meio da tela do computador? Tudo bem, você poderá *colocá-la* (ou anexá-la) arrastando-a para uma das bordas da janela de sua aplicação. Para colocar sua barra de ferramentas, clique na barra de títulos da barra de ferramentas (é azul-marinho e informa Tables); mantenha pressionado o botão do mouse e arraste-a para o lado superior, inferior, esquerdo ou direito da janela da aplicação. Quando estiver colocada, a barra de títulos desaparecerá e você poderá soltar o botão do mouse.

Deseja se livrar de alguns botões supérfluos da barra de ferramentas? Clique na seta More Buttons (Mais Botões) bem à direita ou na parte inferior de sua barra de ferramentas e selecione os botões Add (Adicionar) ou Remove (Remover) e então selecione um botão no menu em cascata.

O FrontPage também vem com opções avançadas para personalizar suas barras de ferramentas. Clique com o botão direito de seu mouse na barra de seleção de uma barra de ferramentas e então selecione Customize (Personalizar) no menu de atalho útil. Quando a caixa de diálogos Customize aparecer, você poderá clicar na guia Toolbars para escolher quais barras de ferramentas exibir, selecionar a guia Commands (Comandos) para reorganizar seus itens de menu ou clicar na guia Options (Opções) para obter outra coisa excelente como fazer com que as barras de ferramentas Standard (Padrão) e Formatting (Formatação) compartilhem uma linha.

Como criar uma tabela

A maneira mais simples de criar uma tabela é usar o botão Table na barra de ferramentas Standard. Coloque seu cursor onde deseja que a tabela apareça em sua página e clique o botão Table. Uma janela instantânea aparecerá para que você possa criar uma tabela básica arrastando seu cursor nos quadrados, como mostrado na figura a seguir. A barra de status abaixo informa o número de linhas e colunas que sua tabela terá. Por exemplo, uma tabela de 2 por 4 tem duas linhas e quatro colunas.

Se você precisar de mais colunas ou linhas, pressione o botão de seu mouse e continue arrastando seu mouse para baixo ou para a direita. As colunas e/ou linhas extras aparecerão. Quando você tiver selecionado o número de linhas e colunas que deseja, clique o botão de seu mouse para adicionar a tabela à sua página. Se você não gostar muito da aparência da tabela, não se preocupe, este capítulo informará como ajustar suas tabelas de várias maneiras.

Como criar uma tabela com a caixa instantânea Table.

"Oopa, não se preocupe!" Se você mudar de idéia e decidir não criar uma tabela, mova seu cursor para a barra de status da caixa instantânea Table. Quando o texto na barra de status na parte inferior da caixa instantânea informar Cancel (Cancelar), clique na barra de status para voltar para sua página sem adicionar uma tabela.

Capítulo 12 ➤ Coloque em tabelas! Como organizar o texto e as imagens com tabelas **155**

Como desenhar uma tabela

Se você pretende criar uma tabela com linhas ou colunas irregulares, poderá achar fácil desenhar sua tabela. Isso poderá economizar um pouco de tempo e trabalho porque não terá que mesclar ou dividir suas células e linhas mais tarde. Clique o botão Draw Table (Desenhar Tabela) na barra de ferramentas Tables. Quando seu cursor se transformar em um lápis, poderá começar a desenhar sua tabela. A ferramenta de desenho de tabelas funciona de modo parecido com as outras ferramentas de desenho.

Primeiro, crie a borda externa de sua tabela (uma grande célula da tabela) clicando no canto superior esquerdo de onde deseja que sua tabela comece e arrastando seu mouse na diagonal para baixo e para a direita. Um quadro de seleção tracejado mostrará onde a borda da tabela aparecerá. Quando terminar, solte o botão do mouse.

Agora você poderá criar suas linhas e colunas desenhando-as como linhas. Para configurar suas linhas, clique em qualquer lugar na borda esquerda da tabela e arraste seu mouse para a direita. Para configurar suas colunas, clique em qualquer lugar na borda superior da tabela e arraste seu mouse para baixo. Para dividir uma célula, clique em uma das bordas da célula e arraste seu mouse na transversal ou para baixo. Ou você poderá dividir a célula clicando com o botão direito na célula e selecionando Split Cells (Dividir Células) no menu de atalho. Para saber mais sobre como dividir as células, veja a seção "Como mesclar e dividir as células da tabela" posteriormente neste capítulo. Quando você terminar de desenhar sua tabela, clique o botão Draw Table novamente para retornar para seu cursor normal.

Como definir a tabela: como colocar texto e imagens nas células da tabela

Uma vez que você tenha criado sua tabela, poderá começar a rechear suas células. Para mover os elementos da página para as células da tabela, selecione uma imagem ou algum texto. Quando seu cursor se transformar em uma seta, clique na imagem ou texto e arraste-o para a célula da tabela. Se você achar que clicar e arrastar é demais, bem, use os botões da barra de ferramentas Cut (Cortar) e Paste (Colar).

Se você quiser digitar um novo texto, clique na célula de uma tabela e comece a digitar. Para inserir uma imagem, clique em uma célula da tabela, clique o botão da barra de ferramentas Insert Picture (Inserir Imagem) e coloque sua imagem como normalmente faria. Por default, o FrontPage dimensiona suas tabelas para que todas as colunas caibam na tela atual. Quando você editar o texto ou colocar um objeto em uma célula da tabela, o FrontPage mudará a largura da coluna e a altura da linha para aceitar o elemento maior na coluna ou linha.

O que mais posso colocar em minha tabela?

Você poderá colocar praticamente qualquer coisa em uma célula da tabela, inclusive elementos de multimídia e outros arquivos inicializados com acréscimos (Capítulo 17), programas ou *scripts* especiais (Capítulo 21, "Acelere seu Web *site* com programas e *scripts*"), componentes FrontPage (Capítulo 19, "Caixa de utilidades: componentes FrontPage) e animações (Capítulo 20, "Páginas divinas com efeitos especiais animados"). Portanto prossiga; coloque seu filme, animação GIF ou arquivo de som em uma célula da tabela.

Como ajustar sua tabela

Agora que você tem sua tabela configurada, poderá lidar com ela até que fique com a aparência desejada. Você poderá alinhar sua tabela em relação ao resto de sua página Web, alterar as bordas, criar mais espaço entre as células da tabela e objetos internos e mudar a cor de fundo da tabela.

Para ajustar as definições de sua tabela, clique com o botão direito em qualquer lugar na tabela e então selecione Table Properties no menu de atalho. Você poderá também selecionar Table Properties no menu Table. Quando a caixa de diálogos Table Properties aparecer, como mostrada na figura a seguir, você poderá alterar as definições de sua tabela.

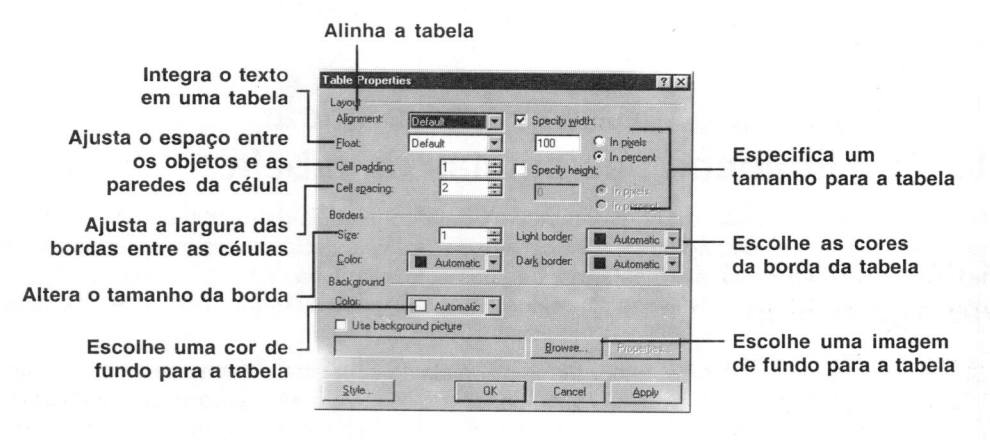

A caixa de diálogos Table Properties.

Como alinhar uma tabela

Para alinhar sua tabela à esquerda, direita ou no centro de sua página Web, selecione uma opção no menu Alignment (Alinhamento) na caixa de diálogos Table Properties. Se você não mudar essa definição, o FrontPage alinhará automaticamente sua tabela à esquerda.

Capítulo 12 ➤ Coloque em tabelas! Como organizar o texto e as imagens com tabelas **157**

Como preencher as células de sua tabela

Se seu texto e imagens parecem muito cheios, forneça-lhes algum espaço. Você poderá ajustar a quantidade de espaço entre os objetos nas células de sua tabela e as paredes da célula da tabela. Para ajustar o preenchimento nas células, vá para a caixa de diálogos Table Properties e forneça o número de pixels que deseja na caixa Cell Padding (Preenchimento da Célula).

Como alterar a largura da borda da tabela

Você poderá alargar a borda de sua tabela ou removê-la totalmente na caixa de diálogos Table Properties. A borda é o quadrado grande que abrange a tabela ou suas células; você poderá também especificar uma largura diferente para as bordas entre as células da tabela. Para alterar o tamanho da borda, forneça um valor na caixa Border Size (Tamanho da Borda).

Experimente uma tabela sem bordas!

As tabelas sem bordas não têm bordas em torno das células da tabela e fornecem aos *layouts* de suas páginas uma aparência sem marcas. Para criar uma tabela sem bordas, forneça o número 0 na caixa Border Size.

Como colorir a borda de sua tabela

Se você coloca uma borda em torno de sua tabela, por que não ir até o fim e adicionar um pouco de cor? Selecione suas cores nos quadros de listagem Border Colors (Cores da Borda) na caixa de diálogos Table Properties. Você poderá ainda escolher cores complementares da borda, de destaque e de sombreamento. Para colorir a borda, use o menu Border. Para escolher a cor de destaque da borda, use a lista Light Border (Borda Clara). Para selecionar uma cor para a sombra, use a lista Dark Border (Borda Escura). Defina todas as três opções da borda para a mesma cor se quiser uma borda com cor sólida.

Como ajustar a largura das bordas da célula da tabela

As células da tabela têm bordas também e você poderá torná-las mais estreitas ou largas do que a borda em torno da tabela. Para ajustar a largura das paredes da célula da tabela, vá para a caixa de diálogos Table Properties e forneça o número de pixels que você deseja na caixa Cell Spacing (Espaçamento da Célula).

Como ajustar a largura e a altura da tabela

Se você quiser fazer com que sua tabela caiba melhor no *layout* de sua página, experimente ajustar a largura e altura da tabela. Por default, o FrontPage distribui as células de sua tabela para caberem na janela do *browser*. Se você precisar colocar os elementos da tabela mais próximos ou quiser deixar mais espaço entre as bordas da janela do *browser* e sua tabela, altere as definições Minimum Size (Tamanho Mínimo).

Um aviso sobre a altura da tabela

Se você especificar uma altura da tabela que seja menor que as alturas combinadas dos objetos em sua tabela, o FrontPage e seu browser irão ignorá-la.

Para aplicar a largura de sua tabela, exiba a caixa de diálogos Table Properties, selecione o quadro de seleção Specify Width (Especificar Largura) e forneça um valor na caixa Specify Width. Você poderá também clicar em um botão de rádio para especificar a largura em pixels ou em percentual. Para aplicar a altura de sua tabela, clique no quadro de seleção Specify Height (Especificar Altura), forneça um número na caixa Specify Height e clique em um botão de rádio para definir a altura em pixels ou em percentual.

Como adicionar uma cor de fundo à sua tabela

As tabelas podem ter suas próprias cores de fundo ou padrões como as páginas Web. Isso permite criar um contraste interessante entre sua página Web e a tabela. Para adicionar uma cor de fundo à sua tabela, selecione um item no menu Background Color (Cor de Fundo).

Capítulo 12 ➤ Coloque em tabelas! Como organizar o texto e as imagens com tabelas **159**

Para adicionar um fundo padronizado à sua tabela, clique no quadro de seleção Use Background Picture (Use Imagem de Fundo) e então clique o botão Browse (Percorrer) para exibir a caixa de diálogos Browse for File (Percorrer para Obter Arquivo) para que possa encontrar sua imagem.

Como adicionar uma cor de fundo a uma célula da tabela

A maneira mais fácil de colorir uma célula da tabela é clicar nela e então clicar na pequena seta ao lado do botão Fill Color (Preencher Cor) na barra de ferramentas Table. Então você poderá escolher uma cor na paleta. Você poderá também adicionar uma imagem de fundo para a célula da tabela selecionada através da caixa de diálogos Cell Properties. Clique com o botão direito na célula para exibir o menu de atalho e então escolha Cell Properties. Quando a caixa de diálogos Cell Properties aparecer, clique no quadro de seleção Use Background Picture e então clique o botão Browse para exibir a caixa de diálogos Browse for File para que possa encontrar sua imagem.

Integre o texto em sua tabela!

Gostaria de integrar o texto do resto de sua página Web em sua tabela para que vá para a direita ou esquerda? Experimente as opções Float (Flutuar). Para direcionar o texto para o lado direito de sua tabela, selecione Left (Esquerda) na caixa Float. Para direcionar o texto para o lado esquerdo de sua tabela, selecione Right (Direita) na caixa Float.

Como trabalhar com linhas, colunas e células da tabela

Bem, criar a tabela, os fundos da célula da tabela e preencher as células contribuirá para horas de divertimento. Mas se você quiser fazer alguns *layouts* sérios, precisará aprender a trabalhar com as linhas, colunas e células individuais da tabela. Nas seções a seguir, você finalmente dará uma volta na barra de ferramentas Table. E mais, poderá alterar algumas definições da célula da tabela na caixa de diálogos Cell Properties, que poderá inicializar, clicando com o botão direito em uma célula da tabela e selecionando Cell Properties no menu de atalho. A caixa de diálogos Cell Properties é muito parecida com a caixa de diálogos Table Properties.

Como selecionar células, colunas e linhas

Antes de você poder ajustar os objetos nas células de sua tabela, colunas e linhas, primeiro precisará selecioná-los. Para selecionar os itens em sua tabela, coloque seu cursor em uma célula da tabela, escolha Select (Selecionar) no menu Table e então selecione a opção Table, Column (Coluna), Row (Linha) ou Cell no menu instantâneo. Você poderá também selecionar as células adjacentes clicando seu mouse em uma célula. Quando o cursor mudar para a forma I, arraste-o nas linhas que deseja selecionar.

Como alinhar na horizontal texto e imagens nas células da tabela

Para alinhar o texto, as imagens ou outros objetos nas células de sua tabela, selecione os objetos e clique o botão Center (Centralizar) na barra de ferramentas Format (Formatar). Você poderá também colocar seu cursor em qualquer lugar na célula da tabela, inicializar a caixa de diálogos Cell Properties e selecionar Left, Right ou Center na caixa Horizontal Alignment (Alinhamento Horizontal). Isso alinhará automaticamente todos os elementos na célula da tabela.

Como alinhar na vertical texto e imagens nas células da tabela

Para alterar o alinhamento vertical dos objetos na célula de uma tabela, clique em qualquer lugar na célula da tabela e então clique os botões Align Top (Alinhar com Parte de Cima), Center Vertically (Centralizar na Vertical) ou Align Bottom (Alinhar com Parte de Baixo) na barra de ferramentas Tables. Se todos os itens na linha da tabela tiverem praticamente a mesma altura, você poderá não notar diferença alguma, mas os resultados poderão ser dramáticos quando o texto e os gráficos variam na altura.

Como igualar suas linhas e colunas

Se você vem lidando um pouco com suas tabelas, poderá achar que suas colunas ou linhas estão começando a ficar um pouco desiguais. Talvez tenha criado colunas ou linhas irregulares de propósito ("*Queria* fazer isso!"). Se não era esse o efeito desejado, poderá torná-las iguais novamente. Para tornar suas linhas iguais, selecione uma coluna inteira e então clique o botão Distribute Rows Evenly (Distribuir Linhas Uniformemente) na barra de ferramentas Table. Para tornar suas colunas iguais, selecione uma linha inteira da tabela e então clique o botão Distribute Columns Evenly (Distribuir Colunas Uniformemente) na barra de ferramentas Table.

Capítulo 12 ➤ Coloque em tabelas! Como organizar o texto e as imagens com tabelas **161**

Como ajustar a largura de uma coluna da tabela

As células em uma coluna se dimensionam automaticamente em relação ao objeto maior na coluna. Mas se você apenas tiver texto em uma coluna, poderá redimensionar a coluna. A maneira mais simples é clicar na borda da coluna, pressionar o botão do mouse e arrastá-la para a esquerda ou direita quando o cursor se transformar em duas setas. Se você quiser fornecer uma largura de coluna precisa, poderá fornecer um número de pixels ou uma porcentagem da largura da tabela inteira na caixa de diálogos Cell Properties.

Como ajustar a altura de uma linha da tabela

Ajustar a altura de uma linha da tabela funciona de modo muito parecido com a alteração da largura de uma coluna. Coloque seu cursor em uma borda da linha, pressione o botão do mouse e arraste o cursor para cima ou para baixo quando se transformar em suas setas. Você poderá também fornecer uma altura de linha exata exibindo a caixa de diálogos Cell Properties e fornecendo um número de pixels ou uma porcentagem na caixa Specify Height.

Como adicionar linhas e colunas

Encare isso, você nem sempre pode planejar antes. Algumas vezes, você poderá precisar adicionar uma linha ou uma coluna a uma tabela. Para adicionar uma coluna a uma tabela, clique em uma célula na coluna à direita de onde deseja que a nova coluna apareça e então clique o botão Insert Columns (Inserir Colunas).

Para adicionar uma nova linha, clique em uma célula na linha abaixo de onde deseja que a nova linha apareça e clique o botão Insert Rows (Inserir Linhas) na barra de ferramentas Tables. O FrontPage colocará a nova linha acima da selecionada. Bem, por Deus, isso é uma confusão; e se você precisar adicionar uma linha à parte *inferior* de uma tabela? Clique na última célula da tabela na linha inferior e na coluna máis à esquerda e pressione a tecla Tab. O FrontPage adicionará a linha à parte inferior da tabela.

Como remover linhas e colunas

Se você acabar com algumas linhas ou colunas extras, tudo bem. Selecione a linha ou coluna inteira e então clique o botão Delete Cells (Apagar Células) na barra de ferramentas Tables. Como você não poderá apagar uma única célula da tabela sem apagar a linha ou coluna que a acompanha, o botão Delete Cells ficará desativado a menos que você selecione uma linha ou coluna inteira.

Como mesclar e dividir as células da tabela

Dependendo do *layout* de sua tabela, algum texto ou gráfico poderá apenas precisar de uma célula da tabela cada, ao passo que os outros poderão ocupar duas ou três células da tabela. E mais, você poderá algumas vezes precisar dividir uma célula da tabela pela metade. *Mesclar* as células da tabela significa combinar duas ou mais células adjacentes e *dividir* uma célula da tabela significa dividi-la em duas ou mais células.

Assuma o controle do layout de sua tabela!

O FrontPage redimensiona as células da tabela para acomodar o objeto mais alto em uma linha e o objeto mais largo em uma coluna. Você poderá mesclar e dividir as células para controlar o tamanho dos *layouts* de sua tabela e para aceitar objetos maiores.

Para mesclar as células da tabela, pegue a ferramenta Eraser (Apagador) da barra de ferramentas Tables e arraste-a nas bordas da célula que deseja remover. Ou você poderá selecionar as células adjacentes e clicar o botão Merge Cells (Mesclar Células) na barra de ferramentas Tables.

Para dividir uma célula da tabela, selecione a ferramenta Draw Table (Desenhar Tabela) na barra de ferramentas Tables e desenhe linhas na célula. Você poderá também selecionar o botão da barra de ferramentas Split Cells (Dividir Células). Quando a caixa de diálogos Split Cells aparecer, selecione o botão de rádio Split into Columns (Dividir em Colunas) ou Split into Rows (Dividir em Linhas), forneça o número de linhas ou colunas na caixa de números e clique em OK.

Cinco truques da tabela

Uma vez que você esteja familiarizado com as tabelas, poderá fazer muitas coisas interessantes com elas. Poderá experimentar alguns truques.

➤ *Quadros falsos* — Se você gosta da aparência dos quadros, mas não deseja as barras de paginação feias, use uma tabela para criar um *layout* de quadros.

Capítulo 12 ➤ Coloque em tabelas! Como organizar o texto e as imagens com tabelas **163**

➤ *Calços de pixel* — Se seu *layout* requer uma coluna vazia ou você deseja assegurar-se de que a coluna sempre ficará com a mesma largura toda vez que um visitante redimensionar a janela do browser, experimente um *calço de pixel*. É um termo engraçado para um GIF minúsculo e em branco que funciona como um recipiente e é invisível. Uma vez que você tenha inserido um calço de pixel como uma imagem, poderá redimensioná-lo para o número de pixels desejado.

Como criar um calço de pixel

Para criar seu próprio calço de pixel, pegue um pequeno quadrado com cor sólida na Clip Art Gallery (Galeria de Clipart), insira-o em sua página e clique na ferramenta Set Transparent Color (Definir Cor Transparente) na barra de ferramentas Picture (Desenho). Para lembrar da Clip Art Gallery e como inserir imagens, veja o Capítulo 8, "A página Web perfeita com imagens: como colocar e ajustar as imagens". Para saber mais sobre os GIFs transparentes e a barra de ferramentas Picture, veja o Capítulo 9, "Como deixar elegantes as imagens".

➤ *Barras de botões imediatas* — Se você gosta de botões em 3D, mas não gosta de lidar com os gráficos, experimente criar uma tabela, criar um *link* de texto em cada célula da tabela e então ajustar a largura Cell Space (Espaço da Célula) e Border Colors na caixa de diálogos Table Properties.

➤ *Tabelas Excel e retorno* — Você poderá também importar tabelas que criou com outras aplicações, como o Microsoft Excel e Word. O Capítulo 18, "Uma combinação feita em Redmond: FrontPage e Microsoft Office 2000", informará mais sobre como trabalhar com o FrontPage e o Microsoft Office.

➤ *Imite mapas de imagens* — Você poderá obter imagens individuais e organizá-las em uma tabela sem borda para que se pareçam com um mapa de imagens. Você poderá aprender sobre os mapas de imagens no Capítulo 16, "O x marca o ponto de ativação! Como criar mapas de imagens".

O mínimo que você precisa saber

- ➤ As tabelas fornecem uma maneira fácil de criar *layouts* de páginas e organizar imagens e texto. Mesmo os browsers mais antigos exibem as tabelas corretamente.
- ➤ A barra de ferramentas Table ajuda a criar e editar suas tabelas. Para exibi-la, selecione Toolbars no menu View e então escolha Table.
- ➤ Você poderá criar uma tabela usando o botão Table na barra de ferramentas Standard ou o botão Draw Table na barra de ferramentas Table.
- ➤ Para fornecer texto ou inserir uma imagem em uma célula da tabela, coloque seu cursor na célula da tabela e então digite seu texto ou insira sua imagem. Você poderá também copiar objetos de outras páginas ou áreas na página Web atual e colá-los em uma célula da tabela.
- ➤ Você poderá ajustar o alinhamento, a flutuação, o preenchimento da célula, o espaçamento da célula, a largura, a altura, as bordas e as cores de fundo de uma tabela a partir da caixa de diálogos Table Properties.
- ➤ Você poderá ajustar o alinhamento horizontal e vertical das células da tabela através da caixa de diálogos Cell Properties. E mais, poderá alterar as cores das bordas e o fundo da célula de uma tabela a partir da caixa de diálogos Cell Properties.

Capítulo 13

Formulários e sua função: como desenvolver formulários online

---

Neste capítulo

➤ Formulários e campos do formulário
➤ Como desenvolver formulários com gabaritos e assistentes ou a partir do zero
➤ Como inserir e editar os campos do formulário
➤ Como validar seus formulários
➤ Como informar ao FrontPage o que fazer com seus formulários
➤ Cinco maneiras de usar formulários

Você poderá gritar diante dos comerciais da TV que o irritam até ficar vermelho, mas ninguém poderá ouvi-lo. A Web, por outro lado, é uma faca de dois gumes. Alguma vez você preencheu um formulário *online* para pedir um produto, disse a alguém que gosta de seu Web site ou disse a um Webmaster que um de seus *links* não funciona? Os *links* de e-mail (como explicado no Capítulo 7, "Pense nos *links*: como adicionar *links* a suas páginas Web") e os formulários *online* permitem-nos responder a um Web *site* instantaneamente. Em muitos casos, porém, os formulários *online* funcionam muito melhor do que os *links* de e-mail, porque permitem que você solicite informações específicas às pessoas. O FrontPage simplifica configurar seus próprios formulários *online* para obter observações, reunir dados ou permitir que seus visitantes peçam produtos ou solicitem informações.

Como os formulários funcionam

Os formulários *online* são páginas Web que você configura para permitir a entrada de seus visitantes. Quando os visitantes preenchem e enviam um formulário, os resultados são enviados para você como uma mensagem de e-mail ou gravados em um arquivo de texto em seu servidor. Os formulários incluem caixas de texto, botões de rádio, listas e outros tipos de campos do formulário que permitem aos visitantes fornecerem informações, escolher opções e então clicar um botão para enviar o formulário para você.

101 campos do formulário: apresentação

Se você estiver assinando uma revista, pagando impostos, comprando uma casa ou requerendo uma vaga em uma escola, provavelmente gasta muito tempo (talvez mais do que gostaria!) preenchendo formulários. Os formulários Web funcionam de modo muito parecido com os de papel, mas sem o envelope e os selos postais. Eles têm linhas para itens curtos de informações como nomes e endereços, listas de itens ou quadros de seleção que as pessoas poderão selecionar e áreas de comentários para respostas longas. Na Web, esses espaços em branco, quadros de seleção e outros itens que esperam que as pessoas preencham são chamados de *campos do formulário*.

Com o FrontPage, você poderá incluir os seguintes tipos de campos do formulário:

- ➤ *Caixa de texto com uma linha* — Exibe um campo de texto para que os visitantes possam fornecer informações curtas, de uma linha, como primeiro nome, último nome, endereço de e-mail ou número de telefone. Os desenvolvedores Web que não usam o FrontPage chamam isto de *caixas de texto*.

- ➤ *Caixa de texto com paginação* — Permite que os visitantes forneçam informações que requerem diversas linhas de texto, como comentários ou uma descrição detalhada. Aqueles que não usam o FrontPage chamam isso de *áreas de texto*.

- ➤ *Quadro de seleção* — Para solicitar aos visitantes uma resposta **sim** ou **não**, como Subscribe me (Assine) para seu quadro de seleção de boletim de e-mail. Se o visitante clicar no quadro de seleção, isso significará sim, ao passo que um quadro de seleção não selecionado significará não.

- ➤ *Botão de rádio* — Para solicitar que um visitante escolha uma opção em uma lista de itens.

- ➤ *Menu suspenso* — Permite que os visitantes escolham uma opção em uma lista de itens. Ou você poderá configurar um menu suspenso que permita aos visitantes selecionarem mais de uma opção na lista.

Capítulo 13 ➤ Formulários e sua função: como desenvolver formulários online   **167**

➤ *Botão para pressionar* — Parece com um botão da barra de ferramentas e solicita que os visitantes enviem (submetam) o formulário. Você *terá* que colocar um botão Submit (Submeter) em seu formulário, ou as pessoas não terão uma maneira de enviá-lo para você. Poderá também criar um botão Cancel (Cancelar) que permite que as pessoas limpem seus dados caso decidam não preencher e enviar seu formulário.

Você poderá ver todos esses campos do formulário na seguinte figura.

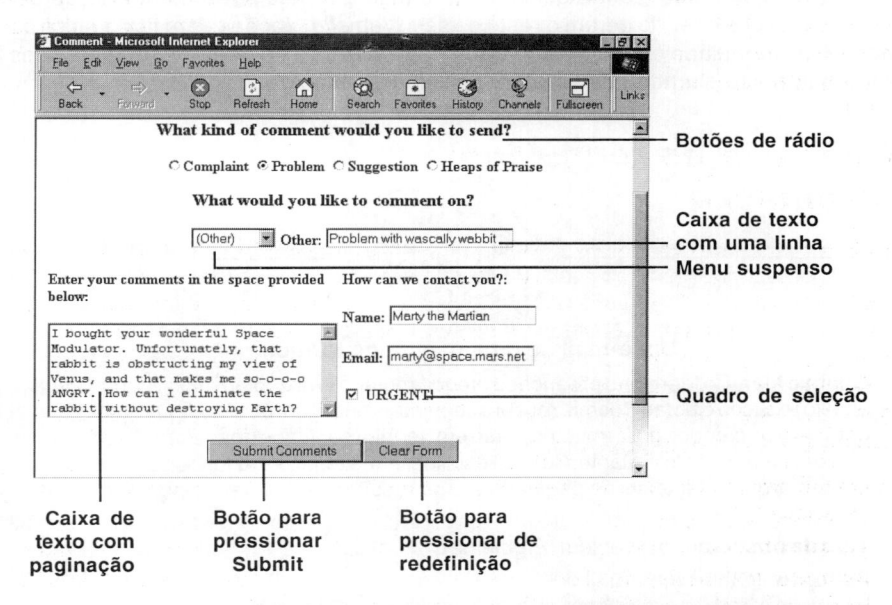

Formulário online que exibe cada um dos tipos de campo descritos neste capítulo.

Sobre nomes e valores

Os dados do formulário são armazenados ou enviados por e-mail para você como listas de pares de nome e valor, como mostrado na seção "Um e-mail de uma página do formulário". Você (o gabarito ou o FormPage Wizard (Assistente de Páginas do Formulário)) definirá um *nome* para cada um de seus campos do formulário, como explicado nas seções "Como configurar seus formulários" e "Como editar as informações do campo do formulário" posteriormente neste capítulo. Os *valores* do campo do formulário serão fornecidos ou selecionados pelos visitantes quando eles preencherem e enviarem o formulário.

Como configurar
seus formulários

O FrontPage fornece muitas maneiras de configurar seus formulários. Alguns dos FrontPage Web Wizards (Assistentes Web do FrontPage) analisados no Capítulo 2, "Web site urgente: como dar uma volta nos FrontPage Webs", configuram automaticamente as páginas do formulário para você quando geram o resto de seu Web site. Você poderá também selecionar um gabarito do formulário ou inicializar o Form Page Wizard a partir da caixa de diálogos New (Novo) que aparece quando cria uma nova página Web ou poderá construir um formulário a partir do zero.

Um e-mail de uma página do formulário

Quando Marty, o Marciano preencheu meu formulário Web (como mostrado na figura abaixo) e clicou o botão Submit, recebi a seguinte mensagem de e-mail. Os nomes que criei para os campos do formulário estão em negrito, seguidos dos valores fornecidos ou selecionados pelo visitante. Se você escolher armazenar os dados de seu formulário em um arquivo de texto ou página Web, os resultados deverão, ainda assim, ser parecidos:

Tipo de observação: Problem (Problema)

Assunto: (Other) (Outro)

OutroAssunto: Problem with wascally wabbit (Problemas com o coelho desonesto)

Comentários: I bought your wonderful Space Modulator. Unfortunately, that rabbit is obstructing my view of Venus, and that makes me so-o-o-o ANGRY. How can I eliminate the rabbit without destroying Earth?

(Comprei seu maravilhoso Modulador Espacial. Infelizmente, esse coelho está obstruindo minha visão de Vênus e isso me deixa muuuuito IRRITADO. Como posso eliminar o coelho sem destruir a Terra?)

Nome: Marty the Marcian (Marty, o Marciano)

E-mail: marty@space.mars.com

Urgent (Urgente): Sim

Submeter: Submit_Comments (Submeter Comentários)

Capítulo 13 ➤ Formulários e sua função: como desenvolver formulários online   **169**

Formulários imediatos!
Gabaritos do FrontPage

Não quer lidar muito com os formulários? Experimente um gabarito do FrontPage. O FrontPage vem com páginas prontas para os tipos populares de formulários, inclusive um livro de visitas e um formulário de observação. Para criar um formulário a partir de um gabarito, selecione New e Page (Página) no menu File (Arquivo) ou use a combinação de teclas Ctrl+N para inicializar a caixa de diálogos New com a ficha General (Geral) selecionada. Então você poderá selecionar um gabarito do formulário e clicar o botão OK.

Outra razão para gostar do FrontPage

Antes do FrontPage aparecer, configurar uma sub-rotina de formulários significava programar um *script CGI* especial e instalá-lo em seu servidor. Terrível. CGI significa *common gateway interface* (interface comum do gateway), uma linguagem de script executada na maioria dos tipos de servidor. As linguagens de script são mais fáceis de aprender que as linguagens de programação, mas ainda requerem programação! Portanto, agradeçamos às nossas estrelas da sorte pelo FrontPage nos poupar desses traumas. Para saber mais sobre os scripts CGI e outros tipos de programação Web, veja o Capítulo 21, "Acelere seu Web *site* com programas e scripts".

Como construir um formulário
com o Form Page Wizard

Se nenhum dos gabaritos parece o correto, deixe que o Form Page Wizard o guie nas etapas de elaborar um formulário próprio. (Sem leões, tigres ou ursos, prometo!) Primeiro, exiba a caixa de diálogos New com a ficha General selecionada (como na última vez, selecione New Page (Nova Página) no menu File) e então clique no Form Page Wizard e em OK. Isso inicializará a caixa de diálogos Form Page Wizard.

O assistente fará algumas perguntas para ajudá-lo a construir o formulário. Você poderá clicar o botão Next (Próximo) para executar as etapas, clicar o botão Back (Voltar) para retornar para as etapas anteriores e fazer alterações, clicar o botão Cancel para voltar para o FrontPage sem criar um formulário ou clicar o botão Finish (Terminar) para retornar para o FrontPage e exibir seu novo formulário Web.

O Form Page Wizard executará as seguintes etapas:

1. *Comece a construir seu formulário Web* — O Form Page Wizard exibirá uma caixa de diálogo com algum texto introdutório útil. Quando você terminar de ler a mensagem, clique o botão Next para exibir a caixa de diálogos com a lista de perguntas, como mostrado na figura a seguir.

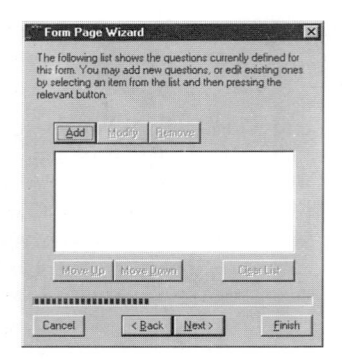

A caixa de diálogos Form Page Wizard com a lista de perguntas em branco.

2. *Crie uma lista de perguntas* — A caixa de diálogos com a lista de perguntas pedirá que você crie uma lista de perguntas para seu formulário. As perguntas aparecerão como texto na página de seu formulário, seguidas dos campos de entrada do formulário, como os quadros de seleção e as caixas de texto com os prompts do texto. Para começar a configurar as perguntas em seu formulário, clique o botão Add (Adicionar) para exibir a caixa de diálogos com a lista do tipo de entrada, como mostrado na figura a seguir.

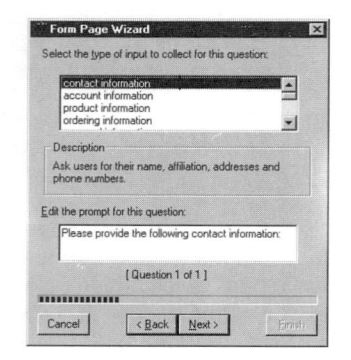

Caixa de diálogos Form Page Wizard com a lista do tipo de entrada exibida.

3. *Escolha uma pergunta para seu primeiro conjunto de campos do formulário* — Escolha o item da lista que melhor combina com o tipo de informação que você deseja reunir. Por exemplo, você poderá solicitar informações de contato ou de contas. Uma descrição do item selecionado aparecerá abaixo da caixa Description (Descrição) e

Capítulo 13 ➤ Formulários e sua função: como desenvolver formulários online   **171**

uma pergunta (o texto que parece em sua página Web) será exibida na caixa Edit the prompt for this question (Editar o prompt para esta pergunta). Você poderá substituir esse texto digitando suas próprias palavras. Clique o botão Next para prosseguir na caixa de diálogo de itens do tipo de entrada.

Essa caixa de diálogo exibirá opções diferentes, dependendo de qual tipo de pergunta você escolheu na caixa de diálogos de seleção da entrada anterior. Quando você escolher a opção Contact Information (Informações de Contato), a caixa de diálogos dos tipos do item de entrada aparecerá, como mostrado na seguinte figura.

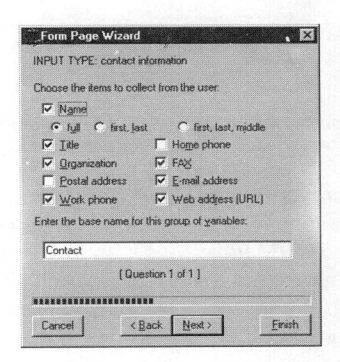

Caixa de diálogos Form Page Wizard com os itens do tipo de entrada para as informações de contato.

4. *Escolha os itens do tipo de entrada* — Selecione os quadros de seleção e os botões de rádio para os itens que você deseja incluir em seu formulário Web e então clique o botão Next. Isso irá levá-lo de volta à caixa de diálogos com a lista de perguntas.

5. *Crie conjuntos adicionais de campos do formulário adicionando outra pergunta* — Para adicionar mais perguntas do formulário à lista, repita essas etapas. Uma vez que tenha criado uma lista de perguntas, a caixa de diálogos com a lista de perguntas ficará semelhante à mostrada na figura a seguir.

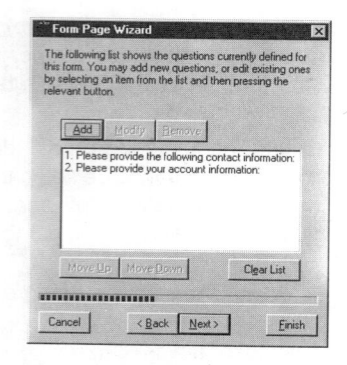

Form Page Wizard com a lista de perguntas exibida.

6. *Verifique e edite sua lista de perguntas* — Para editar um item em sua lista (lembre, cada item representa uma coleção de perguntas ou opções de entrada), selecione-o e clique o botão Modify (Modificar). Quando a lista de perguntas e descrições disponíveis aparecer, clique o botão Next para exibir a lista de opções de entrada para essa pergunta. Então você poderá alterar suas seleções da opção de entrada e clicar o botão Next para voltar para sua lista de perguntas.

   Para remover um item, selecione-o e clique o botão Remove (Remover). Para mover um item para cima ou para baixo na lista, (o Form Wizard organiza os itens em sua página Web de maneira que apareçam na lista), selecione o item e clique o botão Move Up (Mover para Cima) ou Move Down (Mover para Baixo).

   Quando você terminar de criar sua lista de itens, clique o botão Next para escolher suas opções de apresentação.

7. *Crie um layout para seu formulário* — Uma vez que você tenha terminado de criar e editar uma lista de perguntas e campos de entrada do formulário, o assistente exibirá suas opções de apresentação para que você possa fazer com que seu formulário fique como deseja. Por exemplo, você poderá exibir suas perguntas em forma de parágrafo ou lista ou mostrar seus prompts de texto e campos do formulário em uma tabela. Quando terminar, clique o botão Next para escolher suas opções de saída.

Capítulo 13 ➤ Formulários e sua função: como desenvolver formulários online   **173**

A cópia e a cola são seus amigos

Você poderá colocar um formulário que criou com um gabarito ou o Form Wizard em um documento Web existente com o truque da cópia e da cola. A partir do novo documento do formulário, escolha Select All (Selecionar Tudo) no menu Edit (Editar) (ou use a combinação de teclas Ctrl+A) para selecionar todo o formulário e então clique o botão Copy (Copiar) (ou use a combinação Ctrl+C). Feche o novo formulário sem gravá-lo, abra um documento, coloque seu cursor onde gostaria de inserir o formulário e clique o botão Paste (Colar) (ou use a combinação de teclas Ctrl+V).

8. *Informe ao FrontPage como lidar com os dados do formulário* — Você poderá informar ao FrontPage o que deseja que o servidor faça com os formulários depois que os visitantes os tiverem preenchido e enviado para você. Você poderá gravar o resultado em uma página Web para que possa exibi-lo em seu paginador, gravar o resultado em um arquivo de texto ou processar o formulário com um script CGI personalizado. A seção "Lide com cuidado! Como configurar as sub-rotinas do formulário" deste capítulo informará mais sobre as opções para lidar com os dados do formulário.

9. *Vá para a linha final!* Clique o botão Finish para sair do assistente e verifique sua nova página do formulário. O FrontPage abrirá seus novo formulário na exibição Page (Página).

Como criar formulários a partir do zero

Se você criou formulários Web antes, poderá construir seu formulário a partir do zero ao invés de usar um gabarito ou Form Page Wizard. Para criar um formulário, selecione Form (Formulário) no menu Insert (Inserir) e então escolha Form na lista em cascata. O FrontPage colocará um quadro delimitador tracejado em sua página com dois botões nomeados como Submit e Reset (Redefinir). Todos os formulários precisam desses botões para que as pessoas possam enviar suas informações ou cancelar a operação. Agora você poderá digitar seus prompts de texto e inserir os campos de seu formulário no quadro delimitador tracejado. Se você criar um formulário Web a partir do zero, também precisará editar suas propriedades do campo, como explicado na seção "Como editar as informações do campo do formulário" posteriormente neste capítulo.

Como inserir e remover os campos do formulário

Não importa como criou o formulário: se você perceber que esqueceu de um item ou dois, não precisará inicializar o Form Page Wizard e começar tudo de novo. Para inserir um novo campo do formulário, digite seu prompt de texto (como "Seu Nome"), escolha Form no menu Insert e selecione um elemento na lista em cascata. Para remover os campos do formulário, proceda da mesma maneira como se livra de outras coisas indesejadas em suas páginas Web. Arraste seu mouse no campo do formulário para selecioná-lo e pressione a tecla Delete.

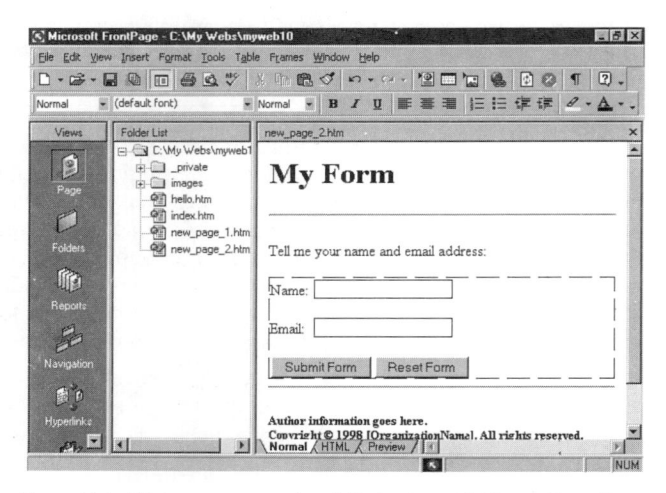

Formulário Web com o quadro delimitador exibido no FrontPage.

Deseja criar um formulário misterioso e especial que permite ao visitantes fornecerem e selecionarem itens aleatoriamente? Provavelmente não. Você deverá incluir um texto explicativo para cada campo do formulário, colocando seu cursor próximo a cada um e digitando seu texto; é tudo.

Como editar as informações do campo do formulário

Há mais coisas para os campos do formulário do que alcançam os olhos. Cada campo do formulário tem informações ou propriedades que determinam a aparência e como ele retorna seus dados para você. Você poderá ajustar os campos de seu formulário para que ele pareça e se comporte exatamente como deseja.

Capítulo 13 ➤ Formulários e sua função: como desenvolver formulários online   **175**

As seguintes seções falarão sobre as propriedades dos diferentes tipos de campos do formulário em detalhes. Porém, você poderá editar as informações do campo do formulário exibindo suas propriedades, fazendo suas alterações e clicando o botão OK para retornar para seu formulário. Para exibir as propriedades do campo de um formulário, clique com o botão direito no campo do formulário e selecione Form Field Properties (Propriedades do Campo do Formulário) no menu de atalho. Ou você poderá clicar no campo do formulário e escolher Properties no menu Format (Formatar). Para saber mais sobre as propriedades do formulário, veja a seção "Sobre nomes e valores", anteriormente neste capítulo.

O que é ordem da tabulação?

Você pode ter notado que todas as caixas de diálogos Form Field Properties têm uma opção Tab Order (Ordem da Tabulação). Quando os experientes surfistas Web preenchem formulários *online*, eles se movem de um campo para outro pressionando a tecla Tab (experimente na próxima vez que preencher um formulário *online*). Você poderá numerar os campos de seu formulário, fornecendo um valor na caixa Tab Order, determinando a ordem das paradas da tabulação. Eis um truque: espere até estar certo de que criou todos os campos dos quais precisará e então volte e forneça a ordem da tabulação na caixa de diálogos Form Field Properties.

Como editar uma caixa de texto com uma linha

Você poderá usar a caixa de diálogos Text Box Properties (Propriedades da Caixa de Texto) para alterar o nome do campo do formulário, exibir o texto dentro da caixa de texto e redimensionar o campo de texto para caber melhor no *layout* de sua página. Para exibir a caixa de diálogos One-Line Text Box Properties (Propriedades da Caixa de Texto com Uma Linha), clique com o botão direito na caixa de texto e selecione Form Field Properties no menu de atalho. Para renomear a caixa de texto, digite um novo nome na caixa Name (Nome). Se você quiser exibir o texto default dentro da caixa de texto, forneça-o na caixa Initial Value (Valor Inicial). Para tornar o texto maior ou menor, escolha o número na caixa de texto Width in Characters (Largura em Caracteres).

Como editar uma caixa de texto com paginação

Deseja renomear o campo do formulário, exibir algum texto dentro da caixa de texto com paginação ou redimensioná-la? Exiba a caixa de diálogos Scrolling Text Box Properties (Propriedades da Caixa de Texto com Paginação) e arrisque tudo. Para exibir a caixa de diálogo Scrolling Text Box Properties, clique com o botão direito na caixa de texto com paginação e selecione Form Field Properties no menu de atalho. Para alterar o nome do campo do formulário, forneça um novo nome na caixa Name. Você poderá também fornecer algum texto default para exibir dentro da caixa de texto com paginação na caixa Initial Value. Para determinar a largura de sua caixa de texto, digite um número na caixa Width in Characters. Para determinar a altura de sua caixa de texto, forneça um número na caixa Number of Lines (Número de Linhas).

Como validar os campos do formulário

Se você *realmente* precisa de uma determinada parte de informação, poderá solicitar que as pessoas preencham certas caixas de texto com uma linha. Por exemplo, você poderá querer lembrar aos visitantes que forneçam seu endereço e-mail. Quando um visitante esquecer de preencher um campo do formulário com caixa de texto validado e então tentar enviar o formulário, uma mensagem de erro pedirá que forneça essa informação.

Para validar um campo de texto, exiba a caixa de diálogos Text Box Properties e clique o botão Validate (Validar). Quando a caixa de diálogos Text Box Validation (Validação da Caixa de Texto) aparecer, selecione um item na lista Data Type (Tipo de Dados) (escolha Text para os endereços e-mail ou nomes, Integer (Inteiro) para uma quantidade ou quantia em dinheiro ou Number (Número), para um número de telefone ou CEP) e clique em OK.

Se você pretende usar os resultados de seu formulário com um banco de dados, provavelmente precisará que seus visitantes submetam as informações em um formato que funciona com seu banco de dados. A caixa de diálogos Text Box Validation fornecerá opções extras para que você possa excluir as vírgulas desagradáveis e os espaços em branco, requerer um número mínimo ou máximo de caracteres e mais. O tópico dos formulários e banco de dados Web é amplo demais para ser tratado neste livro, mas se acendem seu interesse, veja o Capítulo 22, "Se você entendeu, exiba-os: como colocar seus bancos de dados Access na Web".

Capítulo 13 ➤ Formulários e sua função: como desenvolver formulários online   **177**

Como editar
um quadro de seleção

Os quadros de seleção podem parecer simples, mas isso não significa que você não tenha opções. Você poderá usar a caixa de diálogos Checkbox Properties (Propriedades do Quadro de Seleção) para alterar o nome do campo do formulário ou escolher ter o quadro de seleção marcado automaticamente. Para exibir a caixa de diálogo Checkbox Properties, clique com o botão direito no quadro de seleção e selecione Form Field Properties no menu de atalho. Para renomear o quadro de seleção, forneça um nome na caixa Name.

Deseja encorajar os visitantes a dizerem "sim"? Talvez você gostaria que os visitantes fornecessem opiniões ou assinassem uma subscrição gratuita de boletim de e-mail. Escolha a opção Checked (Marcado) para ter seu quadro de seleção marcado automaticamente. Não se preocupe, você não está sendo um monstro controlador; os visitantes ainda poderão cancelar a seleção do quadro de seleção se quiserem

Como editar grupos
de botões de rádio

Você precisará atribuir botões de rádio a um grupo e fornecer a cada um deles um valor, fornecendo texto nas caixas Group Name (Nome do Grupo) e Value (Valor) na caixa de diálogo Radio Button Properties (Propriedades do Botão de Rádio). Para exibir a caixa de diálogo Radio Button Properties, clique com o botão direito no botão de rádio e selecione Form Field Properties no menu de atalho. Por exemplo, o nome do grupo para todos os botões de rádio mostrado na primeira figura deste capítulo é FeedbackType (Tipo de Observação) e os valores para os botões de rádio são Complaint (Reclamação), Problem (Problema), Suggestion (Sugestão) e Heaps of Praise (Muitos Elogios). Você poderá também selecionar automaticamente um botão de rádio no grupo clicando a opção Selected (Selecionado) na lista Initial State (Estado Inicial). Como nos quadros de seleção, os visitantes são livres para cancelar a seleção do botão de rádio default e escolher outra opção.

Como editar
um menu suspenso

É fácil colocar um menu suspenso em uma página, mas não será muito bom até você criar uma lista de itens para os visitantes escolherem. Para exibir a caixa de diálogos Drop Down Menu Properties (Propriedades do Menu Suspenso), clique com o botão direito no menu suspenso e selecione Form Field Properties no menu de atalho. Para criar sua lista de menus suspensos, exiba a caixa de diálogos Drop Down Properties e forneça um nome na caixa Name. Para adicionar um item em sua lista, clique o botão Add para inicializar a caixa de diálogos Add Choice (Adicionar Opção). Forneça um nome para sua opção de menu na caixa Choice. Se você quiser que um item seja selecionado automaticamente, clique o botão de rádio Selected. Quando terminar, clique em OK para adicionar o item e retornar para a caixa de diálogos Drop Down Menu Properties.

Para alterar o texto dos itens em sua lista, clique o botão Modify. Para remover um item de sua lista, selecione-o e clique o botão Remove. Você poderá também mover os itens para cima ou para baixo na lista, selecionando-os e clicando o botão Move Up ou Move Down. E uma das coisas mais interessantes sobre os menus suspensos é que você poderá permitir que as pessoas selecionem mais de um item na lista clicando o botão Yes na opção Allow Multiple Selections (Permitir Diversas Seleções).

Como editar um botão de pressionar

Quanto aos formulários Web, um botão de pressionar poderá fazer uma das duas coisas: enviar um formulário ou redefinir o formulário (limpar todos os dados e cancelar o envio do formulário). Para exibir a caixa de diálogos Push Button Properties (Propriedades do Botão de Pressionar), clique com o botão direito no botão de pressionar e selecione Form Field Properties no menu de atalho. Na caixa de diálogos Push Button Properties, forneça um nome no campo Name e uma etiqueta para o botão na caixa Value/Label (Valor/Etiqueta). Torne-o curto e elegante, porque o texto tem que caber no botão real. Você também precisará escolher um tipo de botão selecionando a opção Submit ou Reset.

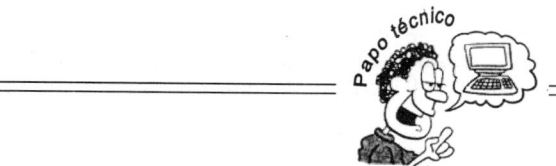

Experimente um botão de pressionar com imagem!

Se você achar feios os botões cinza Submit e Cancel, poderá usar imagens para seus botões de pressionar. Os botões de pressionar com imagens funcionam exatamente como os botões de pressionar comuns, apenas ficam muito melhor!

Lide com cuidado! Como configurar as sub-rotinas do formulário

Tudo bem, você acabou de criar um formulário fabuloso. Como os dados do formulário voltarão para você? O FrontPage ajudará a configurar algo chamado *sub-rotinas do formulário*, que informam ao FrontPage como lidar com os formulários criados.

As sub-rotinas do formulário poderão fazer algumas coisas bem legais e os formulários Web são inúteis sem elas. Elas poderão enviar formulários para você como mensagens de e-mail, armazená-las em um arquivo de texto, que você poderá importar para outras aplicações,

Capítulo 13 ➤ Formulários e sua função: como desenvolver formulários online **179**

gravar os resultados diretamente em um banco de dados ou tudo isso acima. As sub-rotinas do formulário poderão ainda exibir uma página que agradece as pessoas por enviarem o formulário. É muito ruim que as sub-rotinas do formulário não possam tirar o lixo e arrumar a bagunça em sua mesa também.

Para configurar suas sub-rotinas do formulário, clique com o botão direito em qualquer lugar em seu formulário e selecione Form Properties no menu de atalho. Ou coloque seu cursor em qualquer lugar dentro do quadro delimitador do formulário e selecione Form no menu Insert. Então, quando a caixa de diálogo Form Properties aparecer, escolha suas opções e clique em OK. Você poderá criar quantas sub-rotinas do formulário quiser. Por exemplo, poderá querer uma sub-rotina do formulário para enviar dados do formulário para você através do e-mail e outra para exibir uma página Web que informa "Obrigado" quando um visitante submete um formulário a partir de sua página Web.

Entrega especial: como obter formulários por e-mail

Obter os resultados do formulário como mensagem de e-mail é fácil, conveniente, divertido, e a maioria das pessoas gosta de lidar com seus formulários assim. Para configurar uma sub-rotina de formulário de e-mail simples, clique o botão de rádio Send To (Enviar Para) e então forneça seu endereço de e-mail na caixa E-mail Address (Endereço de E-mail). Mas espere, o FrontPage tem mais alguns truques em sua manga. Clique o botão Options (Opções) para exibir a caixa de diálogos Options e clique na ficha E-mail Results (Resultados do E-mail).

Sobre as opções de formato do e-mail

Se você quiser incluir os resultados do formulário no corpo de sua mensagem de e-mail, escolha uma das opções para a HTML (se seu programa de e-mail suportar a HTML) ou para o texto formatado (se seu programa de e-mail não suportar a HTML). Se você quiser receber os resultados do formulário como arquivos de texto anexados que poderá importar para um banco de dados, poderá escolher uma das opções do banco de dados de texto. Para saber mais sobre os formulários e bancos de dados, veja o Capítulo 22.

Deseja tornar os dados de seu formulário mais fáceis de serem lidos? Selecione um formato de texto na lista E-mail format (Formato do e-mail) e clique no quadro de seleção Include field names (Incluir nomes do campo) também. Se você quiser que o texto de um certo campo do formulário apareça na linha de assunto de suas mensagens de e-mail, forneça um nome do campo do formulário na caixa Subject Line (Linha do Assunto) e selecione o quadro de seleção Form Field Name (Nome do Campo do Formulário). Você poderá também informar à sub-rotina do formulário para colocar os endereços de e-mail na linha de resposta de suas mensagens de e-mail. Digite o nome do campo do formulário que reúne os endereços de e-mail na caixa Reply-to line (Linha da resposta) e selecione o quadro de seleção Form Field Name. Isso permitirá que você responda às mensagens do formulário como responde as mensagens de e-mail normais, clicando o botão Reply (Responder).

Como gravar os resultados do formulário em um arquivo de texto

As sub-rotinas do formulário de e-mail fornecem uma maneira conveniente de receber os resultados do formulário. Mas e se seu fabuloso Web *site* de repente ficar popular e centenas de fãs começarem a bombardeá-lo com formulários todos os dias? Quando você tiver seus 15 minutos de fama, poderá configurar uma sub-rotina de formulários que gravará os resultados do formulário em um arquivo de texto no servidor. Você poderá então carregar o arquivo periodicamente, importá-lo para um banco de dados, processador de textos ou programa de planilha e responder a toda a correspondência de seus fãs.

Formulários e bancos de dados

Se você compreende os bancos de dados ou pelo menos não se importa em aprender um pouco sobre eles, poderá fazer algumas coisas bem surpreendentes com eles e com os formulários Web. Por exemplo, os visitantes poderão pesquisar seu banco de dados e gerar páginas Web de maneira independente clicando um botão. Você poderá ainda configurar um formulário que permite às pessoas adicionarem informações diretamente a um banco de dados. Para saber mais sobre os formulários Web e bancos de dados, veja o Capítulo 22.

Para enviar os dados do formulário para um arquivo de texto, vá para a caixa de diálogo Form Properties e selecione o botão de rádio Send To. O FrontPage criará automaticamente um arquivo e irá colocá-lo na pasta _private em seu Web para que pessoas curiosas não possam vê-lo.

Capítulo 13 ➤ Formulários e sua função: como desenvolver formulários online   181

Como processar formulários com scripts

Se você souber como trabalhar com linguagens de script como o Perl ou as páginas ativas do servidor (ASP), poderá usar suas próprias sub-rotinas do formulário ao invés daquelas do FrontPage. Isso fornecerá muita flexibilidade aos seus formulários. Você não terá ainda que ser um programador. O Capítulo 21 informará onde carregar *scripts* prontos e gratuitos. Se você escolher seguir essa direção, vá para a caixa de diálogos Form Properties, selecione o botão de rádio Send to Other (Enviar para Outro) e clique o botão Options. Quando a caixa de diálogos Options for Custom Form Handler (Opções para a Sub-rotina do Formulário Personalizada) aparecer, forneça uma linha de comandos (geralmente a pasta e o nome de arquivo do script, como cgi-bin/mail.cgi) na caixa Action (Ação) e selecione um método (normalmente Post) na caixa Method (Método) Quando você terminar, clique em OK para retornar para a caixa de diálogos Form Properties.

Preste atenção nas Ps e Rs: Como agradecer os visitantes por enviarem um formulário

Quando éramos crianças, os adultos sempre nos falavam para dizer "por favor" e "obrigado". Portanto por que não agradecer os visitantes quando levam tempo para preencherem nossos formulários? Não é apenas uma etiqueta esnobe, também reafirma para as pessoas que seus formulários tiveram sucesso. E o melhor de tudo, configurar uma página de confirmação leva apenas alguns minutos.

Primeiro, crie uma nova página Web e digite sua mensagem. (Você deverá também incluir *links* para outras partes de seu Web *site* para que as pessoas não tenham que clicar o botão Back de seu paginador.) Então volte para seu formulário, exiba a caixa de diálogos Form Properties e clique o botão Options. Em Options for Saving Results of Form (Opções para Salvar Resultados do Formulário), clique na ficha Confirmation Page (Página de Confirmação). Você poderá fornecer o nome de arquivo para sua página de confirmação na caixa URL of the Confirmation Page (URL da Página de Confirmação). Também poderá clicar o botão Browse (Percorrer) para procurar a página Web. Quando terminar, clique em OK.

Cinco maneiras de usar formulários

➤ *Formulário de pesquisa do Web* site — O Capítulo 19, "Caixa de utilidades: componentes FrontPage", informará como configurar um formulário de pesquisa simples para que os visitantes possam pesquisar seu Web *site*. Quando eles fornecerem uma palavra-chave na caixa de texto e clicarem o botão Search (Pesquisar), uma página com uma lista de páginas Web relacionadas será carregada no paginador.

➤ *Investigação de opiniões* — Se você está interessado em eventos atuais ou deseja fazer alguma pesquisa informal para os negócios ou a escola, poderá configurar um formulário e convidar as pessoas a participarem.

Parte III ➤ *Você conseguiu a aparência! Como construir páginas como profissionais*

➤ *Formulários e* scripts — Se você não se importa em aprender um pouco de programação (ou pode ter um amigo com experiência para ajudá-lo), poderá fazer com que seus formulários façam coisas como somar os totais do cliente quanto eles pedem produtos. O Capítulo 21 informará um pouco mais sobre a programação Web.

➤ *Grupos de discussão Web* — Você poderá criar uma comunidade *online* e fornecer um formulário a partir do qual seus convidados enviarão mensagens para uma página Web. Parece muito trabalhoso? Relaxe. O Discussion Group Wizard (Assistente do Grupo de Discussão), como tratado no Capítulo 23, "Painel central: como configurar uma discussão Web", irá configurar o formulário e as páginas para você.

➤ *Um livro de visitas* — Você não precisará ter um negócio para usar os formulários Web. Muitas pessoas colocam formulários de livro de visitantes em seus Web *sites*. Você poderá perguntar aos visitantes sobre suas páginas Web favoritas (poderá encontrar alguns lugares interessantes para visitar), o que eles pensam de seu Web *site* e mais. Apenas não seja abelhudo *demais*, sim?

O mínimo que você precisa saber

➤ Os formulários Web podem ajudar a reunir observações e informações das pessoas que visitam seu Web *site*. Você poderá configurar os campos do formulário para que reúnam tipos diferentes de informações.

➤ Os gabaritos do FrontPage e o Form Page Wizard poderão ajudá-lo a construir os formulários ou você poderá configurar um formulário a partir do zero.

➤ Todos os campos do formulário têm nomes. Quando você recebe os formulários dos visitantes, os nomes do campo do formulário aparecem com os valores que os visitantes selecionaram ou forneceram.

➤ Uma vez que você tenha configurado a página de seu formulário, poderá editar as propriedades do campo do formulário para especificar os nomes do campo do formulário e os valores defaults ou alterar sua aparência. Poderá também validar os campos do formulário da caixa de texto.

➤ Você poderá configurar as sub-rotinas do formulário que enviam os resultados do formulário para você por e-mail, gravar os resultados em um arquivo de texto que você poderá trazer para um banco de dados, processador de textos ou aplicação de planilha e exibir uma página de confirmação que agradece as pessoas por enviarem o formulário.

➤ O FrontPage também fornece muitas maneiras de trabalhar com os formulários e bancos de dados Web. Se isso interessá-lo, o Capítulo 22 poderá ajudá-lo a começar.

Capítulo 14

Não gosta do que vê? Como construir seu próprio gabarito de páginas

Neste capítulo

➤ Sobre os gabaritos
➤ Como gravar e abrir novas páginas como gabaritos
➤ Com planejar e construir seu gabarito
➤ Como configurar bordas compartilhadas e barras de navegação do FrontPage
➤ Como usar os componentes Include Page para repetir os elementos da página
➤ Como aplicar uma folha de estilo em seu gabarito
➤ Cinco dicas para os gabaritos

Toda essa conversa sobre temas, assistentes e gabaritos poderá dar-lhe uma idéia errada sobre o FrontPage. Certamente, essas ferramentas poderão ajudar as pessoas sem muito talento artístico. Mas isso não significa que você não poderá ser criativo. Se você for um artista, desenhista gráfico ou apenas deseja experimentar, sem dúvida alguma invista nisso. Com o FrontPage, você poderá ter o melhor: uma aparência exclusiva para seu Web *site* e o acesso total às ferramentas que economizam tempo como as bordas compartilhadas, as barras de navegação do FrontPage, os componentes Include Page (Incluir Página) e as folhas de estilo.

O que é um gabarito?

Os gabaritos são tipos especiais de páginas Web que você pode abrir a partir da caixa de diálogo New (Novo) para criar novas páginas. Como explicado no Capítulo 2, "Web site urgente: como dar uma volta nos FrontPage Webs", o FrontPage vem com vários gabaritos com *layouts* de páginas prontos para ajudar a criar o *layout* das páginas rapidamente. Você poderá também criar seus próprios gabaritos que contêm todos os elementos básicos da página, como esquemas de cores, imagens, cabeçalhos, rodapés e barras de navegação. Uma vez construído um gabarito, ele funcionará como um molde. Coloque seu texto, adicione uma nova imagem ou duas e voilà! Uma página Web imediata.

O que é "repetir elemento da página"?

Você verá a frase "repetir elemento da página" várias vezes neste livro e ela diz quase tudo. Mas se eu dissesse "gráficos, texto e grupos de links ou barras de navegação que aparecem em um Web *site* ou seções de um Web *site*", esse livro seria longo demais!

Como gravar uma página Web como um gabarito

Gravar uma página como um gabarito funciona como gravar uma página Web normal, com apenas mais algumas etapas. Uma vez que você tenha criado seu gabarito, selecione Save As (Salvar Como) no menu File (Arquivo). Quando a caixa de diálogo Save As aparecer, forneça um nome para seu arquivo na caixa File Name (Nome do Arquivo). Agora veja o título da página sugerido pelo FrontPage. Será o título da página do arquivo existente ou algo realmente excitante como New Page 1 (Nova Página 1). Se não for o título que você deseja para sua página, clique o botão Change (Alterar) para digitar um novo título. Selecione FrontPage Template (Gabarito FrontPage) na lista Save as Type (Salvar como Tipo) e clique o botão Save.

A caixa de diálogo Save As Template (Salvar Como Gabarito) aparecerá. Digite uma pequena descrição do arquivo do gabarito na caixa Description (Descrição) (esse texto é exibido quando você seleciona o gabarito na caixa de diálogo New), clique no quadro de seleção Save Template in Current Web (Salvar Gabarito no Web Atual) se pretende usar o gabarito para o Web atual apenas e clique o botão OK. Se seu gabarito incluir imagens, então a caixa de diálogo Save Embedded Files (Salvar Arquivos Incorporados) aparecerá. Você *precisará* incorporar seus arquivos para que o gabarito funcione, portanto clique o botão OK.

Capítulo 14 ➤ Não gosta do que vê? Como construir seu próprio gabarito de páginas **185**

Como abrir seu gabarito como um novo documento

Depois de criar seu gabarito, prossiga e experimente-o. Você poderá criar um novo documento a partir de seu gabarito da mesma maneira que criaria um novo documento a partir de gabarito FrontPage. Selecione New no menu File (ou use a combinação de teclas Ctrl+N), certifique-se de que a guia General (Geral) esteja selecionada e clique em seu gabarito. Se você não encontrou seu gabarito na primeira tentativa, dê outra olhada, a caixa de diálogo New mostra a lista os gabaritos pelo título do documento, não pelo nome do arquivo.

Como planejar o trabalho, como trabalhar no plano: o que colocar em seu gabarito

Criar um gabarito significa planejar antes. Afinal, o resto de suas páginas Web será baseado nesse documento. Embora o gabarito deva incluir todos os elementos básicos de sua página, você deverá também permitir a si mesmo alguma flexibilidade. A página Web mostrada na figura a seguir fornece um exemplo de uma construção do gabarito.

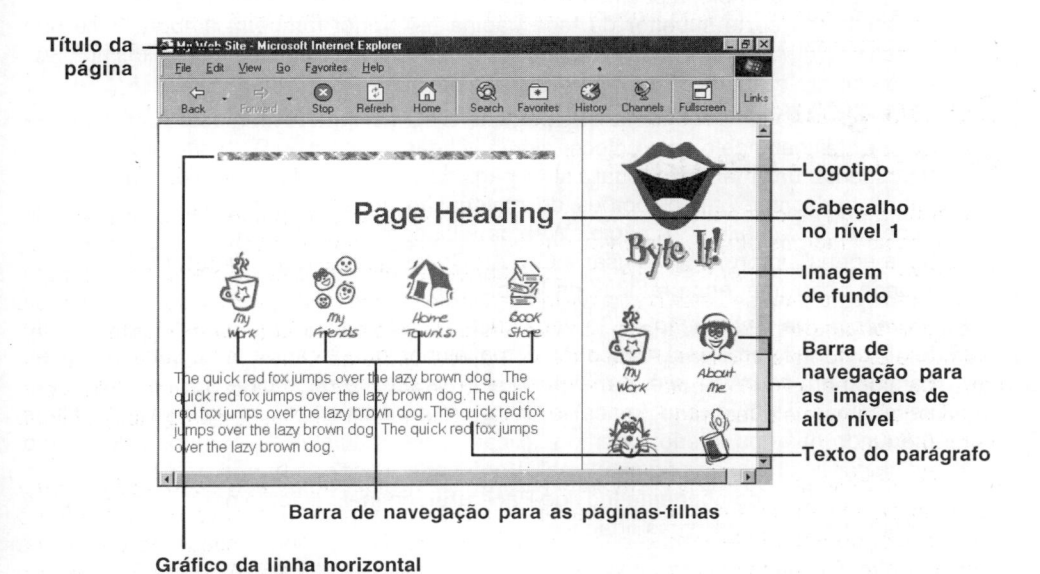

Um documento de gabarito da página Web mostrado em um browser Web.

Quando você planejar seu gabarito, considere os seguintes elementos da página:

> *Esquema de cores* — Escolha o fundo, texto e cores de *link* que ficam bem para seu Web *site*. O Capítulo 3, "Como lidar com páginas Web", fala mais sobre os esquemas de cores e imagens de fundo.

> *Título da página* — Forneça ao gabarito um título básico, como o nome de sua empresa ou o nome de seu Web *site*, para que possa selecioná-lo facilmente no resto dos gabaritos das páginas.

> *Texto* — Você poderá adicionar o que os desenhistas gráficos chamam de *texto grego* ao seu gabarito para que possa selecionar os estilos do texto e os formatos e usá-los de maneira consistente em todo o seu Web *site*. Se você observar alguns gabaritos FrontPage existentes, verá que o texto grego é uma total falta de sentido que existe apenas para manter o lugar para seu texto real. Você poderá copiar e colar o texto grego de um gabarito FrontPage existente ou digitar qualquer texto desejado. Poderá também aplicar folhas de estilo para formatar o texto em seu gabarito, como explicado posteriormente neste capítulo e no Capítulo 15, "Agora você tem estilo! Como usar a folhas de estilo". No mínimo, você deverá incluir um texto de exemplo para os parágrafos, listas marcadas, listas numeradas e níveis diferentes do cabeçalho.

> *Informações do cabeçalho e rodapé* — Pense se você tem certos gráficos ou texto que deseja que apareçam de maneira consistente na parte superior ou inferior de suas páginas. Por exemplo, a página mostrada na figura anterior exibe um gráfico de linha horizontal na parte superior de toda página (e inferior também, embora você não possa vê-la). A maioria dos Web *sites* também inclui informações de direitos autorais e de contato na parte inferior de cada página.

> *Gráficos* — As imagens tornam as páginas Web mais interessantes e você não terá que ser Michelangelo para colocar algumas imagens em seu Web *site*. Você poderá acrescentar um interesse visual a suas páginas, usando gráficos para os marcadores, linhas horizontais, texto, botões de navegação, fundos da página e um logotipo especial. O Capítulo 8, "A página Web perfeita com imagens: como colocar e ajustar as imagens", informa como usar a Clip Art Gallery (Galeria de Clipart) do FrontPage e onde obter imagens gratuitas na Web.

> *Elementos de navegação* — Se você deseja usar gráficos de botão ou ligações de texto comuns, precisará descobrir como ajudar os visitantes a encontrarem seu caminho em seu Web *site*. A maioria dos Web *sites* fornece uma linha de links para as páginas de nível alto (mães) e outra linha de ligações para as páginas-filhas (segundo nível ou inferior), como explicado no Capítulo 7, "Pense nos links: como adicionar links a suas páginas Web". Você poderá usar as barras de navegação do FrontPage ou o componente Include Page (tratado mais adiante neste capítulo) para ajudar a automatizar suas ligações.

Como criar o layout de seu gabarito

Uma vez descoberto o que você deseja colocar em seu gabarito, poderá começar a criar o *layout*. Ao construir sua página, você deverá assegurar que informações importantes, como as ligações de seu *site*, o tópico (cabeçalho) da página, o logotipo e o primeiro parágrafo, apareçam na parte superior da tela porque alguns surfistas Web são preguiçosos demais para irem até a parte inferior. Certamente as tabelas serão úteis para colocar os elementos de sua página exatamente onde deseja. (Veja o Capítulo 12, "Coloque em tabelas! Como organizar o texto e as imagens com tabelas".) Para saber mais sobre a construção da página e os recursos, verifique o Capítulo 10, "Elementos do estilo: o básico da construção Web". Os livros *Creative Web Design*, de Lynda Weinman, e *Que Special Edition: Using HTML 4*, de Molly Holschlag, oferecem informações úteis e uma inspiração criativa para os experientes e iniciantes.

Deixe o FrontPage ajudar! Ferramentas úteis para gerenciar suas páginas

Um Web *site* é como uma pilha de papéis em sua bandeja de entrada. Ele vai ficando cada vez maior e antes que saiba, raramente terá tempo para gerenciar a coisa. Bem, o FrontPage não poderá classificar os papéis para você, mas poderá ajudá-lo a gerenciar suas páginas Web. As seguintes seções explicarão como recursos como as bordas compartilhadas, barras de navegação, componentes Include Page e folhas de estilo poderão economizar muito tempo e esforço. Quando estiver criando o gabarito de sua página Web, lembre-se dessas ferramentas.

Como configurar as bordas compartilhadas

Os gabaritos são ótimos, mas têm seus limites. Por exemplo, conjuntos diferentes de páginas poderão requerer conjuntos separados de gráficos, barras de navegação e informações do cabeçalho e rodapé. Certamente, você poderá criar gabaritos separados para cada uma de suas seções, mas poderá querer experimentar o recurso das bordas compartilhadas primeiro. Poderá criar um gabarito que contenha elementos básicos da página e então aplicar uma borda compartilhada diferente para as informações que mudam nas páginas diferentes em seu Web *site*.

O planejamento é perfeito

O Capítulo 10 fornece algumas regras para você planejar seu Web *site* antes de começar a criar as páginas. Saber como suas páginas funcionarão juntas facilitará identificar quais bordas colocar em suas páginas Web.

As bordas compartilhadas são áreas ao longo da parte superior, esquerda, direita e inferior das páginas que contêm informações compartilhadas por mais de uma página Web. Quando você aplicar bordas compartilhadas nas páginas e colocar o texto, ligações ou gráficos nas áreas da borda, o FrontPage irá exibi-las em todas as páginas que compartilham as mesmas bordas. Quando você consertar seu Web site, apenas precisará editar uma página e o FrontPage mudará o resto de suas páginas.

Para usar as bordas compartilhadas em seu Web *site*, faça o seguinte:

1. Configure um gabarito que *não* inclua barras de navegação ou outras informações do cabeçalho ou rodapé que se alteram em seu Web *site* e então crie suas páginas.
2. Alterne para a exibição Folders (Pastas), pressione a tecla Ctrl e clique em suas páginas. (Pressionar a tecla Ctrl permitirá que você selecione vários arquivos não consecutivos de uma só vez; você poderá experimentar isso no Windows Explorer também!) Se quiser aplicar as bordas compartilhadas em seu Web *site* inteiro, poderá pular essa etapa.
3. Selecione Shared Borders (Bordas Compartilhadas) no menu Format (Formatar) para exibir a caixa de diálogo Shared Borders, como mostrado na figura a seguir.

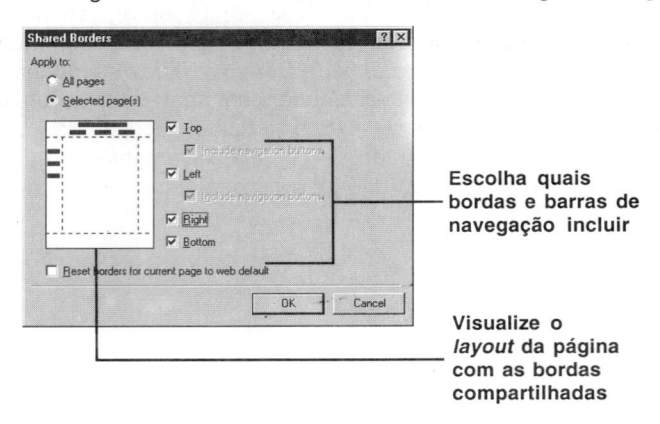

Caixa de diálogo Shared Borders.

Capítulo 14 ➤ Não gosta do que vê? Como construir seu próprio gabarito de páginas **189**

4. A visualização à esquerda mostra como ficarão suas bordas. Quando você terminar, clique em OK para voltar para o FrontPage.
5. Abra uma das páginas na qual você acabou de aplicar uma borda compartilhada e adicione suas informações compartilhadas às áreas da borda (o FrontPage exibirá um quadro delimitador com comentários, permitindo que você saiba onde estão as áreas da borda). Quando você gravar a página, o FrontPage aplicará suas alterações em todas as páginas que compartilham a mesma borda.

Opções da borda compartilhada

Para aplicar suas bordas em todas as páginas em seu Web *site*, clique no botão de rádio All Páginas (Todas as Páginas).

Escolha quais tipos de bordas deseja incluir, clicando os botões Top (Superior), Left (Esquerda), Right (Direita) e Bottom (Inferior). Você poderá adicionar quantas bordas quiser.

Para adicionar uma barra de navegação FrontPage horizontal à borda superior ou uma barra de navegação FrontPage vertical à borda esquerda, clique no quadro de seleção Include navigation buttons (Incluir botões de navegação) para as bordas selecionadas.

Como adicionar barras de navegação FrontPage com bordas compartilhadas

As bordas compartilhadas são ótimas para adicionar barras de navegação aos documentos. Se você quiser usar a mesma barra de navegação FrontPage em todo seu Web *site*, poderá aplicá-la a partir da caixa de diálogo Shared Borders (Bordas Compartilhadas). Porém, esse método não permite muita flexibilidade. Ao invés disso, você poderá criar bordas compartilhadas para grupos de páginas e então usar uma barra de navegação FrontPage separada para cada grupo, como mostrado na figura a seguir.

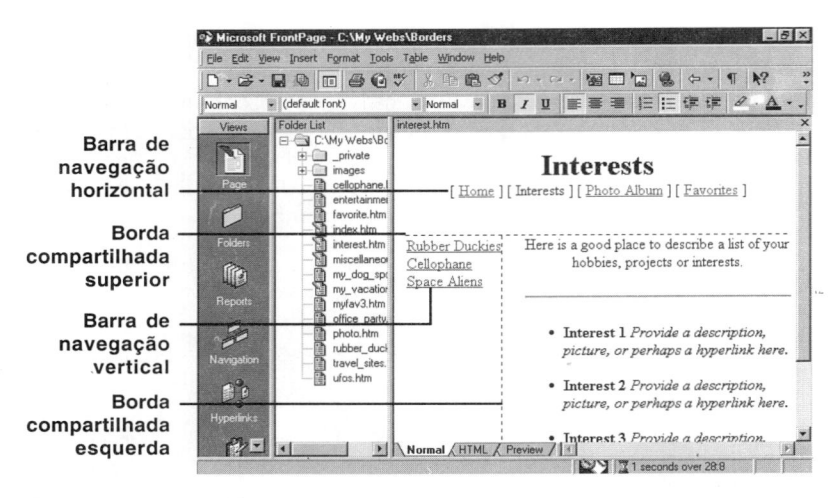

Uma página Web com bordas compartilhadas e barras de navegação, exibida no FrontPage.

Adicione uma borda compartilhada a uma nova página

Agora que você aplicou bordas compartilhadas em todas as suas páginas existentes, o que fará quando quiser criar uma nova? Não se preocupe, o FrontPage o protegerá. Você poderá aplicar bordas compartilhadas a partir da exibição Page também. Simplesmente abra uma nova página e selecione Shared Borders na seção Style (Estilo) do menu Format.

Primeiro, abra uma página com bordas compartilhadas, coloque seu cursor em uma área da borda e selecione Navigation Bar (Barra de Navegação) no menu Insert (Inserir). Quando a caixa de diálogo Navigation Bar Properties (Propriedades da Barra de Navegação) aparecer, poderá selecionar as opções para os níveis da página, páginas adicionais e a aparência da barra de navegação. A caixa de diálogo exibirá visualizações para ajudá-lo a fazer as escolhas certas, e o Capítulo 7 explica os níveis da navegação e *hyperlink* em mais detalhes. Quando terminar, clique em OK para adicionar a barra de navegação às suas páginas com bordas compartilhadas.

Capítulo 14 ➤ Não gosta do que vê? Como construir seu próprio gabarito de páginas 191

Dicas da barra de navegação

Antes de poder configurar as barras de navegação, você precisará ir para a exibição Navigation e criar uma estrutura de navegação para seu Web *site*, como explicado no Capítulo 7.

Quando estiver escolhendo a orientação para seus botões, selecione Horizontal para uma borda superior ou inferior e Vertical para uma borda esquerda ou direita. Do contrário, o *layout* de sua página poderá ficar um pouco absurdo.

Para fazer alterações em uma barra de navegação, clique-a com o botão direito de seu mouse e selecione Navigation Bar Properties no menu de atalho para exibir a caixa de diálogo Navigation Bar Properties.

Você poderá também adicionar barras de navegação para páginas individuais. Coloque seu cursor em uma área diferente da borda de sua página Web e siga as etapas da seção "Como adicionar barras de navegação FrontPage com bordas compartilhadas".

Se você mudar a estrutura de seu Web *site* na exibição Navigation de seu Web *site*, o FrontPage mudará todas as barras de navegação relativas em suas páginas Web.

Como inserir os componentes Include Page

Se você deseja a conveniência das bordas compartilhadas, mas precisa de mais flexibilidade para os *layouts* de sua página, experimente o componente Include Page do FrontPage. Eis como funciona: primeiro você criará uma página Web com um único elemento da página que se repete, como uma imagem, algum texto ou um grupo de ligações ou botões de navegação e irá gravá-la em sua pasta _private. Então poderá colocar o conteúdo desse elemento da página em qualquer lugar em seu gabarito, não apenas na área da borda. Se você precisar, mais tarde, alterar algo, abra a página Web que inseriu como um componente Include Page e faça suas alterações. Então o FrontPage aplicará suas alterações em qualquer página que contenha o componente Include Page. Muito inteligente, heim? O Capítulo 19, "Caixa de utilidades: componentes FrontPage", informará como criar os componentes Include Page e mais sobre como funcionam.

Ame esse estilo

Se você estiver preocupado com seu texto, poderá criar uma folha de estilo e anexá-la a seu gabarito. As folhas de estilo são documentos especiais que contêm a formatação para diferentes tipos de estilos de texto, como cabeçalhos, parágrafos, listas marcadas e numeradas. Assim você não terá que continuar lidando com as propriedades da fonte, cores do texto e estilo. Para saber mais sobre como criar as folhas de estilo, veja o Capítulo 15.

Cinco dicas
para os gabaritos

➤ *Deixe o FrontPage ajudar* — O FrontPage tem muitas ferramentas excelentes para tornar mais fácil o gerenciamento de um Web *site*. Considere como essas ferramentas poderão ajudá-lo no futuro ao construir seu gabarito.

➤ *Teste a página de seu gabarito em resoluções de tela diferentes* — Você não poderá controlar totalmente como suas páginas ficarão nos outros computadores. Porém, poderá evitar problemas sérios testando a página que pretende usar como seu gabarito em resoluções de tela diferentes. O Capítulo 10 tem uma seção sobre como alterar as definições de tela do seu computador para que possa fazer isso.

➤ *Redimensione a janela do browser ao testar a página de seu gabarito* — Você não poderá contar que todos dimensionem seu *browser* para a tela cheia ao surfarem na Web. E coisas engraçadas podem ocorrer nas páginas quando você reduz a janela do *browser*. Experimente redimensionar a janela de seu *browser* e certifique-se de que seus gráficos e texto não mudem demais. Tudo bem se alguns elementos não aparecem a menos que você pagine ou o parágrafo fique mais estreito. Mas se você tiver uma linha de imagens e algumas delas forem para a próxima linha, sua página poderá ficar terrível. As tabelas poderão ajudar a controlar seu *layout*, como explicado no Capítulo 12.

➤ *Use mais de uma versão de seu gabarito para os sites maiores* — Se você tiver um grande Web *site*, poderá precisar criar algumas variações de seu gabarito para que possa criar conjuntos diferentes de bordas compartilhadas e outros elementos da página.

➤ *Crie um modelo em tamanho natural com um programa gráfico* — Se você tiver um programa de imagem como o PhotoShop ou Paint Shop Pro, experimente criar um modelo em tamanho natural de seu *layout* antes de configurar seu gabarito. Para configurar sua página para exibir cerca de uma tela e meia de informações em um *browser*, dimensione a imagem para 640x480 pixels e use uma resolução de 72 dpi.

➤ *Olhe em volta* — Você poderá explorar a Web e ler livros para obter ótimas idéias de construção. Para obter mais dicas sobre a construção e os recursos disponíveis, veja o Capítulo 10.

Capítulo 14 ➤ Não gosta do que vê? Como construir seu próprio gabarito de páginas

O mínimo que você precisa saber

➤ Os gabaritos são páginas Web prontas que evitam o trabalho de configurar cada uma de suas páginas individualmente. O FrontPage vem com gabaritos, mas você poderá criar seus próprios gabaritos também.

➤ Quando você criar uma página Web que deseja gravar como um gabarito, selecione Save As no menu File e escolha FrontPage Template no menu Save As. Você poderá abrir um gabarito a partir da caixa de diálogo New.

➤ Antes de configurar seu gabarito, planeje antes. Considere quais gráficos, *links*, texto, cabeçalhos e rodapés deseja exibir em cada página e quais estilos de texto deseja usar. Poderá também descobrir como poderá aproveitar as ferramentas do FrontPage como as bordas compartilhadas, barras de navegação, componentes Include Page e folhas de estilo.

➤ As bordas compartilhadas são úteis quando você deseja manter uma construção básica da página, mas também precisa exibir informações diferentes (como barras de navegação) em grupos diferentes de páginas. Você poderá aplicar as bordas compartilhadas em páginas selecionadas ou em um Web *site* inteiro.

➤ As bordas compartilhadas são ideais para exibir barras de navegação FrontPage diferentes para diferentes seções de um Web *site*. Para colocar uma barra de navegação em uma borda compartilhada, selecione Navigation Bar no menu Insert. O Capítulo 7 informa como criar uma estrutura de *site* na exibição Navigation e fornece os fatos relativos às barras de navegação.

➤ Os componentes Include Page fornecem uma maneira mais flexível de adicionar elementos da página que se repetem a seu gabarito. O Capítulo 19 falará sobre eles com mais detalhes.

➤ Você poderá também anexar folhas de estilo a seu gabarito para economizar algum tempo gasto lidando com o texto. O Capítulo 15 explica como criar e aplicar as folhas de estilo com mais detalhes.

Capítulo 15

Agora você tem estilo! Como usar as folhas de estilo

> **Neste capítulo**
> ➤ Apresentação das folhas de estilo
> ➤ Como aplicar estilos nas páginas Web
> ➤ Como criar e editar as folhas de estilo
> ➤ Como criar estilos personalizados
> ➤ Cinco recursos da folha de estilo

Tipografia na Web? Muitos *designers* gráficos respeitáveis pensam nessa frase como uma contradição, como "computadores amigáveis". Se você acostumou-se a lidar com o texto em seu programa de editoração eletrônica ou processador de textos, trabalhar com o texto em páginas Web poderá ser um pouco frustrante.

Envie as páginas de estilo em seu auxílio! Se você deseja fazer coisas elegantes com o texto ou se for um iniciante que deseja economizar um pouco de tempo ao formatá-lo, as folhas de estilo poderão ajudar. Com as folhas de estilo, você poderá criar formatos para tipos diferentes de texto e aplicar esses formatos em um único documento, vários documentos ou em todo seu Web *site*.

O que são folhas de estilo?

As folhas de estilo (também chamadas de *folhas de estilo em cascata* ou CSS para abreviar) são listas de descrições de diferentes tipos de estilos do texto, como cabeçalhos, parágrafos e listas marcadas. Quando você criar folhas de estilo na exibição Page (Página) do FrontPage, essas descrições ficarão invisíveis, a menos que você veja seu código-fonte clicando na guia HTML.

O novo suporte da folha de estilo!

O FrontPage 2000 suporta totalmente as folhas de estilo, oferece caixas de diálogos amigáveis para ajudá-lo a criá-las e fornece muitos gabaritos úteis da folha de estilo.

Você poderá colocar uma folha de estilo diretamente em uma página Web ou criar um documento da folha de estilo e ligá-lo às suas páginas Web, como explicado na seção "Como aplicar folhas de estilo em suas páginas Web" posteriormente neste capítulo. Com as folhas de estilo, você poderá atribuir fontes, bordas e fundos a diferentes tipos de texto e também controlar os recuos, margens, espaçamento das linhas (o espaço entre as linhas em um parágrafo), espaçamento dos caracteres (o espaço entre as letras) e mais.

Também vale a pena mencionar que as folhas de estilo não são apenas para o texto. Você poderá também usá-las para posicionar e exibir outros objetos, como tabelas, formulários, arquivos incorporados que são inicializados com os acréscimos e componentes do JavaScript, Java e ActiveX. Porém, esse tópico é um pouco mais avançado e está além do escopo deste livro. Você poderá aprender mais sobre as folhas de estilo explorando alguns recursos listados no final deste capítulo.

Estilos do texto *versus* estilos da folha de estilos

Todo esse estilo poderá ficar um pouco confuso. Primeiro temos os *estilos do texto*, que se referem a uma faixa inteira de formatos de texto, como negrito, itálico, fonte e tamanho da fonte, assim como cabeçalhos, listas, etc. Temos os *estilos da folha de estilos*, que são descrições que você pode atribuir a todos esses estilos de texto. Naturalmente, existem termos mais precisos. Mas o jargão técnico não é muito divertido e você não precisará muito dele para aprender o FrontPage.

O que são marcas?

As *marcas* HTML são os códigos usados para formatar o texto e o *layout* das páginas Web. Considere as marcas como *containers* que contêm os elementos da página Web e informam aos paginadores como exibi-los, exatamente como um molde determina a forma de seu conteúdo.

Capítulo 15 ➤ Agora você tem estilo! Como usar as folhas de estilo   **197**

Todos os elementos da página Web, como os cabeçalhos, parágrafos, imagens e tabelas, têm marcas de abertura correspondentes (e geralmente de fechamento) também. Por exemplo a marca de abertura <P> inicia um parágrafo e a marca de fechamento </P> termina um parágrafo. Muitas marcas também contêm *atributos*, isto é, características adicionais para os elementos da página contidos. Por exemplo, <P Align=Center> inicia um parágrafo que está centralizado na página.

Selecione uma marca, qualquer marca: como criar estilos para diferentes tipos de texto

Você não terá que ser um especialista em HTML para usar as folhas de estilo, mas precisará saber quais marcas HTML combinam com quais tipos de texto. E mais, se você *realmente* conhecer sua HTML, poderá formatar praticamente qualquer coisa com as folhas de estilo, inclusive tabelas e todos os elementos dentro delas. A seção "Cinco recursos da folha de estilo" no final deste capítulo indicará alguns Web *sites* onde você poderá aprender mais. O Capítulo 1, "Fique pronto para tocar rock com o FrontPage 2000", também fala um pouco sobre como a HTML e as páginas Web funcionam.

A seguinte lista explica algumas marcas HTML básicas para que você saiba quais selecionar:

➤ *Body* — O texto em sua página que não tem parágrafos ou outra formatação aplicada. O FrontPage também aplica os estilos de texto Body (Corpo) em todos os elementos de texto que não têm outros estilos atribuídos.

➤ *P* — Para parágrafos.

➤ *Address* — Aplica o texto que você formatou selecionando Address (Endereço) no menu Style (Estilo) na barra de ferramentas Formatting (Formatação). Geralmente as pessoas usam esse estilo para as informações de direitos autorais e de contato que aparecem na parte inferior de uma página Web.

➤ *H1, H2, H3, H4, H5, H6* — Os diferentes níveis de cabeçalhos que você poderá aplicar a partir do menu Style na barra de ferramentas Formattingn, sendo H1 o cabeçalho maior e H6 o menor.

➤ *A* — Significa *âncora* e aplica a formatação em seu texto linkado. Por default, os *links* são formatadas com a mesma fonte do texto em volta e são separadas com um sublinhado ou cor diferente. Com as folhas de estilo, você poderá usar tipos diferentes de formatação do texto para fazer com que seus *links* se destaquem. (Um aviso rápido: se você tentar isso, certifique-se de que seus visitantes possam ainda descobrir onde seus links estão. Se os links ficarem diferentes o bastante do texto em volta, provavelmente as pessoas serão capazes de descobri-los.)

➤ *UL* — Significa *lista sem ordem* e aplica-se às listas marcadas, como explicado no Capítulo 6, "Como criar uma lista, como verificá-la duas vezes".

➤ *OL* — Significa *lista ordenada* e aplica-se às listas numeradas, como explicado no Capítulo 6.

➤ *DT* — Significa *termo definido* e aplica-se às linhas não recuadas nas listas de definição, como explicado no Capítulo 6.

➤ *DD* — Significa *descrição da definição* e aplica-se às linhas recuadas nas listas de definição, como explicado no Capítulo 6.

➤ *B* — Para o texto em negrito. Para saber mais sobre o texto em negrito e itálico, veja o Capítulo 5, "Como fornecer texto e lidar com as fontes".

➤ *I* — Para o texto em itálico.

➤ *HR* — Significa *régua horizontal* (chamada de *linha horizontal* no FrontPage). Para saber mais sobre as linhas horizontais, veja o Capítulo 5.

➤ *Img* — Abreviação de *imagem*. Essa é a marca usada para colocar as imagens em uma página Web, como tratado no Capítulo 8, "A página Web perfeita com imagens: como colocar e ajustar as imagens".

➤ *Embed* — Para incorporar um arquivo em uma página Web, como tratado no Capítulo 17, "Estruture suas coisas: som, vídeo e mais"

➤ *Table* — Aplica a formatação em uma tabela. Para saber mais sobre as tabelas, veja o Capítulo 12, "Coloque em tabelas! Como organizar o texto e as imagens com tabelas".

➤ *TD* — Significa *descrição da tabela* e aplica a formatação nas células da tabela.

➤ *TR* — Significa *linha da tabela* e aplica a formatação nas linhas da tabela.

Folhas de estilo e marcas HTML

Quando você cria as folhas de estilo, especifica atributos especiais para diferentes marcas HTML. Por exemplo, você poderá escolher exibir todos os cabeçalhos de nível um (<H1>) como texto vermelho com 24 pontos. Então poderá aplicar a folha de estilo nas páginas em seu Web site para que não tenha que selecionar cada cabeçalho do nível um individualmente e formatá-lo como texto vermelho com 24 pontos. Isso poderá economizar muito tempo e trabalho, mesmo que você tenha apenas um pequeno Web *site*!

O importante fica sozinho

E também alguns tipos de marcas HTML. As marcas que designam objetos individuais não têm marcas de fechamento. Os exemplos comuns são a marca <Img Src> (para inserir imagens, como tratado no Capítulo 8) e a marca <Embed> (para incorporar arquivos, como tratado no Capítulo 17).

Como criar um novo documento da folha de estilo

As folhas de estilo funcionam melhor quando você as cria como documentos separados (com a extensão do nome de arquivo .css) e então liga suas páginas Web a elas. Quando você trabalha com um documento da folha de estilo individual, o FrontPage exibe sua lista de estilos na exibição Normal de sua página Web para que possa ver o que está fazendo. Você poderá também aplicar seu documento da folha de estilo nos documentos de seu Web site.

O FrontPage vem com gabaritos especiais da folha de estilo que você poderá abrir selecionando New (Novo) e Page no menu File (Arquivo) e então clicando na guia Style Sheets (Folhas de Estilo) a partir da caixa de diálogos New. De lá, você poderá construir uma folha de estilo a partir do zero, selecionando Normal Style Sheet (Folha de Estilo Normal) na lista e clicando o botão OK. Esse gabarito não ajudará apenas a começar com o pé direito, também mostrará como as folhas de estilo se comportam.

Alguns termos da folha de estilo

Se você quiser aprender mais sobre as folhas de estilo e explorar os Web sites listados no final deste capítulo, poderá encontrar alguns termos não familiares:

Seletor — Uma marca HTML com um estilo atribuído (ou uma à qual pretende atribuir um estilo).

Classe — Uma linguagem do documento. Por exemplo, HTML é uma linguagem usada para as páginas Web, e CSS é uma linguagem usada para criar as folhas de estilo.

ID — Um nome que você poderá fornecer a um estilo que criou para uma marca HTML.

Declarações, propriedades e valores — As declarações são pares de *propriedades* e *valores* atribuídos a uma marca HTML (seletor). Por exemplo, se você decidir tornar azul seus cabeçalhos Level 1 (Nível 1), H1 será o seletor, Color (Cor) será a propriedade e Blue (Azul) será o valor.

Herança — Com a HTML e as folhas de estilo, alguns elementos da página poderão *herdar* as propriedades e os valores de outros elementos da página. Isso poderá economizar um pouco de tempo quando você estiver criando estilos para as marcas que ficam no mesmo grupo. Por exemplo, você poderá criar um estilo para o cabeçalho Level 1 (H1) e poderá configurar os cabeçalhos de nível mais baixo (H2-H6) para herdarem o mesmo estilo da fonte, cores e outras características.

Como formatar
uma nova folha de estilo

Agora entraremos no assunto principal. Para começar a construir uma folha de estilo, crie um novo documento da folha de estilo ou abra uma página Web e então escolha Style no menu Format (Formatar). A caixa de diálogos Style aparecerá, como mostrado na seguinte figura, para ajudar a criar sua lista de descrições do estilo. Você poderá criar poucos ou muitos estilos, como desejar. Se estiver começando a partir do zero, selecione All HTML Tags (Todas as Marcas HTML) na caixa List (Lista), escolha uma marca na lista Styles e clique o botão New.

Caixa de diálogos Style.

Se você estiver trabalhando com uma folha de estilo existente, poderá selecionar User-Defined Styles (Estilos Definidos pelo Usuário) na lista para ver quais marcas já foram formatadas. A seção "Como editar as folhas de estilo" mais tarde neste capítulo informará como alterar (ou dar uma olhada) os estilos existentes.

Quando a caixa de diálogos New Style (Novo Estilo) aparecer, você poderá criar um estilo com as seguintes etapas:

1. Digite um nome (qualquer nome desejado) para seu novo estilo na caixa Name (selector) (Nome (seletor)). Quando estiver trabalhando com as folhas de estilo, as marcas HTML serão referidas como *seletores* porque você as seleciona.

Capítulo 15 ➤ Agora você tem estilo! Como usar as folhas de estilo   **201**

2. Para aplicar diferentes tipos de formatos em seu estilo, clique o botão Format para exibir a lista instantânea e então escolha Font (Fonte), Paragraph (Parágrafo), Border (Borda), Numbering (Numeração) ou Position (Posição). A seguintes seções explicarão essas opções com mais detalhes.
3. Quando você terminar de criar seu estilo, clique o botão OK para retornar para a caixa de diálogos Style. Você poderá aplicar quantas marcas quiser.
4. Seus estilos aparecerão quando você selecionar User-Defined Styles na caixa List. Clique em OK para gravar suas alterações e retornar para seu documento da folha de estilo ou página Web.

Folhas de estilo e números

Quando você configurar suas folhas de estilo, poderá fornecer números para os tamanhos da fonte, larguras da borda, larguras do caractere e outros atributos. Os tamanhos da fonte são especificados em pontos, como 10 pt. Outros valores poderão ser fornecidos como pixels, porcentagens, polegadas ou centímetros, como 10 px para 10 pixels, 5% para 5 porcento, 1 cm para 1 centímetro e .5 in para meia polegada. Você poderá também selecionar valores nas listas de números.

Como selecionar os estilos da fonte

Certamente, você poderá aplicar diferentes fontes e formatos em seu texto, selecionando o texto e usando as opções da barra de ferramentas Formatting ou a caixa de diálogos Font (Fonte). Mas as folhas de estilo poderão poupá-lo do trabalho aborrecido de ter que formatar o mesmo tipo de texto sempre. Aplique uma fonte em um estilo HTML uma vez, aplique a folha de estilo em suas páginas Web e terá terminado. Na caixa de diálogos Style, selecione um estilo na lista e clique o botão New para exibir a caixa de diálogos New Style. Clique o botão Format e selecione Font no menu instantâneo para exibir a caixa de diálogos Font, como mostrado na figura a seguir. Essa caixa de diálogos inclui uma área Preview (Visualizar) para que você possa ver como seu texto ficará em suas páginas Web. Quando você terminar de aplicar os estilos da fonte, clique em OK.

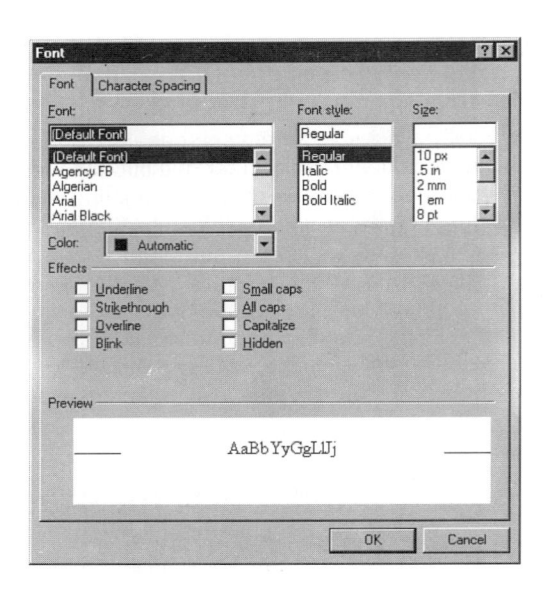

Caixa de diálogos Font com a guia Font selecionada.

Com a guia Font selecionada, você poderá escolher as fontes na lista Font, os estilos da fonte (como texto em negrito ou itálico) na lista Font Style (Estilo da Fonte), as cores na lista Color, os tamanhos da fonte na lista Font Size (Tamanho da Fonte) e os efeitos dos caracteres na lista de opções. Com a guia Character Spacing (Espaçamento de Caracteres) selecionada, você poderá espaçar mais as letras selecionando Expanded (Expandido) na lista Spacing ou estreitar o espaçamento entre as letras selecionando Condensed (Condensado) na lista Spacing. Para definir a distância entre as letras, forneça um valor na caixa By (Por). Você poderá elevar ou abaixar suas letras em relação à altura da linha escolhendo Raised (Elevado) ou Lowered (Abaixado) na lista Position e fornecendo um valor na caixa By. Para saber mais sobre como formatar as fontes, veja o Capítulo 5.

Como escolher os estilos do parágrafo

Os estilos certos do parágrafo poderão tornar a página mais atraente e fácil de ler. Você poderá especificar o alinhamento, o recuo, o espaçamento da linha e o espaço entre as palavras definindo suas opções Paragraph. Na caixa Style, selecione uma marca na lista Styles e clique o botão New para exibir a caixa de diálogos New Style. Então clique o botão Format e selecione Paragraph no menu instantâneo. A caixa de diálogos Paragraph exibirá uma área Preview para que você possa ver como ficará seu texto antes de aplicar o estilo, como mostrado na figura a seguir.

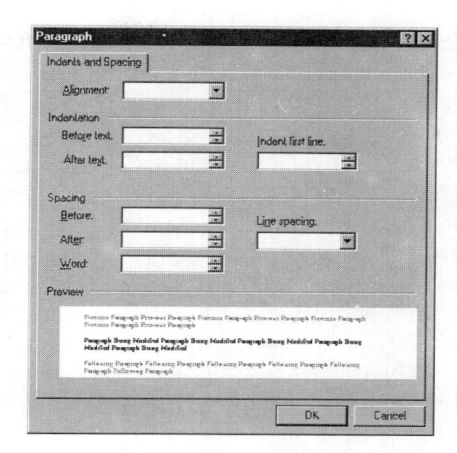

Capítulo 15 ➤ Agora você tem estilo! Como usar as folhas de estilo **203**

Caixa de diálogos Paragraph.

Para alinhar automaticamente o texto à esquerda, direita ou centro da página, selecione uma opção na lista Alignment (Alinhamento). Ou você poderá criar recuos à esquerda (Before Text ou Antes do Texto), recuos à direita (After Text ou Depois do Texto) e recuos da primeira linha (Indent first line ou Recuar primeira linha) selecionando ou fornecendo um número nas respectivas caixas. Para determinar o espaço antes ou depois de um parágrafo, forneça ou selecione um valor na caixa Before (Antes) ou After (Depois). Você poderá também criar parágrafos com um ou dois espaços escolhendo um valor na caixa Line Spacing (Espaçamento da Linha) ou poderá fornecer um valor em pixels, porcentagens, polegadas ou centímetros. Finalmente, você poderá espaçar mais as palavras ou aproximá-las fornecendo ou selecionando um valor na caixa Word (Palavra). Para saber mais sobre como formatar as fontes, veja o Capítulo 5.

Como especificar as bordas e os estilos do sombreamento

Deseja animar seus cabeçalhos ou outros elementos do texto para separá-los do resto de seu texto? Experimente criar estilos com bordas e sombreamento. Na caixa de diálogos Style, selecione uma marca na lista de estilos e clique o botão New para exibir a caixa de diálogos New Style. Então clique o botão Format e selecione Borders no menu instantâneo. Quando a caixa de diálogos Borders and Shading (Bordas e Sombreamento) aparecer, como mostrado na figura a seguir, você poderá clicar na guia Borders para criar um borda em torno de seu texto ou clicar na guia Shading para criar um fundo. Para ver como ficarão sua borda e sombreamento, dê uma olhada na área Preview.

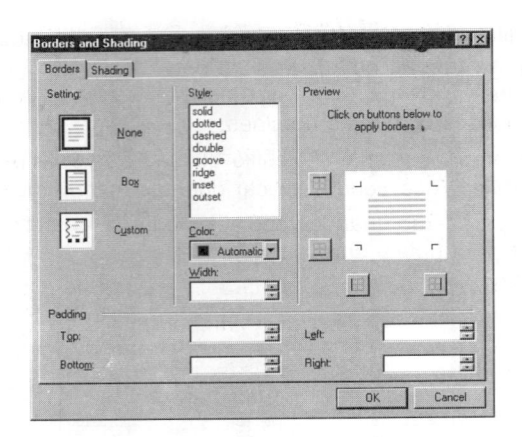

Caixa de diálogos Borders and Shading, com a guia Borders selecionada.

Com a guia Borders selecionada, você poderá escolher Box (Caixa) para criar uma borda retangular com quatro lados, Custom (Personalizar) para exibir bordas em alguns lados e não em outros ou None (Nenhum). Para escolher um estilo da borda, selecione um item na lista Styles, clique o botão New, escolha uma cor na caixa Color e forneça ou escolha uma largura da caixa Width (Largura). Você deverá também colocar algum espaço entre a borda e o texto, fornecendo ou selecionando números nas caixas Padding (Preenchimento).

Psst! Experimente a marca de aspas em bloco

O texto com aspas em bloco fica ótimo com bordas e sombreamento. Na HTML, a marca de aspas em bloco recua o texto à esquerda e à direita para separá-lo do resto da página.

E as bordas personalizadas? Adicionar uma borda apenas a um ou dois lados de uma caixa poderá fornecer às suas páginas uma aparência mais elegante. Para criar uma borda personalizada, clique o botão Custom e então clique os botões da borda na área Preview para adicionar ou remover as linhas dos lados diferentes.

Como escolher os estilos para as listas marcadas ou numeradas

O Capítulo 6 falou sobre como configurar as listas marcadas e numeradas com estilos de marca e número diferentes. Mas por que formatar todas as suas listas a partir do zero quando uma folha de estilo poderá fazer tudo para você? Primeiro, vá para a caixa de diálogos Style e selecione UL (para listas marcadas) ou OL (para listar numeradas) na lista Style e então clique o botão New para exibir a caixa de diálogos New Style. Clique o botão Format e selecione Numbering no menu instantâneo. Quando a caixa de diálogos Numbering aparecer, clique na guia Image Bullets (Marcadores com Imagem) para usar gráficos para seus marcadores, clique na guia Plain Bullets (Marcadores Comuns) para aplicar estilos do marcador normais ou clique na guia Numbers (Números) para escolher os estilos do número.

Como aplicar os estilos da posição

Com o FrontPage, você poderá colocar imagens, texto, tabelas e outros elementos da página a partir da barra de ferramentas Picture (Desenho), como tratado no Capítulo 9, "Como deixar elegantes as imagens". Se você quiser que certos elementos da página sempre apareçam em uma certa parte de uma página Web, poderá aplicar arquivos com posição absoluta.

Na caixa de diálogos Style, selecione uma marca na lista Styles e então clique o botão New para exibir a caixa de diálogos New Style. Clique o botão Format e selecione Position no menu instantâneo. Quando a caixa de diálogos Position aparecer, como mostrado na figura a seguir, você poderá escolher um estilo de integração, estilo de posicionamento, as opções do local e tamanho e as opções da camada (ordem Z), como explicado no Capítulo 9.

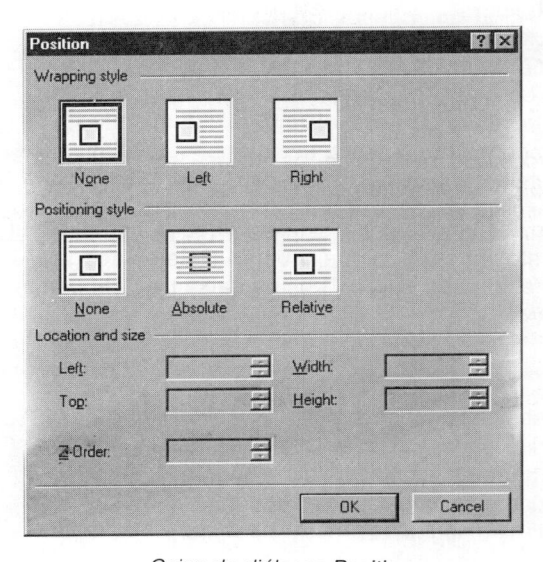

Caixa de diálogos Position.

Como criar uma folha de estilo para uma única página Web

Você poderá também configurar uma folha de estilo para uma página Web individual. Essa abordagem será ideal quando você quiser formatar uma única página de uma determinada maneira, mas não deseja usar a mesma formatação para suas outras páginas. Para criar uma folha de estilo para uma única página Web, abra a página Web e então formate sua folha de estilo como descrito anteriormente.

Como aplicar folhas de estilo em suas páginas Web

Se você criou sua folha de estilo em uma página Web, terá terminado. O FrontPage aplicará a folha de estilo na página atual assim que você terminar de criar seus estilos. Mas se você configurou seus estilos em um documento separado, precisará aplicá-los em suas páginas Web. Para anexar uma folha de estilo em todo o seu Web site, selecione Style Sheet Links (Links da Folha de Estilo) no menu Format. Quando a caixa de diálogos Link Style Sheet aparecer, selecione o botão de rádio All Pages (Todas as Páginas) e clique em OK.

Para anexar uma folha de estilo a uma única página ou grupo de páginas, vá para a exibição Folders (Pastas), selecione suas páginas (você poderá pressionar a tecla Ctrl para selecionar páginas não-consecutivas) e escolha Style Sheet Links no menu Format. Quando a caixa de diálogos Link Style Sheet aparecer, escolha o botão de rádio Selected Pages (Páginas Selecionadas) e clique em OK.

Como editar as folhas de estilo

Hora de mudar? Você poderá editar suas folhas de estilo a qualquer momento. Abra o documento da folha de estilo e então selecione Style no menu Format para exibir a caixa de diálogo Style. Então você poderá escolher os estilos User-defined (Definidos pelo usuário) na caixa List para exibir os estilos que criou.

Para editar um estilo, selecione-o na lista e clique o botão Modify (Modificar). Para remover um estilo, selecione-o e clique o botão Delete (Apagar). Para adicionar mais estilos à sua lista, selecione All HTML Tags na caixa List, clique em uma marca e então clique o botão Modify.

Como aplicar seus estilos no texto

Uma vez que você tenha criado uma folha de estilo e a tenha anexado a uma página Web, poderá aplicá-la colocando, fornecendo e formatando os elementos de sua página como faz normalmente. Por exemplo, se você configurou um estilo para um *link*, ao criar um *link*, o FrontPage aplicará o estilo nela. E os elementos do estilo que não aparecem em suas barras de ferramentas? Você poderá abri-los no menu Style na barra de ferramentas Formatting.

Cinco recursos legais da folha de estilo

Deseja mais estilo? Uma vez que tenha dominado um pouco a HTML, você poderá aprender mais sobre as folhas de estilo na Web. Os seguintes *sites* fornecem todos os tipos de informações úteis para começar.

> *Guias para a HTML* — Se você deseja fazer coisas sérias com as folhas de estilo, precisará aprender sobre o básico da HTML. Esse Web *site* oferece tudo desde tutoriais até dicas de construção (http://www.hypernews.org/HyperNews/get/www/html/ guides.html).

> *Microsoft SiteBuilder Network - DHTML, HTML, & CSS* — Um tesouro de recursos para as pessoas da Web (especialmente aqueles que usam os produtos Microsoft) e muitas informações sobre as folhas de estilo, juntamente com alguns exemplos legais (http://msdn.microsoft.com/workshop/author/default.asp).

> *Guia para folhas de estilo em cascata* — O Web Design Group fornece uma apresentação, um tutorial rápido e mais (http://www.htmlhelp.com/reference/css/).

> *Como escrever folhas de estilo em cascata* — Dicas, recursos, exemplos e explicações simples (http://www.canit.se/~griffon/web/writting_stylesheets.html).

> *Uso eficiente das folhas de estilo* — Um artigo de Jakob Nielsen com muitas recomendações boas (http://www.useit.com/alertbox/9707a.html).

O mínimo que você precisa saber

➤ As folhas de estilo são listas que descrevem os formatos de diferentes marcas HTML. Quando você formata o texto com uma marca HTML que tem um estilo atribuído e a página Web atual tem uma folha de estilo anexada, o FrontPage aplica a formatação da folha de estilo no texto.

➤ Tudo em sua página Web é formatado com marcas HTML. Mas você não verá isso, a menos que exiba seu código-fonte.

➤ Você poderá colocar uma folha de estilo em uma única página Web ou poderá criar um documento separado da folha de estilo (com a extensão do nome de arquivo .css) e ligá-lo a várias páginas Web ou a todas as páginas Web em seu *site*.

➤ Você poderá criar uma folha de estilo para o documento atual selecionando Style no menu Format para exibir a caixa de diálogos Style. Lá, você poderá atribuir estilos a diferentes marcas ou editar os estilos existentes.

➤ Você poderá usar as folhas de estilo para formatar fontes, parágrafos, bordas, sombreamento e listas.

➤ Se você quiser criar um estilo para uma marca que não aparece na lista na caixa de diálogos Style, poderá clicar o botão New para adicionar a nova marca à lista e criar estilos para ela.

➤ Uma vez que você tenha criado as folhas de estilo, poderá editá-las sempre abrindo o documento da folha de estilo e selecionando Style no menu Format para exibir a caixa de diálogos Style.

➤ Muitos tópicos da folha de estilo estão além do escopo deste livro, mas você poderá aprender mais sobre eles na Web.

Parte IV

Puxa! Surpreenda seus amigos com a mágica da página Web

Provavelmente você visitou Web sites com acessórios interessantes, como efeitos especiais animados, filmes QuickTime, formulários de pesquisa, contadores de batidas, bancos de dados online e sons de fundo. Mas apenas os programadores e outros técnicos podem criar páginas Web avançadas, certo? Certo... a menos que você use o FrontPage 2000.

Portanto prepare-se para estruturar suas coisas! O FrontPage 2000 irá transformá-lo imediatamente em um desenvolvedor Web, com recursos que lhe permitirão construir páginas Web excitantes e interativas sem nenhuma programação ou codificação. Se você faz sua própria programação e script ou sabe como trabalhar com scripts e programas que carregou da Web, o FrontPage tornará fácil integrar isso em suas páginas. Você poderá também preparar os arquivos criados com outros programas do Microsoft Office 2000 para a Web em questão de minutos.

Esta parte informará como usar os recursos avançados do FrontPage para tornar elegantes suas páginas, economizar tempo e tornar seu Web site mais útil para seus visitantes.

Capítulo 16

O x marca o ponto de ativação! Como criar mapas de imagens

Neste capítulo
- ➤ Sobre os mapas de imagens
- ➤ Como criar pontos de ativação
- ➤ Como configurar um *link* default para a imagem
- ➤ Como editar os pontos de ativação
- ➤ Como destacar os pontos de ativação
- ➤ Cinco boas idéias para o mapa de imagens

Os mapas de imagens são as antigas imagens comuns com links. Quando você clica em partes diferentes de um mapa de imagens, vai para partes diferentes do Web *site*. Os mapas de imagens são divertidos e fornecem a seus visitantes uma maneira interessante de explorar seu Web *site*. Por exemplo, se você visse uma página Web sem nada, exceto um mapa dos Estados Unidos, não clicaria em cada estado para ver o que aconteceria? Você poderá criar mapas de imagens copiando com o scanner uma fotografia adequada ou combinando diferentes imagens em uma única imagem e organizando-as.

O que é um mapa de imagem?

Um mapa de imagem consiste em duas partes: a imagem em si e os *pontos de ativação*, que são as formas que você desenha em uma imagem para definir as áreas com *hyperlinks* da imagem, como mostrado na imagem a seguir. Quando você desenhar uma forma, a caixa de diálogos Hyperlink (Hyperlink) aparecerá para que possa fornecer uma página ou URL para o *link*.

Ponto de ativação circular
Ponto de ativação em forma de polígono
Ponto de ativação retangular
Barra de ferramentas Picture (Desenho)

Cria um ponto de ativação retangular
Cria um ponto de ativação circular
Cria um ponto de ativação em forma de polígono
Destaca os pontos de ativação

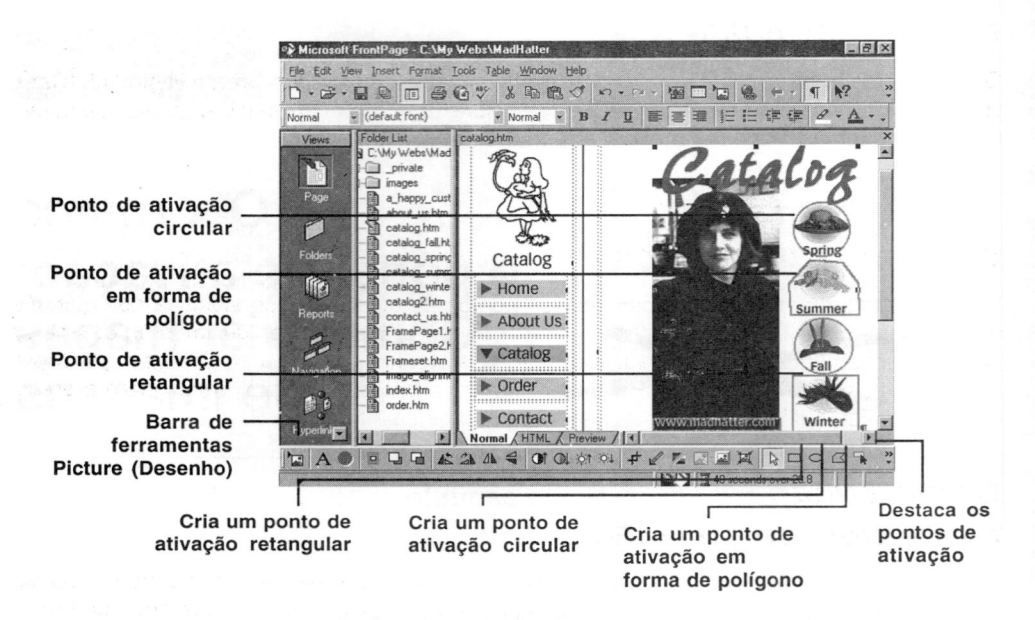

Como criar um mapa de imagem no FrontPage.

Como criar as ligações do ponto de ativação da imagem

Você pode desenhar algumas formas simples? Ah bom, então está pronto para definir alguns pontos de ativação para sua imagem. Quando você selecionar uma imagem, a barra de ferramentas Picture aparecerá na parte inferior da janela FrontPage, com as ferramentas do mapa de imagem bem à direita. Não se preocupe se não gostar da aparência das formas em sua imagem, elas não aparecerão quando você exibir sua página em um *browser* Web.

Como desenhar formas

Desenhar retângulos e círculos é fácil. Com a imagem selecionada, apenas clique o botão Rectangular (Retangular) ou Circular. Quando o cursor se transformar em um lápis, clique em qualquer lugar na imagem, pressione o botão do mouse, arraste para cima ou para baixo na diagonal e então solte o botão do mouse. Você poderá criar formas irregulares com a ferramenta Polygonal (Poligonal). Selecione-a para transformar seu cursor em um lápis e então brinque de "ligar os pontos". Clique seu cursor na imagem e então arraste p mouse (você não precisará pressioná-lo) para o próximo ponto em sua forma e clique o mouse novamente. Continue para criar novos pontos até ter fechado uma área e então clique duas vezes no ponto onde deseja fechar a forma.

Como criar links

Quando você terminar de desenhar uma forma, a caixa de diálogos Create Hyperlink (Criar Hyperlink) aparecerá. Forneça um URL ou selecione uma página de seu Web e clique o botão OK. Parabéns, você criou seu primeiro ponto de ativação!

Como destacar
os pontos de ativação

Você poderá também escolher destacar os pontos de ativação. Isso significa que quando um visitante clicar em um ponto de ativação, a forma piscará por um momento. Muitas pessoas acham que os pontos de ativação destacados do mapa de imagem parecem horríveis, mas cada um na sua. Para destacar um ponto de ativação, selecione-o e então clique o botão Highlight Hot Spots (Destacar Pontos de Ativação).

Como editar
os pontos de ativação

Uma vez que você tenha criado seus pontos de ativação, poderá mover, redimensionar ou alterar o *link* sempre que desejar. Para mover um ponto de ativação, clique em uma forma e arraste-a para seu novo local. Para redimensionar um ponto de ativação, clique-o para exibir o quadro delimitador com as alças de redimensionamento quadradas e então passe seu cursor sobre uma alça. Quando seu cursor mudar para duas setas, pressione o botão do mouse e arraste-o para dentro ou para fora.

Faltou! Quando os visitantes
clicam no lugar errado

E se alguém clicou na parte errada de sua imagem e nada aconteceu? Cara, você se sentiria um bobo. (Novamente, talvez não.) Você poderá especificar uma *link* default para toda sua imagem que carregará uma página se um visitante clicar em uma área fora de todos os pontos de ativação.

Que tal criar uma página de hyperlink default e especial?

Você poderá criar uma nova página Web como a página de *hyperlink* default para seu mapa de imagem. A página poderá informar algo como, "Oopa! Você esqueceu do ponto de ativação em minha imagem! O mapa de imagem liga-se às seguintes páginas" e então fornecer uma lista de links.

Para configurar um *link* default, clique na imagem com o botão direito do mouse e selecione Picture Properties (Propriedades da Imagem). Quando a caixa de diálogo Picture Properties aparecer, você poderá fornecer um URL na caixa Location (Local) da seção Default hyperlink (Hyperlink default) próxima à parte inferior da tela. Quando terminar, clique em OK.

Cinco boas idéias do mapa de imagens

- ➤ *Foto do grupo* — Pegue uma imagem de sua família, amigos ou colaboradores, desenhe um ponto de ativação em torno de cada pessoa e faça *links* com suas páginas Web ou endereços de e-mail.

- ➤ *Um mapa real* — Obtenha um mapa de sua cidade ou lugar de férias favorito. (Você poderá encontrar mapas na Web; apenas certifique-se de pedir permissão antes de usar um.) Desenhe pontos de ativação em torno dos lugares no mapa e crie *links* para as páginas que informam às pessoas sobre eles. Ou você poderá contar suas próprias histórias sobre esses lugares.

- ➤ *Um mapa de imagem multimídia* — Mostre uma fotografia ou desenho de um cômodo em sua casa ou escritório. Quando o usuário clicar nos objetos diferentes no cômodo, ele reproduzirá um arquivo de som ou filme que se relaciona ao objeto. Aprenda mais sobre como usar a multimídia com o FrontPage 2000 no Capítulo 17, "Estruture suas coisas: som, vídeo e mais".

- ➤ *Para artistas e construtores* — Se você estiver acostumado a criar *layouts* mais sofisticados para materiais impressos, os mapas de imagem poderão ajudá-lo a solucionar alguns limites da Web. (Apenas não torne suas imagens grandes demais ou elas poderão demorar muito tempo para serem carregadas!) O Capítulo 8, "A página Web perfeita com imagens: como colocar e ajustar as imagens", contém dicas para manter pequeno o tamanho do arquivo.

- ➤ *Rollovers do mapa da imagem* — Você poderá criar mapas de imagens que se alteram quando o usuário passa o cursor do mouse sobre diferentes pontos de ativação. Mas precisará aprender um pouco sobre o JavaScript para fazer isso. Para saber mais sobre como explorar o JavaScript e outros tipos de script, veja o Capítulo 21, "Acelere seu Web *site* com programas e *scripts*".

Capítulo 16 ➤ O x marca o ponto de ativação! Como criar mapas de imagens

O mínimo que você precisa saber

- ➤ Um mapa de imagem é uma imagem com pontos de ativação clicáveis que funcionam como *links*. Para criar um mapa de imagem, desenhe seus pontos de ativação e então ligue-os às suas páginas Web.

- ➤ Para desenhar um ponto de ativação, selecione a imagem para exibir a barra de ferramentas Picture, clique os botões da barra de ferramentas Rectangular Hotspot, Circular Hotspot ou Polygonal Hotspot e então desenhe uma forma na parte da imagem que você deseja ligar.

- ➤ Quando você terminar de desenhar um ponto de ativação e soltar o botão do mouse, a caixa de diálogos Create Hyperlink aparecerá para que possa criar seu *link*. Para saber mais sobre como criar os links, veja o Capítulo 7, "Pense nos *links*: como adicionar *links* a suas páginas Web".

- ➤ Você poderá também criar um *link* default para sua imagem. Quando alguém clicar em uma parte de sua imagem que não tem um ponto de ativação definido, a página Web para o *link* default aparecerá. Para especificar um *link* default, exiba a caixa de diálogos Picture Properties e digite um URL na caixa Default Hyperlink Location.

Capítulo 17

Estruture suas coisas: som, vídeo e mais

> **Neste capítulo**
> ➤ Como incorporar sons, filmes e outros tipos de arquivos
> ➤ Como criar um som de fundo
> ➤ Como colocar e ajustar um filme
> ➤ Tipos de arquivo e plug-ins
> ➤ Como fazer links entre os arquivos
> ➤ Dez lugares interessantes para visitar para obter atraentes recursos multimídia gratuitos

A Web não é mais apenas para o texto. Se você quiser criar uma pasta de documentos *online*, compartilhar documentos com colaboradores ou divertir-se com a multimídia, poderá publicar praticamente qualquer coisa em sua página Web. Mesmo que os *browsers* suportem apenas as páginas Web, imagens e alguns arquivos de som, existem *plug-ins* para quase todo tipo de arquivo. E mais, o FrontPage e o Internet Explorer facilitam adicionar filmes e sons de fundo para tornar seu Web *site* mais interessante e divertido.

Como fazer um link ou incorporar arquivos? Decidindo sobre como estruturar suas coisas

Se você quiser publicar filmes, sons, apresentações PowerPoint e outros tipos de arquivos em seu Web *site*, vá em frente. A maioria das empresas oferece *plug-ins* gratuitos para que você possa colocar os arquivos criados com suas aplicações na Web. Agora, você precisará decidir se criará *links* para os arquivos ou se irá incorporar os arquivos. Você poderá exibir vídeos formatados AVI como filmes, como explicado posteriormente neste capítulo. A figura abaixo compara os diferentes métodos de estruturação dos diferentes elementos. As seções a seguir explicarão como fazer os *links* e incorporar arquivos com mais detalhes.

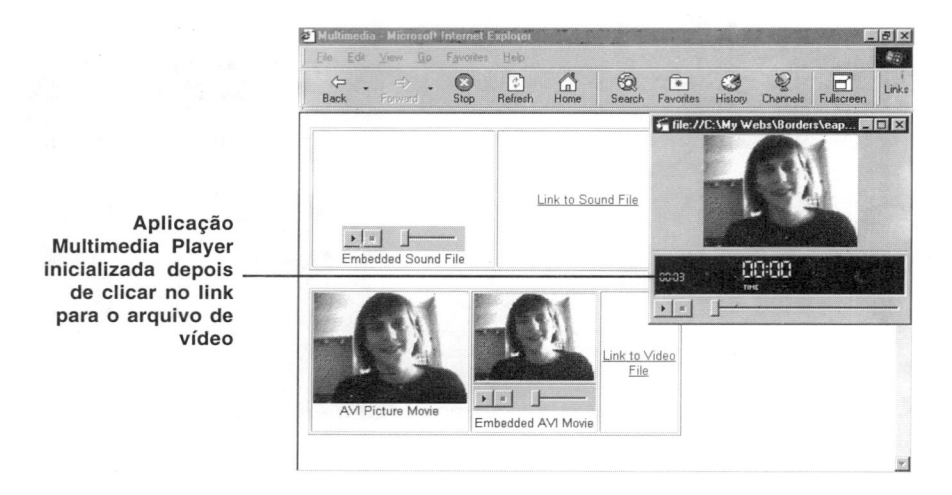

Aplicação Multimedia Player inicializada depois de clicar no link para o arquivo de vídeo

Diferentes maneiras de incluir arquivos em um Web site.

Um pouco de música para criar o clima: como adicionar um som de fundo

As apresentações da televisão têm canções-tema; por que sua página não deveria ter uma? Com o FrontPage, você poderá configurar sua página para reproduzir um som quando ela for carregada. Não *terá* que ser uma canção, você poderá usar um efeito de som ou algum outro tipo de barulho. Um som de fundo poderá ser reproduzido várias vezes (*muito* chato) ou ser reproduzido uma vez ou duas e então parar.

Se você já tem um arquivo de som para incluir em sua página Web, clique com o botão direito em sua página e escolha Page Properties (Propriedades da Página) no menu de atalho ou selecione Properties no menu File (Arquivo). Quando a caixa de diálogos Page Properties aparecer com a guia General (Geral) selecionada, clique o botão Browse (Percorrer) na área Background Sound (Som de Fundo) e selecione seu arquivo. Quando o nome de arquivo aparecer na caixa Location (Local), você poderá definir as opções Loop para determinar quantas vezes seu arquivo de áudio será reproduzido. Para repeti-lo indefinidamente, selecione o quadro de seleção Forever (Para Sempre). Para reproduzir seu som de fundo apenas um certo número de vezes, cancele a seleção do quadro de seleção Forever, clicando-o e forneça um número na caixa Loop. Quando terminar de colocar seu som de fundo, clique em OK para retornar para sua página Web.

Não sabe onde encontrar um arquivo de som? Verifique a lista de recursos no final deste capítulo para obter alguns sons.

Capítulo 17 ➤ Estruture suas coisas: som, vídeo e mais **219**

Muitas coisas: como estabelecer links entre os arquivos

Quando você cria um *link* para um arquivo, o *browser* inicializa o *plug-in* em uma nova janela ou, em alguns casos, uma aplicação é iniciada e inicializa o arquivo. Ligar os arquivos fornecerá maior flexibilidade, porque você não terá que se preocupar se seus visitantes têm o *plug-in* ou não. Se eles não tiverem o *plug-in*, poderão obtê-lo ou escolher não clicar no *link*. E mais, alguns tipos de arquivos poderão requerer muito espaço em sua página para serem bem exibidos, se incorporados em uma página Web.

Ajude os visitantes a obterem o plug-in certo
Se você oferecer arquivos que requerem *plug-ins*, forneça aos visitantes um *link* para que eles possam obter esses *plug-ins*. A maioria dos *plug-ins* é gratuita, embora algumas empresas também vendam versões mais completas de seus *plug-ins freeware* para os usuários que desejam mais recursos. Quando você fizer um *link* em uma página ou arquivo que requeira um *plug-in*, deverá também incluir algum texto que informe aos visitantes o tipo de arquivo e o *plug-in* requerido para que eles possam decidir se clicarão ou não no *link*.

Para criar um *link* para um arquivo, selecione o texto ou imagem a partir da qual deseja ligar, selecione Hyperlink (Hyperlink) no menu Insert (Inserir) e então pagine para o arquivo como normalmente faz quando cria um *link*. Se você se esqueceu de como criar *links*, o Capítulo 7, "Pense nos *links*: como adicionar *links* a suas páginas Web", poderá refrescar sua memória.

Diretamente de sua página Web: como incorporar arquivos

Quando você incorpora um arquivo, o arquivo e a aplicação de *plug-in* (completa com os botões da barra de ferramentas) são exibidos em sua página Web como imagens. Isso parece muito inteligente... mas apenas se os visitantes tiverem o *plug-in*. Do contrário, o ícone de um *plug-in* quebrado será exibido na janela do *browser* e sua página ficará ruim.

Para incorporar um arquivo, coloque seu cursor onde deseja inseri-lo, selecione Advanced (Avançado) no menu Insert e escolha Plug-In (Plug-in) no menu em cascata. Quando a caixa de diálogo Plug-In Properties (Propriedades do Plug-in) aparecer, clique o botão Browse para pesquisar o arquivo e então clique em OK para inserir o *plug-in* e retornar para sua página Web.

Cara, isso fica feio! Não se preocupe, o FrontPage não poderá exibir os arquivos incorporados na exibição Normal, portanto criará um recipiente em seu lugar. Se você clicar na guia Preview (Visualizar) ou visualizar sua página em seu *browser* clicando o botão Preview in Browser (Visualizar no Browser), poderá ver como seu arquivo incorporado *realmente* é.

Como editar
as propriedades do plug-in

Uma vez que você tenha incorporado seu arquivo, poderá lidar com as propriedades do *plug-in* para deixar tudo como deseja. Para exibir a caixa de diálogos Plug-In Properties para seu arquivo incorporado, clique com o botão direito no recipiente do *plug-in* e selecione Plug-In Properties no menu de atalho. Ou poderá clicar no recipiente e selecionar Properties no menu Format (Formatar).

Verifique a Clip Art Gallery

Lembra da Clip Art Gallery? (Galeria de Clipart do FrontPage no Capítulo 8, "A página Web perfeita com imagens: como colocar e ajustar as imagens") Ela oferece som e clips de vídeo, assim como imagens. Para exibir a Clip Art Gallery, escolha Picture (Figura) no menu Insert e então selecione Clip Art. Quando a caixa de diálogos Clip Art Gallery aparecer, use os botões com seta para a direita e para a esquerda para selecionar o tipo de arquivo desejado. Você poderá selecionar Sounds (Sons) ou Motion Clips (Clips com Movimento).

Você poderá definir as seguintes opções:

➤ *Data Source* (Fonte de Dados) — Clique o botão Browse para substituir o arquivo atual por um arquivo diferente.

➤ *Message for browsers without Plug-In support* (Mensagem para browsers sem suporte do plug-in) — A maioria dos *browsers* suporta os *plug-ins*, mas você poderá também ficar seguro e digitar algum texto como "Você precisa de um *browser* que suporte os *plug-ins* para exibir este arquivo".

➤ *Size* (Tamanho) — Geralmente o FrontPage descobre a altura e a largura corretas de seu arquivo. Mas, eh, ninguém é perfeito. Se seu arquivo parecer distorcido, você poderá fornecer as dimensões corretas (em pixels) nas caixas Height (Altura) e Width (Largura).

Capítulo 17 ➤ Estruture suas coisas: som, vídeo e mais

Os arquivos ex(ternos)

Você pode colocar imagens, filmes e outros arquivos em suas páginas Web, certo? Bem, não exatamente. Quando você insere uma imagem ou filme em um documento Word normal, o arquivo torna-se parte de seu documento. Os documentos HTML, por outro lado, têm apenas marcas de texto e HTML. As imagens, filmes e outros objetos são armazenados *externamente* como arquivos separados. Quando você insere um objeto, o FrontPage gera o código-fonte que informa aos *browsers* onde o arquivo está localizado e como exibi-lo. Isso significa que quando você publicar suas páginas Web em um servidor (como explicado no Capítulo 26, "Não fique apenas sentado aí! Como publicar seu Web *site*"), também terá que transferir todos os arquivos externos.

Antes do FrontPage aparecer, mover os arquivos significava muitas alterações no código-fonte. Você também tinha que assegurar-se de que as pastas e os arquivos do Web *site* em seu computador espelhavam exatamente as pastas e os arquivos em seu servidor. Isso tornava o gerenciamento dos Web *sites* muito trabalhoso. Agora o FrontPage faz todo esse trabalho para você.

➤ *Hide Plug-In* (Ocultar Plug-in) — A maioria dos *plug-ins* vem com botões da barra de ferramentas e outros elementos da janela da aplicação. Você poderá ocultar esses elementos clicando no quadro de seleção Hide Plug-In. Escolher essa opção geralmente não funcionará bem porque, na maior parte dos casos, seus visitantes precisarão dos botões da barra de ferramentas e outras opções.

➤ *Layout* — Você poderá alinhar seu arquivo incorporado em relação aos elementos da página em volta selecionando uma opção na caixa Alignment (Alinhamento). Para exibir uma borda em torno de seu arquivo incorporado, forneça um número na caixa Border Thickness (Espessura da Borda). Você poderá também adicionar algum espaço de *buffer* entre o arquivo incorporado e os elementos da página em volta fornecendo números (em pixels) nas caixas Horizontal Spacing (Espaçamento Horizontal) e Vertical Spacing (Espaçamento Vertical). Essas opções são muito parecidas com as opções de *layout* da página, como tratado no Capítulo 8.

Mova-os! Como inserir um filme como uma imagem

Com o FrontPage, você poderá inserir um filme formatado AVI para que exiba o primeiro quadro como uma imagem — um filme com imagens. Os arquivos de filme levam algum tempo para serem carregados, portanto esse recurso fornecerá aos visitantes algo para verem enquanto esperam o resto do filme ser carregado. Para inserir um filme AVI que aparece primeiro como uma imagem, selecione Picture no menu Insert e então selecione Video (Vídeo) na lista em cascata. Quando a caixa de diálogos Video aparecer, você poderá percorrê-la para obter seu arquivo de filme e selecioná-lo.

Alerta para a compatibilidade entre *browsers*!

Nem todos os sons de fundo e filmes inseridos como imagens funcionam com todos os *browsers*. Se você adicionar um som de fundo à sua página Web e um usuário de Netscape Navigator a visitar, tudo bem. Embora ele não possa ouvir o som de fundo, sua página será carregada normalmente, e ele nem mesmo saberá que falta algo. Porém, inserir um filme como uma imagem é uma questão diferente porque os *browsers* incompatíveis exibirão um ícone de imagem quebrado, ao invés de seu filme com imagens. Se você quiser que todos sejam capazes de ver seu filme, considere inseri-lo como um *plug-in*, como explicado na seção "Diretamente de sua página Web: como incorporar arquivos". Para saber mais sobre como lidar com as questões da incompatibilidade entre *browsers* para que todos possam usar seu Web *site*, veja o Capítulo 26.

Como editar as propriedades de seu filme

Quando você colocar um filme em sua página, o FrontPage irá supor que você deseja que o filme seja reproduzido assim que sua página for carregada no *browser*. Contudo, você poderá querer configurar seu filme para que seja reproduzido apenas quando os visitantes clicarem-no ou passarem os ponteiros do mouse sobre ele. Para exibir a caixa de diálogo Properties para seu filme, clique sobre ele com o botão direito e selecione Picture Properties (Propriedades da Imagem) no menu de atalho, então escolha a guia Video. Você poderá também selecionar o filme e selecionar Properties no menu Format. Quando terminar de fornecer e selecionar as definições, clique em OK para aplicar suas definições e retornar para o FrontPage.

Quando a caixa de diálogos Picture Properties aparecer com a guia Video selecionada, você poderá definir as seguintes opções:

Deseja que se pareça como um profissional Web?

Os *experts* da Web chamam os filmes de *imagens com fonte dinâmica*. Isso porque a imagem vem do primeiro quadro de um filme ao invés de um arquivo normal, com imagens. Na Web, os filmes são *dinâmicos* porque têm movimento e som, e as imagens são *estáticas* porque simplesmente ficam no Web *site* como preguiçosas.

Capítulo 17 ➤ Estruture suas coisas: som, vídeo e mais

➤ *Show Controls in Browser* (Mostrar Controles no Browser) — Exibe os botões de controle do aparelho de vídeo com o filme para que os visitantes possam reproduzi-lo, clicando o botão Play (Reproduzir).

➤ *Repeat* (Repetir) — Aqui você poderá determinar quantas vezes o filme será reproduzido. Para repetir o filme sempre, clique o botão Forever. Para reproduzir o filme uma ou mais vezes (recomendo reproduzi-lo apenas uma vez), forneça um número na caixa Loop. Você poderá também especificar o número de *milissegundos* (1.000 milissegundos correspondem a um segundo) que transcorre entre os *loops*, fornecendo um número na caixa Loop Delay (Retardo do Loop).

➤ *Start* (Iniciar) — Você poderá definir o início da reprodução de seu filme quando sua página for carregada no *browser*, clicando no quadro de seleção On File Open (Ao Abrir Arquivo). Ou poderá fazer com que comece a reprodução apenas quando um visitante passar seu cursor sobre a imagem, clicando no quadro de seleção On Mouse Over (Ao Passar Mouse Sobre).

Sobre tipos de arquivo, plug-ins e controles ActiveX

Alguma vez você imaginou porque tem que se preocupar com extensões do nome de arquivo como .gif, .jpg e .htm? Uma extensão do nome de arquivo informa ao FrontPage, aos *browsers*, ao sistema operacional de seu computador e a outras aplicações qual é o *tipo* de arquivo. O tipo de arquivo determina como uma aplicação deverá lidar com o arquivo ou se poderá fazer alguma coisa com o arquivo.

Na Web, uma extensão do nome de arquivo informa ao *browser* se é para carregar o arquivo na página, abrir o arquivo com um *plug-in* ou controle ActiveX ou gravar o arquivo em seu computador para que você possa abri-lo com uma aplicação diferente. Os *plug-ins* e os controles ActiveX são aplicações separadas que funcionam com o *browser* para que você possa exibir arquivos que os *browsers* não suportam por si mesmos.

Tanto o Netscape Navigator quanto o Internet Explorer suportam os *plug-ins*. Se você colocar um arquivo em sua página que requeira um *plug-in*, o usuário terá que ter o *plug-in* instalado em seu sistema para que inicialize seu arquivo. Se esse usuário não tiver o *plug-in* necessário, o *browser* exibirá uma mensagem de erro informando que você precisa carregar um *plug-in*.

Você poderá também colocar controles ActiveX em sua página Web, como explicado no Capítulo 21, "Acelere seu Web *site* com programas e *scripts*". Os controles ActiveX são mini-aplicações que, entre outras coisas, carregam automaticamente qualquer programa que o visitante precisa para exibir seu arquivo. O Netscape Navigator, porém, não suporta o ActiveX.

Plug-ins, ActiveX... qual é a diferença?

Os *plug-ins* são programas que você precisa carregar e instalar separadamente, como o Apple QuickTime e o Macromedia Shockwave. Os *plug-ins* funcionam com o Internet Explorer e o Netscape Navigator e são inicializados automaticamente quando necessário.

O ActiveX é uma tecnologia desenvolvida pela Microsoft que permite aos usuários mais experientes da Web criarem programas de software que são executados a partir de uma página Web. Entre outras coisas, os controles ActiveX podem funcionar como *plug-ins* que são carregados automaticamente quando você precisa deles sem necessidade de serem carregados e instalados separadamente. Lembre-se, contudo, que os controles ActiveX funcionam apenas com o Internet Explorer.

101 tipos de arquivo

Se você estiver surfando na Web ou criando páginas, saber um pouco sobre os tipos de arquivo populares não vai atrapalhá-lo:

➤ *Áudio* — Os formatos de arquivo de áudio populares na Web incluem AU, AIFF, WAV e MIDI (ou MID). Praticamente qualquer *browser* suporta os arquivos AU e AIFF. Os *browsers* atuais também têm um suporte predefinido para os arquivos MIDI. Os arquivos WAV são também muito populares. Todos os sistemas de computador baseados no Windows suportam os arquivos de som WAV, e os usuários Macintosh poderão carregar aplicações de reprodução gratuitas para eles. Se você for um autêntico audiomaníaco, poderá também obter o *plug-in* de arquivo MIDI Crescendo em http://www.crescendo.com/.

➤ *Vídeo* — A maioria dos filmes na Web é formatada como arquivos AVI, QuickTime ou MPEG. Todos os sistemas Windows vêm com uma reprodução de vídeos AVI predefinida. E mais, o *plug-in* QuickTime gratuito da Apple suporta o QuickTime (claro), o AVI e o MPEG. Você poderá obtê-lo em http://quicktime.apple. com/.

➤ *Documentos portáveis* — Muitas empresas e indivíduos usam o Adobe Acrobat para distribuir *arquivos de documento portável* (*PDF*) na Web. Para exibir manuais, brochuras e outros arquivos PDF, você poderá carregar gratuitamente o *plug-in* Acrobat Reader do Web *site* da Adobe em http://www.adobe.com/.

➤ *Filmes Shockwave* — A Web tem muitos filmes Shockwave, criados com multimídia e aplicações de imagens da Macromedia. Você poderá obter o *plug-in* Shockwave gratuitamente em http://www.macromedia.com/. Os filmes Shockwave têm extensão do nome de arquivo DCR.

➤ *Arquivos RealPlayer* — Você deverá também obter o *plug-in* RealPlayer gratuito da RealNetworks para as transmissões de áudio e vídeo em http://www.realplayer.com/. Os arquivos RealPlayer têm uma extensão do nome de arquivo RAM.

Capítulo 17 ➤ Estruture suas coisas: som, vídeo e mais   **225**

➤ *Arquivos do Microsoft Office* — Você poderá colocar seus arquivos Word (DOC), Excel (XLS) e PowerPoint (PPT) na Web, como explicado no Capítulo 18, "Uma combinação feita em Redmond: FrontPage e Microsoft Office 2000". Os visitantes que não tiverem essas aplicações poderão carregar os visualizadores Word, Excel e PowerPoint do Web *site* da Microsoft em http://www.microsoft.com/msdownload/.

Dez lugares para visitar para obter atrativos multimídia gratuitos

Ah, você não tem nenhum clip de som, filme ou equipamento para criar um próprio? Não deixe que um problema comum como *esse* impeça-o de animar suas páginas com áudio e vídeo. A Web tem muitos *sites* que oferecem atrativos gratuitos que você poderá carregar. Na verdade, foi impossível manter a lista abaixo com os cinco itens usuais.

Antes de você colocar algo em sua página Web...

Certifique-se de que o clip com áudio e vídeo selecionado seja gratuito! Você poderá obter qualquer coisa desejada na Web para sua própria diversão, mas colocar o trabalho de outra pessoa em seu Web *site* é um outro problema. Se você gostar de algo em uma página Web e nela não constar explicitamente que outras pessoas podem usar o arquivo, clique no *link* de e-mail e peça permissão ao proprietário do Web *site*, antes de colocá-lo em sua página. Em muitos casos, a pessoa acha isso lisonjeiro e dá permissão em troca de crédito e um *link* com seu Web *site*.

A maioria dos Web *sites* nesta seção irá encorajá-lo a usar seus clips como desejar. Os proprietários dos *sites* têm permissão para usar os arquivos ou os arquivos são de *domínio público* (o que, em resumo, significa que ninguém possui o direito autoral). Em alguns casos, as leis de *uso livre* também aplicam-se para revistas, resenhas e finalidades educativas. Por exemplo, se você resenhar CDs e filmes em seu Web *site*, geralmente, segundo as leis norte-americanas, poderá usar os sons e filmes afins.

➤ *Multimedia Stuff* — Listas de Web *sites* e *links* onde você poderá obter clips de som, vídeo e mais (http://www.olg.com/driko/mmedia.html).

➤ *Sound Archive da Sun Site* — Uma coleção de sons organizada por categoria. Não deixe que a ausência de texto explicativo iluda você. A maioria dos arquivos leva apenas alguns segundos para serem carregados e reproduzidos, portanto você poderá verificá-los por si mesmo (http://sunsite.unc.edu/pub/multimedia/sun-sounds/).

➤ *The Internet Video Oasis* — Centenas de vídeos de música e de supermodelos (http://www.geocities.com/SunsetStrip/1737/).

➤ *Jesse's Movies* — Clips de filmes, apresentações de televisão e *links* com outros *sites* de filmes (http://www.uslink.net/~edgerton/index.html).

➤ *Historical Archives da Web Corp* — Parece mais com "armazenamentos históricos", visite para obter clips de som de sátira, inclusive o "Nixon's Greatest Hits" (http://www.webcorp.com/realaudio/).

➤ *Sound America* — Os sons de desenhos animados, filmes, TV, comediantes e mais. Você precisará primeiro carregar o Mpeg Layer 3 Codec (o software que pode lidar com o novo formato de arquivo Mpeg3) antes de poder reproduzir os sons desse Web *site*. Não se preocupe, é gratuito, e a Sound America informa como obtê-lo (http://soundamerica.com/).

➤ *Partners in Rhyme Music and Sound Design* — Música de fundo gratuita e efeitos de som que você poderá usar em suas páginas (http://www.partinersinrhyme.com/).

➤ *Video Links* — Os clips QuickTime com trilhas de filmes, vídeo de música, cenas de apresentações da TV e mais (http://video.links.com/).

➤ *The MIDI Farm* — Tudo sobre MIDI, inclusive presentes para suas páginas Web (http://www.midifarm.com/).

➤ *Macromedia Shockwave Gallery* — Uma reunião grande e freqüentemente atualizada de animações interativas interessantes, apresentações e jogos. Na verdade, esses filmes Shockwave são protegidos por direitos autorais, e você não poderá usá-los em suas páginas Web. Mas, ainda assim, poderá se divertir com eles e dar uma olhada no que está acontecendo no aprimoramento da multimídia (http://www.macromedia.com/shockwave/ gallery/).

O mínimo que você precisa saber

➤ Os sons de fundo são reproduzidos quando sua página é carregada no *browser*. Você poderá adicionar um som de fundo à sua página Web a partir da caixa de diálogos Page Properties com a guia General selecionada.

➤ Os filmes (também chamados de imagens com fonte dinâmica) são vídeos formatados AVI que exibem o primeiro quadro como uma imagem quando sua página é carregada no *browser*. Para inserir um filme com imagens, escolha Picture no menu Insert e então selecione Video na lista em cascata para exibir a caixa de diálogos Video.

➤ Os *plug-ins* são aplicações separadas que permitem aos *browsers* lidarem com vários tipos de arquivos. Os *browsers*, o FrontPage e outras aplicações podem descobrir o tipo de um arquivo e como lidar com ele com base na extensão do nome de arquivo com três ou quatro letras (como .htm, .jpeg ou .avi).

➤ Você poderá publicar tipos diferentes de arquivos em sua página Web criando *links* para eles ou incorporando-os em sua página Web.

➤ Para determinar como um arquivo aparece e se comporta, você precisará editar suas propriedades. Para exibir essas propriedades, clique no arquivo e selecione Properties no menu Format.

➤ Se você quiser experimentar a multimídia, mas não tem nenhum arquivo, poderá encontrar muitos presentes de áudio e vídeo na Web e na Clip Art Gallery do FrontPage.

Capítulo 18

Uma combinação feita em Redmond: FrontPage e Microsoft Office 2000

Neste capítulo
- O que vem com o Microsoft Office 2000
- Como colocar arquivos Office na Web
- Como colaborar em arquivos com o NetMeeting
- Como exibir arquivos Office em uma página Web
- Word, Excel, PowerPoint, Access, Publisher, PhotoDraw e Outlook
- Cinco maneiras de usar o FrontPage e o Microsoft Office

Então, crianças... o que você desejam colocar em seu Web *site*? Os que gostam de passatempo poderão digitar texto, adicionar imagens e se divertir com o FrontPage enquanto prosseguem. É muito ruim que as pessoas que criam e gerenciam o conteúdo do Web *site* como parte de seu trabalho não possam se entregar a esse luxo. Se você estiver criando um Web *site* para um negócio, provavelmente terá muitos documentos, brochuras, planilhas, gráficos e outros arquivos que precisam ficar *online*.

Voltando ao momento em que a Web começou, formatar arquivos para isso envolvia dias, possivelmente semanas ou meses, de trabalho tedioso. Agora, o FrontPage e o Microsoft Office 200 estão integrados para que você possa retornar e enviar arquivos com facilidade. Portanto vá em frente, grave um documento Word ou gráfico Excel como um arquivo HTML. Com o Microsoft Office, você não perderá nenhuma formatação elegante ou informação. Quando você precisar editar seu arquivo novamente, poderá abri-lo na aplicação original. Na Microsoft, as pessoas chamam isso de *HTML de ida e volta*. Chamo isso de muito menos trabalho!

Bem-vindo
ao Microsoft Office 2000

O Microsoft Office 2000 é um conjunto de aplicações profissionais que funcionam bem em conjunto. Por exemplo, você poderá importar uma tabela de um banco de dados Access para o Excel para criar um belo gráfico e então importar esse gráfico para o Microsoft Word para seu relatório mensal. E o que acontecerá se seu chefe adorar seu relatório e pedir que você faça uma apresentação para a divisão de marketing? Gere um esboço de seu relatório e então importe o texto e seus gráficos para o PowerPoint, claro. E naturalmente, você poderá usar o FrontPage para colocar todo esse ótimo trabalho na Web também.

Há chances de que você já esteja familiarizado com o Microsoft Office, mesmo que não tenha todo o conjunto. A maioria de nós usa as aplicações Word e Excel, muito populares, diariamente. O Office 2000 vem com o FrontPage, um programa de editoração eletrônica e uma aplicação de edição de imagens também. Embora este capítulo não fale sobre todas essas aplicações em detalhes, ele apresentará o Office 2000 para que você comece a compartilhar arquivos em redes e colocá-los em seu Web *site*.

O Microsoft Office 2000 inclui as seguintes aplicações (que poderão também ser compradas e usadas separadamente):

- ➤ *FrontPage* — Bem, você já está familiarizado com o FrontPage, certo?
- ➤ *Word* — Para o processamento de textos.
- ➤ *Excel* — Para planilhas e gráficos.
- ➤ *PowerPoint* — Para apresentações multimídia.
- ➤ *Access* — Para bancos de dados
- ➤ *Publisher* — Para editoração eletrônica.
- ➤ *PhotoDraw* — Para criar e editar imagens.
- ➤ *Outlook* — Para enviar e receber e-mails e controlar compromissos e contatos.

Precisa
de uma pequena ajuda?

Sim! Você teria que ser terrivelmente dedicado para aprender como usar oito aplicações inteiras. Se você for como a maioria das pessoas, poderá precisar de ajuda agora e sempre. Felizmente, as aplicações Microsoft Office fornecem ajuda quando você precisa. Se você esquecer o que faz um determinado botão da barra de ferramentas, passe seu cursor sobre ele para exibir uma ToolTip (Dica da Ferramenta) com um lembrete.

Capítulo 18 ➤ Uma combinação feita em Redmond: FrontPage e Microsoft Office 2000 **229**

Como inicializar as aplicações Microsoft Office
Você poderá inicializar os programas Microsoft Office clicando o botão Start (Iniciar), selecionando Programs (Programas) e então escolhendo uma aplicação no menu em cascata, como faz quando inicializa suas outras aplicações.

E naturalmente, há o sempre presente Sr. Clipe de Papel, o Office Assistant (Assistente Office), como mostrado na figura a seguir. Quando você clicar nele, um balão de texto aparecerá e perguntará o que deseja fazer. Digite uma pergunta no campo de texto e clique o botão Search (Pesquisar) para obter uma resposta. Ele também se intromete com sugestões e dicas sobre seus negócios diários. Se ele começar a perturbá-lo, livre-se dele selecionando Hide the Office Assistant (Ocultar Assistente Office) no menu Help (Ajuda). Você poderá exibir o Office Assistant quando vier a precisar dele, selecionando Help no menu Help da aplicação.

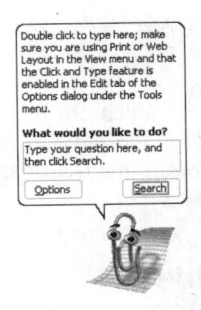

Office Assistant.

Falando no menu Help, ele oferece muitas maneiras de obter ajuda. Se você esquecer o que algo faz na janela da aplicação, selecione What's This? (O que É Isso?) e clique no objeto desconhecido para exibir algum texto explicativo. Ou conecte a Internet e escolha a opção Office on the Web (Office na Web) para inicializar seu *browser* e obter dicas, informações e atualizações da aplicação a partir do Web *site* do Microsoft Office. Se você estiver migrando para o Office a partir de um programa parecido, algumas aplicações também fornecerão assistência nessa área. Por exemplo, os usuários WordPerfect poderão selecionar WordPerfect Help no menu Help no Microsoft Word.

Ferramentas de colaboração

O Microsoft Office poderá também ajudar o chefe do departamento ou o administrador da rede a configurar as coisas para que você e seus colaboradores trabalhem juntos de maneira mais produtiva através de uma intranet. O FrontPage vem com todas as ferramentas de administração necessárias para gerenciar os arquivos na Web.

E se *você* for o administrador de uma pequena rede do escritório ou de um FrontPage Web? O Capítulo 29, "Não é necessário uma aldeia para construir uma intranet: como publicar, compartilhar e atualizar arquivos", informará como adicionar esses recursos de colaboração da intranet aos arquivos em seus FrontPage Webs.

Outras ferramentas de colaboração do Microsoft Office e do FrontPage incluem as seguintes:

- ➤ *Gerenciamento de projetos* — Com o servidor FrontPage, você poderá atribuir arquivos a diferentes grupos de trabalho para que você e seus colaboradores possam compartilhar arquivos na rede ou controlar o que outras pessoas estão fazendo.

- ➤ *Assinaturas de arquivos* — Se você ou seus colaboradores atualizam um arquivo continuamente e enviam-no para um FrontPage Web, você poderá assinar o arquivo de rede para o arquivo em seu disco rígido. Quando alguém alterar o arquivo em seu computador, o arquivo de rede será atualizado automaticamente, e uma mensagem de e-mail será enviada para as outras pessoas em seu grupo de trabalho para notificá-las.

- ➤ Links *gerados automaticamente* — Se você tiver uma página Web com uma lista de *links* para os arquivos, poderá configurar uma página que adiciona *links* quando novos arquivos chegam no servidor.

- ➤ *Definições de acesso a arquivos* — Você poderá também determinar quem obtém a exibição e trabalha em quais arquivos em um FrontPage Web. Por exemplo, você poderá decidir que Bob e Sue poderão editar um arquivo, que poderá ser visto por todo o departamento de compras, mas as pessoas dos outros departamentos não poderão nem editá-lo nem vê-lo.

Propriedades de arquivo do Microsoft Office 2000

Se você gravar os arquivos Office em um FrontPage Web em seu computador, uma rede ou um Web *site*, será uma boa idéia fornecer propriedades para suas páginas Web e outros arquivos. Isso facilitará para você, seus colaboradores e os visitantes de seu Web *site* encontrarem as informações necessárias. Quando você ou seu colaborador criarem uma máquina de pesquisa para o *site* para que os outros possam fornecer palavras-chaves para recuperar as páginas Web e outros arquivos (como tratado no Capítulo 19, "Caixa de utilidades: componentes FrontPage"), as informações de propriedade do arquivo ajudarão a máquina de pesquisa a localizar os arquivos relevantes com mais rapidez e precisão.

Capítulo 18 ➤ Uma combinação feita em Redmond: FrontPage e Microsoft Office 2000 **231**

Para fornecer as propriedades para um arquivo Office, abra o arquivo na devida aplicação e selecione Properties (Propriedades) no menu File (Arquivo). Quando a caixa de diálogos Properties aparecer com a guia Summary (Resumo) selecionada, como mostrado na figura a seguir, forneça suas informações de resumo. Na caixa Keywords (Palavras-chave), digite algumas palavras que você acha que alguém provavelmente forneceria se estivesse pesquisando para obter o arquivo através de uma máquina de pesquisa do Web *site*. Quando você terminar de fornecer suas informações de resumo, clique em OK para retornar para sua aplicação.

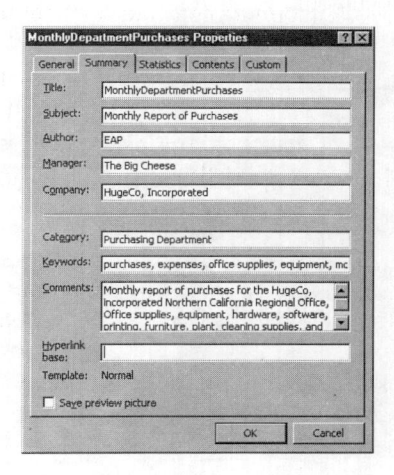

Caixa de diálogos Properties.

Você poderá exibir ou fornecer os seguintes tipos de informações clicando nas outras guias na caixa de diálogos Properties:

- ➤ *General* (Geral) — Informa o tipo do arquivo (como um documento Word ou trabalho Excel), local, tamanho e nome, com a data e a hora em que o arquivo foi criado, modificado pela última vez e acessado por último (exibido).
- ➤ *Statistics* (Estatísticas) — Fornece um histórico do arquivo, inclusive quem trabalhou por último no documento, quantas vezes ele foi revisado, quanto tempo foi empregado em sua edição e o número de páginas.
- ➤ *Contents* (Conteúdo) — Exibe o título e uma visão geral do arquivo (por exemplo, uma lista de todos os cabeçalhos em um documento Word).
- ➤ *Custom* (Personalizar) — Para fornecer ou exibir o grupo de trabalho e controlar informações como o departamento, a pessoa encarregada do arquivo, o *status* do arquivo e a data do término. Para saber mais sobre o gerenciamento de arquivos e projetos, veja o Capítulo 29.

As propriedades do arquivo e o FrontPage

O FrontPage lida com as propriedades de arquivo da página Web de maneira um pouco diferente das outras aplicações Office. Quando a caixa de diálogo Page Properties (Propriedades da Página) na exibição Page (Página) aparecer (como mostrado na figura a seguir), você poderá fornecer as propriedades específicas da página Web, como o fundo, o texto e as cores de *link*. Para exibir as propriedades do arquivo, vá para a exibição Folders (Pastas), clique duas vezes em um documento e, quando a página abrir, selecione Page Properties no menu de atalho.

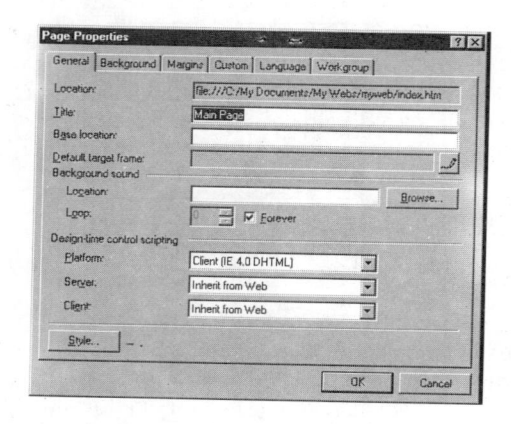

Caixa de diálogos Page Properties mostrada no FrontPage.

No FrontPage, você poderá exibir e ajustar a Page Properties clicando nas seguintes guias:

➤ *General* — Como na caixa de diálogos Properties de outros tipos de arquivos Office, essa guia informa o local e o nome do arquivo. E mais, você poderá adicionar um som de fundo (como tratado no Capítulo 17, "Estruture suas coisas: som, vídeo e mais") e escolher para qual plataforma, servidor e *browsers* deseja destinar suas páginas (como tratado no Capítulo 26, "Não fique apenas sentado aí! Como publicar seu Web site").

➤ *Background* (Fundo) — Para criar um esquema de cores, como tratado no Capítulo 3, "Como lidar com páginas Web".

➤ *Margins* (Margens) — Você poderá ajustar o tamanho das margens superior e esquerda da página atual. Isso determinará a quantidade de espaço que aparece entre o conteúdo da página e a janela do *browser* Web. Para alterar suas margens, clique nos quadros de seleção Specify Top Margin (Especificar Margem Superior) e Specify Left Margin (Especificar Margem Esquerda) e então forneça ou selecione um número de pixels nas caixas Pixels.

Capítulo 18 ➤ Uma combinação feita em Redmond: FrontPage e Microsoft Office 2000   **233**

➤ *Custom* — Outras aplicações Office exibem as informações do grupo de trabalho quando você clica na guia Custom. Com o FrontPage, você poderá exibir a guia Custom para adicionar metainformações que ajudarão os visitantes a encontrarem seu Web *site*. Compare essas metaopções com as metamarcas descritas no Capítulo 26. Ambas fazem a mesma coisa, ajudam seus visitantes a encontrarem a página certa rapidamente.

➤ *Language* (Língua) — Se você criar páginas em uma língua estrangeira, poderá escolher opções para assegurar que os *browsers* dos visitantes exibam a página corretamente. Para alterar a língua de seu documento, selecione a língua desejada nas listas Mark Current Document As (Marcar Documento Atual Como), Save the Document As (Salvar Documento Como) e Reload the Current Document As (Recarregar Documento Atual Como).

➤ *Workgroup* (Grupo de Trabalho) — Para fornecer ou visualizar o grupo de trabalho e controlar as informações, como faria na caixa de diálogos Custom para os arquivos criados em outras aplicações Office. Para saber mais sobre o gerenciamento de arquivos e projetos, veja o Capítulo 29.

O que é o Word? Páginas Web e documentos Word

Word 2000 é um programa de processamento de textos versátil e mais de 80% das pessoas que possuem um processador de textos têm o Word. Se você usou as versões anteriores do programa, pode ter gravado seus documentos como páginas Web antes. Quando você gravar um arquivo como uma página Web e exibi-lo no FrontPage, em um *browser* Internet Explorer ou Netscape Navigator versão 5.0, seu documento ficará exatamente como no Word. Você poderá editar o arquivo com o FrontPage ou abri-lo no Word novamente. E, como no Word 97, poderá criar todas os seus *links* diretamente a partir do Word.

Antes de você se entusiasmar com o Office e o FrontPage...

Você precisará de um servidor que suporte o FrontPage 2000 e de um *browser* com versão 5.0, como o Netscape Navigator ou o Internet Explorer para aproveitar a faixa total de recursos do Microsoft Office 2000. Não se preocupe, o Navigator e o Explorer são gratuitos e a maioria das pessoas já os tem. Existem, entretanto, muitos recursos que funcionam com os *browsers* mais antigos.

Para gravar um documento Word como uma página Web, selecione Save As Web Page (Salvar Como Página Web) no menu File. Quando a caixa de diálogos Save As (Salvar Como) aparecer, certifique-se de que Web Page esteja selecionada no menu Save As Type (Salvar Como Tipo) e pagine para obter uma pasta em seu FrontPage Web ou em um servidor. Se o arquivo tiver mais do que algumas páginas, você deverá também criar *bookmarks* e uma lista de *links* para elas, a fim de facilitar a navegação, como tratado no Capítulo 7, "Pense nos *links*: como adicionar *links* a suas páginas Web". Você poderá fazer isso no Word ou no FrontPage. Para aprender mais sobre o Word, você pode adquirir o *Microsoft Word 2000 para leigos passo a passo*, de Daniel T. Bobola, a ser publicado em breve pela Editora Ciência Moderna.

Totalmente "excel-ente"! Como trabalhar com as tabelas e os gráficos do Excel

O Excel 2000 torna fácil organizar os dados em planilhas, gerar gráficos e construir tabelas-pivô interativas que permitem aos usuários classificarem os dados de maneiras diferentes e gerarem gráficos. Com o Excel 2000, você poderá gravar planilhas, gráficos e trabalhos Excel inteiros como documentos HTML. E mais, você poderá criar páginas Web ativas com componentes que permitem às pessoas fornecerem informações em uma planilha ou usarem tabelas-pivôs para analisarem os dados.

Para colocar seus arquivos Excel na Web, abra seu arquivo, clique na guia da planilha que deseja gravar (a menos que pretenda publicar o trabalho inteiro) e escolha Save as Web Page no menu File. Quando a caixa de diálogos Save As aparecer, como mostrado na figura a seguir, selecione as opções para sua tabela, pagine para obter um arquivo e clique o botão Save. Se você quiser aprender mais sobre o Excel, você pode adquirir o *Microsoft Excel 2000 para leigos passo a passo*, de Sherry Kinkoph, a ser publicado em breve pela Editora Ciência Moderna.

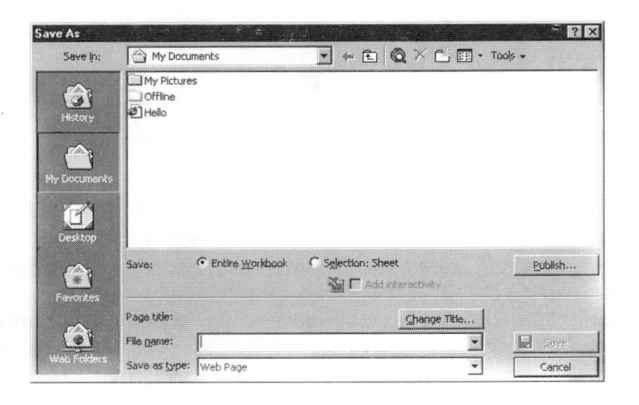

A caixa de diálogos Save As do Excel.

A caixa de diálogos Save As fornece as seguintes opções para gravar sua tabela:

➤ *Todo o trabalho como uma página Web estática* — Clique no botão de rádio Entire Workbook (Todo o Trabalho) para gravar seu arquivo de trabalho Excel como uma velha página Web comum (estática).

➤ *Folha atual como uma página Web estática com planilha incorporada* — Clique no botão de rádio Selection: Sheet (Seleção: Folha) para gravar a planilha atual como uma página Web estática com uma cópia da planilha inserida como um arquivo incorporado. Os arquivos incorporados estáticos aparecerão na página, mas não poderão ser alterados. Para saber mais sobre os arquivos incorporados e as páginas Web, veja o Capítulo 17.

➤ *Folha atual como uma página Web dinâmica com planilha interativa incorporada* — Clique no botão de rádio Selection: Sheet e no quadro de seleção Add Interactivity (Adicionar Interatividade) para gravar a planilha atual como uma página Web dinâmica. Ao invés de incorporar uma cópia de um arquivo, a folha incorporada será linkada ao arquivo real para que os usuários possam alterar os dados.

➤ *Folha atual como uma página Web dinâmica com um componente Spreadsheet interativo* — Oferece aos usuários a total funcionalidade da planilha, como fornecer, editar e calcular os dados. É como ter uma miniversão do Excel sendo executada a partir de sua página Web. Como nas planilhas interativas incorporadas, o arquivo original será atualizado quando os usuários fizerem alterações. Para publicar uma planilha interativa, clique o botão Publish (Publicar) para exibir a caixa de diálogos Publish as Web Page (Publicar como Página Web). Então clique no quadro de seleção Add Interactivity With (Adicionar Interatividade Com), selecione Spreadsheet (Planilha) na lista e clique o botão Publish.

➤ *Folha atual como uma página Web dinâmica com um componente PivotTable interativo* — Fornece aos usuários total funcionalidade PivotTable (Tabela-Pivô) para que eles possam exibir e analisar diferentes dados e gráficos. Para publicar uma planilha interativa, clique o botão Publish para exibir a caixa de diálogo Publish as Web Page. Então clique no quadro de seleção Add Interactivity With, selecione PivotTable na lista e clique o botão Publish.

Páginas Web estáticas e dinâmicas

Todas as páginas Web são interativas, de alguma maneira. Afinal, quando você clica nos *links*, o *browser* responde, exibindo uma página diferente. Mas no mundo da editoração para a Web, algumas páginas são consideradas mais interativas do que outras. As páginas estáticas são as páginas Web normais com texto, imagens, *links* e talvez um formulário simples ou um ou dois arquivos incorporados. As páginas Web dinâmicas fornecem níveis mais sofisticados de interação e envolvem algum tipo de programação; por exemplo, os componentes Spreadsheet e PivotTable são controles ActiveX. Para obter uma apresentação da programação Web, veja o Capítulo 21, "Acelere seu Web *site* com programas e *scripts*".

A capacidade do PowerPoint: como colocar suas apresentações na Web

O PowerPoint 2000 é um programa de apresentação multimídia sofisticado que permite gravar suas apresentações como páginas Web. Como os arquivos PowerPoint são designados para a exibição em uma tela de computador ao invés de páginas impressas, eles ficarão tão bons na Web como ficariam ao vivo. O FrontPage e o Explorer suportam várias transições animadas e efeitos especiais, portanto você não terá nem mesmo que se preocupar com seus logotipos voadores e outros acessórios. Para saber mais sobre a animação na Web, veja o Capítulo 20, "Páginas divinas com efeitos especiais animados".

Para gravar uma apresentação PowerPoint como uma página Web, abra um arquivo e selecione Save as Web Page no menu File para exibir a caixa de diálogos Save As. Você poderá percorrer a caixa para obter uma pasta e clicar o botão Save ou clicar o botão Publish para as opções adicionais. Deseja aprender mais? O livro *Microsoft Outlook 2000 para leigos passo a passo*, de Bob Temple, poderá ajudá-lo a começar.

Quando você exibir a caixa de diálogos Web Page, como mostrado na figura a seguir, poderá fazer o seguinte:

➤ *Inclua uma faixa de slides* — Para publicar uma parte de sua apresentação ao invés de tudo, clique no botão de rádio Slide Number (Número do Slide) e forneça os números inicial e final do slide nas caixas de número. Para publicar toda a apresentação, deixe selecionado o botão de rádio Complete Presentation (Apresentação Completa).

➤ *Personalize a exibição de slides* — Você poderá também criar uma exibição de slides personalizada, incluindo slides de apresentações que já tenha criado. Clique no botão de rádio Custom Show (Personalizar Exibição) para exibir uma lista de seus outros arquivos e selecionar um item na lista.

➤ *Exiba as notas do orador* — Se você incluiu as notas do orador em seus slides, poderá exibi-las em suas páginas Web. Isso poderá ajudar os visitantes a apreenderem o ponto principal daquilo que você falou em sua apresentação.

➤ *Escolha a versão do* browser Você poderá publicar sua exibição de slides para os *browsers* mais recentes para ter uma experiência multimídia mais rica ou publicar uma versão mais simples para as pessoas com *browsers* mais antigos. Os *browsers* recentes com números de versão mais altos (como 4.0 ou 5.0) têm um suporte muito melhor para seus *layouts* de slides, fontes e animação. Como os *browsers* mais antigos não suportam muitos desses recursos, você poderá querer reformatar suas páginas para que as pessoas não tenham problemas ao exibi-las. Para saber mais sobre as questões de compatibilidade dos *browsers*, veja o Capítulo 20.

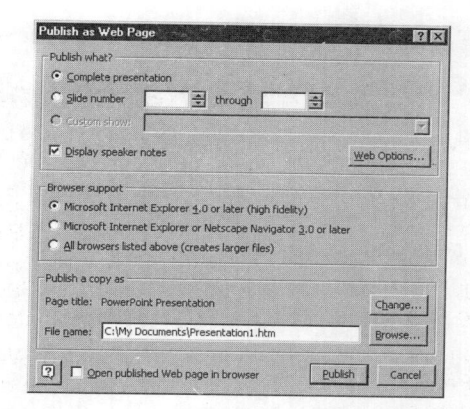

Capítulo 18 ➤ Uma combinação feita em Redmond: FrontPage e Microsoft Office 2000   237

Caixa de diálogos Publish as Web Page do PowerPoint.

Quando terminar de escolher as opções, clique o botão Publish.

Editoração da Web com o Publisher

O Publisher 2000 é um pequeno programa de editoração eletrônica elegante com muitos recursos e assistentes para ajudar a desenvolver materiais impressos com aparência profissional. Agora você poderá colocar suas brochuras, relatórios anuais e boletins na Web também. Como nas apresentações PowerPoint, você poderá gravar páginas individuais como páginas Web ou publicar um arquivo inteiro como um conjunto de páginas Web. Para gravar uma página individual como uma página Web, vá para a página e selecione Save As Web Page. Quando a caixa de diálogos Save As aparecer, pagine para obter uma pasta, forneça um nome de arquivo na caixa File Name (Nome do Arquivo) e clique em Save.

Para gravar sua publicação como um conjunto de páginas Web, escolha Create Web Site from Current Publication (Criar Web site a partir da Publicação Atual) no menu File. Quando a caixa de diálogos Convert to Web Site (Converter no Web site) aparecer, selecione uma opção; o Publisher poderá formatar as páginas para você e criar *links* para seu índice e páginas ou poderá deixar que você crie seu próprio *layout*. (Recomendo deixar que o Publisher faça tudo para você até que pegue o jeito das coisas.) Quando terminar, clique em OK. Quando a caixa de diálogos Save As aparecer, forneça um nome na caixa File Name para criar uma pasta para suas páginas Web. Então, o Publisher irá configurar a pasta e construirá seu Web *site*.

Como tornar os dados "acess-íveis" com os bancos de dados Access

O Access é um programa de banco de dados eficiente que permite publicar bancos de dados em uma página Web ou criar bancos de dados para serem executados em seu Web *site*. Como os bancos de dados são complexos e o Access fornece muitas maneiras de usá-los em seu *site*, esse tópico será tratado separadamente no Capítulo 22, "Se você entendeu, exiba-os: como colocar seus bancos de dados Access na Web".

Como gravar os arquivos Outlook como páginas Web

Considere o Outlook 2000 como seu assistente pessoal. Ele lida com seu e-mail, gerencia seu calendário de compromissos, armazena as informações de contado e mais. Deseja dar aos colaboradores acesso a seu calendário para que eles saibam quando você está disponível para se encontrar com eles? Publique-o como uma página Web. E se alguém enviar por e-mail uma mensagem com informações valiosas que você deseja compartilhar com seu departamento, será fácil gravá-la como uma página Web. Se você não estiver familiarizado com o Outlook, experimente ler o livro *Microsoft Outlook 2000 para leigos passo a passo*, de Bob Temple.

Como publicar seu calendário

Para gravar seu calendário de compromissos como uma página Web, vá para Calendar (Calendário) e selecione Save As Web Page no menu File. Quando a caixa de diálogos Save as Web Page aparecer, como mostrado na figura a seguir, selecione suas datas inicial e final nas listas e clique o botão Browse (Percorrer) para exibir a caixa de diálogos Browse e. assim, localizar uma pasta. Se você tiver uma pasta Web existente com sua programação, selecione o arquivo. Ou poderá digitar um novo nome de arquivo na caixa File Name. Quando terminar de paginar, clique o botão Select (Selecionar) para retornar para a caixa de diálogos Save as Web Page e então clique o botão Save.

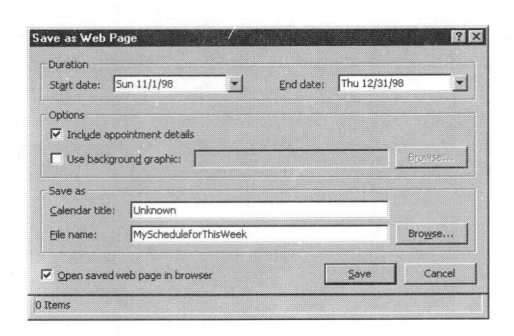

Caixa de diálogos Save as Web Page para gravar as entradas do Outlook Calendar.

Como publicar uma mensagem de e-mail na Web

Agora e sempre alguma coisa ótima entra em sua caixa de entrada, como uma piada hilariante, um convite para um evento ou algumas delícias de informações úteis que todos em seu escritório deveriam saber. Felizmente, o Outlook 2000 e muitos outros programas de e-mail suportam a HTML e permitem que você grave mensagens como páginas Web.

Para gravar uma mensagem de e-mail como uma página Web, selecione a mensagem em sua lista de mensagens e selecione Save as Web Page no menu File. Quando a caixa de diálogos Save as Web Page aparecer, pagine para obter uma pasta Web, forneça um nome de arquivo na caixa File Name e clique em Save.

Como trabalhar com as imagens da Web e o PhotoDraw

O PhotoDraw 2000 é um programa de imagens cheio de recursos que torna fácil e divertido criar, editar e aplicar efeitos especiais nas imagens. Você poderá também configurá-lo como seu editor de imagens no FrontPage (como tratado no Capítulo 9, "Como deixar elegantes as imagens"). Você poderá então inicializar o PhotoDraw e trabalhar em uma imagem diretamente a partir do FrontPage, clicando duas vezes na imagem. Embora a barra de ferramentas Picture (Desenho) do FrontPage ajude em suas necessidades básicas de imagem, o PhotoDraw 2000 permitirá que você seja realmente criativo.

GIF ou JPEG?

A arte a traço e cores planas, como os logotipos, clipart e gráficos, fica melhor no formato GIF. As fotografias e as ilustrações complexas com sombreamento ou misturas de cores ficam melhores como JPEGs.

Você poderá usar o PhotoDraw para gravar imagens como GIFs e JPEGs, os dois tipos mais comuns de imagem para a Web. Embora o FrontPage converta automaticamente as imagens de outros formatos de arquivo, o PhotoDraw fará um serviço melhor. Para gravar uma imagem como um GIF ou JPEG com o PhotoDraw, escolha Save As no menu File, percorra para obter uma pasta, forneça um nome para sua imagem na caixa File Name e selecione JPEG File Interchange Format (Formato de Troca de Arquivos JPEG) (para JPEG) ou Graphics Interchange Format (Formato de Troca de Gráficos) (para GIF) na caixa Save As Type.

Arquivos Office e visualizadores Office

Em algumas situações, você poderá decidir que é melhor incorporar ou ligar os arquivos Microsoft Office em uma página Web do que publicar os arquivos reais como páginas Web. Por exemplo, você poderá querer que as pessoas com *browsers* mais antigos vejam suas apresentações PowerPoint ou documentos Word em sua glória total. Se for assim, vá em frente. O Capítulo 7 informa como linkar os arquivos, e o Capítulo 17 fala sobre como incorporar os arquivos.

Você não terá ainda que se preocupar se seus visitantes têm o Microsoft Office. Eles poderão carregar gratuitamente os visualizadores Word, Excel e PowerPoint do Web *site* da Microsoft em http://www.microsoft.com/msdownload. Apenas certifique-se de que tenha mencionado os visualizadores em sua página Web!

Como publicar os arquivos Office diretamente na Web

Você não terá que aceitar gravar meramente um arquivo Office em uma pasta Web em seu computador ou rede. Poderá também gravá-lo diretamente em uma pasta em seu Web *site*.

Primeiro, precisará criar um Web *site* como uma pasta Web. Então poderá gravar os arquivos na pasta a partir de uma aplicação Office como normalmente faria, com uma pequena diferença. Quando a caixa de diálogos Save As aparecer, clique no ícone Web Folders (Pastas Web), escolha uma pasta Web, digite um nome para seu arquivo na caixa File Name e clique em Save. Se você não estiver conectado à Internet, sua discagem aparecerá para que possa chamar seu servidor. Dependendo de como o servidor estiver configurado, uma caixa de diálogo poderá aparecer e solicitar sua senha.

Para criar uma pasta Web com um endereço do Web *site* para que possa publicar os arquivos Office diretamente em um Web *site*, faça o seguinte:

1. Conecte-se à Internet.
2. Clique no ícone My Computer (Meu Computador) em sua área de trabalho para abrir a janela My Computer.
3. Clique duas vezes no ícone Web Folders.
4. Quando a janela Web Folders aparecer, clique duas vezes no ícone Add Web Folder (Adicionar Pasta Web) para exibir a caixa de diálogos Add Web Folder.
5. Digite um URL (como http://www.mywebsite.com/myfolder/) e clique o botão Next (Próximo).

Espere um minuto para que o Add Web Folder Wizard (Assistente para Adicionar Pasta Web) possa conectar o Web *site* e encontrar sua pasta. Quando ele terminar, o novo Web *site* aparecerá na janela Add Web Folder.

Cinco dicas
do FrontPage e do Office

Antes de prosseguir, eis algumas dicas úteis para trabalhar com o FrontPage e o Microsoft Office:

➤ *Use o PowerPoint ou o Publisher para o* layout *da página* — Se você for um perito no PowerPoint ou no Publisher e já estiver acostumado com a Web, experimente construir páginas nesses programas e gravá-las como arquivos Web. Com seu *layout* básico no lugar, você poderá terminar seu Web *site* no FrontPage.

➤ *Use o Word para documentos maiores* — Embora o FrontPage tenha ótimas ferramentas, será mais fácil criar e trabalhar com documentos maiores no Word. Então você poderá gravar o arquivo como uma página Web. Lembre-se de adicionar os *bookmarks* e alguns *hyperlinks* extras a eles para facilitar a navegação, como tratado no Capítulo 7.

➤ *Você pode importar arquivos para páginas Web existentes também* — De acordo com o explicado no Capítulo 5, "Como fornecer texto e lidar com as fontes", o FrontPage pode importar outras páginas Web, documentos Word e planilhas Excel. Esse truque também será útil se você não tiver o Microsoft Office 2000 e alguém fornecer-lhe um arquivo sem convertê-lo primeiro!

➤ *Verifique o Web site do Microsoft Office* — Você encontrará muitas informações, dicas úteis, truques e sugestões para fazer o máximo com suas aplicações Microsoft Office. Você poderá inicializar seu *browser* e pular para o Web *site* Office em http://www.microsoft.com/office/ ou poderá selecionar Microsoft Office na Web a partir do menu Help de uma aplicação Office 2000.

➤ *Mantenha seus CDs Office à mão!* — Os programas de configuração do Microsoft Office não instalam todos os recursos disponíveis, gabaritos, clipart e temas, porque eles podem ocupar muito espaço em seu disco rígido. Isso significa que quando você tentar fazer algo no Office, uma caixa de diálogo poderá aparecer e solicitar um CD. Quando colocar o CD em seu drive de CD-ROM, o Office instalará automaticamente o que você precisa. Grave seu trabalho primeiro, porque poderá precisar reiniciar seu computador!

Parte IV ➤ *Puxa! Surpreenda seus amigos com a mágica da página Web*

O mínimo que você precisa saber

➤ Você poderá comprar o FrontPage sozinho ou como parte do Microsoft Office 2000, um conjunto de programas profissionais. O Office inclui o Word para documentos, Excel para planilhas e gráficos, Access para bancos de dados, Outlook para mensagens, programação e contatos, PowerPoint para apresentações multimídia, Publisher para editoração eletrônica e PhotoDraw para edição de imagens.

➤ As aplicações profissionais vêm com recursos úteis, inclusive o Office Assistant, ToolTips e informações que você poderá acessar do menu Help.

➤ O Office 2000 e o FrontPage também fornecem ferramentas que ajudam você e seus colaboradores a trabalharem com arquivos através de uma intranet (veja o Capítulo 29).

➤ Com o Office 2000, você poderá fornecer propriedades para seus arquivos para que as pessoas possam pesquisá-los mais facilmente em um Web *site*. Descubra mais sobre como isso funciona no Capítulo 26.

➤ Você poderá gravar os arquivos criados com as aplicações Office como páginas Web com as quais poderá trabalhar no FrontPage e exibir em um *browser* Web. Quando você precisar editar os arquivos, poderá abri-los no FrontPage ou na aplicação original.

➤ Você poderá tornar os arquivos Office disponíveis em seu Web *site*, incorporando ou criando *links*, ao invés de convertê-los em páginas Web. Então os visitantes poderão abrir os arquivos na devida aplicação ou carregar e usar os visualizadores gratuitos Word, Excel e PowerPoint do Web *site* da Microsoft. Descubra mais no Capítulo 17.

➤ Você poderá também gravar os arquivos Office diretamente na Web.

Capítulo 19

Caixa de utilidades: componentes FrontPage

Neste capítulo

- Como configurar uma Include Page
- Um índice imediato
- Como colocar indicação de hora em suas páginas
- Como adicionar as informações da página
- Como desenvolver um formulário de pesquisa
- Como criar um contador
- Como criar links automáticos para as páginas, por categoria
- Cinco dicas para os componentes FrontPage

Você configurou seu Web *site*. Agora, como poderá torná-lo mais fácil de gerenciar e mais útil para seus visitantes e colaboradores? Experimente alguns componentes FrontPage. Eles fazem muitas coisas que exigiam horas ou mesmo dias de programação. Eca. Você não desejaria fazer *isso* agora, desejaria?

Com os componentes FrontPage, você poderá criar um formulário de pesquisa, gerar um índice para seu *site*, programar informações para aparecerem em uma página durante certas datas e mais. Tudo em questão de segundos! Antes de experimentar os componentes FrontPage, porém, certifique-se de que seu ISP ou host Web suporte o FrontPage. Os componentes funcionarão apenas se as extensões do FrontPage estiverem instaladas no servidor.

Não digite isso novamente!
Experimente o componente Include Page

Cansado de digitar e formatar a mesma coisa sempre? Pare de fazer isso! Se você conseguiu as informações que deseja colocar em mais de uma página, o FrontPage terá duas maneiras de ajudá-lo — bordas compartilhadas (veja o Capítulo 14, "Não gosta do que vê? Como construir seu próprio gabarito de páginas") e o componente Include Page (Incluir Página). Você poderá colocar o componente Include Page em qualquer lugar que deseje no *layout* de sua página, não apenas na parte superior, inferior e nas laterais de sua página.

Então, como funciona? Com o componente Include Page, você poderá criar uma página Web separada com seu texto, gráfico e *links* e gravá-la em sua pasta _private. Poderá então usar o componente Include Page para colocar o conteúdo em tantas páginas quantas desejar. Quando você precisar fazer alterações, será necessário apenas editar a página incluída, e o FrontPage mudará automaticamente todas as páginas para você.

Como criar uma página para incluir

Antes de inserir um componente Include Page — você o criou, certo? —, abra uma nova página Web e grave-a na pasta _private. (Todos os FrontPage Webs têm uma pasta _private para as coisas que você não deseja que os visitantes vejam. Afinal, se um visitante topar com a página por acaso, ele poderá ficar confuso.) Forneça seu texto, insira imagens, crie *links* e organize as informações na página como faria com uma página Web normal.

Não se preocupe com os esquemas de cores do Include Page

Quando você coloca um componente Include Page em uma página Web, a página incluída adota o esquema de cores da página Web. Portanto não se preocupe com o esquema de cores da página incluída ou com outras propriedades da página.

Como adicionar um componente Include Page a uma página Web

E agora a parte fácil. Para colocar um componente Include Page, coloque seu cursor onde deseja que a informação incluída apareça em sua página. Então selecione Component (Componente) no menu Insert (Inserir) e escolha Include Page na lista. Quando a caixa de diálogos Include Page Component Properties (Propriedades do Componente Include Page)

Capítulo 19 ➤ Caixa de utilidades: componentes FrontPage   **245**

aparecer, clique o botão Browse (Percorrer) até encontrar sua página na pasta _private e então clique em OK para selecionar a página incluída. A página incluída irá se incorporar na página Web atual. Quando você passar o ponteiro de seu mouse sobre o componente Include Page, um ícone FrontPage Component (Componente FrontPage) aparecerá. Esse ícone informará quando um elemento for um FrontPage Component. Você não poderá editar um componente Include Page de dentro de uma página Web que contém o componente. Porém, poderá fazer alterações na própria página incluída abrindo-a a partir da pasta _private e editando-a como faria em uma página Web normal.

É uma data! Como atualizar o texto e as imagens automaticamente

Todos nós precisamos mudar sempre e algumas alterações são mais previsíveis do que outras. Se você for um contador, poderá querer exibir um lembrete em sua página por ocasião dos pagamentos de impostos e publicações trimestrais. Ou talvez gostaria de saudar as estações do ano e os feriados com um trabalho especial. Com os componentes Scheduled Include Page (Página de Inclusão Programada) e Scheduled Picture (Imagem Programada), você poderá informar o FrontPage quando exibir uma página incluída ou imagem e quando parar de exibi-la.

Como atualizar o texto com o componente Scheduled Include Page

O componente Scheduled Include Page funciona como o velho componente Include Page normal (com apenas mais *algumas* definições). Crie seu Scheduled Include Page da mesma maneira que criaria um Include Page normal. Lembre-se de gravá-lo na pasta _private de seu Web. Então, coloque seu cursor onde deseja que o Include Page apareça, selecione Component no menu Insert e depois escolha Scheduled Include Page na lista.

Quando a caixa de diálogos Scheduled Include Page aparecer, como mostrado na figura a seguir, faça o seguinte:

1. Clique o botão Browse ao lado da caixa During the Scheduled Time (Durante o Tempo Programado) para localizar e inserir seu Include Page.
2. Você tem informações que normalmente deseja exibir nesse lugar? Informe ao FrontPage onde está essa página clicando o botão Browse ao lado do botão Before and After the Scheduled Time (Optional) Page Link (Antes e Depois do Link da Página (Opcional) com Tempo Programado). A página selecionada será exibida como o Include Page default quando o Scheduled Include Page estiver inativo.
3. Escolha um ano, mês, data e hora nas listas Starting Date and Time (Data e Hora de Início). Isso informará ao FrontPage quando começar a exibir a página.
4. Escolha um ano, mês, data e hora nas listas Ending Date and Time (Data e Hora de Término). Isso informará ao FrontPage quando parar de exibir a página.
5. Clique em OK para aplicar suas definições e retornar para sua página Web.

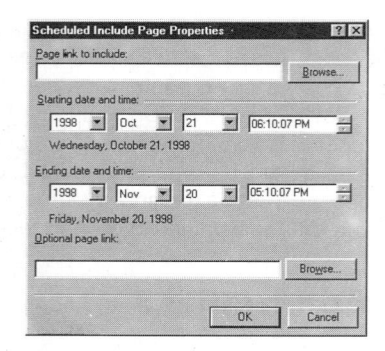

Caixa de diálogos Scheduled Include Page Properties.

Como atualizar uma imagem com o componente Scheduled Picture

Se você deixa suas decorações das férias de inverno ativadas até o verão, gostará do componente Scheduled Picture. Você poderá programar uma imagem da mesma maneira que programaria um Include Page. Coloque seu cursor onde deseja que a imagem apareça, escolha Component no menu Insert e selecione Scheduled Picture na lista. Quando a caixa de diálogos Scheduled Picture Properties (Propriedades da Imagem Programada) aparecer, você poderá escolher sua imagem, selecionar suas horas de início e término e uma imagem default que aparecerá quando a imagem incluída estiver inativa.

Como gerar uma página de índice

Provavelmente você percorreu o índice deste livro e seus visitantes certamente apreciariam um mapa semelhante de seu *site*. Mas isso parece ser muito trabalhoso! Tudo bem. O componente Table of Contents (Índice) poderá fazer isso para você em pouco tempo. Para criar um índice para seu Web *site*, abra uma página Web (ou crie uma), coloque seu cursor onde deseja que o índice apareça, selecione Components no menu Insert e então selecione Table of Contents.

Quando a caixa de diálogos Table of Contents Properties (Propriedades do Índice) aparecer, como mostrado na figura a seguir, faça o seguinte:

1. Forneça um nome de arquivo da página Web na caixa Page URL for Starting Point of Table (URL da Página para o Ponto Inicial do Índice) ou clique o botão Browse para localizar uma página. O índice começará com essa página.
2. Escolha um tamanho para os cabeçalhos do índice na lista Heading Font Size (Tamanho da Fonte do Cabeçalho).

Capítulo 19 ➤ Caixa de utilidades: componentes FrontPage   **247**

3. Clique em Show Each Page Only Once (Mostrar Cada Página Apenas Uma Vez) para exibir apenas as páginas uma vez apenas, mesmo que mais de uma página se ligue a elas.
4. Clique em Show Pages with No Incoming Hyperlinks (Mostrar Páginas Sem Hyperlinks de Entrada) para assegurar que o FrontPage obterá as páginas para as quais você pode ainda não ter criado *links*. O FrontPage ainda é esperto o bastante para ignorar os arquivos armazenados em sua pasta _private.
5. Clique em Recompute Table of Contents when Any Other Page Is Edited (Recalcular Índice quando Qualquer Outra Página For Editada) para ter certeza de que o FrontPage atualizará o índice quando você fizer alterações.
6. Clique em OK para retornar para sua página Web.

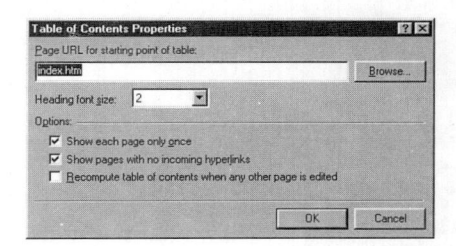

A caixa de diálogos Table of Contents Properties.

O que está errado com meu índice?

Não se preocupe. Nada está errado. Quando você insere o componente Table of Contents, um cabeçalho genérico aparece com três itens da lista abaixo dele na janela FrontPage, não importando o que o índice *realmente* informe. Clique o botão Preview in Browser (Visualizar no Browser) na barra de ferramentas Standard (Padrão) para exibir sua nova página Table of Contents em um browser. Isso parece melhor, não é?

Essa página foi atualizada quando?
Coloque um timbre de hora em suas páginas

Você atualiza suas páginas com freqüência? Se você publica anúncios de empresas, relatórios ou os capítulos mais recentes de seu romance *online*, não irá querer que seus visitantes regulares percam a oportunidade. Com o FrontPage, você poderá colocar um timbre de hora em sua página. Quando você atualizar a página, o timbre de hora mudará automaticamente.

Para colocar um timbre de hora em sua página, coloque seu cursor onde deseja que o timbre de hora apareça e então selecione Date and Time (Data e Hora) no menu Insert. Quando a caixa de diálogos Date and Time Properties (Propriedades da Hora e Data) aparecer, faça o seguinte:

1. Clique em um dos botões de rádio Display (Exibir). Você poderá informar ao FrontPage para alterar a data quando editar uma página ou quando o FrontPage atualizar automaticamente uma página com um componente Scheduled Include Page.
2. Selecione uma opção na lista Date Format (Formato da Data), como 1/1/2000 ou January 1, 2000 (1º. de janeiro de 2000).
3. Se quiser, poderá também escolher um formato da hora, como em 09:08:26 AM ou 09:08 AM, na lista Time Format (Formato da Hora). Ou poderá deixar None (Nenhum) selecionado se preferir não exibir a hora.
4. Clique em OK para retornar para sua página Web.

Como controlar as coisas com o componente Substitutions

Você e seus colaboradores publicam páginas Web em uma intranet? O componente Substitutions (Substituições) poderá ajudá-lo a controlar quem está fazendo o quê e de qual projeto ou departamento cada página se origina. O componente Substitutions funciona melhor quando você o coloca em uma pequena impressão na parte superior ou inferior da página, como seria um cabeçalho ou rodapé para um documento do processador de textos. Se isso soa um pouco confuso, não se preocupe. Você terá uma melhor compreensão em breve.

Para adicionar substituições automáticas, selecione Components no menu Insert e então escolha Substitution. Quando a caixa de diálogos Substitution Component Properties (Propriedades do Componente Substitution) aparecer, selecione uma opção na lista Substitute With (Substituir Por) e clique em OK. Para adicionar outras substituições, repita essas etapas.

As opções incluem as seguintes:

- *Author* (Autor) — A pessoa que criou originalmente o documento (ou algumas vezes um título do serviço, como Administrador).
- *Modified By* (Modificado Por) — A pessoa que atualiza o documento (ou algumas vezes um título do serviço ou nome do departamento, como Vendas, por exemplo).
- *Description* (Descrição) — Um pequeno resumo do que a página contém, como Monthly Sales Report ou Relatórios das Vendas Mensais).
- *Page URL* (URL da Página) — O local da página no servidor local ou remoto, dependendo de como sua rede está configurada.

Capítulo 19 ➤ Caixa de utilidades: componentes FrontPage

Quando você terminar de inserir suas substituições, elas ficarão como as seguintes:

```
Betty Jones Tom Smith Monthly Sales Figures
http://janes_server/marketing/reports/monthly.htm
```

Para tornar suas substituições mais legíveis, você poderá querer primeiro digitar os seguintes identificadores em sua página Web, antes de inserir as substituições:

```
Author: Modified by: Description: URL:
```

Então poderá inserir cada substituição após o devido texto.

De onde vêm as informações de substituição?

O FrontPage reúne essas informações das definições Workgroup (Grupo de Trabalho) e coloca-as em sua página Web. Você poderá escolher e fornecer as definições Workgroup indo para a exibição Folders (Pastas), selecionando um arquivo e exibindo a caixa de diálogo Properties com a guia Workgroup selecionada. Para saber mais sobre as definições Workgroup, veja o Capítulo 18, "Uma combinação feita em Redmond: FrontPage e Microsoft Office 2000" e o Capítulo 29, "Não é necessário uma aldeia para construir uma intranet: como publicar, compartilhar e atualizar arquivos".

O Web site pesquisável: como adicionar um formulário de pesquisa

Quando seu Web *site* crescer, poderá ficar *terrivelmente* difícil encontrar as coisas dentro dele. Com o FrontPage, você poderá criar sua própria máquina de pesquisa para que os visitantes possam pesquisar seu Web *site*, como mostrado na figura a seguir. Ele funcionará como as grandes máquinas de pesquisa como o Yahoo! e o Excite, mas apenas para as páginas em seu próprio Web *site*. Quando os visitantes fornecerem suas palavras-chave na caixa de texto do formulário de pesquisa e clicarem o botão Start Search (Iniciar Pesquisa), uma nova página aparecerá com os títulos e os *links* da página.

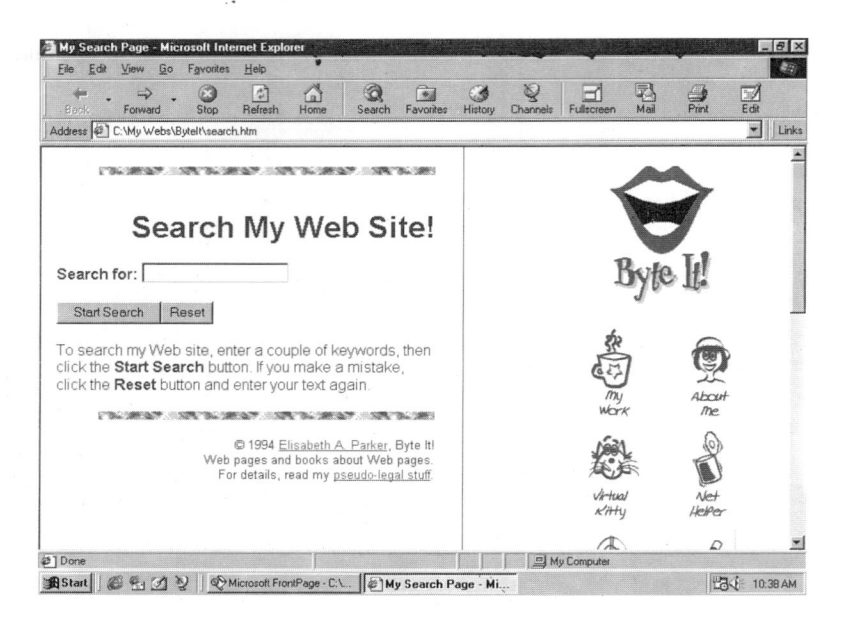

Uma página Web com um formulário de pesquisa.

Para criar a máquina de pesquisa de seu *site*, selecione Component no menu Insert e então selecione Search Form (Formulário de Pesquisa). Quando a caixa de diálogos Search Form Properties (Propriedades do Formulário de Pesquisa) aparecer, faça o seguinte:

1. Com a ficha Search Form Properties selecionada, forneça uma etiqueta na caixa Label for Input (Etiqueta para Entrada). (O FrontPage fornecerá automaticamente Search For (Pesquisar), mas você poderá mudar isso para algo como Enter a Keyword (Fornecer uma Palavra-chave).) Esse texto aparecerá antes da caixa de texto com uma linha no formulário de pesquisa.
2. Na caixa Width in Characters (Largura em Caracteres), forneça uma largura (medida em caracteres de texto, não em pixels) para a caixa de texto com uma linha.
3. Você poderá também fornecer o texto para os botões Submit (Submeter) e Reset (Redefinir) digitando-o nas caixas Label for "Start Search" Button (Etiqueta para o Botão "Start Search") e Label for "Clear" Button (Etiqueta para o Botão "Clear").
4. Clique na guia Search Results (Resultados da Pesquisa). Essas opções determinarão como a página de resultados da pesquisa será listada em suas páginas.
5. Deixe All (Tudo) indicado na caixa Word List to Search (Lista de Palavras a Pesquisar). Isso irá assegurar que o componente Search pesquisará todas as palavras dos documentos em seu Web *site*.

Capítulo 19 ➤ Caixa de utilidades: componentes FrontPage   **251**

6. Se você escolher exibir as datas quando as páginas forem criadas ou atualizadas, poderá escolher os formatos da data e da hora nas listas Date Format e Time Format.
7. Você poderá também escolher exibir as informações da página juntamente com os resultados da pesquisa clicando nos quadros de seleção a partir da lista Display Options (Exibir Opções).
8. Clique em OK para retornar para sua página Web.

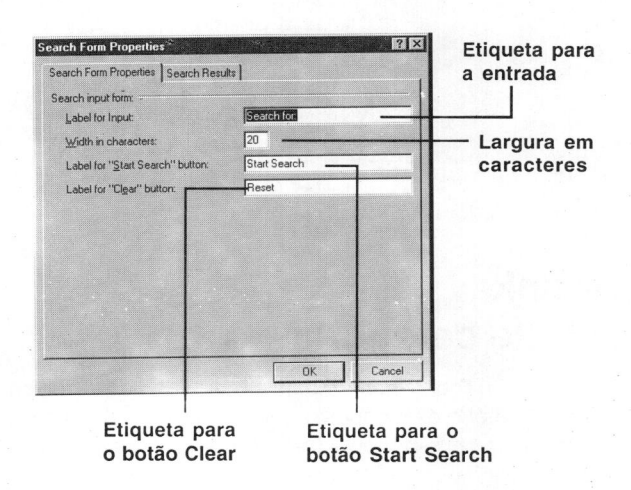

Caixa de diálogos Search Form Properties com a ficha Search Form Properties selecionada.

O contador

Deseja mostrar quantos visitantes teve? Coloque um contador em sua página Web. Para inserir um contador, selecione Component no menu Insert e então escolha Hit Counter (Contador de Batidas). Quando a caixa de diálogos Hit Counter Properties (Propriedades do Contador de Batidas) aparecer, como mostrado na figura a seguir, escolha como deseja que seus números apareçam, selecionando um Counter Style (Estilo do Contador) e clicando em OK. Se você quiser redefinir seu contador e começar novamente, clique com o botão direito do mouse em seu contador e selecione FrontPage Component Properties no menu de atalho. Quando a caixa de diálogos Hit Counter Properties aparecer, clique no quadro de seleção Reset Counter To (Redefinir Contador Para) e forneça um número.

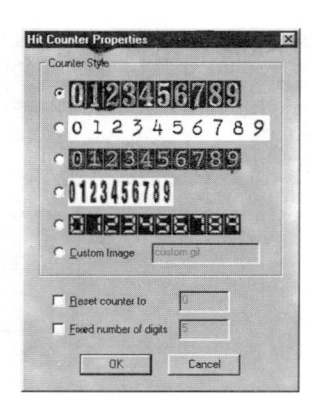

Caixa de diálogo Hit Counter Properties.

Como criar links automáticos de categorias

Se você ou seu administrador FrontPage atribuiu categorias aos arquivos em seu Web *site*, como Expense Report (Relatório de Despesas), Ideas (Idéias) ou Goals/Objectives (Metas/ Objetivos), você poderá usar o componente Categories (Categorias) para criar, automaticamente, *links* para todas as páginas que ficam nessas categorias. Para saber mais sobre como atribuir as categorias, veja o Capítulo 18 e o Capítulo 29.

Para criar *links* automáticos para as páginas por categoria, selecione Component no menu Insert e então escolha Categories no menu de atalho. Quando a caixa de diálogos Categories aparecer, como mostrado na figura a seguir, clique nos quadros de seleção na lista Choose Categories to List Pages By (Escolher Categorias para Listar Páginas Por) e clique em OK para retornar para sua página Web.

Você poderá também escolher classificar as páginas em ordem alfabética pelo título ou data de modificação, selecionando uma opção na lista Sort Pages By (Classificar Páginas Por) e poderá incluir as datas da modificação e os comentários da página clicando nos quadros de seleção a partir da lista Include the Following Information (Incluir as Seguintes Informações).

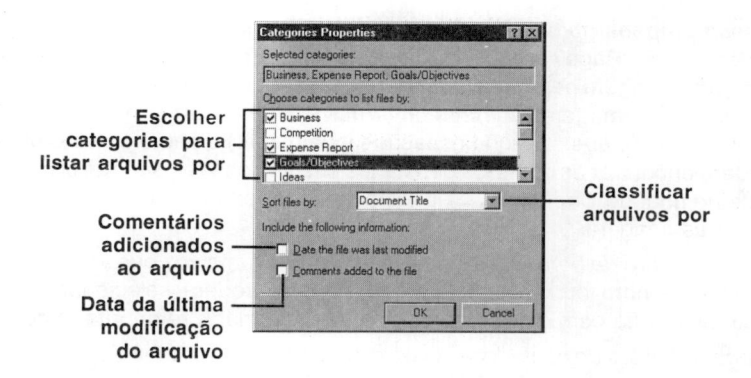

Capítulo 19 ➤ Caixa de utilidades: componentes FrontPage

Escolher categorias para listar arquivos por

Comentários adicionados ao arquivo

Data da última modificação do arquivo

Classificar arquivos por

Caixa de diálogos Categories Properties.

Cinco dicas para os componentes FrontPage

Os componentes FrontPage são tão fáceis de usar que você provavelmente não precisará de nenhuma dica para descobri-los. Mas eis algumas de qualquer modo:

Como editar os componentes FrontPage

Você poderá querer mudar as definições de seus componentes no meio do caminho. Isso é fácil. Simplesmente clique com o botão direito em um componente e selecione Component Properties no menu de atalho. Isso exibirá a caixa de diálogo para seu componente para que você possa fornecer novas definições.

➤ *O tamanho pode importar* — Você pretende usar o componente Scheduled Picture para programar mais de uma imagem aparecendo no mesmo lugar? Ajudará usar imagens que tenham mais ou menos o mesmo tamanho. Assim seu *layout* sempre parecerá igual, mesmo que imagens diferentes apareçam.

➤ *Adicione alguns toques delicados* — Teve alguma paralisação? Use o componente Scheduled Include Page ou Scheduled Picture para desejar aos colaboradores um feliz aniversário, exibir um trabalho de férias festivo ou anunciar os eventos que estão por vir e que serão importantes para seus visitantes. As pessoas apreciarão sua delicadeza e você terá apenas que mudar as coisas uma vez por ano de agora em diante!

- **Crie seus próprios números do contador** — Não gosta dos estilos do número do contador do FrontPage? A caixa de diálogos Hit Counter Properties permite que você escolha uma imagem personalizada. Para criar seu próprio conjunto de números, use um programa de imagem para criar um arquivo GIF com uma linha de números de 0-9 (certifique-se de que os tenha espaçado igualmente) e então grave-o em seu Web. Ou poderá encontrar os números desejados em um dos Web *sites* de cliparts gratuitos listados no final do Capítulo 8, "A página Web perfeita com imagens: como colocar e ajustar as imagens"
- **Ajuste seu timbre de hora e texto de substituição** — Uma vez que você tenha inserido um timbre de hora ou um texto de substituição, poderá selecionar o texto como normalmente faria com o texto da página Web normal e reformatá-lo como quiser.
- **Conheça os limites do contador** — Os contadores são divertidos e parecem realmente interessantes. Mas se você espera atrair anúncios pagos com o número enorme que o contador apresenta, pense novamente. Os números nem sempre significam visitantes humanos. Os bots da máquina de pesquisa (explicado no Capítulo 26, "Não fique apenas sentado aí! Como publicar seu Web *site*") e os programas do servidor poderão também "visitar" seu Web *site*. E mais, os contadores não podem informar de onde vêm seus visitantes ou de que *links* eles provêm. Para obter essas informações, você precisará das estatísticas do servidor, que a maioria dos ISPs e hosts Web fornece mensalmente com sua conta (embora algumas vezes você tenha que pedir).

O mínimo que você precisa saber

- Os componentes FrontPage permitem adicionar recursos interessantes e úteis ao seu Web *site* que normalmente iriam requerer programação. Por exemplo, você poderá criar um índice imediato, um contador, um timbre de hora e um formulário de pesquisa.
- Você poderá criar páginas Web separadas com informações que usará em diversas páginas, como o texto de direitos autorais, elementos de contato e *links*, e adicioná-las como componentes Include Page a outras páginas Web. Se você editar a página Web incluída, o FrontPage aplicará suas alterações em todas as páginas Web que contenham o Include Page. Você poderá também adicionar os componentes Scheduled Include Page e Scheduled Picture a suas páginas. Isso exibirá páginas incluídas ou imagens entre as datas especificadas.
- Os componentes Categories e Substitution facilitam para você e seus colaboradores controlarem diferentes páginas e projetos. Os componentes AutoLinks e Substitutions funcionam apenas quando o Administrador FrontPage estabelece as definições Workgroup para os arquivos em seu Web *site*. Para saber mais sobre as definições Workgroup, veja o Capítulo 18 e o Capítulo 29.
- Você poderá editar seus componentes clicando com o botão direito nos componentes e selecionando Component Properties para exibir a devida caixa de diálogos.
- Lembre-se de verificar suas alterações no *browser*. Alguns componentes FrontPage não são exibidos corretamente na exibição Page mas são corretamente exibidos em um *browser* Web.

Capítulo 20

Páginas divinas com efeitos especiais animados

Neste capítulo

➤ Como configurar rollovers (ou hove buttons — "botões indefinidos") animados
➤ Como criar botões que reproduzem sons quando as pessoas os clicam
➤ Como animar texto e imagens e tornar seu Web site uma exibição de slides com transições de páginas animadas
➤ Como construir animações GIF e anúncios de banner
➤ Como criar um contorno de texto com paginação
➤ Cinco lugares para visitar e obter idéias sobre animação

Alguma vez você visitou um Web *site* com animações elegantes e imaginou, "Por Deus, como fizerem isso?" No passado eu teria respondido, "Primeiro você aprenderá o JavaScript e DHTML..." Bocejo. Esse tipo de conversa certamente não tornaria ninguém a atração da festa! Especialmente agora que o FrontPage facilita a técnicos e a iniciantes animarem uma página Web.

Para começar a criar *rollovers*, que mudam de forma ou reproduzem sons quando os visitantes navegam em suas páginas, configure páginas com texto e imagens que se movem quando a página é carregada, construa transições que aparecem quando os visitantes seguem um *link* para uma nova página e mais. Se você quiser aprender mais sobre o *script*, DHTML e programação Web, veja o Capítulo 21, "Acelere seu Web *site* com programas e *scripts*". Nesse meio tempo, divirta-se e deixe que o FrontPage cuide das coisas técnicas e desagradáveis.

Como configurar rollovers animados

Os *rollovers* são *links* de imagens que mudam quando um visitante passa sobre essas imagens ou detém o ponteiro do mouse sobre elas. Os Web *designers* chamam esses botões de *rollovers* ou *mouse overs* (passagens do mouse). Os *rollovers* parecem interessantes e também ajudam os visitantes a descobrirem os elementos da página que funcionam como *links*. Se você gostar de botões retangulares com etiquetas de texto, poderá usar o componente Hover Button (Botão Indefinido) do FrontPage. Ou poderá criar *rollovers* a partir de seus próprios gráficos.

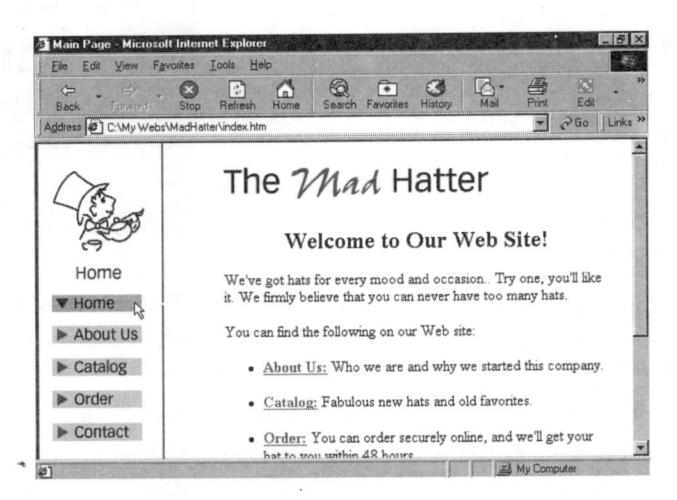

Os rollovers usados como uma barra de navegação em uma página Web.

Como criar rollovers imediatos do FrontPage

Os *rollovers* do FrontPage são retângulos coloridos com etiquetas de texto que mudam de cor quando um visitante passa o ponteiro do mouse sobre eles. Você poderá criar uma linha inteira ou coluna de *rollovers* e usá-los como uma barra de navegação. A caixa de diálogos Hover Button Properties (Propriedades do Botão Indefinido) facilitará criar seus botões.

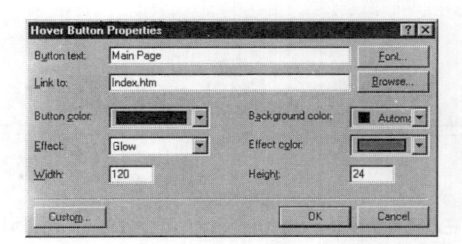

Capítulo 20 ➤ Páginas divinas com efeitos especiais animados

Caixa de diálogo Hover Button Properties.

Para criar um *rollover*, coloque seu cursor onde deseja que o *rollover* apareça, selecione Component (Componente) no menu Insert (Inserir) e então escolha Hover Button no menu em cascata. Quando a caixa de diálogos Hover Button Properties aparecer, use a seguinte lista para definir suas opções. Quando você terminar de criar seu *rollover*, clique em OK para inseri-lo e retornar para sua página Web.

A caixa de diálogos Hover Button fornece as seguintes opções:

➤ *Button text* (Texto do botão) — Digite o texto para criar uma etiqueta para seu botão. Você deverá limitar sua etiqueta a uma ou duas palavras curtas para que o botão não fique grande demais.

➤ *Font* (Fonte) — Clique o botão Font para exibir a caixa de diálogos Font. Então selecione uma fonte, estilo da fonte, tamanho e cor nas listas. A cor da fonte deverá contrastar a cor do botão para que as pessoas possam ler a etiqueta. Por exemplo, você deverá colocar um texto com cor clara em um botão com cor escura. Quando terminar, clique em OK para voltar para a caixa de diálogos Hover Button.

➤ *Link* (Link) — Ligue o botão a uma página Web digitando o nome de arquivo. Se você não se lembrar do nome do arquivo, poderá também clicar o botão Browse (Percorrer) para localizar e selecionar seu arquivo em suas pastas Web. Quando terminar de percorrer, clique em OK para voltar para a caixa de diálogos Hover Button Properties.

➤ *Button color* (Cor do botão) — Exibe um menu de cores para que você possa escolher uma cor para seu botão. Se você esqueceu como selecionar as cores nos menus de cor do FrontPage, veja o Capítulo 3, "Como lidar com páginas Web".

Experimente algumas opções de efeito!

A opção Color Fill (Preenchimento da Cor) mudará seu botão para uma cor sólida (que você poderá selecionar no menu Effect Color ou Cor do Efeito). A opção Color Average (Média da Cor) selecionará automaticamente uma cor de contraste para você. As opções Glow (Brilho), Reverse Glow (Inverter Brilho) e Light Glow (Brilho Claro) mudarão seu botão para as gradações da cor que parecem iridescentes. As opções Bevel out (Bisel para fora) e Bevel in (Bisel para dentro) transformarão seus *rollovers* em botões em 3D que parecerão pressionados ou levantados quando o botão mudar.

➤ *Background color* (Cor de fundo) — Selecione uma cor e mantenha seus efeitos especiais em uma certa faixa de cores. Por exemplo, se você escolher o efeito Glow, o botão exibirá gradações de cores, variando desde a cor de fundo (Background color) selecionada até a cor de efeito (Effect color) selecionada. Você poderá experimentar se quiser. Ou se estiver muito ocupado para lidar com isso, selecione Automatic (Automático) no menu de cores.

➤ *Effect* (Efeito) — Escolha uma opção para determinar o que acontecerá quando o *rollover* mudar.

➤ *Effect color* (Cor do efeito) — Selecione uma opção no menu de cores para determinar a cor ou a faixa de cores para a qual o *rollover* deverá mudar.

➤ *Width* (Largura) e *Height* (Altura) — Você poderá fornecer as medidas em pixels para determinar a largura e a altura de seus *rollovers* ou poderá redimensioná-los depois de colocá-los em sua página Web. Clique em um botão. Quando as alças aparecerem, mova o ponteiro de seu mouse sobre elas até que duas setas apareçam e então arraste a alça. Saiba que se você usar seus próprios gráficos para os *rollovers*, isso alterará as dimensões e eles poderão ficar distorcidos.

Experimente o componente Include Page

O FrontPage facilita colocar linhas e colunas nos *rollovers* em todas as suas páginas Web, mas ainda poderá levar muito tempo. Economize algumas horas de trabalho! Ao invés disso, crie um Include Page (Incluir Página) com seus *rollovers* e insira-o em todas as suas páginas. Para saber mais sobre o componente Include Page, veja o Capítulo 19, "Caixa de utilidades: componentes FrontPage".

Capítulo 20 ➤ Páginas divinas com efeitos especiais animados   **259**

➤ *Custom* (Personalizar) — Você poderá configurar seu *rollover* para reproduzir um som quando ele mudar ou poderá usar uma imagem como seu botão. Ambas as opções serão mais explicadas nas seções que seguem.

Como visualizar e editar os rollovers do FrontPage

"Sim!" você pode exclamar quando tentar testar um *rollover* no FrontPage. "Por que não funciona?" O FrontPage não executa *scripts*, porque eles reduzem muito a velocidade das coisas quando você está trabalhando. Para ver seus *rollovers* em ação, grave sua página e clique o botão da barra de ferramentas Preview in Browser (Visualizar no Browser) ou selecione Preview in Browser no menu File (Arquivo). Viu? Seus *rollovers* funcionam muito bem em seu *browser*.

Deseja alterar seus *rollovers*? É fácil editá-los. Clique com o botão direito em um botão e selecione Hover Button Properties no menu de atalho para exibir a caixa de diálogos novamente. Ou poderá selecionar um botão e escolher Properties no menu Format (Formatar). Não esqueça de gravar o arquivo antes de exibi-lo.

Como reproduzir sons com seus rollovers do FrontPage

Deseja alguma diversão? Que tal criar *rollovers* que reproduzam sons? Imagine um botão que late quando um visitante passa o ponteiro do mouse sobre o *link* para a página Web do Fido. Para criar algum barulho, exiba a caixa de diálogos Hover Button Properties e clique o botão Custom.

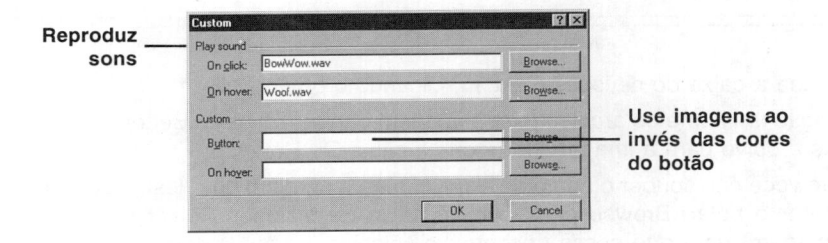

Caixa de diálogo Custom com os nomes de arquivo de som fornecidos.

Digite o nome do arquivo de som (como sound.wav) na caixa On Click (Ao Clicar). Para reproduzir um som quando um visitante passa o ponteiro do mouse sobre seu *rollover*, digite o nome do arquivo de som na caixa On Hover (Ao Passar). Você poderá também exibir a caixa de diálogos Select Sound (Selecionar Som) e procurar os arquivos de som, clicando os botões Browse ao lado das caixas On Hover e On Click. Quando terminar, clique em OK para retornar para a caixa de diálogos Hover Button Properties.

Como usar suas próprias imagens como rollovers

Os velhos *rollovers* retangulares e planos arrasam com o artista em você? Sinta-se à vontade para usar qualquer gráfico desejado para seus botões. Você precisará de dois conjuntos de imagens: a imagem original aparecerá quando sua página for carregada, e a segunda imagem aparecerá quando um visitante passar o ponteiro do mouse sobre o botão. Os construtores Web chamam isso de *imagens de troca*. Se seus gráficos não usarem etiquetas, você poderá deixar a caixa de texto Button (Botão) em branco.

Para transformar as imagens em *rollovers*, exiba a caixa de diálogos Hover Button Properties e faça o seguinte.

1. Digite um URL ou nome da página na caixa Link To (Ligar A).
2. Se você deseja colocar uma etiqueta em seu botão, digite seu texto na caixa de texto Button.

Leia isso antes de criar rollovers com imagens!

Se você criar *rollovers* a partir de seus próprios gráficos, certifique-se de que a imagem original e a imagem de troca tenham a mesma altura e largura. Do contrário, seus botões não serão exibidos devidamente. Essa regra aplica-se ao se substituírem as cores do rollover do FrontPage por imagens e ao criarem-se *rollovers* com suas próprias imagens.

3. Exiba a caixa de diálogos Custom, clicando o botão Custom.
4. Digite um nome de arquivo para a imagem original na caixa Button e digite um nome de arquivo para a imagem de troca na caixa On Hover.

   Se você não souber o nome de arquivo para a imagem que deseja adicionar, poderá clicar o botão Browse para exibir a caixa de diálogos Select Picture (Selecionar Imagem) para que possa encontrar e selecionar suas imagens.
5. Clique o botão OK para retornar para a caixa de diálogos Hover Button Properties.
6. Clique em OK para inserir o botão e retornar para sua página Web.

Capítulo 20 ➤ Páginas divinas com efeitos especiais animados   **261**

Páginas em movimento: como criar efeitos especiais Dynamic HTML

Impressione seus amigos e colaboradores com suas páginas Dynamic HTML (DHTML ou HTML Dinâmica) elegantes. O FrontPage ajudará a produzir efeitos especiais em questão de minutos. Mas, shhhhh! É nosso pequeno segredo, certo?

Para criar um efeito especial Dynamic HTML, faça o seguinte.

1. Clique em uma imagem ou selecione algum texto.
2. Exiba a barra de ferramentas HTML, selecionando Dynamic HTML Effects (Efeitos da Dynamic HTML) no menu Format.

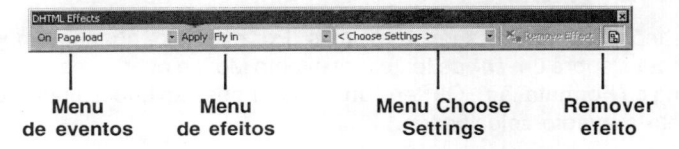

Menu de eventos   Menu de efeitos   Menu Choose Settings   Remover efeito

Barra de ferramentas DHTML.

3. Selecione um evento no menu Choose an Event (Escolher um Evento).
4. Selecione um efeito especial no menu Choose an Effect (Escolher um Efeito).
5. Selecione as definições para seu efeito especial no menu Choose Settings (Escolher Definições).

Se você não souber quais são os eventos, efeitos especiais ou definições do efeito especial, não se preocupe. As seguintes seções informarão o que você precisa saber.

Como selecionar os eventos DHTML

Eventos? Não, não estou falando sobre grandes terremotos ou da festa maluca de *Réveillon* de seu tio. Com o FrontPage, *eventos* são coisas que acontecem nas páginas Web ou com objetos em uma página Web. Quando um evento ocorre, o texto ou o gráfico faz algo que os construtores Web chamam de *inicializar uma ação*.

Você poderá selecionar os seguintes tipos de eventos no menu Choose an event na barra de ferramentas DHTML Effects (Efeitos DHTML).

➤ *Click* (Clicar) — Inicializa uma ação quando um visitante clica no texto ou gráfico. Você poderá usar isso para trocar uma imagem linkada ou alterar a aparência do texto linkado antes de a nova página ser carregada.

➤ *Double click* (Clicar duas vezes) — Inicializa uma ação quando o visitante clica duas vezes no texto ou gráfico. Não recomendo usar esse evento, porque as pessoas geralmente clicam apenas uma vez no texto e nas imagens em uma página Web.

➤ *Mouse over* (Passagem do mouse) — Inicializa uma ação quando o visitante passa o ponteiro de seu mouse sobre o texto ou gráfico. Se seu servidor não suportar o FrontPage, você poderá usar esse evento para criar *rollovers* ao invés de usar o componente FrontPage Hover Button.

➤ *Page load* (Carregamento da página) — Inicializa uma ação quando a página aparece no *browser* de um visitante. Você poderá usar o evento Page load para criar *layouts* de páginas animadas com texto e gráficos que se movem quando a página é exibida.

Como escolher os efeitos DHTML

Efeitos são as ações inicializadas pelos eventos. Por exemplo, quando um visitante passa o ponteiro do mouse sobre um *link* de texto (um evento Mouse over), a cor da fonte muda (um efeito Formatting ou Formatação). Os itens do menu Choose an effect mudarão, dependendo do tipo de objeto e evento selecionado.

Você poderá selecionar os seguintes tipos de efeitos no menu Choose an effect na barra de ferramentas DHTML Effects:

➤ *Fly out* (Distanciar) — O texto ou a imagem afasta-se quando um evento ocorre. Você poderá usar esse efeito para texto ou imagens com os eventos Click e Double click.

➤ *Formatting* — O texto muda para uma fonte diferente, estilo de fonte ou cor da fonte, quando um evento ocorre. Você poderá usar esse efeito para o texto com os eventos Click, Double click e Mouse over.

➤ *Swap picture* (Imagem de troca) — Uma nova imagem aparece e substitui a original. Isso funciona de maneira muito parecida com os *rollovers* do FrontPage. Você poderá usar esse efeito para as imagens com os eventos Click e Mouse over.

Os efeitos abaixo descritos funcionarão apenas com o evento Page load.

➤ *Drop in by word* (Aparecer por palavra) — As imagens selecionadas e gráficos aparecem na página uma por uma. Esse efeito funciona apenas quando você seleciona mais de um objeto em uma página.

➤ *Elastic* (Elástico) — A imagem ou o texto movem-se para a página a partir de cima, da direita, da esquerda ou de baixo e então salta suavemente antes de se colocar no lugar.

➤ *Fly in* (Aproximar) — A imagem ou o texto vão para seu lugar a partir de cima, da direita, da esquerda ou de baixo da página.

➤ *Hop* (Pular) — A imagem ou o texto aparecem em seu lugar e saltam uma vez.

➤ *Spiral* (Espiral) — A imagem ou o texto fazem espirais na página antes de se moverem para o lugar.

➤ *Wave* (Onda) — A imagem ou o texto movem-se na página em um movimento de onda e então vão para o lugar.

➤ *Wipe* (Remoção) — A imagem ou texto desaparecem na exibição de cima para baixo, da direita para a esquerda ou do meio para fora.

Capítulo 20 ➤ Páginas divinas com efeitos especiais animados   **263**

Como selecionar as definições DHMTL

Uma vez que você tenha selecionado um evento e um efeito em seu texto ou imagem, poderá ajustar seus efeitos especiais escolhendo definições para eles. Se você aplicar o efeito Fly out, precisará informar ao FrontPage a direção na qual o texto ou a imagem irá se mover. Como no menu de efeitos, o menu Choose Settings mudará dependendo de suas outras seleções.

O menu Choose Settings na barra de ferramentas DHTML Effects oferece as opções abaixo descritas.

➤ *Choose font* (Escolher fonte) — Altera a aparência do texto selecionado quando um evento ocorre. Essa opção estará disponível apenas quando você aplicar o efeito Formatting no texto (que está disponível apenas para os eventos Click, Double Click e Mouse Over). Quando você selecionar Choose Font, a caixa de diálogos Font aparecerá para que aplique as definições da fonte para determinar como o texto mudará. Para saber mais sobre a caixa de diálogos Font, veja o Capítulo 5, "Como apresentar textos e lidar com as fontes".

➤ *Choose border* (Escolher borda) — Exibe uma borda e/ou uma área sombreada em torno do texto selecionado quando um evento ocorre. Essa opção estará disponível apenas quando você aplicar o efeito Formatting no texto. Quando você selecionar a caixa de diálogos Choose Border, a caixa de diálogos Borders and Shading (Bordas e Sombreamento) aparecerá para que possa aplicar as opções no texto. Com o FrontPage, você poderá aplicar as definições Font e Border no mesmo texto. Para saber mais sobre as bordas e o sombreamento, veja o Capítulo 15, "Agora você tem estilo! Como usar as folhas de estilo".

➤ *Direction — To left, To top, and more* (Direção — Para esquerda, para cima e mais) — Quando você aplicar o efeito Fly out nas imagens e texto, poderá decidir a direção para a qual deseja que seu objeto se mova. O menu Choose Settings permite que você distancie seu texto e imagens para a esquerda, para cima, para a esquerda inferior, direita inferior, direita superior e esquerda superior da página. Se você aplicou o efeito Fly out em mais de um objeto, poderá também selecionar To Top-right by word (Para Direita superior por palavra) para distanciá-los da janela do *browser* um por um.

➤ *Choose picture* (Escolher imagem) — Essa opção estará disponível apenas quando você aplicar o efeito Swap Picture em uma imagem. Quando você selecionar Swap Picture, a caixa de diálogos Picture aparecerá para que possa paginar para obter sua imagem de troca. As imagens de troca são parecidas com os *rollovers*.

➤ *From right, From bottom, and more* (Da direita, De baixo e mais) — Quando você aplicar os efeitos nas imagens para os eventos Page load (como Fly in ou Drop in by word), poderá escolher a direção a partir da qual deseja que os objetos venham. O menu Choose Settings permitirá aproximar o texto da direita, de baixo, da esquerda, de cima, da esquerda inferior, direita inferior e direita superior da página. Algumas dessas opções poderão não estar disponíveis para todos os efeitos.

Como visualizar os efeitos DHTML

Como nos *rollovers* e muitos componentes FrontPage, os efeitos especiais DHTML não são executados na exibição Normal do FrontPage. Para dar uma volta na página animada, grave a página e clique o botão Preview in Browser (ou selecione Preview in Browser no menu File) para que possa ver a página em seu *browser*. Quando terminar, clique na caixa Close (Fechar) da barra de ferramentas DHTML Effects para retornar ao seu trabalho.

Como editar e remover os efeitos DHTML

Não está muito contente com seus efeitos DHTML? Experimente, tente novamente! É divertido experimentar. Para editar um efeito, clique no texto ou imagem para exibir as definições do objeto selecionado na barra de ferramentas DHTML Effects. Se você fechou a barra de ferramentas DHTML, poderá exibi-la novamente selecionando Dynamic HTML Effects no menu Format.

Você poderá editar seus efeitos especiais das seguintes maneiras.

- ➤ *Altere um efeito DHTML* — Você poderá aplicar diferentes eventos, efeitos e definições na imagem ou texto, selecionando os diferentes itens dos menus.
- ➤ *Remova o destaque de um efeito DHTML* — Na exibição Normal, o FrontPage exibe os efeitos DHTML em uma área destacada para que você possa ver a quantidade de espaço usado para criar o efeito. Se a área destacada distraí-lo, você poderá removê-la, clicando o botão Hightlight (Destacar) na barra de ferramentas DHTML Effects. As áreas destacadas não serão exibidas nos *browsers*.
- ➤ *Remova um efeito DHTML* — Para remover um efeito HTML totalmente, clique o botão Remove Effect (Remover Efeito) na barra de ferramentas DHTML Effects.

Como criar os efeitos de exibição de slides com transições de páginas

O que é uma transição? Se você já assistiu a um filme, apresentação de televisão ou exibição de slides, viu as transições. Elas são animações simples que fazem a transição de uma cena para outra. Você sabe, como *desaparecer no preto*. Elas são muito elegantes e agora você poderá adicionar as transições às suas páginas Web para que uma página substitua suavemente a outra quando um visitante seguir seus *links*. Por exemplo, a transação Circle Out (Círculo para Fora) mostra a nova página Web em um círculo que gradualmente torna-se mais largo.

Criar transições de exibição de slides para suas páginas Web é fácil.

1. Abra uma página Web.
2. Selecione Page Transitions (Transições de Páginas) no menu Format para exibir a caixa de diálogos Page Transitions.

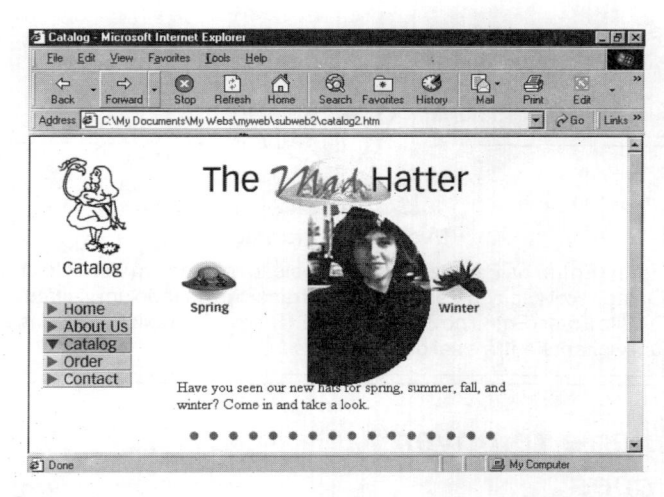

Capítulo 20 ➤ Páginas divinas com efeitos especiais animados 265

Como mostrar uma nova página Web com a transição Circle Out.

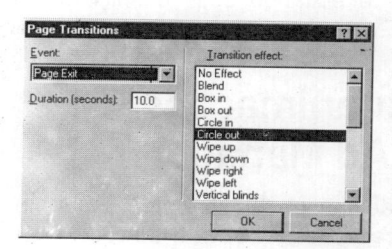

Caixa de diálogos Page Transitions.

3. Escolha um evento no menu Event (Evento). Você poderá aplicar as transições em quantos eventos listados quiser, mas não exagere!
4. Forneça um número de segundos na caixa Duration (seconds) (Duração (segundos)). Escolha um número entre 5 e 10 para dar aos visitantes tempo suficiente para admirarem sua obra de arte sem deixá-los impacientes.
5. Selecione um efeito no menu Transitions effect (Efeito das transições). O FrontPage vem com mais de 20 transições; sinta-se à vontade para experimentá-las e testá-las!

Eventos da transição

O Page Enter (Entrar na Página) exibe a transição quando um visitante entra em sua página. O Page Exit (Sair da Página) exibe a transição quando um visitante sai de sua página. Os Site Enter (Entrar no Site) e Site Exit (Sair do Site) exibem apenas a transição quando um visitante entra e sai de seu Web site.

Como editar e remover as transições

Você poderá mudar as transições de uma página Web quando quiser, exibindo a caixa de diálogos Page Transitions e editando suas definições. Para remover uma transição, selecione o evento na lista Event e escolha No Effect (Sem Efeito) no menu Transition effect.

Como construir animações GIF com o Banner Ad Manager

Muitos empreendimentos são anunciados em *banners* na Web atualmente. São os anúncios animados e chatos que você vê nos Web *sites*. Se você dirige seu próprio negócio, poderá querer experimentar o anúncio *online* também. (O Capítulo 26, "Não fique apenas sentado aí! Como publicar seu Web *site*", informará como começar.) O Banner Ad Manager (Gerenciador de Anúncios de Banner) poderá ajudá-lo a criar rapidamente seus próprios anúncios de *banner* animados.

Se você odeia os anúncios de *banner* e não pretende concorrer em uma campanha promocional *online*, poderá ainda se divertir com o Banner Ad Manager. Apesar de seu nome, é realmente uma ferramenta para criar *animações GIF*. A animações GIF são uma série de imagens que aparecem em seqüência em uma página Web. São como pequenos livros animados com um desenho em cada página. Quando você folheia as páginas com seu dedo, o desenho em miniatura parece animado.

Ingredientes da animação GIF

Para criar uma animação GIF, você precisará de uma série de duas a dez imagens formatadas como arquivos GIF (mais de 10 imagens exigirá muito tempo para carregar nos *browsers* dos visitantes). Suas imagens deverão ter a mesma altura e largura para que a animação seja executada devidamente. Se você tiver inclinações artísticas, experimente desenhar você

Capítulo 20 ➤ Páginas divinas com efeitos especiais animados **267**

mesmo alguns gráficos. Ou poderá usar qualquer imagem desejada, mesmo as fotografias favoritas que tirou com uma câmera digital ou que alguém copiou com o scanner para seu computador.

GIFs animados gratuitos!

Não tem nenhuma imagem para colocar em sua animação GIF? Não deixe que um detalhe bobo como esse arruine sua diversão. A First Internet Gallery of GIF Animation (Primeira Galeria Internet de Animação GIF) (http://www.netm.com/animations/) oferece animações gratuitas que você poderá carregar e usar em suas páginas. Uma vez que tenha carregado uma animação GIF, poderá colocá-la em seu *site*.

Como reunir sua animação

Uma vez que tenha reunido suas imagens e colocado-as em uma pasta, precisará importá-las para seu Web. O Capítulo 2, "Web *site* urgente: como dar uma volta nos FrontPage Webs", informa como importar os arquivos para os FrontPage Webs. Para construir sua animação GIF, primeiro precisará exibir a caixa de diálogos Banner Ad Manager Properties (Propriedades do Gerenciador de Anúncios de Banner). Você poderá fazer isso selecionando Component no menu Insert e então escolhendo Banner Ad Manager no menu em cascata.

Quando a caixa de diálogos Banner Ad Manager Properties aparecer, você poderá inventar uma animação GIF, bastando, para isso, seguir as etapas abaixo descritas.

1. Forneça a largura e altura para sua animação (em pixels) nas caixas Width e Height.
2. Escolha uma transição no menu Transition effect ou escolha None (Nenhum) se preferir manter as coisas simples.
3. Determine por quanto tempo cada imagem deverá aparecer, fornecendo um número de segundos na caixa Show each picture for (seconds) (Mostrar cada imagem por (segundos). Dois a cinco segundos deverá ser suficiente.

Anúncios de banner

Se você decidir criar um anúncio de *banner*, a maioria das empresas de anúncios *online* desejará que sua animação tenha 468 pixels de largura e 60 pixels de altura.

4. Se você quiser que sua animação GIF também funcione como um *link*, forneça um URL ou nome de arquivo na caixa Link to. Você poderá também clicar o botão Browse para localizar e selecionar uma página de seu Web.
5. Adicione suas imagens à animação, clicando o botão Add (Adicionar). Quando a caixa de diálogo Add Picture for Banner Ad (Adicionar Imagem para Anúncio de Banner) aparecer, você poderá percorrê-la para obter sua imagem e clicar o botão OK para prosseguir.
6. Clique o botão Add novamente para cada imagem que deseja adicionar à animação.
7. Quando terminar, clique em OK para adicionar a animação à sua página Web.

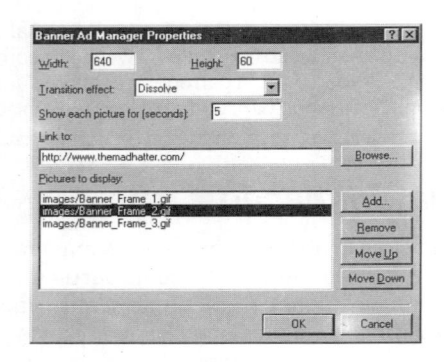

Caixa de diálogo Banner Ad Manager Properties.

Como visualizar e editar uma animação GIF

Para ver como está sua animação, clique o botão Preview in Browser para inicializar sua página Web em um *browser*; ou poderá clicar na guia Preview para visualizá-la. Você poderá também alterar ou reorganizar as imagens em sua animação quando quiser. Para editar sua animação GIF, clique-a com o botão direito e selecione Banner Ad Manager Properties no menu de atalho. Ou poderá selecionar o anúncio e selecionar Properties no menu Format.

Quando a caixa de diálogo Banner Ad Manager Properties aparecer, você poderá alterar suas definições e reorganizar sua lista de imagens de acordo com as explicações abaixo.

➤ *Adicione mais imagens* — Clique o botão Add.

➤ *Remova as imagens* — Para retirar uma imagem de sua animação, selecione-a na lista Pictures to display (Imagens a exibir) e clique o botão Remove (Remover).

➤ *Altere a ordem de exibição* — A animação exibe suas imagens na ordem em que aparecem na lista Picture to display. Você poderá mover uma imagem para o início da lista, selecionando-a e clicando o botão Move Up (Mover para Cima); ou movê-la para o final da lista, selecionando-a e clicando o botão Move Down (Mover para Baixo).

Como criar um contorno de texto com paginação

Os contornos de texto com paginação exibem as mensagens de texto que são paginadas em sua página Web. São ótimos para chamar a atenção das pessoas, quando você deseja que elas vejam sua piada do dia ou um anúncio importante. Para criar um contorno de texto com paginação, selecione Component no menu Insert e então selecione Marquee (Contorno). Quando a caixa de diálogo Marquee Properties (Propriedades do Contorno) aparecer, digite sua mensagem na caixa Text (Texto) (você poderá deixá-la com o tamanho desejado), escolha suas definições (descritas abaixo) e clique em OK para inserir o contorno e retornar para sua página Web.

A caixa de diálogos Marquee Properties fornece as opções abaixo descritas.

➤ *Direction* (Direção) — Clique no botão de rádio Left (Esquerda) para paginar sua mensagem da direita para a esquerda ou clique no botão de rádio Right (Direita) para paginar sua mensagem da esquerda para a direita.

➤ *Speed* (Velocidade) — Forneça um número (em milissegundos) na caixa Delay (Retardo) para determinar a rapidez com a qual o texto será paginado e forneça um número na caixa Amount (Quantidade) para determinar o número de caracteres a paginar entre os retardos — mil milissegundos são iguais a um segundo. Se você fornecer 90 para o retardo e 6 para a quantidade, seu contorno será paginado de uma maneira ótima.

➤ *Behavior* (Comportamento) — Clique em um botão de rádio para determinar como deseja que seu texto seja paginado. A opção Scroll (Paginar) repetirá seu texto continuamente na tela. A opção Slide (Deslizar) paginará sua mensagem uma vez e então irá parar. Alternate (Alternar) paginará sua mensagem em uma direção e então trocará as direções quando atingir o final de seu texto.

➤ *Align with text* (Alinhar com texto) — Selecione Top (Superior), Middle (Meio) ou Bottom (Inferior) para determinar onde deseja que seu texto se alinhe em relação ao quadro de contorno.

➤ *Size* (Tamanho) — Forneça medidas para a largura e a altura de seu contorno. Você poderá fornecer medidas em pixels ou como uma porcentagem da altura e da largura de sua página.

➤ *Repeat* (Repetir) — Deixe o quadro de seleção Continuously (Continuamente) selecionado para paginar seu texto sempre; ou cancele a seleção do quadro, clicando-o e então forneça um número na caixa Times (Vezes) para especificar um número de vezes para a repetição do texto.

➤ *Background color* (Cor de fundo) — Você poderá deixar Automatic selecionado, se quiser que a cor de fundo do quadro de contorno seja a mesma da sua página Web, ou poderá escolher uma cor diferente.

➤ *Style* (Estilo) — Não gosta da velha fonte default sem graça e nem de sua cor? Clique o botão Style para exibir a caixa de diálogos Style para que possa aplicar os estilos da fonte, bordas, sombreamento e outros estilos em seu contorno. Para saber mais sobre como trabalhar com os estilos, leia o Capítulo 15.

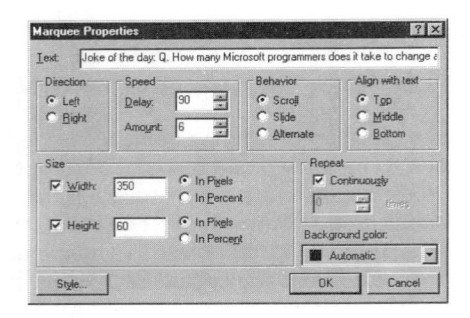

Caixa de diálogo Marquee Properties.

Cinco lugares que você pode visitar para obter a DHTML e idéias sobre animação

Agora que você lidou um pouco com a DHTML, façamos um *tour* rápido e vejamos o que os técnicos estão fazendo com ela. Certamente, eles usam técnicas avançadas, mas você ficará surpreso com o que poderá conseguir com o FrontPage. E mais, não se esqueça, a DHTML faz mais do que páginas Web animadas. É também a tecnologia sob as listas reduzíveis que economizam espaço (veja o Capítulo 6, "Como criar uma lista, como verificá-la duas vezes"), as folhas de estilo (veja o Capítulo 15) e mais.

- ➤ *Dynamic HTML Demos de Jeff Rule* — Aqui você encontrará exemplos elegantes de tudo o que foi mencionado neste capítulo, inclusive *rollovers* com som e transições de exibição de slides (http://www.ruleweb.com/dhtml/).

- ➤ *Dynamic HTML Resource* — Visite a página Web Dynamic HTML Gurus para obter belas animações, exemplos criativos e tutoriais (http://www.htmlguru.com/).

- ➤ *Dynamic HTML Page da Microsoft Site Builder Network* — Exemplos úteis, uma galeria, explicações técnicas e mais (www.microsoft.com/workshop/author/default.asp).

- ➤ *The Dynamic HTML Zone* — A Macromedia, fabricante de novos programas de software de mídia como o Director e o Shockwave, faz um *tour* nos aprimoramentos. Eles enfocam um novo *site* DHTML toda semana e fornecem *links* para outros Web *sites* com exemplos DHTML interessantes e informações (http://www.dhtml-zone.com/index.html).

- ➤ *Dynamic HTML Invaders* — Lembra do velho fliperama Space Invaders? (Sim! Estou revelando minha idade!) Agora você poderá jogar a versão Dynamic HTML da Sitewerks do jogo em cores. Leva algum tempo para carregar o jogo, mas vale a pena esperar (http://www.sitewerks.com/~erikw/).

Capítulo 20 ➤ Páginas divinas com efeitos especiais animados   **271**

O mínimo que você precisa saber

➤ Os *rollovers* são imagens que mudam quando um visitante passa o ponteiro do mouse sobre elas. O componente Hover Button do FrontPage poderá criar *rollovers* a partir do zero ou você poderá usar suas próprias imagens. Os Web *designers* também chamam os *hover buttons* de *rollovers* e de *mouse overs*.

➤ Você poderá criar *rollovers* que reproduzem sons quando um visitante passa o ponteiro do mouse sobre eles ou clica-os.

➤ A barra de ferramentas DHTML Effects facilita adicionar efeitos especiais sofisticados e animações às suas páginas. A DHTML, que significa Dynamic HTML, é um recurso Web avançado que funciona apenas nos *browsers* com versão 4.0 ou superior. A DHTML será explicada com mais detalhes no Capítulo 21.

➤ Se você quiser fazer algo realmente interessante, experimente adicionar transições às suas páginas Web. Transições são animações simples que aparecem quando os visitantes vão de uma página para a seguinte. Graças à caixa de diálogos Page Transitions, você poderá configurar as transições em poucos segundos.

➤ O Banner Ad Manager ajuda a reunir imagens GIF em animações rapidamente. Use o Banner Ad Manager para criar anúncios para uma campanha de anúncios *online* (como explicado no Capítulo 26) ou apenas por diversão.

➤ O componente Marquee do FrontPage ajuda a gerar mensagens de texto animadas que paginam sua página Web.

Capítulo 21

Acelere seu Web site com programas e scripts

Neste capítulo
- A diferença entre programas e *scripts*
- O que é um cliente e o que é um servidor?
- DHTML e XML
- Acessórios Java
- ActiveX
- JavaScript e VBScript
- Páginas ativas do servidor
- Scripts CGI
- XML
- Dez lugares onde você pode obter programas e *scripts* gratuitos

"Dê um tempo!", você pode dizer, "Estou começando a pegar o jeito de lidar com o FrontPage e agora você quer falar sobre *programação*?!?" Leva algum tempo para aprender a programar e a criar *scripts*, mas você poderá achar útil saber o que fazem todas essas tecnologias, como podem tornar os Web *sites* mais excitantes ou úteis e como funcionam com o FrontPage. Do contrário, quando alguém ouvir dizer que você cria páginas Web e começar a falar sobre CGI, ASP, DHTML e XML isso tudo soará como uma sopa de letrinhas para você.

Programas e scripts: Qual é a diferença?

Provavelmente você ouviu falar sobre a programação Web e o *script* Web. O que são e em que diferem um do outro? Os **programas** são aplicações complexas escritas em uma linguagem de programação como Java, C++ ou Visual Basic. Os recursos elegantes dos Web *sites*, como os jogos *online* e os mapas de vendas *online* que controlam as compras em *sites* de lojas da Web, requerem a programação Web.

Deseja aprender sobre o *script*?

Entre de cabeça! Mesmo que uma pessoa não seja especialista na área, poderá pegar o jeito de uma linguagem de *script* como o JavaScript e o Perl bem rapidamente, se forem bastante determinadas. As linguagens de *script* não são tão complexas como as linguagens de programa completas. Você encontrará ainda alguns recursos úteis disponíveis na Internet no final deste capítulo.

Embora os *scripts* Web não ofereçam a totalidade de uma linguagem de programação, ainda assim você poderá fazer muito com eles. Na verdade, os formulários FrontPage, componentes e Webs de discussão (como tratado no Capítulo 13, "Formulários e sua função: como construir formulários *online*", 19, "Caixa de utilidades: componentes FrontPage" e 23, "Painel central: como configurar uma discussão Web") são executados com os *scripts* que o FrontPage gera para você. Então como os *scripts*, sendo tão simples, fazem tantas coisas? Eles fazem com que outros programas façam o trabalho. Por exemplo, os *scripts* JavaScript enviam comandos para um *browser* Web, ao passo que os *scripts* dos componentes FrontPage contam com o software do servidor do FrontPage.

Cliente versus servidor e o que isso significa para você

Você pode nunca ter pensado nisso, mas os PCs e os servidores têm uma relação. Como o PC está sempre pedindo ao servidor coisas como páginas Web e mensagens de e-mail, ele é chamado de *cliente*. Os programas da Internet que obtêm dados dos servidores, inclusive os *browsers* Web, são chamados de *aplicações-cliente*. Como os programas que são executados em um servidor, como por exemplo as extensões do servidor FrontPage, você poderá chamá-los de *aplicações do servidor*.

Capítulo 21 ➤ Acelere seu Web site com programas e scripts

Por que você deve se importar com isso? Todos os programas e *scripts* da Web dependem do *browser*, das capacidades do servidor ou, algumas vezes, de ambos. Por exemplo, muitos recursos excelentes do Web *site* do FrontPage contam com os programas do *lado do servidor*, portanto funcionam apenas nos servidores amigáveis ao FrontPage. E lembra das animações legais da página Web tratadas no Capítulo 20, "Páginas divinas com efeitos especiais animados"? O FrontPage usa a Dynamic HTML (HTML Dinâmica) (DHTML) e o JavaScript para gerá-las. O JavaScript e todas as versões da HTML são tecnologias do *lado do cliente* que funcionam apenas com os *browsers* que os suportam. Os *browsers* recentes suportam os recursos JavaScript e HTML mais do que seus antecessores.

Tabela 21.1 Linguagens Web

Linguagem Web	Onde acessada
HTML	Lado do cliente
DHTML	Lado do cliente
XML	Lado do cliente
Java	Lado do cliente
ActiveX	Lado do cliente (funciona apenas no Internet Explorer for Windows)
JavaScript	Lado do cliente; também tem as capacidades estendidas do lado do servidor com o LiveWire, um produto do servidor Netscape.
VBScript	Lado do cliente para o Internet Explorer apenas; o lado do servidor quando usado com a ASP
JScript	Lado do cliente para o Explorer apenas; lado do servidor quando usado com a ASP
ASP	Lado do servidor
CGI	Lado do servidor

DHTML: HTML com mais energia!

Dynamic HTML (DHTML) soa um pouco intimidador, mas simplesmente refere-se a elementos extras da HTML que permitem posicionar e animar textos e imagens. Como você pode se lembrar do Capítulo 3, "Como lidar com páginas Web", HTML é a linguagem usada para formatar as páginas Web. Graças à DHTML, você poderá colocar seu texto e suas imagens exatamente onde deseja que fiquem, como tratado no Capítulo 9, "Como deixar elegantes as imagens" ou criar efeitos especiais animados, como analisado no Capítulo 20. Apenas as versões do *browser* Internet Explorer 4.0 e Netscape Navigator 4.0 e superiores suportam a DHTML. O FrontPage gera todos esses códigos da HTML e DHTML para você, claro, mas você poderá sempre dar uma olhada no código sob suas páginas Web com aparência fabulosa, abrindo uma página Web no FrontPage e clicando na guia HTML.

X para o sucesso:
o que é XML?

XML significa Extensible Markup Language (Linguagem Marcada Extensível), uma tecnologia recente que ainda está em desenvolvimento. Apenas os *browsers* com versão 5.0 e superior fornecem suporte para a XML. A XML torna a HTML mais eficiente, porque permite criar suas próprias marcas para que você possa trabalhar com os arquivos mais facilmente. A XML certamente não é para os iniciantes ou para os covardes, mas o FrontPage e o Microsoft Office 2000 usam-na internamente para preservar a formatação de seus arquivos Office quando você os grava como páginas Web. Para obter mais informações sobre a XML, visite o XMLU.com em http://www.xmlu.com/.

Java de salto!
O que são acessórios Java?

Por que todos estão saltando para o Java? É a linguagem eficiente da Sun Microsystems para escrever programas no lado do cliente, chamados *acessórios*, que são executados em um *browser* Web. Com o Java, você poderá adicionar todos os tipos de recursos inteligentes a um Web *site*, não importando o que existe no servidor. Não é de surpreender que os programadores adorem o Java!

Uma desvantagem dos acessórios Java é que eles levam muito tempo para serem carregados no *browser* na primeira vez. Depois de carregados pela primeira vez, são executados mais rapidamente.

Deseja ver o que o Java pode fazer? Visite a Talk City, uma comunidade de bate-papo *online*, em http://www.talkcity.com/. Seu programa de bate-papo Java é executado em um *browser* Web e funciona muito bem.

Como obter
os acessórios Java

Se você deseja aprender sobre o Java, terá que fazer alguns cursos de programação ou comprar alguns livros grandes. Mas não deixe que isso o impeça de usar os acessórios Java em suas páginas Web! Você poderá carregar programas que criam acessórios para você na seção Java Web Development da Tucows em http://tucows.tierranet.com/java/webleveljava.html. Ou poderá obter um acessório pronto na Web. Esses acessórios geralmente vêm com instruções detalhadas para os iniciantes, dando informações sobre como usá-los em sua página Web. Para obter uma lista dos Web *sites* que oferecem acessórios Java, leia a seção "Dez lugares onde você pode obter programas e *scripts* gratuitos" ao final deste capítulo.

Capítulo 21 ➤ Acelere seu Web site com programas e scripts   **277**

Como inserir um acessório Java em uma página Web

Para inserir um acessório em uma página Web, coloque seu cursor onde deseja que o acessório apareça. Escolha Advanced (Avançado) no menu Insert (Inserir) e então selecione Java Applet (Acessório Java) no menu em cascata para exibir a caixa de diálogo Java Applet Properties (Propriedades do Acessório Java). Quando terminar de fornecer todas as propriedades e parâmetros, clique em OK para inserir seu acessório e retornar para sua página Web. Como nos arquivos incorporados (veja Capítulo 17, "Organize os elementos: som, vídeo e mais"), um recipiente feio aparecerá no FrontPage, ao invés de surgir o próprio acessório, mas você poderá ver como é seu acessório visualizando sua página no *browser* ou clicando na guia Preview (Visualizar).

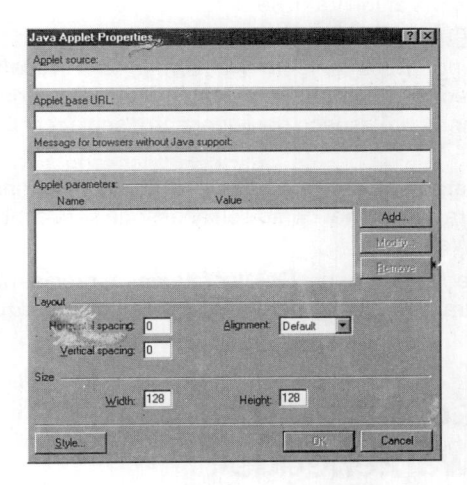

Caixa de diálogo Java Applet Properties.

A caixa de diálogos Java Applet Properties solicitará as seguintes informações (não se preocupe se você não souber o que isso significa; as instruções que vêm com seu software de acessório ou acessório carregado informarão quais deverão ser as propriedades e os parâmetros do acessório).

➤ *Applet source* (Origem do acessório) — Forneça o caminho de diretório para seu acessório (os arquivos de acessório Java terminam com a extensão do nome de arquivo .class, como em applets/myapplet.class).

➤ *Applet base URL* (URL de base do acessório) — Na maioria das situações, você deverá deixar essa caixa em branco. Um *URL de base* atribui um local a um arquivo assim que você o publica para seu servidor (como http://www.mywebsite.com/). Se você inserir essa informação, o acessório não funcionará quando você for testá-lo em seu computador, pois sua página Web irá procurá-la em seu servidor.

➤ *Message for browsers without Java support* (Mensagem para browsers sem suporte Java) — A linguagem de programação Java tem mais de três anos de existência, e a maioria dos *browsers* atuais a suporta. Para ter segurança, no entanto, você poderá digitar algo como, "Desculpe, você precisa de uma versão atual do Explorer ou Netscape para ver meu acessório Java".

➤ *Applet parameters* (Parâmetros do acessório) — Muitos acessórios são configurados para que você possa personalizá-los, fornecendo alguns *parâmetros* — definições que informam ao acessório como ser executado. Se esse for o caso, as instruções que vêm com o acessório deverão informar como. Os parâmetros (também chamados de *atributos*) vêm em pares de nomes e valores. Para adicionar um parâmetro, clique o botão Add (Adicionar) para exibir a caixa de diálogos Set Attribute Value (Definir Valor do Atributo), digite o nome no campo Name (Nome) e o valor no campo Value (Valor) e então clique em OK para retornar para a caixa de diálogos Java Applet Properties.

➤ *Horizontal spacing (Espaçamento Horizontal) e Vertical spacing* (Espaçamento Vertical) — Forneça um número (em pixels) nas caixas Horizontal spacing e Vertical spacing para criar algum espaço de *buffer* entre seu acessório e os outros elementos da página.

➤ *Alignment* (Alinhamento) — Você poderá também selecionar uma opção de alinhamento na lista para determinar como seu acessório será alinhado com o texto em volta em sua página Web.

➤ *Width* (Largura) e *Height* (Altura) — Você também precisará fornecer as medidas da altura e da largura (em pixels) para criar um recipiente em sua página Web para o acessório.

ActiveX — não é o último filme de Schwarzenegger

A Microsoft desenvolveu o ActiveX, fragmentos de código da programação Visual Basic, para ajudar inclusive os não-programadores a adicionarem recursos interessantes a suas páginas Web. Por exemplo, o ActiveX torna possível adicionar um gráfico Excel totalmente funcional ou tabela-pivô à sua página, como tratado no Capítulo 18, "Uma combinação feita em Redmond: FrontPage e Microsoft Office 2000". O FrontPage ainda vem com alguns controles ActiveX que você poderá usar. Para aprender mais sobre os controles ActiveX e como usá-los, visite o *site* da Microsoft.

Antes de começar a usar o ActiveX...

Há um problema. Apenas o Internet Explorer for Windows suporta o ActiveX. Isso significa que os usuários Netscape, Navigator, Macintosh e UNIX não poderão se divertir com as páginas ActiveX.

Como inserir controles ActiveX em uma página Web

Para inserir um ActiveX Control (Controle ActiveX) em sua página Web, coloque seu cursor onde deseja colocar o controle, escolha Advanced no menu Insert e selecione ActiveX Control. Quando a caixa de diálogos Insert ActiveX Control (Inserir Controle ActiveX) aparecer, selecione um controle na lista e clique em OK.

Em seguida, clique com o botão direito em seu controle e selecione ActiveX Control Properties (Propriedades do Controle ActiveX) no menu de atalho. Quando a caixa de diálogos ActiveX Control Properties aparecer com a guia Object Tag (Marca do Objeto) selecionada, você poderá fornecer as opções como faria para um objeto incorporado (veja o Capítulo 17) ou o acessório Java (veja a seção sobre os acessórios Java neste capítulo). Os controles ActiveX poderão ter parâmetros como os acessórios Java. Clique na guia Parameters (Parâmetros) (como explicado na seção sobre os acessórios Java) para definir seus parâmetros. Quando terminar, clique em OK para retornar para sua página Web.

O script do lado do cliente com JavaScript, VBScript e JScript

O JavaScript foi desenvolvido originalmente pela Netscape para o *browser* Navigator, mas tornou-se padrão na Web e é suportado pelo Internet Explorer também. E mais, a Microsoft criou suas próprias linguagens de *script*, o VBScript e o JScript. O VBScript e o JScript funcionam apenas no Internet Explorer; a menos que seu servidor suporte o *script* da página ativa do servidor (ASP), neste caso o VBScript e o JScript funcionarão no Explorer e no Netscape.

Como funcionam os scripts do lado do cliente

Os *scripts* JavaScript, VBScript e JScript são executados nos *browsers* Web. Os *scripts* no lado do cliente consistem em linhas de código que você digita diretamente no código-fonte de uma página Web. Os principais ingredientes para um *script* no lado do cliente são os objetos, eventos e ações. Veja os *rollovers*, por exemplo. Como tratado no Capítulo 20, um *rollover* é uma parte de texto ou um gráfico que muda de aspecto quando um visitante clica ou passa o ponteiro do mouse sobre ele. O texto ou o gráfico é o *objeto*. Quando um *evento* ocorre (um visitante clica no objeto), uma *ação* acontece (o objeto muda). As linguagens de *script* fornecem uma maneira de definir esses objetos, eventos e ações.

Que linguagens de script você deve usar?

Se seu servidor suportar o FrontPage, ele suportará a ASP também. Você achará mais fácil ficar com o VBScript ou o Jscript, porque o FrontPage vem com um Scripting Wizard (Assistente de Script) que ajuda a gerar os *scripts* com essas linguagens. Se seu servidor não fornecer as extensões FrontPage, você deverá usar o JavaScript para assegurar-se de que seus *scripts* funcionarão devidamente em todos os *browsers* Web.

Como escrever os scripts do lado do cliente

Com o FrontPage, você poderá trabalhar diretamente com o código-fonte HTML, abrindo uma página Web e clicando na guia HTML. Isso significa que se você quiser escrever seus próprios *scripts* ou trabalhar com os *scripts* de outras pessoas, precisará aprender a HTML e uma linguagem de *script*. Os Web *sites* listados no final deste capítulo fornecerão *scripts* gratuitos assim como *links* para tutoriais e recomendações de leitura.

Apresentação do Script Wizard

Se você já conhece o VBScript ou o JScript, o Script Wizard do FrontPage poderá ajudá-lo a gerar os scripts. A Toolbox (Caixa de ferramentas) contém uma lista de objetos que aparecem comumente nas páginas Web. Você poderá também clicar o botão Script para visualizar um esboço de *script* e selecionar objetos e eventos ou o botão HTML para ver um

Capítulo 21 ➤ Acelere seu Web site com programas e scripts   **281**

esboço do conteúdo de sua página Web. A área de trabalho fornece as guias Source (Origem), Design (Desenho) e QuickView (Exibição Rápida) para que você possa exibir seu código-fonte, mostrar uma exibição gráfica do *script* (parecida com a exibição de página Normal do FrontPage Web) para poder ver como ficarão os elementos com *script* em sua página e ver seu *script* em ação para poder testá-lo. O Project Explorer exibirá seus arquivos e pastas, e a lista Properties fornecerá uma lista de propriedades que você poderá aplicar nos objetos.

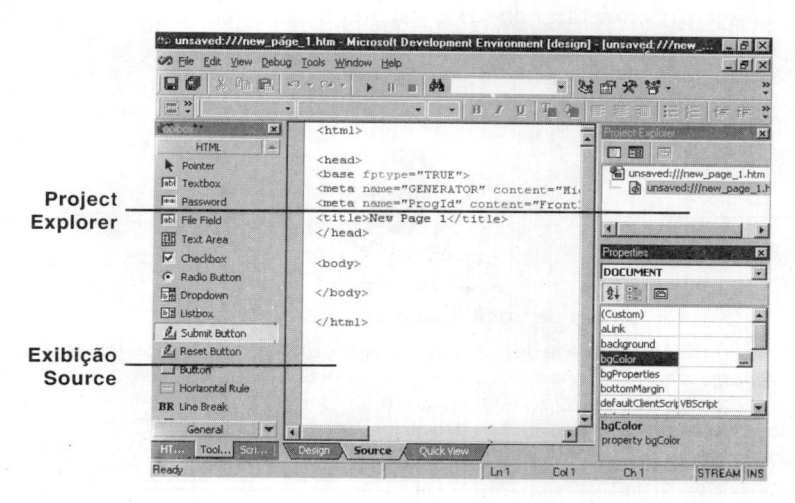

Script Wizard.

Como fornecer as Active Server Pages

As páginas ativas do servidor (ASP) são uma combinação eficiente de *scripts* do lado do servidor (VBScript ou JScript) que funcionam com o software do servidor ASP. O FrontPage 2000 usa o script ASP para ajudar a criar os acessórios em seu Web *site*. Você poderá também gravar as aplicações do banco de dados como páginas ativas do servidor, como tratado no Capítulo 23. Como os servidores FrontPage 2000 e FrontPage suportam a ASP, você poderá querer aprender o VBScript ou o JScript e o script ASP no percurso. Embora criar suas próprias páginas ativas do servidor requeira um nível bem alto de habilidade técnica, você poderá fazer muitas coisas com seu Web *site* sem uma programação principal.

Como trabalhar com os scripts CGI

Se seu servidor não suportar o FrontPage, você poderá obter alguns dos mesmos efeitos usando os *scripts* CGI. *CGI* significa *common gateway interface* (interface comum do gateway), um método de programação que funciona na maioria dos servidores. Os componentes FrontPage ajudam a fazer coisas como processar formulários e a configurar grupos de discussão que são normalmente feitas com os scripts CGI. Embora os *scripts* CGI possam ser escritos com várias linguagens de programação, o mais popular é o *Perl*.

Antes de você lidar com os scripts CGI...

Chame seu ISP ou empresa de host Web primeiro! Eles poderão ajudá-lo a configurar seu *script* para que funcione em seu servidor. Algumas empresas podem ainda fornecer *scripts* prontos que poderão economizar muito tempo e problemas. Você deverá também assegurar-se de que seu provedor Web suporta o *script* CGI; alguns não suportam.

Você não terá que saber nenhuma programação para usar os script CGI em seu Web *site*, mas *terá* que ajustar um pouco seu código HTML e o arquivo de *script*. Você poderá carregar os *scripts* CGI da Web e seguir as instruções. Primeiro, transfira o *script* (que geralmente tem uma extensão do nome de arquivo .pl ou .cgi) para uma pasta chamada cgi-bin ou cgi-win. Então precisará colocar o código HTML em sua página Web; o *script* recebe a informação para ser inicializado.

Como tornar compatíveis as páginas Web com browsers e servidores

Certamente você poderá construir páginas Web muito boas com o FrontPage, mas todos poderão lê-las? Os *browsers* Web mais antigos não podem exibir coisas avançadas como efeitos especiais animados e listas reduzíveis. Isso significa que os visitantes que não carregaram os *browsers* mais recentes e melhores poderão não ser capazes de ler ou navegar em seu Web *site*. Para tornar as coisas ainda mais complicadas, algumas linguagens de programação e de *script* e aperfeiçoamentos da HTML funcionam apenas nos *browsers* mais novos ou com as extensões do servidor FrontPage. Teste sua programação.

Capítulo 21 ➤ Acelere seu Web site com programas e scripts   **283**

Ande no lado seguro!

Se você ainda não tem certeza sobre que recursos os *browsers* e servidores diferentes suportam, fique no lado seguro. Mantenha as definições de compatibilidade defaults do FrontPage, fique com um servidor amigável do FrontPage e coloque algum texto ou gráfico em suas páginas Web que informe "Este Web *site* funciona melhor com a versão mais recente do Internet Explorer ou Netscape Navigator".

Para mudar as definições de compatibilidade de sua página Web, selecione Page Options (Opções da Página) no menu Tools (Ferramentas). Quando a caixa de diálogos Page Options aparecer, clique na guia Compatibility (Compatibilidade). Selecione suas opções e clique em OK quando terminar.

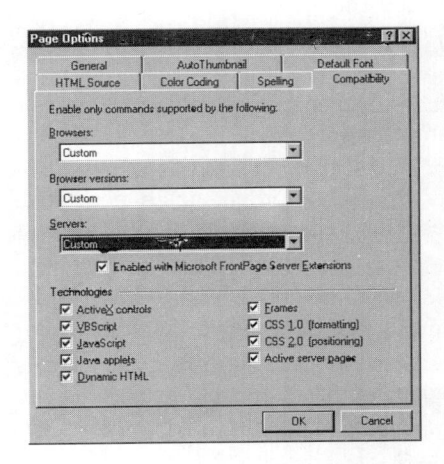

Caixa de diálogos Page Options com a guia Compatibility selecionada.

Você poderá escolher as opções apresentadas na lista abaixo:

- ➤ *Browsers* (Browsers) — Para destinar um determinado *browser* Web, como o Internet Explorer, Netscape Navigator ou WebTV, selecione um item na lista suspensa.
- ➤ *Browser versions* (Versões do browser) — Para ter certeza de que suas páginas Web sejam compatíveis com os *browsers* mais antigos, escolha uma versão do *browser* na lista suspensa.

- *Servers* (Servidores) — Se seu host Web ou ISP usar um servidor diferente do FrontPage, cancele a seleção do quadro de seleção Enabled with Microsoft FrontPage Server Extensions (Ativado com as Extensões do Servidor Microsoft FrontPage) e selecione um tipo de servidor na lista Servers.

- *Technologies* (Tecnologias) — Para excluir uma determinada melhoria Web de suas páginas Web, cancele a seleção do quadro de seleção para o item. Os quadros e a CSS (folhas de estilo em cascata) são tratados nos Capítulos 11, "Enquadre-se! Como construir um Web *site* com quadros" e 15, "Agora você tem estilo! Como usar as folhas de estilo".

Dez lugares onde você pode obter programas e scripts gratuitos

Então, deseja usar programas ou *scripts* em suas páginas Web? Você poderá carregar muitos gratuitamente da Web. Vários Web *sites* com programas e *scripts* gratuitos também oferecem tutoriais e indicam livros e recursos úteis na Web.

- *Página Java Applets de A Better Home Page* — Acessórios Java gratuitos, livros recomendados e *links* com outras coleções de acessórios (http://www.better-homepage.com/java/index.html).

- *Java Applets Rating Service (JARS)* — Revisões dos acessórios Java e *links* (http://www.jars.com/).

- *The JavaScript Source* — Centenas de *scripts* gratuitos que você poderá copiar e colar (http://javascript.internet.com/).

- *Microsoft Site Builder e Development Sites Network* — A rede Site Builder, em http://msdn.microsoft.com/, apresenta ferramentas e tecnologias que você poderá experimentar, inclusive recursos e exemplos para o VBScripting, ActiveX e Active Server Pages.

- *JavaScript World* — Scripts, tutoriais e mais (http://www.jsworld.com/).

- *Free Scripts* — Muitos *scripts* JavaScript e CGI (http://www.freeweb.nu/scripts.htm).

- *Active Server Pages.Com* — Tutoriais, exemplos, *scripts* e tutoriais úteis (http://www.activeserverpages.com/).

- *ActiveX.Com* — Componentes gratuitos, artigos e *links* para outros recursos ActiveX (http://www.active-x.com/).

- *Matt's Script Archive* — Milhões de *scripts* CGI gratuitos com instruções sobre como usá-los (http://www.worldwidemart.com/scripts/).

- *Web site de Poor Richard* — Esse Web *site* de fato não oferece *scripts* gratuitos, mas oferece muitas informações úteis sobre como os iniciantes e os usuários FrontPage poderão usar as tecnologias Web mais recentes sem programação (http://www.poor-richard.com/).

Capítulo 21 ➤ Acelere seu Web site com programas e scripts

O mínimo que você precisa saber

➤ Com o FrontPage, linguagens de *script* como o JavaScript, VBScript, ASP e Perl não são muito difíceis para os não-programadores dominarem, e elas permitem adicionar recursos excitantes à sua página Web.

➤ Os programas e *scripts* do lado do cliente, como os acessórios Java e os *scripts* JavaScript, são executados nos *browsers* Web. Os programas e *scripts* do lado do servidor, como os que o FrontPage cria, requerem um software especial no servidor para serem executados.

➤ O FrontPage 2000 e as versões recentes do Internet Explorer e Netscape Navigator suportam a DHMTL, a XML e as novas tecnologias que permitem fazer mais com as páginas Web.

➤ O Java é uma linguagem de programação para criar aplicações, como jogos e áreas de bate-papo *online*, que são executadas em um *browser* Web. Você não precisará instalar nenhum software especial em seu servidor para usar os acessórios Java em suas páginas Web. As versões 3.0 e superiores do Internet Explorer e Netscape Navigator suportam o Java.

➤ Os controles ActiveX são a resposta da Microsoft para os acessórios Java. Os não-programadores poderão obter esses fragmentos e partes do código Visual Basic e executá-los em um *browser* Web. Infelizmente, o ActiveX funciona apenas com o Internet Explorer e o Windows.

➤ O JavaScript é uma linguagem de *script* executada no Internet Explorer e no Netscape Navigator. O VBScript e o JScript funcionam apenas no Internet Explorer ou quando seu servidor suporta as páginas ativas do servidor. Os servidores FrontPage 2000 também suportam a ASP. Muitos acessórios do FrontPage, inclusive componentes, formulários e grupos de discussão, são gerados com o VBScript e a ASP.

➤ Se você já souber o bastante sobre o *script*, o Scripting Wizard do FrontPage poderá facilitar a criação dos *scripts*.

➤ As páginas ativas do servidor (ASP) combinam o *script* com o software do servidor para que os não-programadores possam adicionar recursos eficientes às suas páginas Web. Embora a ASP requeira uma boa quantidade de habilidade técnica, é mais fácil do que criar programas Web a partir do zero.

➤ Se seu servidor não suporta o FrontPage, os scripts CGI poderão preencher as lacunas. Você poderá usá-los para processar formulários, configurar grupos de discussão e mais. Os scripts CGI são armazenados em seu servidor e usam aplicações que estão disponíveis na maioria dos servidores Web para fazerem seu trabalho.

➤ Você não precisará ser um programador para usar programas e *scripts* em suas páginas Web. Mas se você não se importar de ajustar seu código HTML, poderá carregar acessórios Java gratuitos, controles ActiveX e *scripts* da Web. Esses atrativos também vêm com instruções para que você possa colocá-los em sua página Web.

Capítulo 22

Se você entendeu, exiba-o: como colocar seus bancos de dados Access na Web

Neste capítulo
- Apresentação dos bancos de dados Access
- Bancos de dados estáticos e dinâmicos
- Como gravar bancos de dados como páginas Web do Access
- Formulários e bancos de dados
- Como gravar os resultados do formulário nos bancos de dados
- Cinco coisas interessantes que você pode fazer com os bancos de dados Web

Deseja colocar um banco de dados em seu Web *site*? Você não *terá* que usar o Access, o popular programa de banco de dados que acompanha o Microsoft Office 2000. O FrontPage suporta a maioria dos tipos populares de bancos de dados, mas usar o Access, de fato, torna as coisas muito mais fáceis. Com o Access, até os iniciantes poderão configurar bancos de dados interessantes e colocá-los na Web.

Curso completo sobre o banco de dados Access

Para começar com um banco de dados Access, você poderá deixar que o Office Assistant (Assistente do Office) conduza-o nas etapas de configurar um banco de dados. Poderá também instalar os bancos de dados Northwind (que vêm como exemplo) a partir do CD-ROM Microsoft Office. Northwind é uma empresa fictícia com muitos tipos diferentes de tabelas, formulários, consultas e relatórios que você poderá explorar (como explicado nas seções a seguir).

Os bancos de dados apresentam os seguintes componentes básicos.

➤ *Registros* — Entradas individuais em um banco de dados.

➤ *Campos* — Os tipos de informações para os registros de dados, como um primeiro nome ou endereço da rua.

➤ *Arquivos de dados* — Contêm todos os registros do banco de dados e arquivos associados.

Acelere o motor do seu banco de dados!

Antes de ficar entusiasmado com as páginas Web e os bancos de dados, certifique-se de que seu servidor suporte o FrontPage e tenha um *motor do banco de dados*. O motor do banco de dados é um programa que informa às páginas Web e aos bancos de dados como se comunicarem.

Tabelas, formulários, consultas e relatórios

Com o Access e a maioria dos outros bancos de dados populares, você poderá criar tabelas, formulários, consultas e relatórios para visualizar seus dados. Todo banco de dados começa com uma tabela, que se parece com uma planilha Excel e contém linhas e colunas. Cada linha contém informações para um registro de dados e cada coluna contém um campo de dados.

Mas observar tabelas longas demais é difícil para os olhos. É por isso que você poderá também exibir seu banco de dados criando formulários, consultas e relatórios.

Lembre-se das consultas!

Quando você torna seu banco de dados disponível na Web, na maioria das vezes, provavelmente, usa consultas ao invés de publicar todo o banco de dados. Algumas das informações armazenadas nos bancos de dados são confidenciais ou desnecessárias. Você poderá criar uma consulta que impeça que as informações apareçam em sua página.

- **Formulários** — Os formulários do banco de dados se parecem muito com os formulários Web. Eles são bonitos e exibem informações para os registros individuais nos campos do formulário.
- **Consultas** — Com consultas, você poderá criar ramos a partir do banco de dados principal que exibirá informações para certos campos. Por exemplo, um departamento de recursos humanos com um enorme banco de dados sobre os funcionários poderá tornar disponíveis os nomes, endereços de e-mail e números de telefone do escritório para todos (enquanto mantém outras coisas confidenciais), gerando e publicando uma consulta.
- **Relatórios** — Os relatórios são ideais para imprimir etiquetas de correspondência ou informações que você precisa fazer circular na próxima reunião. Com as consultas, você poderá incluir informações de alguns campos e não de outros para seus registros.

Bancos de dados estáticos e dinâmicos

Com o FrontPage, você poderá colocar bancos de dados estáticos ou dinâmicos em seu Web *site*. Mas, primeiro, provavelmente, desejará saber o que *são* bancos de dados estáticos e dinâmicos. Um banco de dados estático é um conjunto de páginas Web que contém informações de um banco de dados. Os bancos de dados estáticos não são atualizados automaticamente quando o banco de dados original muda. Os bancos de dados dinâmicos são executados dinamicamente no servidor Web e atualizados constantemente.

Como gravar bancos de dados como páginas Web

Para gravar as informações de um banco de dados como um conjunto de páginas Web a partir do Microsoft Access, use o Reports Wizard (Assistente de Relatórios) para criar um relatório. Quando terminar, selecione Export (Exportar) no menu File (Arquivo). Quando a caixa de diálogos Export aparecer, escolha uma pasta na lista Save in (Salvar em), selecione HTML Documents (Documentos HTML) na lista Save as type (Salvar como tipo), digite um nome para sua página Web na caixa File name (Nome do arquivo) e clique o botão Save.

Como publicar as informações do banco de dados na Web

Uma vez que você tenha criado uma tabela do banco de dados, formulário ou consulta, poderá exportar essas informações como um conjunto de páginas ativas do servidor que poderá colocar em seu Web *site* (como explicado no Capítulo 21, "Acelere seu Web *site* com programas e *scripts*"). As páginas Web ficarão parecidas com sua aparência no Access. Por exemplo, se você gravar os dados a partir da exibição Form (Formulário), os visitantes do Web *site* serão capazes de pesquisar os dados pelo campo do formulário.

Para gravar uma tabela do banco de dados, formulário ou consulta com um conjunto de páginas ativas do servidor, selecione Export no menu File. Quando a caixa de diálogos Export aparecer, escolha uma pasta na lista Save in, selecione Active Server Pages (Páginas Ativas do Servidor) na lista Save as type, digite um nome para sua página Web na caixa File name e clique o botão Save.

Quando a caixa de diálogos Microsoft Active Server Pages Output Options (Opções de Saída das Páginas Ativas do Servidor Microsoft) aparecer, digite as informações e clique o botão OK. Se tiver algum problema, entre em contato com seu administrador da rede.

Formulários e bancos de dados

Como os visitantes interagem com os bancos de dados na Web? Através dos formulários Web, em grande parte. Na Web, os bancos de dados podem seguir dois caminhos. Você poderá convidar seus visitantes a preencherem um formulário e enviarem suas informações para um banco de dados ou poderá configurar uma página com um formulário de pesquisa para que os visitantes possam pesquisar os registros em um banco de dados.

Como usar um banco de dados para reunir os resultados do formulário

Os formulários Web são uma ótima maneira de reunir observações e todos os tipos de outras informações úteis dos visitantes. Mas depois de um tempo, todas essas mensagens de e-mail que vêm dos formulários poderão ficar difíceis de controlar. Tente gravar as mensagens em um banco de dados.

Para reunir os resultados do formulário e gravá-los em um banco de dados, abra uma página Web com um formulário (para saber mais sobre os formulários, veja o Capítulo 13, "Formulários e sua função: como desenvolver formulários *online*"). Então exiba a caixa de diálogo Form Properties (Propriedades do Formulário), clicando com o botão direito no formulário e selecionando Form Properties no menu de atalho. Quando a caixa de diálogo Form Properties aparecer, como mostrado na figura a seguir, clique no botão de rádio Send to database (Enviar para banco de dados) e selecione um arquivo do banco de dados disponível na lista.

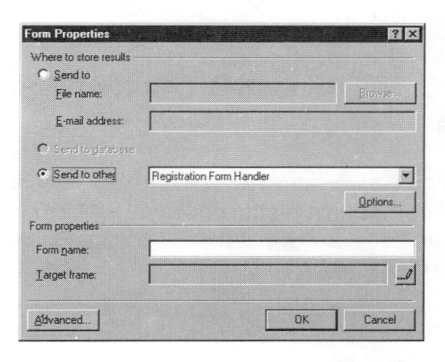

Caixa de diálogo Form Properties.

Como gravar os dados do formulário em um arquivo de texto do banco de dados

Se você não tiver centenas de pessoas enviando mensagens todos os dias, poderá configurar seu formulário para enviar os dados para um arquivo de texto. Isso funcionará muito bem em muitas situações, porque você não precisará de um motor do banco de dados completo no servidor para gravar os dados de seu formulário. Poderá simplesmente carregar o arquivo de texto e importá-lo para o Access ou Excel para exibir seus dados.

O que são separadores de tabulação, vírgula e espaço?

Os arquivos de texto do banco de dados separam as informações em campos diferentes e registros com tabulações, vírgulas ou espaços. Quando você abrir seu arquivo de texto no Access ou Excel, uma caixa de diálogos aparecerá e solicitará o tipo de *delimitadores* (outra palavra para separadores) usado em seu arquivo para que o Access ou o Excel possam separar os dados corretamente.

Exiba a caixa de diálogos Form Properties, selecione o botão de rádio Send to other (Enviar para outro) e clique o botão Options (Opções). Quando a caixa de diálogos Options for Registration Form Handler (Opções para a Sub-rotina do Formulário de Registro) aparecer, clique na guia File Results (Resultados do Arquivo). Digite um novo nome para o arquivo de texto na caixa File name, selecione uma das opções Text database (Banco de dados de texto) na lista File Format (Formato do Arquivo) e clique no quadro de seleção Include field names (Incluir nomes do campo). Quando terminar, clique em OK para retornar para a caixa de diálogos Form Properties e então clique em OK para retornar para seu formulário.

Cinco coisas interessantes que você pode fazer com os bancos de dados Web

➤ *O banco de dados do livro de convidados* — Se você estiver executando seu Web *site* apenas por diversão, experimente um banco de dados do livro de convidados. Grave os resultados de seu formulário em um banco de dados de texto, importe o banco de dados para o Excel ou Access e então publique sua lista crescente de visitantes como uma página Web.

➤ *Controle programações e projetos* — Certamente, o Project Web (Web de Projeto) poderá ajudá-lo e a seus colaboradores a controlarem seus projetos (como mencionado no Capítulo 29, "Não é necessário uma aldeia para construir uma intranet: como publicar, compartilhar e atualizar arquivos"), mas você poderá incluir informações muito mais detalhadas em um banco de dados.

➤ *Publicação fácil da Web* — Como todas as revistas *online* controlam todos esses artigos? Em muitos casos, elas armazenam os artigos mais importantes, juntamente com imagens e *links*, em um banco de dados. Quando um visitante segue um *link* para um artigo, a página Web solicita as informações do banco de dados.

➤ *Inicie o Next Yahoo!* — O Yahoo!, a famosa máquina de pesquisa *online* (http://www.yahoo.com/), começou com dois rapazes e um banco de dados enorme de Web *sites*. Você poderá também usar um banco de dados para controlar seus livros favoritos, Web *sites*, filmes e praticamente qualquer outra coisa (com *links*, claro). E mais, poderá criar um formulário de pesquisa para que os visitantes procurem coisas.

➤ *Compartilhe informações* — Se você ou alguns de seus colaboradores saem com muito trabalho de uma matriz, poderá configurar seu Web *site* para que possam acessar o banco quando quiserem, de qualquer lugar.

O mínimo que você precisa saber

➤ Os Front Page Webs e os bancos de dados Access funcionam muito bem juntos. Você poderá também integrar outros tipos de bancos de dados com o FrontPage.

➤ Os bancos de dados consistem em campos, registros e arquivos de dados. Com o Access e muitos outros programas do banco de dados, você poderá exibir um registro como uma tabela, de dentro de um formulário ou com um relatório. E mais, poderá gerar consultas que contenham apenas campos selecionados a partir dos registros.

➤ Um banco de dados Web estático é um conjunto de páginas Web geradas a partir de um relatório do bancos de dados. Os bancos de dados Web dinâmicos contêm dados dinâmicos que são atualizados quando alterações são feitas nele. Você poderá gravar um banco de dados em um FrontPage Web como páginas estáticas ou dinâmicas.

➤ Você poderá configurar seus formulários da página Web para reunir informações e enviá-las para um banco de dados ou permitir que outras pessoas pesquisem um banco de dados para obter informações.

Capítulo 23

Painel central: como configurar uma discussão Web

Neste capítulo
➤ Como configurar um Web de discussão com o Discussion Web Wizard
➤ Como escolher recursos para seu Web de discussão
➤ Como manter seu Web de discussão
➤ Cinco maneiras interessantes de usar um Web de discussão

Faça com que as pessoas conversem! Inicie um Web de discussão. Se você dirige um negócio, os Webs de discussão poderão ajudá-lo a se comunicar melhor com clientes e colaboradores. Você poderá também iniciar um fórum para as pessoas com interesses em comum como livros, celebridades, música, saúde, finanças, pessoal, passatempos ou questões da comunidade. Com o FrontPage, você poderá ativar e executar um Web de discussão em questão de minutos.

Você pode ter encontrado Webs de discussão (também chamados de *newsgroups* ou *Web bulletin boards*) durante suas expedições pela Net. Eis como funciona: você poderá exibir um índice e clicar nos *links* para ler os *artigos* (mensagens). Para participar da conversa, preencherá um formulário de apresentação especial para responder a um artigo, fazer uma pergunta ou iniciar uma conversa sobre um tópico diferente. Quando retornar para o índice e clicar o botão Reload (Recarregar) ou Refresh (Atualizar) de seu *browser*, a linha Subject (Assunto) de sua mensagem aparecerá na lista.

Como configurar um Web de discussão com o assistente

Para começar a construir seu Web de discussão, selecione New (Novo) no menu File (Arquivo) e então escolha Web no menu em cascata. Quando a caixa de diálogo New aparecer, clique no ícone Discussion Web Wizard (Assistente do Web de Discussão) e forneça um caminho para seu Web na caixa Specify the location of the new Web (Especificar o local do novo Web). Clique em OK. Para adicionar o Web de discussão a um Web existente, forneça o caminho para o Web junto com o novo nome da pasta (como em C:\My Webs\myweb\discussion_group) e clique no quadro de seleção Add to current Web (Adicionar ao Web atual).

Quando o Discussion Web Wizard for inicializado, siga as instruções, escolha suas opções, forneça as informações e clique o botão Next (Próximo) para prosseguir. Se você precisar fazer alterações, poderá retornar para as caixas de diálogo anteriores, clicando o botão Back (Voltar). Quando tiver adicionado todas as opções desejadas, poderá clicar o botão Finish (Terminar) para criar seu Web de discussão e retornar para o FrontPage. As seções que seguem explicarão as opções do Discussion Web Wizard com mais detalhes.

Termos do Web de discussão

Artigos — As mensagens enviadas ao Web para iniciar os tópicos ou responder a eles.

Formulário de apresentação — O formulário Web que os visitantes usam para enviar os artigos.

Processos — Uma série de arquivos enviados em resposta a uma determinada mensagem.

Moderador — A pessoa que executa um Web de discussão.

Newsgroup — Antes da Web surgir, os grupos de discussão eram mantidos em servidores especiais de informações de texto apenas. Esses tipos de newsgroups ainda existem; são chamados de *Usenet newsgroups*. O Internet Explorer e o Netscape Communicator vêm com newsreaders para participarem nesses tipos de newsgroups.

Provocação — Uma mensagem zangada.

Inundação — Uma mensagem que não tem relação com a comunidade do Web de discussão, tópicos ou conversas atuais, como anúncios ou propagandas promocionais.

Capítulo 23 ➤ Painel central: como configurar uma discussão Web   **295**

Como selecionar recursos para seu Web de discussão

Primeiro, você precisará escolher um tópico de interesse para seu público e então precisará escolher os recursos que deseja incluir em seu Web de discussão. Quando o Discussion Web Wizard for inicializado, clique o botão Next para exibir uma lista de recursos que poderá selecionar ou cancelar a seleção clicando nos quadros de seleção. Quando você terminar, clique o botão Next.

Leia isso antes de clicar o botão No!

O FrontPage nomeia automaticamente as páginas Web principais como Index.htm. Se você estiver criando seu Web de discussão na mesma pasta de um Web existente, o Discussion Web Wizard substituirá sua página principal atual pela nova página de índice. E você não desejará que isso aconteça. Se tiver criado seu grupo de discussão em uma nova pasta, não precisará se preocupar com isso.

São os seguintes os recursos do Web de Discussão

- *Submission Form* (Formulário de apresentação) — O FrontPage não fornece uma escolha para essa opção. Você *precisará* de um formulário de apresentação, do contrário, os usuários não terão uma maneira de enviar seus artigos.

- *Table of Contents* (Índice) — Recomendo deixar essa opção selecionada. Quando as pessoas enviarem os artigos, as linhas do assunto aparecerão na página de índice com *links* para que outras pessoas possam seguir as discussões e ler os artigos.

- *Search Form* (Formulário de Pesquisa) — Isso funciona como o componente Search Form (explicado no Capítulo 19, "Caixa de utilidades: componentes FrontPage") e permite que os usuários pesquisem as discussões através de palavras-chave.

- *Threaded Replies* (Respostas Processadas) — As discussões Web podem se desviar, tal como ocorre com as conversas no mundo real. Quando essas digressões giram em torno de determinados tópicos, o FrontPage inicia um novo *processo* de conversação. Quando você vir a lista de artigos no índice, os artigos processados aparecerão recuados sob o artigo que iniciou o processo.

- *Confirmation Page* (Página de Confirmação) — Quando um usuário envia um artigo através do formulário de apresentação, uma página é exibida para ele, a fim de que saiba que seu artigo foi enviado. Os usuários ficam um pouco nervosos quando nada acontece.

Como nomear
seu Web de discussão

Uma vez que você tenha terminado de selecionar os recursos para seu Web de discussão e clicar o botão Next, uma terceira caixa de diálogos solicitará alguns nomes. Você poderá fornecer um nome ao seu Web de discussão, como, por exemplo, "Página do Fã Clube de Newt Gingrich", digitando o texto na caixa Enter a descriptive title for this discussion (Fornecer um título descritivo para esta discussão). Poderá também nomear sua pasta de discussão na qual o FrontPage armazena todos os artigos, digitando na caixa Enter the name for the discussion folder (Fornecer o nome para a pasta de discussão). (Se você não renomear a pasta, o FrontPage irá chamá-la automaticamente de _disc1.) Então clique o botão Next.

Como escolher os campos
do formulário para o envio de artigos

A quarta caixa de diálogos Discussion Web Wizard ajudará a criar os campos básicos para o formulário de apresentação de seu Web de discussão. Selecione um botão de rádio para os campos do formulário que deseja incluir. Você poderá adicionar mais campos do formulário posteriormente, procedendo do mesmo modo como faria com um formulário Web normal.

Seu Web de discussão é público ou privado?

Antes de nomear sua pasta de discussão, pense se deseja abrir as discussões para o público ou mantê-las privadas. Quando os nomes da pasta forem precedidos de um sublinhado, como em _disc1, o FrontPage ocultará tudo na pasta, permitindo acesso apenas para as pessoas que podem encontrá-la. Se você *quiser* que as pessoas visitem seus bate-papos, não coloque um sublinhado antes do nome de sua pasta de discussão.

O formulário de apresentação, como mostrado na figura a seguir, funciona de modo parecido com os formulários Web tratados no Capítulo 13, "Formulários e sua função: como desenvolver formulários *online*". Os visitantes poderão digitar uma pequena descrição do artigo na linha Subject (Assunto), como você faz quando envia uma mensagem de e-mail. A linha Subject aparecerá como um item ligado na página Contents (Conteúdo). Eles poderão então digitar seu artigo na área Comments (Comentários) e clicar o botão Submit (Submeter) para enviar o formulário. Para ter Webs de discussão mais complexos, você poderá fazer com que os visitantes selecionem uma categoria ou produto. Quando tiver selecionado uma opção, clique o botão Next.

Capítulo 23 ➤ Painel central: como configurar uma discussão Web   **297**

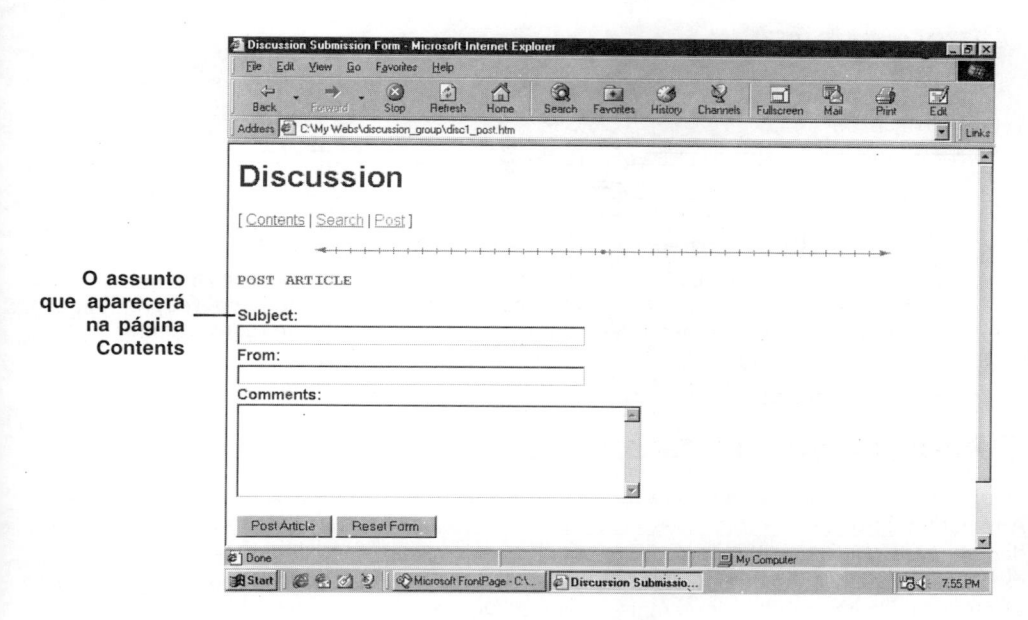

Formulário de apresentação do Web de discussão.

Apenas para usuários registrados ou liberado para todos?

A quinta caixa de diálogos Discussion Web Wizard perguntará, "A discussão ocorrerá em um Web protegido?" Aqui você poderá escolher limitar o acesso aos usuários registrados clicando no botão de rádio Yes, only registered users are allowed (Sim, apenas os usuários registrados têm permissão). Ou poderá abrir seu Web de discussão para o público, clicando no botão de rádio No, anyone can post articles (Não, qualquer pessoa pode enviar artigos). Por exemplo, você poderá não querer que estranhos leiam os artigos sobre a última reunião do departamento de Recursos Humanos, mas certamente irá querer que seus clientes sejam capazes de enviar perguntas sobre seus produtos. Quando tiver escolhido uma opção, clique o botão Next.

Como fornecer acesso às discussões privadas

Se você escolher criar um Web de discussão protegido, precisará dar acesso a seus usuários. O Capítulo 27, "Você é o chefe! Como se tornar um administrador do Web *site*", falará sobre como atribuir os privilégios de acesso e outros detalhes da administração do servidor FrontPage.

Como classificar os artigos

Quando o FrontPage lista os artigos na página de índice, eles aparecem em uma certa ordem. A maioria dos grupos de discussão lista os artigos mais antigos primeiro e os mais novos depois, para que os visitantes possam seguir as conversas na ordem cronológica. Porém, os grupos de discussão que se concentram em tópicos atualizados com freqüência algumas vezes listam primeiro os artigos mais recentes. Quando a sexta caixa de diálogo aparecer (Discussion Web Wizard), selecione o botão de rádio Oldest to newest (Do mais antigo para o mais recente) ou Newest to oldest (Do mais recente para o mais antigo) e então clique o botão Next. Essa caixa de diálogo aparecerá apenas se você escolher ter um índice na segunda caixa de diálogo Discussion Web Wizard.

Como atribuir uma página principal ao Web de discussão

Todo Web *site* tem uma página principal que apresenta o *site* e faz o *link* dos entre os visitantes e outras partes do *site*. A sétima caixa de diálogo (Discussion Web Wizard) pedirá que você crie a sua. O FrontPage supõe que você deseja usar sua página de índice como sua página principal, mas a maioria das pessoas não a utiliza, pois listas longas de artigos são muito feias e levam mais tempo para serem carregadas. Se você quiser usar seu índice como a página principal, deixe o botão de rádio Yes selecionado. Do contrário, clique no botão No. Quando escolher uma opção, clique em Next. Essa caixa de diálogos aparecerá apenas se você escolher incluir um índice. Do contrário, o FrontPage criará automaticamente uma página principal para você.

Como tornar o Web de discussão pesquisável

A oitava caixa de diálogos perguntará como deseja exibir os resultados do formulário de pesquisa. Quando os usuários pesquisarem o Web *site* do grupo de discussão para obter uma palavra-chave, o FrontPage exibirá uma página com uma lista de coincidências e *links*. Você poderá fazer com que os resultados da pesquisa sejam exibidos como a linha de assunto do artigo, a linha de assunto e o tamanho do arquivo (em kilobytes), a linha de assunto, o tamanho do arquivo e a data em que o artigo foi submetido ou o assunto, o tamanho do arquivo, a data e a pontuação (a coincidência entre a pesquisa e o artigo e a pesquisa comparada com outros artigos). Clique em um botão de rádio para escolher uma opção e então clique o botão Next. Essa caixa de diálogos aparecerá apenas se você escolher incluir um formulário de pesquisa em seu Web de discussão.

Como selecionar um tema Web

A nona caixa de diálogos permitirá que você aplique um tema FrontPage em seu Web de discussão. Para aplicar um tema, clique o botão Choose Web Theme (Escolher Tema Web) para exibir a caixa de diálogos Choose Theme. Para saber mais sobre os Web Themes (Temas Web) do FrontPage, veja o Puf! Você é Web *designer* com os temas do FrontPage". Quando tiver selecionado um tema (ou escolhido não ter um), clique o botão Next.

Enquadrar ou não enquadrar

Os quadros são ideais para os Webs de discussão, porque você poderá exibir o índice em um quadro e os artigos em outro. Por outro lado, algumas pessoas odeiam os quadros. A décima caixa de diálogos permitirá que você escolha um *layout* de quadros para sua página ou escolha o botão de rádio No Frames (Sem Quadros) para evitar colocar quadros em seu *site*. Quando clicar em um botão de rádio, uma visualização do *layout* de seu quadro aparecerá à esquerda. Você poderá também escolher a opção Dual Interface (Interface Dupla), que funcionará mesmo que o *browser* de seu usuário não suporte quadros. Clique o botão Next quando terminar de escolher suas opções Frames. Para saber mais sobre como os quadros funcionam, veja o Capítulo 11, "Enquadre-se! Como construir um Web *site* com quadros".

Como confirmar suas seleções

A caixa de diálogo final exibirá uma lista das páginas que você escolheu, como um índice, uma página principal com quadros e uma página de pesquisa. Clique o botão Finish para criar seu Web de discussão e retornar para o FrontPage.

Como manter
seu Web de discussão

Executar um grupo de discussão é como sediar uma festa ou ser encarregado de uma reunião. Uma vez que você tenha criado seu Web de discussão, precisará mantê-lo em operação. Isso envolve *moderar* as discussões, examinando as mensagens, enviando artigos para controlar as conversas e ainda apagando mensagens. Você precisará também fazer alguma limpeza completa sempre. Quando mensagens demais são enviadas, o índice leva muito tempo para ser carregado, e as pessoas não podem encontrar o que estão procurando.

Poderá também *armazenar* os artigos criando uma nova pasta e movendo os artigos para ela ao invés de apagá-los. Se você já criou um grupo de discussão privado, a pasta de discussão está localizada na pasta _private para que apenas os usuários autorizados possam encontrá-la.

Como editar as páginas em seu Web de discussão

Uma vez que você tenha criado seu Web de discussão, poderá adicionar os campos do formulário ao formulário de apresentação, alterar o texto no formulário de pesquisa e editar sua página principal como faria com as páginas Web normais.

Cinco usos interessantes
para um Web de discussão

Então por que você iniciaria um Web de discussão? Porque pode. Conhecimento técnico? Bobagem. Tudo o que precisará é de um bom conceito, de compromisso e do FrontPage 2000. A lista a seguir poderá iniciá-lo com algumas idéias. Para obter *links* com bons exemplos de grupos de discussão e recursos, verifique o Capítulo 30, "Como construir um Web *site* adequado ao seu ego".

➤ *Suporte do cliente* — Os grupos de discussão são ideais para oferecer suporte técnico para os clientes e responder às suas perguntas. O FrontPage ainda tem um Customer Support Web Wizard (Assistente Web de Suporte do Cliente) para ajudá-lo a configurar outros recursos que os cliente de sua empresa podem precisar. O Capítulo 2, "Web *site* urgente: como dar uma volta nos FrontPage Webs", informa como configurar um Web.

➤ *Acontecimentos locais* — Reúna sua comunidade com um Web de discussão para sua escola local, lugar de culto religioso ou fatos que acontecem na cidade.

Capítulo 23 ➤ Painel central: como configurar uma discussão Web

➤ *Tópicos especiais* — Ninguém que você conhece compartilha seu interesse por colecionar sabão de hotéis no mundo? Provavelmente poderá encontrar pessoas que compartilham seus interesses na Web. Inicie um fã clube ou uma conversa sobre as questões atuais, troque dicas de melhorias domésticas ou qualquer outra coisa que estimule sua imaginação.

➤ *Mantenha contato* — Inicie um grupo de discussão para você e seus parentes, antigos colegas de escola ou antigos colaboradores e convide todos para participarem.

➤ *Escola ou clubes* — Se você estiver tendo uma aula ou tiver se reunido a um clube, poderá configurar um grupo de discussão para que as pessoas possam conversar sobre questões e fazer perguntas entre classes ou encontros.

O mínimo que você precisa saber

➤ O Discussion Web Wizard o conduz nas etapas de criar um Web de discussão.

➤ Os Webs de discussão têm que ter um formulário de apresentação para que as pessoas possam enviar artigos. Você poderá também adicionar um índice, um formulário de pesquisa e quadros.

➤ Uma vez que você tenha criado seu Web de discussão, precisará mantê-lo para atualizar o conteúdo e assegurar que ele não ficará lotado de mensagens.

Parte V

No banco do motorista: como gerenciar seu Web site

Agora que você criou páginas Web com um conteúdo excitante e útil, como controlar tudo? Os Webmasters costumavam passar muito tempo testando páginas, fazendo correções e verificando os materiais desatualizados. Graças às ferramentas úteis de gerenciamento de site do FrontPage 2000, você dedicará menos tempo ao trabalho aborrecido de administração e mais tempo ao desenvolvendo sua criatividade.

As exibições Folders (Pastas), Tasks (Tarefas) e Reports (Relatórios) facilitam identificar eventuais problemas, corrigir suas páginas e controlar seus projetos Web. E mais, o FrontPage fornece tudo o que você precisa para criar e manter um Web site intranet de empresa e publicar suas páginas na World Wide Web.

Esta parte informa como gerenciar os arquivos, testar seu Web site, publicar seus arquivos em um servidor, gerenciar e manter seus Webs, usar os recursos Reports e Task List (Lista de Tarefas), ajudar os visitantes a encontrarem e a usarem seu Web site e construir sua própria intranet. Puf! Você é um administrador Web!

Capítulo 24

Você e seus arquivos Web

Neste capítulo

➤ Como visualizar pastas e arquivos na exibição Folders

➤ Como compreender o que significam todos esses detalhes do arquivo e extensões de nome de arquivo

➤ Como criar, renomear, mover, copiar, importar, exportar e apagar arquivos

➤ Como fornecer títulos e resumos a suas páginas

➤ Como fechar um Web e sair do FrontPage

➤ Cinco dicas para ajudá-lo a gerenciar os arquivos Web

Os arquivos Web são como coelhos. Você tem que sempre estar de olho neles porque se multiplicam muito rapidamente! Portanto, como controlar suas páginas Web, imagens e outras coisas? Dê uma olhada em seu Web *site* na exibição Folders (Pastas) e mostre a seus arquivos quem é o chefe.

Como dar uma olhada nos arquivos e pastas na exibição Folders

Psst! Deseja ver o que existe em seu Web *site*? Dê uma olhada em seus arquivos e pastas, clicando em Folders na lista Views (Exibições). O FrontPage exibirá uma lista Folder e uma lista File (Arquivo) para que você possa ver todas as suas pastas e arquivos.

Parte V ➤ No banco do motorista: como gerenciar seu Web site

Barra de títulos da lista File

Cabeçalhos da coluna

Lista File

Lista Folder

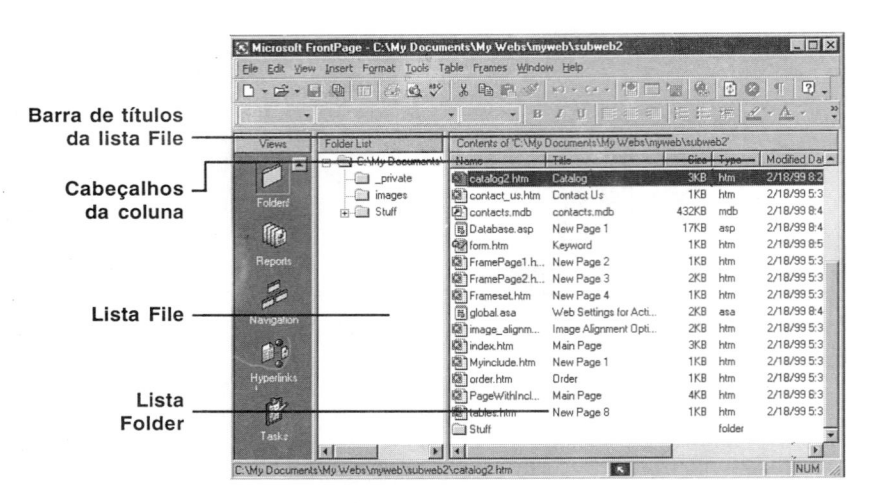

Arquivos Web exibidos na exibição Folders do FrontPage.

Como exibir pastas em sua lista Folder

A lista Folder à esquerda exibe a pasta principal (diretório-raiz) do Web atual, juntamente com suas outras pastas Web. O FrontPage irá gerar automaticamente uma pasta images para suas imagens e uma pasta _private para seus componentes FrontPage, como tratado no Capítulo 19, "Caixa de utilidades: componentes FrontPage".

Pastas e subpastas

Dependendo de como você configurou seu Web *site*, poderá também ter pastas que contenham outras pastas. Quando uma pasta contém outras pastas, um sinal de + aparece ao seu lado. Você poderá expandir a lista Folder para exibir as subpastas de uma pasta clicando no sinal de +. Para reduzir uma lista Folder para que as subpastas não apareçam mais, clique no sinal de -.

Capítulo 24 ➤ Você e seus arquivos Web

O que é isso?
Como compreender sua lista File

A lista File contém uma lista de arquivos e pastas com detalhes de arquivo úteis, organizados sob os cabeçalhos da coluna. A barra Title (Título) exibe o caminho do diretório (local) do Web atual. Você poderá usar essa informação para manter seu Web *site* sendo executado suavemente e se livrar dos arquivos desnecessários.

Naturalmente, os detalhes do arquivo são pouco utilizados, a menos que você saiba o que significam. Na exibição Folders, os detalhes do arquivo são organizados em colunas. Eles informam o tamanho do arquivo, o tipo de arquivo e a última vez em que alguém fez alterações no arquivo.

➤ *Name* (Nome) — Exibe os nomes de seus arquivos Web.

➤ *Title* — Exibe os títulos de seus arquivos Web. Os títulos da página Web são exibidos na barra de títulos do paginador Web, como tratado no Capítulo 3, "Como lidar com páginas Web". Você poderá também fornecer títulos para outros tipos de arquivos, a fim de se lembrar do conteúdo desses arquivos.

➤ *Size* (Tamanho) — Exibe o tamanho do arquivo em kilobytes (KB). É uma boa idéia fazer uma observação extra em seus arquivos Web. Arquivos maiores levam mais tempo para seus visitantes carregarem. Lembre-se, a barra de *status* na exibição Page (Página) irá estimar o tempo de carregamento.

➤ *Type* (Tipo) — Exibe as extensões do nome de arquivo para cada arquivo, permitindo que você saiba quais são os tipo de arquivos de seu Web *site*. A seção a seguir fornecerá um curso completo sobre as extensões do nome de arquivo.

➤ *Modified Date* (Data de Modificação) — Exibe a última vez em que um arquivo em seu Web *site* foi editado ou atualizado. Isso ajudará a controlar as páginas que precisam ser atualizadas ou removidas.

➤ *Modified by* (Modificado por) — Exibe o nome de usuário da pessoa que trabalhou por último em um arquivo. Se você compartilhar seu FrontPage Web com colaboradores, colegas ou membros da família, poderá verificar quem fez o que rapidamente. Para saber mais sobre a administração do servidor e como gerar relatórios para controlar as coisas, veja os Capítulos 27, "Você é o chefe! Como se tornar um administrador do Web *site*" e 28, "Como controlar tudo com a lista de tarefas".

➤ *Comments* (Comentários) — Exibe uma visualização das informações de resumo para cada arquivo. Os resumos informam o que cada arquivo contém e ajudam as máquinas de pesquisa a trabalharem com mais eficiência. (O Capítulo 19 informa como configurar uma máquina de pesquisa.) O Capítulo 18, "Uma combinação feita em Redmond: FrontPage e Microsoft Office 2000", fala sobre como criar resumos do que há dentro de um arquivo. Você poderá também criar os resumos do arquivo a partir da exibição Folders, como será tratado posteriormente neste capítulo.

101 extensões do nome de arquivo

Nos computadores Windows e na Web, todos os nomes de arquivo são seguidos de um ponto e uma extensão do nome de arquivo, como em MyWebPage.htm ou MyPicture.jpeg. Quando você abrir um arquivo ou um arquivo for carregado em seu browser, a extensão do nome de arquivo informará a seu computador qual programa ele deverá usar para lidar com o arquivo. Por exemplo, se você clicar em um *link* para um filme AVI, o Windows abrirá o multimídia *player* predefinido.

Quando você trabalha com arquivos no Windows 95 ou no Windows 98, nem sempre vê as extensões do nome de arquivo. O Windows normalmente oculta-as. Contudo, como as extensões do nome de arquivo são importantes na Web, o FrontPage sempre as mostra.

Mostre suas extensões do nome de arquivo!

O Windows nem sempre mostra as extensões do nome de arquivo para os arquivos em seu computador, mas você poderá informar o Windows para fazê-lo. Abra uma pasta e selecione Folder Options (Opções da Pasta) no menu View (Exibir) para exibir a caixa de diálogos Folder Options. Clique na guia View e cancele a seleção do quadro de seleção Hide file extensions for known file types (Ocultar extensões de arquivo para os tipos de arquivo conhecidos), clique o botão Reset All Folders (Redefinir Todas as Pastas) e então clique em OK para aplicar suas alterações e retornar para sua área de trabalho.

Quando você exibir seus arquivos, poderá ver as seguintes extensões do nome de arquivo Web:

➤ .HTM *ou* .HTML *para as páginas Web* — HTML significa Hypertext Markup Language (Linguagem Marcada de Hipertexto), o conjunto de códigos usados para formatar as páginas Web. Para saber mais sobre a HTML, veja o Capítulo 3.

➤ .ASP *para Active Server Pages* — Uma página ativa do servidor é um tipo de página Web que contém *scripts* especiais. O FrontPage e os servidores FrontPage suportam a ASP. Para saber mais sobre a ASP e outras páginas Web programadas, veja o Capítulo 21, "Acelere seu Web *site* com programas e *scripts*".

- **.JS** *para scripts JScript.—* JScript é a resposta da Microsoft e do Internet Explorer para o JavaScript do Netscape Navigator, uma linguagem de *script* da página Web. Quando você cria efeitos especiais animados para suas páginas, como tratado no Capítulo 20, "Páginas divinas com efeitos especiais animados", O FrontPage gera automaticamente os arquivos JScript para você. Para saber mais sobre o *script* da página Web, veja o Capítulo 21.

- **.CLASS** *para acessórios Java* — Os acessórios Java são programas que são executados em um paginador Web. Ao criar *rollovers* e outros componentes especiais, o FrontPage cria os acessórios Java para você.

- **.CGI** e **.PL** *para scripts do servidor* — Antes de o FrontPage aparecer, as pessoas que queriam processar formulários Web, criar contadores de batidas e fazer outras coisas interessantes, tinham que escrever os *scripts* Common Gateway Interface (.CGI ou Interface Comum do Gateway) que são executados em um servidor. *Perl* (.PL) é uma linguagem popular para escrever os *scripts* CGI. Se seu Web *site* existia antes de você ou sua empresa ter instalado o FrontPage, poderá encontrar um *script* ou dois em seu Web. Na maioria dos casos, os *scripts* CGI são armazenados em uma pasta chamada CGI_Bin ou CGI_Win.

- **.DOC, .XLS, .PPT, .Pub** e **.MDB** *para arquivos Office* — Se você importou documentos Word (.DOC), trabalhos Excel (.XLS), apresentações PowerPoint (.PPT), publicações Publisher (.PUB) ou bancos de dados Access (.MDB) para seu Web, encontrará algumas ou todas essas extensões do nome de arquivo em seu Web. Poderá também formatar seus arquivos Office como páginas Web, como tratado no Capítulo 18.

- **.GIF** *ou* **.JPEG** — Esses são os formatos de imagem amistosos da Web, como tratado nos Capítulos 8, "A página Web perfeita com imagens: como colocar e ajustar as imagens" e 9, "Como deixar elegantes as imagens". Normalmente o FrontPage armazena as imagens na pasta images em seu Web.

- **.TXT** *para arquivos de texto* — Quando você cria um formulário Web (Capítulo 13, "Formulários e sua e função: como desenvolver formulários *online*") ou configura um grupo de discussão (Capítulo 23, "Painel central: como configurar uma discussão Web"), o FrontPage fornece a opção de gravar as informações de seus visitantes em um arquivo de texto comum. Geralmente o FrontPage armazena os arquivos de texto na pasta _private).

- **.AU, .WAV, .AIFF, .MIDI, .MP2** *para arquivos de áudio* — Se, em seu Web *site* você usa arquivos de som, que você mesmo gravou, ou carregados da Web ou obtidos na Clip Art Gallery (Galeria de Clipart) (tratada no Capítulo 8), eles terão uma dessas extensões de nome de arquivo. Para saber mais sobre a multimídia, veja o Capítulo 17, "Estruture suas coisas: som, vídeo e mais".

- **.AVI, .VFW, .MOV, .MPEG** *para arquivos de vídeo* — Se você colocou filmes em seu Web *site*, eles terão uma dessas extensões do nome de arquivo. Para saber mais sobre a multimídia, veja o Capítulo 17.

➤ .EXE *para arquivos executáveis* — Um arquivo executável é um programa, como muitas aplicações comerciais e *shareware* que você já tem em seu computador. Se você distribuir qualquer programa *shareware*, jogos ou controles ActiveX em seu Web *site*, esses arquivos terão a extensão do nome de arquivo .EXE. Para saber mais sobre os controles ActiveX, veja o Capítulo 21.

➤ .CSS *para folhas de estilo em cascata* — Os documentos da folha de estilo contêm informações que ajudam a formatar o texto e outros elementos da página em um Web *site*. Para saber mais sobre as folhas de estilo em cascata, veja o Capítulo 15, "Agora você tem estilo! Como usar as folhas de estilo".

Como exibir arquivos em uma pasta

Quando você visualizar seu Web *site* na exibição Folders, o FrontPage exibirá automaticamente os arquivos contidos na pasta Web principal. Então como descobrir o que existe em suas outras pastas? Clique em uma pasta e a lista File para essa pasta aparecerá. Para retornar para a pasta principal em seu Web, clique no ícone da pasta na parte superior da lista Folder.

Informações, por favor? Como ajustar as larguras da coluna de detalhes do arquivo

A exibição Folders do FrontPage organiza os detalhes do arquivo sob os cabeçalhos da coluna. Mas a menos que você tenha um monitor enorme, algumas informações do arquivo ficarão cortadas, como os títulos, as datas de modificação ou colunas. Você poderá corrigir isso ajustando a largura dessa coluna. Clique no divisor de uma coluna para exibir o cursor com duas setas e então arraste-o para a direita ou para a esquerda até que todas as informações da coluna sejam exibidas na lista de arquivos abaixo.

Como classificar sua lista de arquivos

A exibição Folders mostra automaticamente seus arquivos em ordem alfabética segundo o nome de arquivo. Deseja exibir sua lista File pelo título da página, tipo de arquivo, data de modificação ou tamanho do arquivo? É tão fácil quanto clicar no cabeçalho de uma coluna. Quando clicar uma vez no cabeçalho de uma coluna, o FrontPage classificará sua lista File na *ordem ascendente* (de A-Z, menos recente para o mais recente ou menor para o maior). Quando clicar novamente no cabeçalho de uma coluna, o FrontPage classificará sua lista File na *ordem descendente*.

Como lidar com arquivos

Deseja renomear um arquivo, fornecer-lhe um novo título, adicionar um resumo ou movê-lo para uma pasta diferente? Você poderá fazer todas essas coisas imediatamente a partir da exibição Folders. Quando alterar o nome ou o local de um arquivo, o FrontPage ajustará automaticamente qualquer página que se liga a esse arquivo para que seu Web *site* continue a funcionar adequadamente. Se você já usou o Windows Explorer para gerenciar os arquivos em seu computador, a exibição Folders do FrontPage será familiar. Se você não usou, não se preocupe. Este capítulo mostrará como se encarregar de seus arquivos.

Como renomear os arquivos

Oopa! Esse nome de arquivo não faz nenhum sentido? Se você estiver reorganizando seu Web *site* ou se não digitou corretamente o nome de arquivo na primeira fez, poderá alterar os nomes de arquivo de suas páginas, imagens e outros arquivos quando quiser.

Para renomear um arquivo, clique-o com o botão direito na lista para exibir o menu de atalho e então selecione Rename (Renomear). Quando o FrontPage destacar o nome de arquivo, digite um novo nome para ele. (Inclua a extensão correta do nome de arquivo!) Quando a caixa de diálogos Rename aparecer e perguntar se deseja atualizar outras páginas em seu *site* para que os *hiperlinks* não sejam quebrados, clique em Yes.

Como criar uma nova página

Se você deseja adicionar uma nova página ao seu Web *site*, mas não pretende trabalhar nela agora, poderá fazê-lo a partir da exibição Folders. Isso será útil quando você estiver construindo um novo Web *site* a partir do zero e quiser configurar uma barra de navegação do FrontPage, como tratado nos Capítulos 7, "Pense nos *links*: como adicionar *links* a suas páginas Web" e 14, "Não gosta do que vê? Como construir seu próprio gabarito de páginas".

Para criar sua página Web novinha em folha, selecione New (Novo) no menu File e então selecione Page no menu em cascata. Você poderá pular essas etapas e usar a combinação de teclas Ctrl+N. O FrontPage adicionará uma nova página Web às suas listas e irá nomeá-la como new_page_1.htm. Então você poderá renomear a página, como explicado na seção anterior.

Como criar uma nova pasta

Quando seu Web *site* crescer, e eles sempre crescem, você poderá criar pastas para diferentes seções ou tipos de conteúdo. Por exemplo, se sua empresa tiver páginas para cada funcionário e de repente expandir-se de 5 para 25 funcionários, você poderá querer criar uma pasta People especial para as páginas Web de todos.

Para criar uma nova pasta, selecione New no menu File e selecione Folder no menu em cascata. Quando o FrontPage criar a nova pasta e adicioná-la à sua lista como New_Folder, você poderá renomeá-la, assim como renomearia um arquivo.

Como mover os arquivos para outra pasta

Quando seu Web *site* crescer, você poderá precisar mudar um pouco as coisas e mover suas páginas Web, imagens e outros arquivos. Para mover um arquivo para outra pasta, selecione-o na lista File e arraste-o para uma pasta na lista Folder. A caixa de diálogos Rename aparecerá para informá-lo que o FrontPage está alterando as páginas que se ligam ao arquivo para que continuem a funcionar devidamente.

Você poderá também mover um arquivo para outra pasta com o método cortar e colar. Selecione um arquivo, escolha Cut (Cortar) no menu Edit (Editar) (ou use a combinação de teclas Ctrl+X), abra uma pasta selecionando-a na lista Folder e selecione Paste (Colar) no menu Edit (ou use a combinação de teclas Ctrl+V).

Como copiar e colar arquivos

Por que criar todas as suas páginas novas a partir do zero? Algumas vezes será mais fácil copiar uma página existente e colá-la em seu Web como uma nova página. Então poderá renomear a nova página e começar a trabalhar nela. O velho truque de cortar e colar também funcionará muito bem para as imagens e outros tipos de arquivos também.

Primeiro, copie o arquivo selecionando-o na lista File e escolhendo Copy (Copiar) no menu Edit (ou use a combinação de teclas Ctrl+C). Então, cole o novo arquivo selecionando Paste no menu Edit (ou use a combinação de teclas Ctrl+V). O FrontPage adicionará o novo arquivo à lista File e irá fornecer-lhe o mesmo nome do arquivo original seguido da palavra Copy e um número entre parêntesis, como em MyFile_Copy(1).htm. Depois você poderá renomear o arquivo, como explicado anteriormente neste capítulo.

Lembre-se de suas combinações de teclas!

Abrir os menus certamente poderá ser enfadonho algumas vezes. É por isso que estou fornecendo-lhe combinações de teclas em todo o livro. Quando você estiver gerenciando seus arquivos Web, as seguintes combinações de teclas poderão evitar suor e lágrimas em sua mão sobre o mouse:

Ctrl+C — Copia o arquivo selecionado, texto ou objeto.

Ctrl+X — Corta o arquivo selecionado, texto ou objeto para que possa colá-lo em outro lugar.

Ctrl+V — Cola um arquivo, bloco de texto ou objeto que foi copiado ou colado.

Ctrl+A — Seleciona todos os arquivos em uma pasta ou todo o texto e objetos em um arquivo.

Ctrl+O — Abre o arquivo selecionado.

Ctrl+F4 — Fecha um arquivo (disponível apenas na exibição Page).

Você poderá também usar combinações de teclas para encontrar e substituir palavras e frases ou verificar a ortografia em seu Web site, como tratado no Capítulo 25, "Testando, testando, um dois, três: como verificar seu Web *site*".

Ctrl+F — Exibe a caixa de diálogos Find (Localizar).

Ctrl+H — Exibe a caixa de diálogos Find and Replace (Localizar e Substituir).

Ctrl+Z — Cancela a ação anterior.

Ctrl+Y — Refaz uma ação cancelada.

F7 — Exibe a caixa de diálogos Spelling (Verificar Ortografia).

Como importar arquivos para seu Web

Há chances de que você tenha algumas páginas Web, imagens e outras coisas em seu computador que gostaria de adicionar a seu Web site. Se esse for o caso, prossiga e importe-os. Já teve um Web *site* ativado e sendo executado antes de ter obtido o FrontPage 2000? Então pode ter usado o assistente Import Web (Importar Web) para trazer seus arquivos para seu FrontPage Web. Você poderá também importar arquivos individuais sempre que precisar, com menos etapas!

Para importar arquivos de seu computador ou de um computador em uma rede, selecione Import no menu File para exibir a caixa de diálogos Import. Clique o botão Add File (Adicionar Arquivo) para exibir a caixa de diálogos Add File to Import List (Adicionar Arquivo para Importar Lista), pagine para obter um arquivo, selecione-o e clique o botão Open (Abrir) para retornar para a caixa de diálogos Import. Quando o arquivo aparecer na lista File, você poderá clicar em OK para importá-lo ou poderá escolher opções adicionais.

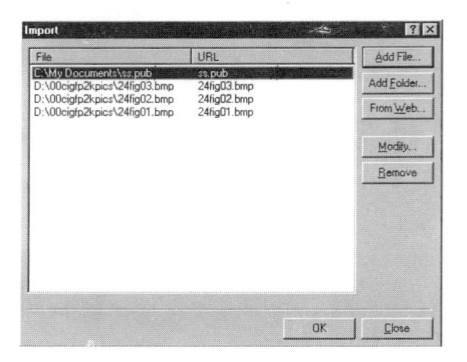

Caixa de diálogos Import.

A caixa de diálogos Import fornece as seguintes opções:

- ➤ *Add File* (Adicionar Arquivo) — Adiciona um novo arquivo à lista Import File.
- ➤ *Add Folder* (Adicionar Pasta) — Adiciona uma pasta inteira cheia de arquivos à lista Import File.
- ➤ *From Web* (Do Web) — Adiciona arquivos de outro FrontPage Web à lista Import File.
- ➤ *Modify* (Modificar) — Exibe a caixa de diálogos Edit URL (Editar URL) para que você possa digitar um caminho de diretório (como myfolder/filename.htm) para importar o arquivo selecionado para uma determinada pasta.
- ➤ *Remove* (Remover) — Remove o arquivo selecionado da lista Import File para que o FrontPage não o importe para seu Web.
- ➤ *Close* (Fechar) — Fecha a caixa de diálogos Import sem importar nenhum arquivo.
- ➤ *OK* — Importa os arquivos para seu Web a partir de sua lista File.

Como abrir uma página Web a partir da exibição Folders

Com o FrontPage, você poderá abrir facilmente uma página Web a partir da exibição Folders e começar a trabalhar nela. Apenas selecione uma página na lista e escolha Open no menu File (ou use a combinação de teclas Ctrl+O). Poderá também tentar clicar duas vezes em uma página.

Capítulo 24 ➤ Você e seus arquivos Web   **315**

Como exportar arquivos de seu Web

Voltando ao Jardim de !nfância, nossos professores sempre nos diziam para compartilhar, certo? Se você deseja compartilhar uma página Web com um colaborador, poderá exportar páginas para outro FrontPage Web. Para gravar uma página Web em um local diferente, abra o arquivo na exibição Page e selecione Save As (Salvar Como) no menu File. Quando a caixa de diálogos Save As aparecer, pagine para obter uma pasta e clique o botão Save. Se sua página Web contiver qualquer imagem ou outros arquivos incorporados, a caixa de diálogos Save Embedded Files (Salvar Arquivos Incorporados) aparecerá com uma lista de arquivos. Clique em OK para assegurar-se de que esses arquivos foram enviados com sua página!

Como remover arquivos e pastas de seu Web

Precisa limpar alguns de seus arquivos velhos e cansados? Selecione um arquivo ou pasta e pressione a tecla Delete. Quando a caixa de diálogos Confirm Delete (Confirmar Eliminação) aparecer e perguntar se você está certo de que deseja remover o arquivo, clique o botão Yes. Se selecionou mais de um arquivo, clique o botão Yes to All (Sim para Todos).

Como exibir as propriedades do arquivo

Para exibir mais detalhes sobre um arquivo, inclusive o resumo do arquivo e quem o criou, você poderá exibir a caixa de diálogos Properties (Propriedades) do arquivo, clicando com o botão direito no arquivo e selecionando Properties no menu de atalho. Ou você poderá clicar no arquivo e selecionar Properties no menu File. Quando a caixa de diálogos Properties aparecer, poderá exibir as informações clicando em uma guia:

➤ *General* (Geral) — Mostra o nome de arquivo, título, tipo de arquivo, onde o arquivo está localizado e o tamanho do arquivo (in kilobytes (KB) se o arquivo tiver 1KB ou mais, ou em bytes do contrário).

➤ *Symmary* (Resumo) — Exibe o resumo do arquivo (Comments), a data de criação (Created ou Criado), quem criou o arquivo (Created by ou Criado por), quando o arquivo foi editado pela última vez (Modified) e quem editou por último o arquivo (Modified by).

➤ *Workgroup* (Grupo de trabalho) — Mostra a categoria, o status de um arquivo e mostra a pessoa encarregada dele. Para saber mais sobre como atuar com os colaboradores nos arquivos, veja o Capítulo 29, "Não é necessário uma aldeia para construir uma intranet: como publicar, compartilhar e atualizar arquivos".

Como alterar os títulos das páginas

Se você estiver lembrando dos capítulos anteriores, verá que poderá colocar títulos em suas páginas Web quando gravá-las pela primeira vez ou poderá fazer isso a partir da caixa de diálogos Page Properties (Propriedades da Página). Quando uma página for exibida em um *browser*, o título da página aparecerá na barra de títulos do *browser*. Os títulos também são úteis quando você examina seu Web *site* na exibição Folders. Você poderá usá-los para fornecer descrições breves para cada página.

Para alterar o título de uma página na exibição Folders, clique com o botão direito no nome do arquivo e selecione Properties no menu de atalho. Quando a caixa de diálogos Properties aparecer com a guia General selecionada, digite um título na caixa Title (Título) e clique em OK. Quando retornar para a exibição Folders, o novo título da página aparecerá.

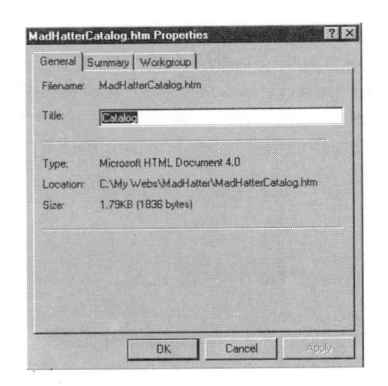

Caixa de diálogo Properties.

Como criar resumos de página

Se você trabalha em um Web *site* com seus colaboradores ou se o seu Web *site* está começando a ficar grande, poderá também criar resumos para suas páginas. Um resumo é uma pequena descrição ou lista de palavras-chave associadas à página. Se você adicionar um componente Search (Pesquisar) ao seu Web *site*, como tratado no Capítulo 19, seus resumos ajudarão a máquina de pesquisa em seu *site* a encontrar arquivos mais rapidamente para seus visitantes. As primeiras palavras dos resumos do arquivo aparecerão na coluna Comments na lista File.

Capítulo 24 ➤ Você e seus arquivos Web   317

Refresque sua memória!

Você poderá também criar títulos para imagens e outros arquivos para lembrar-se do que são e com que combinam. Por default, o FrontPage nomeia os arquivos de páginas diferentes da Web com o caminho do diretório e o nome de arquivo, como em images/MyPicture.jpeg.

Para criar um resumo da página, clique com o botão direito em um arquivo e escolha Properties no menu de atalho. Quando a caixa de diálogos Properties for exibida, clique na guia Summary, digite um resumo na caixa Comments de paginação e clique em OK para voltar para a exibição Folders. Como nos títulos, você poderá também criar resumos para imagens e outros tipos de arquivos. Se usar outros programas Microsoft Office, poderá também criar resumos para os arquivos Word, Excel, Publisher, PowerPoint e Access antes de importá-los para o FrontPage, como tratado no Capítulo 18.

Como fechar o FrontPage

Precisa de um tempo? Você poderá fechar o FrontPage selecionando Exit (Sair) no menu File ou clicando no X no canto superior direito da janela de aplicação.

Como fechar um Web

Você poderá também fechar seu Web sem sair do FrontPage selecionando Close Web (Fechar Web) no menu File.

Cinco dicas para ajudá-lo a gerenciar os arquivos Web

Gerenciar um Web *site* e controlar todos os seus arquivos poderá ser muito trabalhoso, mas você poderá experimentar algumas dicas para tornar o serviço mais fácil.

➤ *Experimente os subWebs aninhados* — Os subWebs aninhados são úteis quando você tem diferentes departamentos, membros da família ou grupos de colaboradores trabalhando em partes diferentes de um Web *site*. Os subWebs aninhados são pastas Web em um FrontPage Web que também funcionam como FrontPage Webs. Você poderá publicá-los independentemente do resto de seu FrontPage Web, atribuí-los a grupos de trabalho e mais. Para saber mais sobre os subWebs aninhados, leia o Capítulo 27.

- ➤ *Selecione diversos arquivos* — Quando você precisar mover os arquivos ou apagá-los, poderá selecionar mais de um de cada vez. Para selecionar um grupo de arquivos consecutivos, pressione a tecla Shift e clique nos arquivos no início e no final da lista. Isso também selecionará os arquivos intermediários. Para selecionar um grupo de arquivos não consecutivos, pressione a tecla Ctrl e clique em cada um dos arquivos.
- ➤ *Agrupe os arquivos pelo nome* — Por default, o FrontPage classifica os arquivos em ordem alfabética. Você poderá agrupar os arquivos na lista de arquivos nomeando-os com as mesmas primeiras letras ou números, como em Catalog_Fall.htm, Catalog_Spring.htm, Catalog_Summer.htm e Catalog_Winter.htm.
- ➤ *Crie pastas* — Se você tiver um Web *site* particularmente grande e complexo com muitos tipos de arquivos, poderá também criar pastas para diferentes seções e tipos de arquivo.
- ➤ *Use a lista Task* — Se você é muito interrompido ou tende a esquecer as coisas, as listas Task (Tarefa) e os relatórios poderão ajudá-lo a lembrar as diferentes coisas que precisa fazer. Para obter mais informações, veja o Capítulo 28.

O mínimo que você precisa saber

- ➤ Você poderá exibir todas as suas pastas e arquivos na exibição Folders. Quando clicar em uma pasta na lista Folder, o conteúdo aparecerá na lista File.
- ➤ A lista File mostra os arquivos na pasta atual, junto com detalhes como o nome de arquivo, título, tamanho do arquivo, tipo de arquivo, data da última edição, último usuário a editar o arquivo e comentários (como resumo).
- ➤ Você poderá classificar os itens na lista File clicando nos cabeçalhos da coluna. Poderá também ajustar as larguras de diferentes cabeçalhos da coluna para ver melhor os detalhes de seu arquivo.
- ➤ Todos os nomes de arquivo são seguidos de um ponto e uma extensão do nome de arquivo, como em .HTM ou .JPEG. A extensão do nome de arquivo informa aos computadores e aos paginadores Web o tipo de arquivo e qual aplicação deverá ser inicializada para lidar com o arquivo.
- ➤ Você poderá criar, mover, copiar, renomear, importar e apagar os arquivos a partir da exibição Folders. Poderá também abrir uma página Web diretamente a partir da lista File.
- ➤ Para obter informações extras sobre um arquivo, selecione-o e exiba a caixa de diálogos Properties. Poderá também mudar o título de uma página, digitar um resumo ou atribuir categorias e pessoas aos arquivos. (O Capítulo 29 informará mais sobre como colaborar com os outros em seu Web *site*.)

Capítulo 25

Testando, testando, um, dois, três: como verificar seu Web site

> **Neste capítulo**
> ➤ Como exibir os relatórios do Web *site* para verificar páginas com problemas e corrigi-las também!
> ➤ Como percorrer suas páginas Web
> ➤ Dez erros absolutamente maçantes a evitar

Você tem um parente meticuloso, cujas visitas deixam-no confuso? Todos nós temos um que simplesmente adora apontar todas as poeiras, pratos não lavados, cestas de papel cheias e outros exemplos de tarefas domésticas malfeitas. Infelizmente, muitos visitantes de Web *sites* agem assim também. E eles se divertem de uma forma especial enviando mensagens de e-mail que listam todos os erros que encontram em suas páginas Web!

Se você fizer tudo o que estiver descrito neste capítulo, eles não encontrarão nada para reclamarem. O FrontPage facilita verificar a ortografia, pesquisar e substituir o texto em seu Web *site*, assegurar que todas os seus *links* funcionam e gerar relatórios úteis sobre os arquivos em seu *site*. Você deverá também exibir todas as suas páginas individualmente para ter certeza de que funcionam corretamente.

Qual é a vantagem? Como exibir relatórios do Web site

Com o FrontPage, você poderá exibir relatórios que o ajudarão a verificar os problemas em seu Web *site*. Para exibir os relatórios de seu Web, clique no ícone Reports (Relatórios) na lista Views (Exibições). A barra de ferramentas Reports deverá também aparecer (se não, escolha Toolbars (Barras de Ferramentas) no menu View (Exibir) e selecione Reports na lista em cascata). Então poderá selecionar Site Summary (Resumo do Site) na lista Reports para obter uma visão geral de seu Web *site*, como mostrado na figura a seguir.

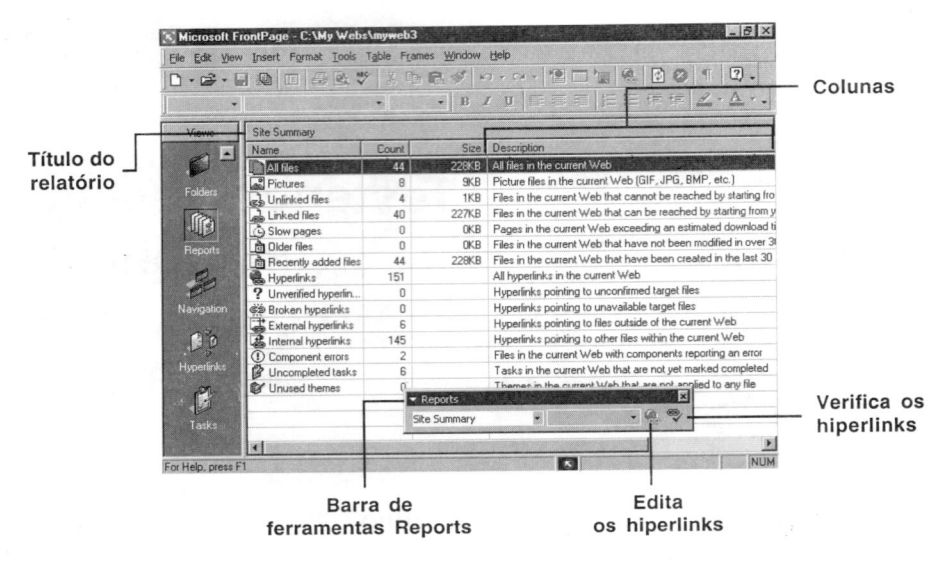

Parte V ➤ *No banco do motorista: como gerenciar seu Web site*

Exibição Reports do FrontPage com a Site Summary e a barra de ferramentas Reports exibidas.

A opção Site Summary lista diferentes categorias, como *hiperlinks* quebrados, o número de vezes em que cada elemento ocorre em seu Web *site*, o tamanho total do arquivo (quando relevante) e uma descrição de cada categoria. Para exibir os detalhes de uma categoria, clique duas vezes no item da lista ou selecione a categoria na lista Reports.

Uma lista completa de categorias de relatórios vem a seguir e as próximas seções informarão como usar esses relatórios para manter seu Web *site* em perfeito funcionamento.

➤ *Site Summary* (Resumo do Site) — Fornece informações gerais sobre seu Web *site*, como o número de *hiperlinks* não verificados e o número de tarefas incompletas.

➤ *All Files* (Todos os Arquivos) — Exibe uma lista dos arquivos em seu Web *site*, com detalhes sobre cada arquivo.

➤ *Recently Added Files* (Arquivos Adicionados Recentemente) — Lista todos os arquivos que você adicionou em um certo número de dias, junto com os detalhes dos arquivos. Você poderá alterar o número de dias, selecionando um item na lista na barra de ferramentas Reports.

➤ *Recently Changed Files* (Arquivos Alterados Recentemente) — Mostra uma lista de arquivos que você editou em um certo número de dias, junto com os detalhes dos arquivos. Você poderá alterar o número de dias, selecionando um item na lista na barra de ferramentas Reports.

➤ *Older Files* (Arquivos Mais Antigos) — Lista todos os arquivos que são mais antigos que um certo número de dias, junto com os detalhes dos arquivos. Você poderá alterar o número de dias, selecionando um item na lista na barra de ferramentas Reports.

➤ *Unlinked Files* (Arquivos Não Linkados) — Exibe uma lista de arquivos que não estão associados ou linkados a nenhuma página em seu Web. Isso será útil quando você quiser remover arquivos desnecessários de seu Web *site*.
➤ *Slow Pages* (Páginas Lentas) — Mostra uma lista de Web *sites* que podem levar muito tempo para serem carregados.
➤ *Broken Hyperlinks* (Hiperlinks Quebrados) — Lista qualquer *link* que não funciona em seu Web *site*.
➤ *Component Errors* (Erros do Componente) — Avisa se seu Web *site* tem qualquer componente que não funciona e sugere alternativas para correção. Algumas vezes corrigir um componente é tão fácil quanto reinseri-lo. Para obter mais informações, veja o Capítulo 19, "Caixa de utilidades: componentes FrontPage".

Sobre a barra de ferramentas Reports
Como em muitas barras de ferramentas, menus e caixas de diálogo do FrontPage, a barra de ferramentas Reports é *adaptável*. Ela muda conforme o tipo de relatório selecionado.

➤ *Review Status* (Revisar Status) — Exibe uma lista de arquivos, junto com informações de status para que você possa controlar os projetos mais facilmente. Para saber mais sobre como controlar projetos, veja o Capítulo 29, "Não é necessário uma aldeia para construir uma intranet: como publicar, compartilhar e atualizar arquivos"
➤ *Assigned to* (Atribuído a) — Lista todos os seus arquivos e a quem foram atribuídos. Para saber mais sobre como atribuir arquivos às pessoas, veja o Capítulo 29.
➤ *Categories* (Categorias) — Mostra uma lista de seus arquivos Web, junto com a categoria, título, tipo de arquivo e pasta. Para saber mais sobre como atribuir categorias aos arquivos, veja o Capítulo 29.
➤ *Publish Status* (Publicar Status) — Informa se as páginas foram publicadas ou não. O Capítulo 29 informará como impedir que o FrontPage publique as páginas que ainda precisam de trabalho. Também veja o Capítulo 26, "Não fique apenas sentado aí! Como publicar seu Web *site*".

Como verificar seus links

Testar os *links* em um Web *site* costumava levar muito tempo, porque você tinha que clicar em cada um deles. Agora poderá relaxar, porque o FrontPage pode verificar seus *links*. Quando selecionar Broken Hyperlinks no menu Reports, uma lista de *links* com problemas aparecerá com o URL, as páginas que contêm o *link* e os títulos dessas páginas.

Se um link *simplesmente* não funcionar, um ícone de elo quebrado aparecerá ao lado da palavra "Broken" (Quebrado) na coluna Status. Se você tiver um *link* com uma página Web externa (uma página no Web *site* de outra pessoa), o FrontPage poderá não ter verificado o *link* ainda. Se esse for o caso, um ícone com interrogação aparecerá ao lado da palavra "Unknown" (Desconhecido) na coluna Status.

Como verificar os links externos

Para verificar os *links* externas com outros Web *sites*, exiba o relatório Broken Links (Links Quebrados) e clique o botão Verify Hyperlinks (Verificar Hiperlinks) na barra de ferramentas Reports. Quando a caixa de diálogo Verify Hyperlinks aparecer, selecione o botão de rádio Verify all hyperlinks (Verificar todos os hiperlinks) e então clique o botão Start (Iniciar). Se você ainda não estiver conectado à Internet, a caixa de diálogo Dial-Up Connection (Conexão de Discagem) aparecerá para que você possa discar sua conta. Quando a caixa de diálogo Verify Hyperlinks aparecer, selecione o botão de rádio Verify all hyperlinks e clique o botão Start. Se um *link* funcionar, o FrontPage exibirá uma marca de verificação seguida da palavra "OK" na coluna Status. Se o *link* não funcionar, o FrontPage irá marcá-la como "Broken" na coluna Status.

Você não terá que verificar todas os seus *links* de uma só vez. Poderá selecionar determinados itens no relatório Broken Hyperlinks. Clique em cada item enquanto pressiona a tecla Ctrl e então clique o botão Verify Hyperlinks. Quando a caixa de diálogo Verify Hyperlinks aparecer, selecione o botão Verify selected hyperlink(s) — Verificar hiperlink(s) selecionado(s) — e clique o botão Start.

Como corrigir seus links

Deseja corrigir seus *links* quebrados? Selecione um item na lista de relatórios Broken Hyperlinks e clique o botão Edit Hyperlinks (Editar Hiperlinks) na barra de ferramentas Reports para exibir a caixa de diálogo Edit Hyperlink, como mostrado na figura a seguir. Digite o URL correto (como em http://www.yourwebsite.com/page.htm) na caixa Replace hyperlink with (Substituir hiperlink por), clique no botão de rádio Change in all pages (Alterar em todas as páginas) para aplicar sua alteração em qualquer página em seu Web *site* que contenha o *link* quebrado e clique o botão Replace (Substituir). Poderá também corrigir automaticamente seus *links* internos, selecionando Recalculate Hyperlinks (Recalcular Hiperlinks) no menu Tools (Ferramentas).

Capítulo 25 ➤ Testando, testando, um, dois, três: como verificar seu Web site   **323**

E se eu ficar desconectado?

Ficar desconectado da Internet certamente é desagradável quando você está verificando seus *links*! Felizmente, o FrontPage o protegerá desse inconveniente. Reconecte, retorne ao relatório Broken Hyperlinks e exiba a caixa de diálogo Verify Hyperlinks novamente. Então poderá selecionar o botão de rádio Resume verification (Retomar verificação), clicar em Start e recomeçar de onde parou.

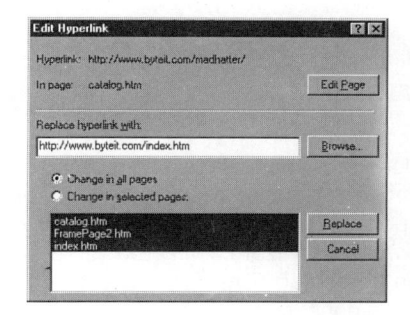

Caixa de diálogo Edit Hyperlink.

Como manter seu conteúdo atualizado

Mesmo as páginas Web mais interessantes poderão ficar desatualizadas depois de certo tempo. Algumas empresas atualizam todas as suas páginas Web a cada dia. Ufa! É muito trabalhoso. Na maioria das situações, você provavelmente precisará apenas atualizar suas páginas Web a cada semana, mês ou mesmo a cada seis meses. Independentemente da freqüência com a qual pretende atualizar o material em suas páginas, será uma boa idéia verificar os arquivos mais antigos para que possa decidir se deve ou não atualizá-los.

Para exibir uma lista de páginas que não foram atualizadas em um período de tempo, selecione Older Files na lista Reports e selecione um número de dias na lista Report Setting (Definição do Relatório). Por exemplo, se você quiser atualizar suas páginas uma vez a cada mês, deverá selecionar 30 dias para encontrar os documentos que não foram atualizados nos últimos 30 dias. Quando uma lista de páginas for exibida, poderá clicar duas vezes nos itens da lista para editar as páginas.

Como encontrar as páginas lentas

Como regra, qualquer pessoa que usa um modem com 28.8Kbps não deverá ter que esperar mais de 15 ou 20 segundos para que sua página seja carregada. Algumas páginas não podem deixar de ser lentas, claro, e seus visitantes irão contar com isso. Por exemplo, quando as pessoas seguem um *link* para sua apresentação multimídia incorporada, um relatório com 50 páginas ou uma imagem de 8x10 polegadas, sabem que deverão aguardar um pouco.

Para ver se suas páginas são rápidas, selecione Slow Pages na lista Reports e um número de segundos na lista Report Setting. O relatório Slow Pages listará nomes de arquivos, títulos de páginas, tempo de carregamento, tamanhos e tipos de documento. Para exibir e editar uma página na exibição de página normal, selecione a página na lista de relatórios Slow Pages e então clique no ícone Page na lista Views.

Como melhorar o desempenho das páginas lentas

Então como poderá tornar mais rápidas as páginas que levam muito tempo para serem carregadas? Na maioria dos casos, os gráficos são os culpados. Você poderá ter que editar suas páginas lentas e remover algumas imagens, livrar-se de coisas extravagantes, como sons de fundo e efeitos especiais animados. Poderá também visitar a home page GIF Wizard (Assistente GIF) em http://www.gifwizard.com/. Ele torna seus arquivos de imagem GIF menores — e ainda assim parecerão ótimos. Você encontra mais dicas no Capítulo 8, "A página Web perfeita com imagens: como colocar e ajustar as imagens".

Como corrigir os erros do componente

Os componentes FrontPage (tratados no Capítulo 19) ajudam a adicionar elementos interessantes ao seu Web *site*, como uma máquina de pesquisa do *site*. Embora o FrontPage faça com que os componentes pareçam simples e fáceis, na verdade eles são bem complicados. E de vez em quando não são executados devidamente. Isso acontece algumas vezes quando você move uma página ou arquivo necessário para o funcionamento do componente.

Para verificar os problemas com seus componentes FrontPage, selecione Component Errors na lista Reports. O relatório Components Errors exibirá uma lista de arquivos com o nome e o título da página, uma descrição do erro e o tipo de arquivo. Para abrir a página e corrigir o erro do componente (ou apagar o componente e recriá-lo), selecione a página na lista e então clique duas vezes no nome do arquivo ou clique no ícone Page no menu Views.

Capítulo 25 ➤ Testando, testando, um, dois, três: como verificar seu Web site   **325**

Não se esqueça da lista de tarefas!

Antes de publicar seu Web *site*, você deverá também verificar sua lista de tarefas e assegurar-se de não ter esquecido de nada. A lista de tarefas lembra-o sobre as coisas que precisa fazer em seu Web *site*, como corrigir palavras escritas incorretamente ou adicionar informações às páginas que foram geradas com assistentes. Para exibir sua lista de tarefas, clique no ícone Task (Tarefa) na lista View. Mais informações sobre como trabalhar com sua lista de tarefas, você encontra no Capítulo 28, "Como controlar tudo com a lista de tarefas".

Como percorrer seu Web site

Certamente, o FrontPage tem muitas ferramentas úteis que o ajudarão a encontrar problemas e a corrigi-los. Mas será ainda uma boa idéia testar todas as páginas de seu Web *site* com seu *browser*. Você poderá fazer isso abrindo suas páginas no FrontPage e clicando o botão da barra de ferramentas Preview in Browser (Visualizar no Browser). Ou poderá inicializar seu *browser*, digitar o URL local para a *home page* de seu Web *site* (como http://mycomputer/mywebsite/index.htm) e então seguir todas os seus *links*.

Lembre-se de todos

Quando estiver criando um Web *site*, deverá também se lembrar de levar em consideração pessoas com deficiências. Por exemplo, se você adicionar um texto alternativo às suas imagens, como tratado no Capítulo 8, as pessoas com problemas de visão poderão ouvir uma descrição de suas imagens quando seu software de voz poderá ler suas páginas em voz alta. Se você usar gráficos para os *links*, essas pessoas poderão precisar das descrições de suas imagens para poderem navegar em seu Web *site*.

PDAs, também!

Não, não estou me referindo às demonstrações públicas de afeto. Estou falando sobre todas as pessoas que usam assistentes digitais e pessoais (PDAs), como o popular Palm Pilot. Atualmente, muitas pessoas usam os PDAs para surfar na Web, mesmo que os *browsers* PDA tenham capacidades limitadas e possam exibir apenas texto. O Accessibility Wizard (Assistente de Acessibilidade) também ajuda os usuários PDA a navegarem em seu Web *site*.

Você não está feliz com o fato de o FrontPage vir com um Accessibility Add-In (Acréscimo de Acessibilidade) para ajudar a tornar seu Web *site* um lugar mais amistoso? Coloque seu CD FrontPage em seu drive de CD-ROM, selecione Add-Ins (Acréscimos) no menu Tools e então selecione Accessibility para inicializar o Accessibility Wizard. O assistente verificará suas páginas Web para verificar os elementos de acessibilidade, apontará os problemas e irá sugerir maneiras de corrigi-los.

Dez erros absolutamente maçantes a evitar

- ➤ *Erros de ortografia* — Os erros de ortografia revelam amadorismo e irritam as pessoas! O verificador de ortografia do FrontPage fornece uma vantagem sobre as outras pessoas que não o têm.

- ➤ *Links quebrados* — O FrontPage facilita verificar e corrigir *links* quebrados. E mais, a Web altera-se o tempo inteiro, portanto, ocasionalmente, você precisará verificar seus *links* com outros Web *sites* para ter certeza de que as páginas ainda existem.

- ➤ *Páginas desligadas* — Não deixe seus visitantes em dificuldades! Quando colocar páginas na Web, lembre-se de adicionar *links* com outras páginas em seu Web *site*. Para exibir uma lista de páginas desligadas, vá para a exibição Reports e selecione Unlinked Pages (Páginas Desligadas) na lista Reports.

- ➤ *A grandeza da largura de banda* — As pessoas não gostam de esperar mais de 15 ou 20 segundos que uma página seja carregada. Imagens, sons ou páginas de texto em exagero podem pesar em uma página. O FrontPage permitirá que você verifique as páginas lentas para que possa decidir se deve ou não reduzi-las.

- ➤ *Áreas em construção permanente* — Certamente, você poderá colocar um sinal de "em construção" em uma página quando não tiver tempo de terminá-la hoje. Mas se deixar a página inacabada por semanas ou meses, os visitantes não a visitarão mais.

- ➤ *Páginas que simplesmente não funcionam* — Teste todas as suas páginas em seu *browser* Web e verifique se os componentes FrontPage, acréscimos e efeitos especiais animados funcionam corretamente. Você poderá também gerar um relatório que informará se existem problemas com seus componentes FrontPage.

- ➤ *Páginas com paginação interminável* — Se você publicar relatórios e outros documentos longos sem seu Web *site*, não deixe que seus visitantes paginem muito. Será uma boa idéia criar *bookmarks* e fornecer *links* no documento para que os visitantes não tenham que paginar mais de uma página e meia ou mais. O Capítulo 7, "Pense nos *links*: como adicionar *links* a suas páginas Web", informa como criar *bookmarks* e *links*.

- ➤ *Órfãos do conjunto de quadros* — Se você usa quadros em seu Web *site*, seja simpático com os visitantes que podem esbarrar por acidente em uma página que pertence a um conjunto de quadros. Isso poderá confundir as pessoas, porque as páginas com quadros geralmente não fazem nenhum sentido sem os demais quadros. Você poderá criar *links* em todas as suas páginas, e as pessoas poderão clicar para exibir as páginas como o pretendido. O Capítulo 11, "Enquadre-se! Como construir um Web *site* com quadros", informa sobre como trabalhar com quadros.

Capítulo 25 ➤ Testando, testando, um, dois, três: como verificar seu Web site   **327**

➤ *Espetáculos da página Web* — Os efeitos especiais, os componentes FrontPage, as animações, os contornos de texto, os sons de fundo e a multimídia são sensacionais. Mas páginas exageradas com muitos elementos dançando e cantando poderão deixar as pessoas tontas! Limite esses elementos a um ou dois por página.

➤ *Páginas ilegíveis* — Fontes minúsculas, contraste insuficiente entre as cores de fundo e do texto, *layouts* abarrotados e outros fatores poderão tornar as páginas Web impossíveis de serem lidas. Peça a alguns de seus colaboradores ou amigos para darem uma olhada em suas páginas antes de publicá-las na Web.

O mínimo que você precisa saber

➤ Antes de publicar seu Web *site*, você deverá verificar cada página para conferir se não cometeu algum erro embaraçoso. Felizmente, o FrontPage vem com muitos recursos que poderão ajudá-lo a ajustar seu Web *site*.

➤ Você poderá usar o verificar ortográfico predefinido do FrontPage para pesquisar todo o seu Web *site* para obter as palavras com erros de ortografia. Quando ele exibir uma lista de páginas com erros de ortografia, você poderá abrir as páginas e fazer as correções.

➤ Você poderá localizar e substituir o texto em todas as páginas em seu Web *site*. Isso será útil se tiver cometido o mesmo erro em mais de uma página Web.

➤ Você poderá exibir relatórios com listas de *links* quebrados, páginas Web mais antigas que podem precisar de atualizações, páginas lentas que levam tempo demais para serem carregadas, erros do componente e tarefas inacabadas a partir da exibição Reports.

➤ O FrontPage facilita corrigir os *links* quebrados e editar as páginas a partir da exibição Reports.

➤ Você deverá também visualizar suas páginas com um *browser*, seguir seus *links* e testar todos os seus componentes para verificar se seu Web *site* tem a aparência e o desempenho desejados.

Capítulo 26

Não fique apenas sentado aí! Como publicar seu Web site

Neste capítulo
- A diferença entre servidores Web local e remoto
- Como publicar seu Web *site* em um servidor
- Opções especiais de publicação
- Máquinas de pesquisa e como você pode ajudá-las a localizar e a catalogar suas páginas
- Como registrar seu Web *site* com máquinas de pesquisa
- Como criar classificações de conteúdo para seu Web *site*
- Dez dicas para atrair visitantes para seu Web *site*

Agora que você construiu seu Web *site*, provavelmente desejará apenas deixá-lo em seu computador para que possa admirá-lo...*Não!* Desejará publicar sua fabulosa criação para que todos a vejam, claro. Publicar um Web *site* significa *transferir* todos os seus elementos para um servidor Internet. Os servidores são computadores que podem ser conectados por outras pessoas e que podem exibir suas páginas, e transferir é o oposto de carregar. Você carrega coisas dos servidores sempre que surfa na Web. Quando fornece um URL ou clica em um *link*, está pedindo ao servidor que forneça texto, imagens ou outros arquivos que então aparecerão em seu *browser*.

Transferir arquivos não é tão simples quanto carregá-los e isso é uma coisa danada de boa. Imagine um mundo onde qualquer um pudesse colocar suas coisas nos servidores de outras pessoas sempre que quisesse! Em uma segunda reflexão, imagine que não. A ferramenta Publish (Publicar) do FrontPage torna a transferência de arquivos tão fácil quanto possível, ao mesmo tempo que assegura que apenas as pessoas com a senha correta poderão colocar coisas em seu Web *site*.

E uma vez que você tenha seu Web *site* ativado e sendo executado, gostaria que as pessoas fizessem visitas, certo? Se está construindo um Web *site* para negócios ou por diversão, este capítulo oferece informações sobre algumas coisas simples que você poderá fazer para atrair visitantes para seu Web *site*. Você também aprenderá como ter certeza de que os visitantes podem ler o que existe em suas páginas uma vez que as estejam visitando.

Servidores remotos e locais — Qual é a diferença?

Não, o termo *servidor remoto* não significa um computador localizado no Afeganistão. Refere-se a um computador que você poderá acessar através de seu provedor de serviço da Internet (ISP) ou do host Web. Um *servidor local* está localizado em algum lugar em seu escritório (ou em sua casa, neste caso provavelmente você já sabe a diferença entre os servidores locais e remotos). Você não terá que discar sua conta Internet para acessar um servidor local, porque está conectado a ele todo o tempo. Se você publicar suas páginas em um servidor remoto ou em um local, o FrontPage Publisher pedirá um URL e poderá solicitar um nome de usuário e senha também.

Como publicar seu Web site

Está pronto? Tudo bem, lá vamos nós. Primeiro, precisará conectar-se à Internet, se pretende transferir seu Web *site* para um servidor remoto. Então abrirá seu Web no FrontPage e selecionará Publish Web (Publicar Web) no menu File (Arquivo). Quando a caixa de diálogo Publish Web aparecer (como mostrado na figura a seguir), forneça o URL para seu Web *site* na caixa Specify Location to publish your FrontPage to: (Especificar o Local para publicar seu FrontPage em:) e então clique o botão Publish. Na próxima vez em que publicar, seu URL aparecerá como um item da lista para que não tenha que digitá-lo novamente. Esse recurso será especialmente útil se você publicar Webs em mais de um lugar; poderá simplesmente selecionar o URL correto na lista e prosseguir.

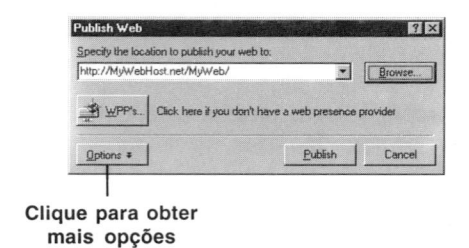

Clique para obter mais opções

Caixa de diálogo Publish Web do FrontPage.

Capítulo 26 ➤ Não fique apenas sentado aí! Como publicar seu Web *site*   **331**

Dependendo da configuração do host de seu Web, o FrontPage poderá também solicitar seu nome de usuário e senha. Então uma caixa de diálogo aparecerá para mostrar como a transferência está progredindo. Dependendo da velocidade de sua conexão e de quantas coisas tenha colocado em seu Web *site*, a publicação poderá levar um tempo. Vá em frente e faça um intervalo.

Se você não estiver certo sobre o local de seu Web *site*, clique o botão Browse (Percorrer). A caixa de diálogo Connection (Conexão) aparecerá para que você possa conectar-se à Internet e encontrar o Web *site* através de seu *browser* Web. Quando fechar a caixa de diálogo Connection, a caixa de diálogo Open Web (Abrir Web) aparecerá para que você possa percorrê-la para obter uma pasta em sua rede.

Uma lista de verificação de informações do FrontPage Publisher

Antes de começar a publicar seu Web *site*, você precisará das seguintes informações. Se não as tiver, peça a seu ISP, host Web ou administrador da rede.

Local Web — Com o FrontPage, você sempre fornecerá um URL começando com http:// para publicar suas páginas, mesmo que esteja publicando em um servidor local. Por exemplo, um URL remoto seria assim http://www.YourWebsite.com (ou http://www.YourISP.com/YourWebSite/) e um URL local seria como http://LocalServer/YourWeb/.

Caminho do diretório — Algumas vezes você poderá precisar transferir uma página Web para uma pasta em um Web *site* existente. Isso ocorrerá quando um servidor mantiver mais de um Web. Nesse caso, você forneceria um URL que apontaria para um servidor ou domínio, juntamente com o caminho de diretório, como http://www.YourWebsite.com/MainWeb/YourWeb para um servidor remoto ou http://LocalServer/MainWeb/YourWeb/ para um servidor local.

Nome de usuário e senha — Na maioria das situações, uma caixa de diálogo aparecerá e solicitará seu nome de usuário e senha. Portanto tenha-os à mão.

Mais opções de publicação

Precisa de mais opções? Você as terá. Na caixa de diálogo Publish Web do FrontPage, clique o botão Options (Opções) para exibir as opções (veja a figura a seguir). Para publicar apenas os novos arquivos e páginas que alterou para que não tenha que transferir todo seu Web *site*, clique no quadro de seleção Publish changed pages only (Publicar páginas alteradas apenas). Para incluir seus subWebs aninhados com suas transferências, clique no quadro de seleção Include subwebs (Incluir subwebs). (Para saber mais sobre os subWebs aninhados, veja o Capítulo 27, "Você é o chefe! Como se tornar um administrador do Web site".) Se seu host Web exigir uma conexão segura (a maioria não exige), clique no quadro de seleção Secure connection required (SSL) (Conexão segura requerida (SSL)).

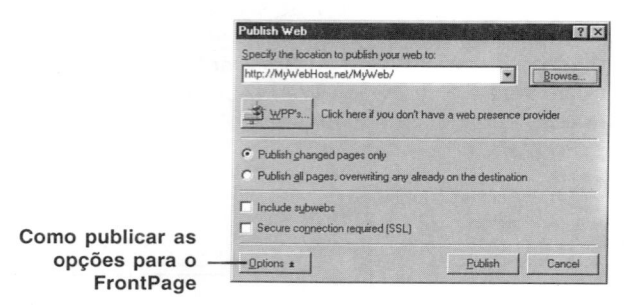

Como publicar as opções para o FrontPage

Caixa de diálogo Publish Web expandida.

Como assinar um host Web amistoso do FrontPage

Se você ainda não contratou um host Web que suporte o FrontPage, agora é a sua chance. Clique o botão WPPs (Web Presence Providers ou Provedores da Web) na caixa de diálogo Publish Web. O FrontPage inicializará seu *browser* e irá levá-lo para uma lista de ISPs e empresas de host Web que fornecem as extensões do servidor FrontPage. Você poderá também querer consultar seu catálogo de telefone ou examinar os anúncios em jornais locais para encontrar um host Web ou ISP amistoso ao FrontPage. Afinal, a Microsoft não pode listar todos.

Como as pessoas encontram os Web sites

Como as pessoas encontram os Web *sites*? Existem muitas maneiras. Na maioria das vezes, os visitantes do Web *site* vêm do espaço cibernético. Eles seguem um *link* do Web *site* de outra pessoa ou do *site* de seu ISP, localizam um *site* através de um máquina de pesquisa como o Yahoo! ou clicam em uma anúncio de *banner* (os anúncios que você vê em todo lugar na Web).

As pessoas também encontram os Web *sites* através de métodos antigos: oralmente, anúncios impressos, cartões de visita, brochuras, revisões ou artigos favoráveis em publicações. E, naturalmente, há sempre o e-mail; se alguém gostar de seu Web *site*, poderá enviar por e-mail seu URL para um amigo.

Capítulo 26 ➤ Não fique apenas sentado aí! Como publicar seu Web *site*

Você não precisará de um orçamento enorme de anúncio para publicar. Poderá começar com o pé direito registrando-se em máquinas de pesquisa. (Falarei como se faz isso, posteriormente, nesse capítulo) e anunciando seu Web *site* por e-mail para todos os seus amigos, familiares, colegas de trabalho e parceiros de negócios. Poderá também enviar divulgações impressas para jornais e publicações. Finalmente, você encontrará uma lista de dez dicas úteis para atrair visitantes no final deste capítulo.

Não se esqueça de seu ISP ou host Web!

Muitos ISPs e empresas de host Web fornecem *links* com os Web *sites* de seus clientes. Eles oferecem formulários Web nos quais você poderá oferecer informações sobre seu Web *site* (geralmente seu nome e uma breve descrição) e ser acrescentado à lista ou banco de dados da empresa. As empresas menores geralmente listam os Web *sites* dos clientes por categoria ou em ordem alfabética segundo o nome do usuário. As empresas maiores geralmente adicionam seu Web *site* a um banco de dados para que os outros possam encontrá-lo através de seus *sites* de pesquisa.

Sobre os sites de pesquisa

Provavelmente você usou um *site* de pesquisa antes. Vá para um *site* de pesquisa, forneça uma palavra ou duas que descreva o que está procurando, clique um botão e voilà! Em alguns segundos, verá uma lista de páginas Web com nomes, descrições pequenas e *links*. Alguns *sites* de pesquisa ajudam a encontrar informações em toda a Web, ao passo que outros permitem pesquisar as páginas em um determinado Web *site*.

Então como os *sites* grandes de pesquisa como o Yahoo!, AltaVista, Lycos, Excite, HotBot, Snap e Infoseek controlam todas as informações na Web? Isso depende. Embora a maioria das pessoas se refira a todos os *sites* de pesquisa como *máquinas de pesquisa*, existem na verdade dois tipos de *sites* de pesquisa: *máquinas de pesquisa* e *diretórios*.

As máquinas de pesquisa, como o AltaVista e Lycos, enviam *bots* de pesquisa (*robôs*, também chamados de *suportes* ou *robôs de pesquisa*) que percorrem toda a Internet procurando as páginas Web. Quando eles encontram uma página Web nova ou atualizada, catalogam o URL, o título da página e outras informações da página e as enviam para o banco de dados gigante da máquina de pesquisa. Os diretórios, como o Yahoo! e o Snap, usam humanos ao invés de robôs e deixam que você pagine para obter informações segundo o tópico, assim como através do uso do formulário de pesquisa para localizar as listagens pelas palavras-chave. Quando alguém envia informações sobre uma nova página Web para o Yahoo!, um ser humano visita o Web *site*, examina as coisas e decide se é para adicionar ou não a página ao banco de dados da máquina de pesquisa.

Muitos *sites* de pesquisa atuais, como o Excite, são *híbridos*. Eles usam uma combinação de *bots* e humanos para catalogar os Web *sites*. Os *bots* reúnem informações automaticamente sobre os Web *sites*, e os humanos também visitam os *sites* e os revisam. Quando você visitar um Web *site* híbrido, poderá percorrer as diferentes categorias para procurar páginas Web ou poderá usar o formulário de pesquisa.

Não importa como um determinado serviço de pesquisa funciona, você poderá melhorar suas chances de ser listado, registrando seu Web *site*, como explicado mais tarde neste capítulo.

O que são metainformações?

Com o FrontPage, você poderá adicionar *metainformações* a suas páginas Web. É um termo pomposo que significa "informações *sobre* informações". Para nossas finalidades, as metainformações significam informações sobre suas páginas Web.

Por que deveria se importar com as metainformações? Os *bots* da máquina de pesquisa catalogam suas páginas lendo seu URL, o título da página e o texto em suas páginas. Você pode acreditar no velho provérbio que diz que "uma imagem vale mais que mil palavras" e construir seu Web *site* de acordo com ele. Ai, os robôs do máquina de pesquisa se recusam teimosamente a concordar com isso!

Quando você usa imagens e outros elementos na página que não sejam texto, os *bots* da máquina de pesquisa não podem reunir as informações corretamente. Digamos que você possua uma loja de venda de aparelhos *online*. Seu catálogo interativo e cheio de imagens é seu orgulho e alegria. É muito ruim que esses *bots* da máquina de pesquisa não saibam que você vende aparelhos! Quando um cliente em potencial pesquisar sobre aparelhos, os Web *sites* de seus concorrentes serão listados e o seu não. Terrível!

Está pronto para trocar seus gráficos legais pelo velho e aborrecido texto? Relaxe, não terá que fazer concessões. As máquinas de pesquisa obtêm o texto alternativo de suas imagens; outra razão para criar um texto alternativo para cada imagem, como tratado no Capítulo 8, "A página Web perfeita com imagens: como colocar e ajustar as imagens". E o FrontPage poderá ajudá-lo a incluir as metainformações (também referidas como *metamarcas*) em suas páginas. Como a maioria das máquinas de pesquisa fala meta, uma combinação alternativa entre texto e metainformações fará com que esses *bots* desafiados pelo que você desenvolveu se comportem direito de agora em diante.

Como adicionar metainformações às suas páginas Web

Você poderá adicionar todos os tipos de metainformações às suas páginas Web. Fiquemos com o básico: fornecer a esses *bots* da máquina de pesquisa uma breve descrição da página, algumas palavras-chave e o nome do autor ou empresa da página. Primeiro, essa seção executará o processo geral de incluir metainformações em sua página Web. As três seções a seguir fornecerão detalhes para que você possa adicionar informações para cada categoria (descrição, palavras-chave e autor).

Capítulo 26 ➤ Não fique apenas sentado aí! Como publicar seu Web site 335

Para adicionar metainformações a uma página Web, faça o seguinte:
1. Abra a página Web na exibição Page (Página).
2. Selecione Properties (Propriedades) no menu File para exibir a caixa de diálogo Page Properties (Propriedades da Página) e então clique na guia Custom (Personalizar).

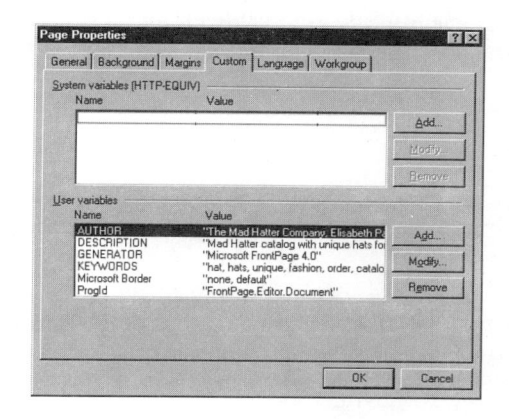

Caixa de diálogo Page Properties com a guia Custom selecionada.

3. Clique o botão Add (Adicionar) ao lado da lista User Variables (Variáveis do Usuário) para exibir a caixa de diálogo User Meta Variable (Metavariável do Usuário). (Não se preocupe com a lista System Variables (Variáveis do Sistema), é para coisas mais avançadas.) *Variável do usuário* é um termo elegante para um tipo de metainformação.

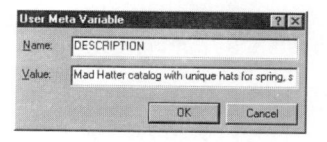

Caixa de diálogo User Meta Variable.

4. Forneça o nome do tipo de informação (descrição, palavras-chave, autor, etc.) na caixa Name (Nome), um valor (a própria informação) na caixa Value (Valor) e então clique em OK. Se você não seguir isso, não se preocupe. As três seções que seguem informarão que nomes fornecer e como digitar os valores.
5. Clique em OK para adicionar suas metainformações à lista User Variables e então retorne para a caixa de diálogo Page Properties.

6. Clique o botão Add novamente para criar cada novo tipo de informação. Clique em OK para adicionar as metainformações à sua página Web ou clique em Cancel (Cancelar) para voltar para sua página Web sem adicionar as metainformações.

A caixa de diálogo Page Properties também permite que você edite itens em sua lista User Variables. Para editar as informações para um item da lista, selecione o item e clique o botão Modify (Modificar) para exibir a caixa de diálogo User Meta Variable a partir da qual você poderá fazer as alterações. Para apagar um item da lista, selecione-o e clique o botão Remove (Remover).

Pense antes de editar ou apagar as metainformações!

Quando estiver trabalhando com metainformações, lembre-se de que o FrontPage algumas vezes funciona de maneira estranha e misteriosa. Se você encontrar alguns itens estranhos em sua lista User Variables ou System Variables, não apague-os ou edite-os. O FrontPage poderá *precisar* desses itens da lista. Portanto prossiga e apague ou altere os itens da lista que você ou um colaborador adicionou; não altere nada que o FrontPage tenha criado.

Como descrever sua página Web

Pode descrever sua página Web com 25 palavras ou menos? Se você criar um pequeno resumo de sua página Web, as máquinas de pesquisa exibirão o resumo abaixo do título e um *link* para sua página. Como regra, as máquinas de pesquisa exibirão apenas as primeiras 25 palavras do resumo de uma página Web. Para incluir uma descrição com as metainformações de sua página Web, exiba a caixa de diálogo Page Properties com a guia Custom selecionada e então clique o botão Add ao lado da lista User Variables.

Quando a caixa de diálogo User Meta Variable aparecer, digite

    DESCRIPTION

na caixa Name e digite seu texto na caixa Value. (Tudo bem se sua descrição for maior que a caixa, apenas lembre-se de ter menos de 25 palavras.) Quando terminar, clique em OK para retornar para a caixa de diálogo Page Properties.

Capítulo 26 ➤ Não fique apenas sentado aí! Como publicar seu Web *site* **337**

Como fornecer palavras-chave para pesquisar sua página Web

Só por um momento, experimente pensar sobre como você espera que uma pessoa visite seu Web *site*. Se estiver procurando uma página Web como aquela na qual está trabalhando, que palavras digitaria na caixa Search (Pesquisar) de um máquina de pesquisa? Você precisará sugerir cerca de 10 palavras-chave que sejam relevantes para sua página, a fim de ajudar as pessoas a encontrá-la.

Para incluir palavras-chave com suas metainformações, exiba a caixa de diálogo Page Properties com a guia Custom selecionada e então clique o botão Add ao lado da lista User Variables. Quando a caixa de diálogo User Meta Variable aparecer, digite

    KEYWORDS

na caixa Name e digite suas palavras-chave na caixa Value. Separe cada palavra com uma vírgula, como "animal, vegetal, mineral".

E coloque-se aos pés de seus visitantes em potencial. Pense em quais palavras *você* forneceria se estivesse pesquisando o tipo de informação que está oferecendo em sua página Web. Para as palavras-chave particularmente importantes, deverá também incluir sinônimos e o singular, plural, gerúndio e outras formas de palavras. Por exemplo, se você publicar um Web *site* para promover seu negócio de serviços domésticos, deverá incluir palavras-chave como "casa, casas, lar, lares, limpar, limpeza, faxineiro, faxineiras". Quando terminar, clique em OK para retornar para a caixa de diálogo Page Properties.

Algumas pessoas não escrevem bem

Encare o fato, escrever é difícil! Mesmo as pessoas mais educadas e mais inteligentes escrevem e digitam precariamente de vez em quando. Você poderá aumentar as chances de as pessoas encontrarem seu Web *site,* incluindo versões escritas incorretamente das palavras-chave que elas poderão fornecer em um formulário de pesquisa Web. Lembre-se de alguns erros de ortografia freqüentes como "ocasiao", "recebre", "infromação", "recomedação" e etiqeta".

Como informar as pessoas sobre quem criou sua página Web (É você!)

Algumas vezes as pessoas pesquisam os Web *sites* pelo nome ou nome da empresa desenvolvedora do *site*. Você poderá incluir seu nome ou o nome de sua organização em suas metainformações. Para informar aos *bots* da máquina de pesquisa quem criou sua página, exiba a caixa de diálogo Page Properties com a guia Custom selecionada e clique o botão Add ao lado da lista User Variables. Quando a caixa de diálogo User Meta Variable aparecer, digite

AUTHOR

na caixa Name e então digite seu nome ou o nome de sua organização na caixa Value. Quando terminar, clique em OK para voltar para a caixa de diálogo Page Properties.

Crie uma tela principal da página Web!

Deseja experimentar uma coisa legal com as metainformações? Você poderá apresentar uma página que aparece no *browser* Web por alguns segundos e então muda para outra página. São como as telas principais que aparecem quando você inicia um programa. Os profissionais Web chamam essa técnica de *metarrenovação* ou *redireção do documento*.

Para transformar uma página Web em uma tela principal, vá para a caixa de diálogo Page Properties e clique na guia Custom. Clique o botão Add ao lado da lista System variables (HTTP-EQUIV). (Sim, é uma das técnicas avançadas de metainformações que mencionei anteriormente neste capítulo.) Quando a caixa de diálogo System Meta Variable (HTTP-EQUIV) aparecer, digite "Refresh" (Renovar) na caixa Name e 10;URL=YourNextPage.htm na caixa Value.

10 é o número de segundos de exibição da página antes da alteração. Você poderá fornecer qualquer número desejado. Em YourNextPage, você deverá digitar o nome de arquivo para a nova página Web.

Como registrar seu site em máquinas de pesquisa

Uma vez que você tenha adicionado metainformações às suas páginas Web e publicado-as em seu servidor, envie *bots* de pesquisa. Mas como chamá-los? Certamente você poderá esperar que eles encontrem seu Web *site*, mas isso pode levar uma eternidade.

Capítulo 26 ➤ Não fique apenas sentado aí! Como publicar seu Web *site* **339**

Se você observar com cuidado, os Web *sites* de máquinas de pesquisa, encontrará neles um *link* que o convida a fornecer seu URL. Esses *links* geralmente informam algo como Suggest a Site (Sugerir um Site), Add URL (Adicionar URL) ou Register URL (Registrar URL). Algumas vezes terá que olhar cuidadosamente. Clique no *link*, siga as instruções e preencha o formulário Web conveniente. Alguns *sites* de pesquisa adicionam suas páginas Web em algumas horas, ao passo que outras podem levar várias semanas para fazê-lo.

Lembre-se também que os *sites* de pesquisa de diretórios, como o Yahoo! e Snap, requerem que você vá primeiro para uma página que lista as páginas Web para a categoria e subcategoria sob a qual deseja que seu Web *site* seja listado (como Businesses/California/San Francisco/Photographers). Então terá que clicar em um *link* para ir para um formulário Web que permite registrar seu URL. Isso irá assegurar que você colocará sua listagem na categoria correta. O Yahoo! e o Snap permitem que você liste seu Web *site* em duas categorias.

Onde registrar seu Web *site*:

- ➤ *Yahoo!* — http://www.yahoo.com/
- ➤ *AltaVista* — http://www.altavista.com/
- ➤ *Lycos* — http://www.lycos.com/
- ➤ *HotBot* — http://www.hotbot.com/
- ➤ *Excite* — http://www.excite.com/
- ➤ *Snap* — http://www.snap.com/
- ➤ *WebCrawler* — http://www.webcrawler.com/
- ➤ *MSN Web Search* — http://search.msn.com
- ➤ *Infoseek* — http://www.infoseek.com/
- ➤ *Nerd World* — http://www.nerdworld.com/
- ➤ *Planet Search* — http://www.planetsearch.com/

Como pagar um serviço para registrar seu Web site

Você poderá também pagar um serviço para registrar seu Web *site* em máquinas de pesquisa. Isso geralmente custa algo entre US$30 e US$250, dependendo do plano escolhido. Mas por que pagar alguém quando você mesmo pode registrar-se com essas máquinas de pesquisa? Depende apenas do quanto deseja promover seu Web *site*. Existem milhares de máquinas de pesquisa na Web; se alguém nem mesmo pode localizá-los, o que dirá encontrar tempo para preencher todos os formulários Web?

Se você publicar as páginas Web apenas por diversão ou para um negócio que não vende nada *online*, provavelmente poderá ficar com os máquinas de pesquisa listadas na seção anterior. Porém, se estiver abrindo uma loja *online*, deverá definitivamente ter seu Web *site* listado em tantas máquinas de pesquisa quantas forem possíveis, especialmente se quiser atingir clientes em potencial em países estrangeiros, onde as pessoas não usam as mesmos máquinas de pesquisa que usamos. Primeiro, visite o Web Promote (http://www.webpromote.com/) e o Submit It! (http://www.submit-it.com/) e veja se gosta de suas ofertas.

Como classificar seu Web site para os pais preocupados e outras pessoas

Muitos pais (e algumas empresas) usam programas especiais para manter as crianças e outras pessoas longe de problemas quando surfam na Web. Essas babás da rede permitem que a mãe e o pai bloqueiem o acesso para as páginas Web com material impróprio. Eles fazem isso procurando os dados de classificação de cada página Web e rejeitando as páginas sem classificação ou classificações erradas.

Deseja satisfazer os requisitos das babás da rede ou manter as crianças longe de seu Web *site*? Obtenha uma classificação do Web *site* na Recreational Software Advisory Council (RSAC), uma organização sem fins lucrativos localizada em http://www.rsac.org/. Você obterá uma mensagem de e-mail com instruções e meta-informações de classificação que poderá colar em suas páginas Web a partir da exibição HTML.

O RSAC Ratings Add-In (Acréscimo de Classificação RSAC) do FrontPage facilita obter uma classificação do Web *site*. Coloque seu CD FrontPage em seu drive de CD-ROM, selecione Add-Ins no menu Tools (Ferramentas) e então selecione RSAC Ratings para inicializar o Ratings Wizard (Assistente de Classificações). O assistente irá conduzi-lo no processo e irá gerar uma mensagem de e-mail que será enviada para a RSAC na próxima vez em que você verificar seu e-mail.

Dez maneiras para atrair visitantes para seu Web *site*

Deseja atrair mais visitantes para seu Web *site*? A seguinte lista oferece algumas maneiras fáceis de informar ao mundo sobre seu Web *site* e fornece atrações que fazem com que as pessoas voltem.

➤ *Ofereça atrativos gratuitos* — Você poderá oferecer proteções de tela, documentos, software, trabalho, clips de som, multimídia e outras coisas para promover sua empresa, ajudar seus clientes ou apenas por diversão.

➤ *Adicione alguns acessórios* — Os enfeites bem escolhidos poderão fazer com que os visitantes voltem e ajudem a promover seu negócio. Por exemplo, um agente imobiliário poderá configurar uma calculadora de hipoteca JavaScript. (O Capítulo 21, "Acelere seu Web *site* com programas e *scripts*", informa onde obter acessórios e *scripts* gratuitos.) Ou você poderá configurar sua própria câmera Web, é mais fácil do que imagina. (Para obter mais informações, veja http://www.byteit.com/Cam/.)

➤ *Publique um boletim* — Um boletim interessante e atualizado com freqüência concentrado em um tópico favorito poderá atrair visitantes regularmente. Por Deus, algumas pessoas podem até se oferecer para escrever os artigos. Você deverá também incluir um *link* visível para um formulário Web para que convide seus leitores a assinarem sua lista de correspondência. Então poderá enviar o e-mail para seus leitores, informando sobre atualizações e fornecendo *links* para páginas com o novo material. A maioria dos programas de e-mail, como o Outlook Express e o Netscape Mail, fornece recursos do livro de endereços que permitem fazer isso.

Capítulo 26 ➤ Não fique apenas sentado aí! Como publicar seu Web site

➤ *Mantenha um Web de discussão* — Os grupos de discussão Web podem construir comunidades, suportar clientes, ajudar o livre debate, promover eventos ou tudo acima. Para saber mais sobre como configurar um Web de discussão, veja o Capítulo 23, "Painel central: como configurar uma discussão Web".

➤ *Execute uma campanha de anúncios de* banner — Você não precisará necessariamente de muito dinheiro! A Link Exchange oferece um programa de troca de anúncios de *banner* gratuito e muitas dicas úteis para criar anúncios de *banner* com sucesso. Visite o Web *site* Link Exchange em http://www.linkexchange.com/. O Capítulo 20, "Páginas divinas com efeitos especiais animados", informa como criar anúncios de *banner* com o FrontPage 2000.

➤ *Mantenha bate-papos* online — Torne-se o próximo Oprah Winfrey ou Jay Leno! Você poderá assinar a Talk City em http://www.talkcity.com/ e obter seu próprio espaço de bate-papo gratuito para que possa manter eventos *online* excitantes com convidados especiais. Outros serviços, como o Undernet (http://www.undernet.org/), também oferecem espaços de bate-papo gratuitos. (Na verdade, você poderá bater papo com seus autores favoritos de livros de informática da Macmillan, fazer perguntas e conseguir observações visitando o http://www.blueroses.com/authors/.)

➤ *Inicie uma loja de cartões-postais* online — Transforme suas fotografias favoritas e trabalhos artísticos ou artesanais em cartões postais *online* que os visitantes poderão enviar por e-mail para os amigos. Se você for um artista ou fotógrafo, os cartões postais *online* serão uma maneira ideal de promover seu trabalho. Para descobrir como começar, visite o http://mypostcards.com/.

➤ *Troque* links — Envie e-mail para os amigos, associados e *Webmasters* dos *sites* que cobrem tópicos relacionados e peça-os para criar *links* com seu Web *site*. Seja educado e conecte-os de volta.

➤ *Adicione o endereço de seu Web* site *à sua assinatura de e-mail* — A maioria dos programas de e-mail tem um recurso de assinatura que anexa automaticamente um texto, como seu nome, endereço de e-mail, Web *site* e algumas palavras (ou um fragmento de texto de autopromoção) às suas mensagens de e-mail contínuas. Inclua seu URL na assinatura.

➤ *Bate-papo* — É divertido fazer coisas *online*, mas não se esqueça do velho bate-papo cara a cara. Você poderá ainda percorrer um longo caminho, enviando anúncios impressos sobre seu novo Web *site* e distribuindo cartões de visita com seu URL.

O mínimo que você precisa saber

➤ O FrontPage Publisher facilita colocar seu Web *site* em seu servidor. Antes de começar, peça a seu ISP, host Web ou administrador do servidor o endereço de seu Web *site* (URL), nome de usuário e senha.

➤ Se seu Web *site* estiver localizado em um servidor remoto, você precisará conectar a Internet antes de publicar suas páginas. Se seu Web *site* estiver localizado em um servidor local, já estará conectado e poderá ir diretamente para o Publisher.

➤ Metainformações é um termo sofisticado para as informações sobre seu Web *site*, inclusive uma descrição, palavras-chave e autor. Para ajudar as pessoas a encontrarem seu Web *site*, você deverá registrar seu *site* em diretórios e máquinas de pesquisa populares como Yahoo! e HotBot.

➤ As máquinas de pesquisa enviam programas especiais chamados *bots* que percorrem a Internet e catalogam as páginas Web. Você poderá incluir metainformações com suas páginas Web para ajudar esses *bots*.

➤ O RSAC Ratings Add-In ajuda a classificar seu Web *site* para os programas que bloqueiam o acesso aos *sites* com material potencialmente desagradável. Esses programas geralmente bloqueiam os *sites* que não são classificados também.

Capítulo 27

Você é o chefe! Como se tornar um administrador do Web site

Neste capítulo
- Como apagar os FrontPage Webs
- Webs principais
- Como criar subWebs aninhados
- Como fornecer às pessoas acesso aos Webs e às páginas Web
- Como dar acesso aos Webs a grupos de computadores

Se você cria suas páginas Web em casa e vive sozinho, provavelmente não precisará se preocupar com a administração do Web *site*, mas se compartilha a responsabilidade de seu Web *site* com seus colaboradores ou se há outras pessoas em sua família que desejam construir páginas Web também, precisará se tornar um administrador de Web *site*. Afinal, poderá querer que seus colaboradores se divirtam com a experiência da publicação Web, mas não desejará que eles baguncem *suas* páginas! Felizmente, o FrontPage torna fácil criar os Webs, fornecer às pessoas suas próprias senhas e decidir quem poderá alterar páginas e em quais Webs.

Limpeza completa: como remover um Web

Você aprendeu a criar os FrontPage Webs no Capítulo 1, "Fique pronto para tocar rock com o FrontPage 2000" e provavelmente ainda criou alguns Web que nunca foram utilizados. Talvez os tenha criado quando estava experimentando as diferentes técnicas Web. Em qualquer caso, poderá livrar-se desses Webs extras e economizar um pouco de espaço em disco. Para apagar u m Web, abra-o na exibição Folders (Pastas), clique com o botão direito no ícone da pasta superior e escolha Delete (Apagar) no menu de atalho. Quando a caixa de diálogo Confirm Delete (Confirmar Eliminação) aparecer, clique o botão Yes.

Como criar subWebs aninhados

Suponha que você e seus colaboradores estejam trabalhando juntos para criar um único Web. Você está trabalhando no catálogo do produto, Jim está trabalhando nos formulários de pedido e Mary em todo o ritual de marketing. Todas essas páginas estarão disponíveis no mesmo Web *site*, mas nenhum de vocês deseja que outras pessoas façam qualquer alteração em suas páginas. O FrontPage permite que você crie subWebs aninhados, que fazem parte do Web *site* principal, podendo também serem publicados separadamente do restante do Web. Poderá ainda definir diferentes níveis de acesso, como será tratado posteriormente neste capítulo.

Os subWebs aninhados são especialmente úteis, quando você está trabalhando em uma intranet. Você encontrará mais coisas sobre as intranets no Capítulo 29, "Não é necessário uma aldeia para construir uma intranet: como publicar, compartilhar e atualizar arquivos".

Você criará um subWeb aninhado como criaria qualquer novo Web no FrontPage (veja o Capítulo 2, "Web *site* urgente: como dar uma volta nos FrontPage Webs"). Tudo bem, é um *pouco* diferente. Digamos que você tenha criado um Web chamado Projects e agora deseja criar um subWeb aninhado para o novo projeto, com o codinome Purple. Abra o Projects Web (Web de Projetos); selecione New (Novo) no menu File (Arquivo) e selecione Web. Quando a caixa de diálogo New aparecer, como mostrado na figura a seguir, escolha o tipo de Web que deseja criar na lista Web Sites (Sites Web), selecione o quadro de seleção Add to Current Web (Adicionar ao Web Atual) e clique em OK. O FrontPage criará um novo Web e irá colocá-lo dentro do Web atual.

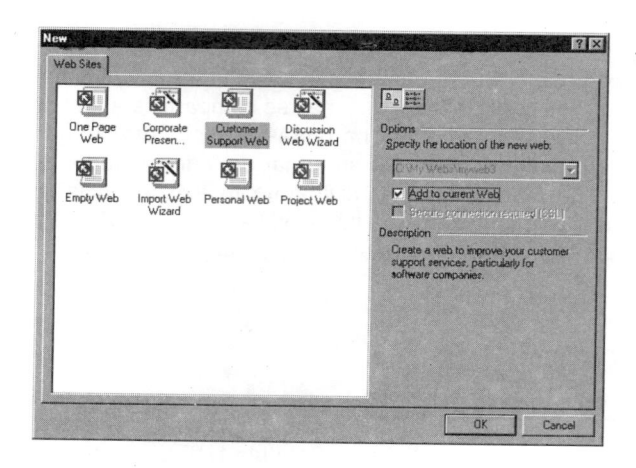

Caixa de diálogo New.

Capítulo 27 ➤ Você é o chefe! Como se tornar um administrador do Web site   **345**

Como criar um subWeb
a partir de uma pasta

Tudo bem, você já vem usando o FrontPage já há algum tempo e, com certeza, organiza seus arquivos e pastas em um Web. Agora está ouvindo tudo sobre os subWebs. Não se preocupe, não terá que recriar nada. O FrontPage 2000 permite transformar qualquer pasta em seu próprio FrontPage Web. Apenas clique com o botão direito na pasta na exibição Folders, escolha Convert to Web (Converter em Web) no menu de atalho e clique em Yes quando a caixa de diálogo de confirmação do Microsoft FrontPage aparecer. O FrontPage fará todo o trabalho para você.

Colaboradores, crianças
e visitantes: como dar às pessoas
os direitos de acesso

Muitas mãos mexendo estragam o mingau, diz o ditado. Certamente, você desejará ajudar as pessoas a terem seu trabalho feito, mas não precisará necessariamente dar a todos acesso total e irrestrito a seus Webs. Os direitos de acesso permitem que você decida sobre o nível de controle que pessoas diferentes poderão ter sobre as páginas em seu Web *site*.

Com o FrontPage, você poderá configurar três níveis diferentes de direitos de acesso:

- ➤ *Full Access* (Acesso Completo) — Permite que os usuários definam os direitos de acesso para um Web *site*, criem e removam os Webs e subWebs, publiquem Webs, criem, editem e apaguem páginas Web.

- ➤ *Read Only* (Leitura apenas) — Permite que os usuários visualizem as páginas Web em um *browser*, mas eles não poderão fazer nenhuma alteração.

- ➤ *Custom* (Personalizar) — Permite que você escolha as permissões de acesso aos demais usuários.

Como as permissões funcionam

Quando você define permissões para o Web principal (o Web de nível alto em seu servidor Web), todos os subWebs nesse Web principal herdam essas permissões. Isso significa que você (como administrador) terá permissão para tudo; os visitantes com a permissão Read Only, no Web principal, poderão visualizar as páginas em todos os outros Webs e um usuário com permissões personalizadas que permitem criar e apagar as páginas no Web principal poderá alterar as páginas em todos os subWebs também. Se você quiser controlar o acesso para um subWeb de maneira diferente, precisará abrir o subWeb e nele proceder às alterações.

Como dar aos usuários
acesso a um Web

Para dar a alguém acesso a um Web, abra-o, selecione Security (Segurança) no menu Tools (Ferramentas) e então selecione Permissions (Permissões). Quando a caixa de diálogo Permissions aparecer, selecione a guia Users (Usuários) e então clique o botão Add (Adicionar) para exibir a caixa de diálogo Add Users (Adicionar Usuários) (ou selecione um usuário na lista Name (Nome), se estiver usando o NT Security Manager (Gerenciador de Segurança NT) da Microsoft). Então, dependendo do nível de acesso que deseja atribuir a essa pessoa, clique o botão Read Only, Full Access ou Custom. Quando der a cada usuário um conjunto de direitos de acesso, seu nome aparecerá na respectiva lista Read Only, Full Access ou Custom. Clique em OK para retornar para a caixa de diálogo Permissions. Lembre-se de que você e as outras pessoas que trabalham no Web *site* deverão ter acesso completo e os outros (inclusive The World (O Mundo) que aparece como um item na lista Name) deverão ter os privilégios Read Only. Qualquer outra pessoa poderá receber um conjunto de permissões personalizadas.

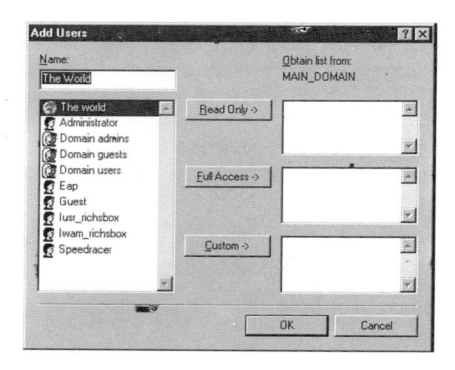

Caixa de diálogo Add Users.

Como dar acesso
aos grupos de trabalho

Você poderá também atribuir níveis de acesso a grupos de trabalho inteiros, contanto que eles trabalhem nos computadores com um *endereço IP* comum. Um endereço IP é como um URL, exceto que é um grupo de números. Na verdade, todos os URLs (como http://www.myWebsite.com) são ponteiros para esses endereços IP. Afinal, as palavras geralmente são mais fáceis de lembrar do que os números. Na Internet, os endereços IP são servidores. Em uma rede local, os endereços IP são computadores na rede.

Para dar acesso a um grupo de trabalho, exiba a caixa de diálogo Permissions, clique na guia Computers (Computadores) e então clique o botão Add. Quando a caixa de diálogo Add Computer aparecer, forneça uma máscara IP (endereço IP) na caixa de texto e depois escolha um nível de acesso na lista Computer can (Computador pode). Todos os seus colaboradores que usam computadores com o endereço IP especificado serão capazes de acessar o FrontPage Web.

Como editar os direitos de acesso de um usuário

Para editar os direitos de acesso de um usuário, exiba a caixa de diálogo Add Users, selecione um usuário e clique em um botão diferente. O nome do usuário então aparecerá na lista correspondente.

Relaxe!
Forneça pelo menos a uma outra pessoa os direitos do administrador para os Webs. Afinal, a vida continua quando você tira férias ou fica doente um dia.

Como eliminar as permissões

Para remover um usuário, exiba a caixa de diálogo Add Users, selecione um usuário e clique o botão.

Como limitar o acesso do browser para um Web

Na maioria das vezes, você dará praticamente a todos pelo menos o acesso Read Only para seus Webs. Afinal, grande parte das pessoas *deseja* que os outros visitem suas páginas Web. Mas algumas vezes, poderá não querer que simplesmente *ninguém* pagine seu Web. Talvez você tenha configurado para um departamento um Web de discussão que contenha informações confidenciais. Ou talvez seja mera questão de esnobismo.

Se você quiser manter algumas páginas confidenciais, deverá criá-las em seu próprio Web ou subWeb. Na caixa de diálogo Permissions, selecione os usuários, um por um, na lista Name para os quais deseja dar acesso e então clique o botão Read Only, Full Access ou Custom para adicioná-los à devida lista. Deverá também verificar e assegurar que The World (significando todos) não apareça na lista Read Only.

Como definir os níveis de acesso para os Webs e as páginas Web

Você poderá definir os níveis de acesso para diferentes usuários para determinar quem pode fazer o que, em quais páginas e em quais Webs. O Capítulo 27 informa sobre como criar usuários e permitir que eles percorram, editem ou administrem seu Web.

O mínimo que você precisa saber

- ➤ A pessoa que instala o FrontPage e cria um nome e uma senha durante a rotina de configuração é o administrador do Web *site*.
- ➤ Você poderá criar subWebs aninhados que são integrados ao Web *site* principal e que permitem diferentes níveis de acesso e definições de publicação.
- ➤ Com o FrontPage, existem três níveis de direitos de acesso que você poderá definir para os usuários: Administrator (Administrador), Author (Autor) e Browse (Percorrer).
- ➤ Você poderá também dar a grupos de computadores acesso a um Web. Isso aplicará os mesmos níveis de acesso para as pessoas que trabalham no mesmo grupo de computadores.

Capítulo 28

Como controlar tudo com a lista de tarefas

Neste capítulo
- Como exibir a lista de tarefas
- Como adicionar, remover e marcar as tarefas completas
- Como exibir o histórico de tarefas
- Como verificar a ortografia de suas páginas Web
- Como pesquisar e substituir o texto em seu Web site
- Cinco dicas importantes sobre a lista de tarefas

Considere a lista de tarefas do FrontPage como um tipo de lista de "coisas a fazer", exceto que você não terá que se preocupar em perder pequenos pedaços de papel. Uma olhada rápida nas exibições Tasks (Tarefas) irá lembrá-lo sobre um trabalho inacabado e poderá também adicionar seus próprios itens à lista de tarefas e removê-los ao completá-los.

Uma tarefa, não precisa ser muita coisa: como usar a lista de tarefas

Quando você cria um FrontPage Web com um dos Web Wizards (Assistentes Web), como tratado no Capítulo 2, "Web *site* urgente: como dar uma volta nos FrontPage Webs", o FrontPage cria uma lista de tarefas para lembrá-lo de terminar de criar todas as páginas em seu Web. A lista de tarefas poderá também ajudá-lo a qualquer momento. Quando começa algo, mas não o termina (como uma verificação de ortografia), o FrontPage adiciona automaticamente um item à lista de tarefas.

Dê uma olhada em sua própria lista de tarefas agora, clicando no ícone Tasks na lista Views (Exibições). A exibição Tasks aparecerá com uma lista de coisas a fazer, como mostra a figura abaixo.

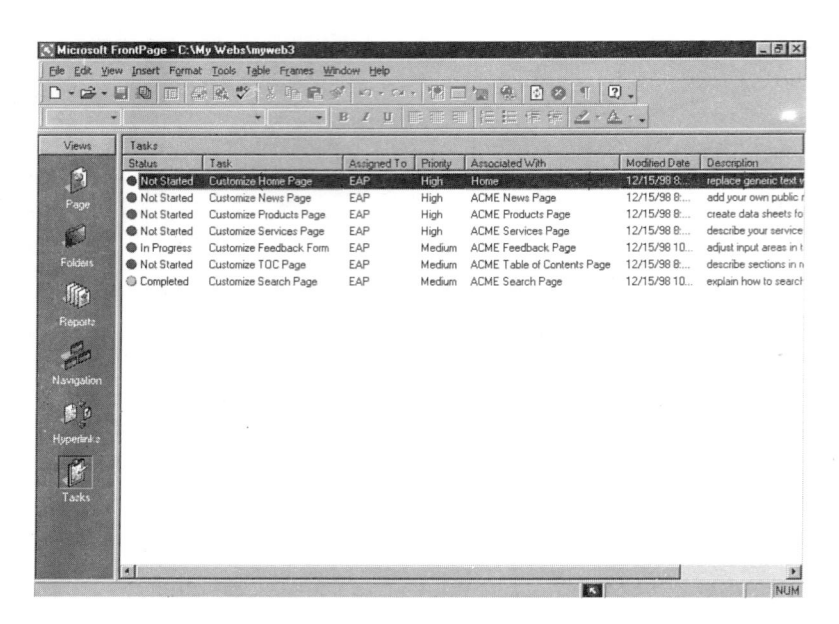

Uma lista de tarefas na exibição Tasks.

As informações sobre cada item da lista são organizadas nas seguintes colunas:

➤ *Status* — Informa se uma tarefa está em andamento, se está completa ou se ainda não foi iniciada.

➤ *Task* (Tarefa) — Fornece uma pequena descrição do que você precisa fazer.

➤ *Assigned to* (Atribuído a) — Exibe o nome de usuário da pessoa responsável pelo término da tarefa. Por default, o FrontPage usa o nome do administrador Web (como tratado no Capítulo 27, "Você é o chefe! Como se tornar um administrador do Web site").

➤ *Priority* (Prioridade) — Classifica os itens em uma escala de alta para baixa prioridade.

➤ *Associated With* (Associado A) — Informa a qual página ou páginas a tarefa se relaciona.

➤ *Modified Date* (Data Modificada) — Fornece a data e a hora em que a página foi editada pela última vez.

➤ *Description* (Descrição) — Oferece uma explicação mais detalhada da tarefa.

Capítulo 28 ➤ Como controlar tudo com a lista de tarefas   351

Como exibir e editar os detalhes da tarefa

Na caixa de diálogos Task Details (Detalhes da Tarefas), você poderá exibir mais informações sobre uma tarefa em sua lista ou editar os detalhes da tarefa. Para exibir os detalhes da tarefa, clique com o botão direito em uma tarefa e selecione Edit Task (Editar Tarefa) no menu de atalho. Ou poderá selecionar uma tarefa e então selecionar Properties (Propriedades) no menu File (Arquivo). Quando a caixa de diálogos Task Details (Detalhes da Tarefa) aparecer, como mostrado na figura a seguir, faça suas alterações e clique em OK para retornar para a exibição Tasks.

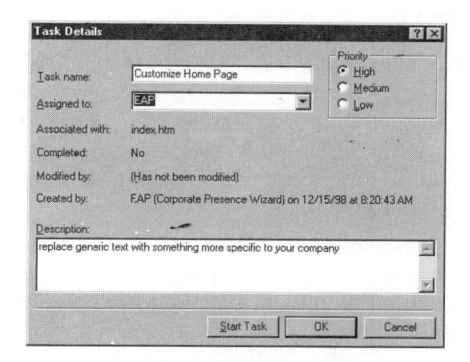

Caixa de diálogo Task Details.

Você poderá editar os seguintes itens:

➤ *Task Name* (Nome da Tarefa) — Você poderá digitar um novo nome para a tarefa.

➤ *Assigned to* — Altere o nome da pessoa para a qual a tarefa está atribuída, selecione um nome na lista ou digite um novo nome.

➤ *Priority* — Selecione um botão de rádio para atribuir um nível de prioridade diferente para a tarefa.

➤ *Description* — Altere a descrição ou adicione mais informações, digitando seu texto na caixa de rolagem Description.

Você poderá também clicar o botão Start Task (Iniciar Tarefa) para abrir a página Web e completar sua tarefa ou clicar em Cancel (Cancelar) para retornar para a exibição Tasks sem alterar os detalhes da tarefa.

Como adicionar
uma nova tarefa

Acabou de lembrar de algo que precisa de mais trabalho? Você poderá adicionar uma nova tarefa à sua lista sem alterar a exibição atual do Web *site*. Selecione New (Novo) no menu File e então selecione Task no menu em cascata. Quando a caixa de diálogos New Task (Nova Tarefa) aparecer, digite suas informações, selecione um nível de prioridade e clique em OK.

Como iniciar uma tarefa
na lista de tarefas

Você está observando todas as coisas na lista de tarefas e se sente bem-disposto hoje. Poderá pegar seu trabalho, uma tarefa de cada vez, diretamente a partir da lista de tarefas. E o FrontPage fornecerá duas maneiras de fazê-lo: clique com o botão direito em uma tarefa e selecione Start Task no menu de atalho ou clique duas vezes na tarefa e selecione Start Task. De qualquer maneira, o FrontPage abrirá a página Web relacionada na exibição Page (Página) para que você possa fazer as alterações.

Quando fizer suas alterações e gravar a página Web, a caixa de diálogos Microsoft FrontPage aparecerá e perguntará se você deseja marcar a tarefa como completa (como mostrado na figura a seguir). Clique o botão Yes para marcar a tarefa como completa. Se ainda tiver um trabalho inacabado, clique o botão No para indicar que a tarefa ainda está em andamento. Na próxima vez em que retornar para a exibição Tasks, verá que o FrontPage alterou o *status* da tarefa para você. Muito conveniente.

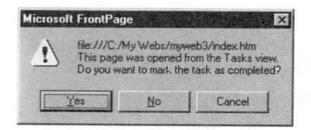

Caixa de diálogos Microsoft FrontPage

Como apagar as tarefas
e marcá-las como completas

Quando você completa as tarefas, o FrontPage marca-as como completas, mas não as remove de sua lista. Afinal, as tarefas completas dão uma sensação de dever cumprido! E mais, as tarefas completas ajudam a controlar seus projetos. Em algum ponto, porém, você poderá querer apagar essas antigas tarefas. Para remover uma tarefa da lista, clique com o botão direito na tarefa e selecione Delete (Apagar) no menu de atalho. Poderá também remover uma tarefa, selecionando-a e pressionando a tecla Delete.

Capítulo 28 ➤ Como controlar tudo com a lista de tarefas   353

Se quiser, poderá marcar as tarefas como completas para ter a sensação do dever cumprido (embora a melhor idéia seja provavelmente completar a tarefa primeiro!). Se você completar uma tarefa sem abrir a página a partir da lista de tarefas primeiro (como explicado na seção anterior), o FrontPage não saberá que fez algo. Algumas tarefas podem não envolver a abertura de uma determinada página Web, portanto algumas vezes você mesmo precisará marcá-las como completas. Para tanto, exiba a lista de tarefas, clique com o botão direito em uma tarefa e selecione Mark as completed (Marcar como completa) no menu de atalho.

Como verificar a ortografia de seu Web site

O Capítulo 5, "Como apresentar textos e lidar com as fontes", informou como verificar a ortografia para obter erros em páginas individuais, mas você sabia que o FrontPage ajudará a verificar a ortografia em todo seu *site* de uma só vez? Melhor ainda, ele adicionará todos os erros à sua lista de tarefas para que possa controlá-los.

Para verificar a ortografia em todo seu Web *site*, vá para a exibição Folders (Pastas) e selecione Spelling (Verificar Ortografia) no menu Tools (Ferramentas) para exibir a caixa de diálogos Spelling, mostrada na figura a seguir. Selecione o botão de rádio Entire Web (Todo Web) para verificar todas as páginas no FrontPage Web atual. Então clique o botão Start para começar a verificar a ortografia e selecione o quadro de seleção Add a task for each page with misspellings (Adicionar uma tarefa para cada página com erros de ortografia) para adicionar cada erro de ortografia à sua lista de tarefas.

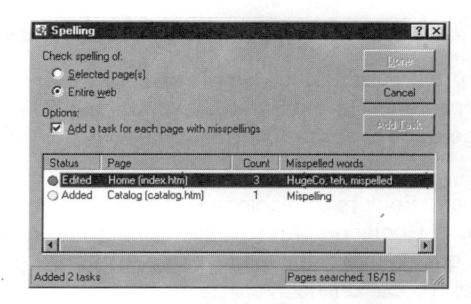

Caixa de diálogo Spelling com os erros exibidos e adicionados à lista de tarefas.

Como corrigir seus erros de ortografia

Quando o verificador ortográfico terminar de examinar seus erros de ortografia (ou o que ele *pensa* ser erros de ortografia), uma lista de páginas aparecerá. Para corrigir os erros de ortografia, clique duas vezes em um item na lista de páginas para exibir a página Web e a caixa de diálogos Spelling. Então poderá corrigir os erros como faz com as páginas individuais (se tiver esquecido, o Capítulo 5 informa como).

Quando terminar com a página atual, verá a caixa de diálogos Continue with the next document? (Continuar com o próximo documento?). Deixe o quadro de seleção Close the current document (Fechar documento atual) selecionado para fechar a página e clique o botão Next Document (Próximo Documento) para ir para a próxima página. Se você não puder terminar sua verificação de ortografia nesse momento, clique o botão Cancel. Poderá sempre retomá-la, selecionando outro item na lista de tarefas.

Se você não selecionou o quadro de seleção Add a task for each page with misspellings antes de executar a verificação de ortografia, poderá adicionar páginas à sua lista de tarefas selecionando-as na lista de erros e clicando o botão Add Task. Quando terminar de verificar a ortografia de uma página, selecione-a na lista e clique o botão Done (Terminado) para que o FrontPage saiba que corrigiu a página.

A lista de páginas da caixa de diálogos Spelling exibirá informações para cada página nas seguintes colunas:

- ➤ *Status* — Informa o *status* de cada página, como por exemplo se o FrontPage adicionou-a à lista de tarefas e se você editou (corrigiu) a página.
- ➤ *Page* — Exibe o título e o nome de arquivo de cada página Web.
- ➤ *Count* (Contagem) — Indica o número de palavras erradas em cada página.
- ➤ *Misspelled Words* (Palavras Erradas) — Lista as palavras com erros em cada página.

E mais, a barra de *status* informará o número de tarefas adicionadas à sua lista de tarefas e o número de páginas que tiverem a ortografia verificada.

Oopa! É Harold, não Harry: como localizar e substituir o texto em todo seu Web site

Sim! Você referiu-se ao presidente de sua empresa como "Harry Smith" em todo o Web *site*, mas parece que ele prefere "Harold Smith". E agora tem que alterar 32 páginas! Não se preocupe, o FrontPage poderá ajudá-lo a pesquisar e a substituir o texto em todo seu Web *site*.

Para tanto, vá para a exibição Folders e selecione Replace (Substituir) no menu Edit (Editar). Quando a caixa de diálogos Replace aparecer, clique no botão de rádio All Pages (Todas as Páginas), digite o texto que deseja substituir na caixa Find What (Localizar O Que) e então clique o botão Find in Web (Localizar no Web).

Quando a lista de páginas aparecer, como mostrado na figura a seguir, clique duas vezes em um item da lista para abrir uma página Web. Quando abrir o item, a caixa de diálogo Replace mudará para que possa substituir o texto como explicado no Capítulo 5. Quando terminar, clique no botão Back to Web (Voltar para Web) para exibir a lista de páginas novamente. Se você preferir trabalhar nas páginas posteriormente, poderá adicioná-las à sua lista de tarefas selecionando-as na lista e clicando o botão Add Task. Como no verificador ortográfico, a lista de páginas da caixa de diálogos Replace informará o *status* da página, seu título, nome de arquivo e o número de itens encontrados.

Capítulo 28 ➤ Como controlar tudo com a lista de tarefas   **355**

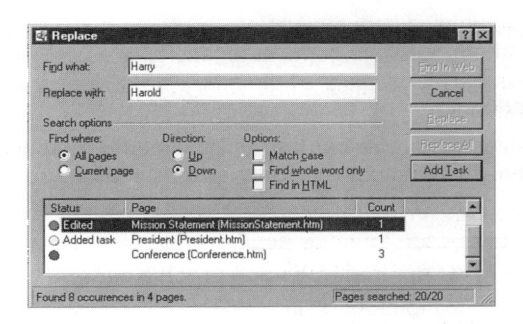

Caixa de diálogos Replace com os erros exibidos e adicionados à lista de tarefas.

Cinco dicas sobre a lista de tarefas

A lista de tarefas é como uma "caixa de entrada" *online*. Você precisará controlá-la para que as coisas não fiquem confusas. As dicas abaixo irão ajudá-lo a gerenciar sua lista de tarefas para que não seja ela a gerenciá-lo.

Localize e substitua o código-fonte também!

Se você conhece a HTML, poderá selecionar o quadro de seleção Find in HTML (Localizar na HTML) na caixa de diálogos Replace para localizar e alterar fragmentos do código-fonte.

➤ *Deixe o FrontPage controlar suas tarefas* — Quando você trabalhar com as páginas em sua lista de tarefas, abra-as sempre a partir da lista de tarefas. Assim não terá que se preocupar se marcou ou não o *status* de seus itens de tarefa corretamente.

➤ *Limpe sua lista de tarefas de vez em quando* — O FrontPage não apaga automaticamente os itens de sua lista de tarefas, portanto poderá ficar muito longa. Quando você terminar um projeto, reserve um pouco de tempo para apagar as antigas tarefas.

➤ *Adicione tarefas a partir da exibição Reports* (Relatórios) — Se seus relatórios informam que algumas páginas precisam de trabalho, poderá adicionar páginas à sua lista de tarefas diretamente a partir da exibição Reports. Clique com o botão direito em um item da lista e escolha Add Task no menu de atalho.

➤ *Mostre a essas colunas quem é o chefe!* — Lembra que o Capítulo 24, "Você e seus arquivos Web" informou sobre como redimensionar as colunas e clicar nos cabeçalhos das colunas para classificar os itens da lista? Esses truques funcionam com a lista de tarefas também.

➤ *Dê ordens!* — A lista de tarefas não fará muito, a menos que seus colaboradores sigam as regras. Mostre-os como usar a lista de tarefas e assegure-se de que eles a *usam*!

O mínimo que você precisa saber

➤ A lista de tarefas do FrontPage exibe uma lista de coisas que você precisa fazer em suas páginas Web e exibe o status de cada tarefa. Para exibir a lista de tarefas, clique no ícone Tasks na lista Views.

➤ Você poderá editar as tarefas e exibir mais informações a partir da caixa de diálogos Task Details.

➤ Quando criar um novo Web, o FrontPage adicionará automaticamente os itens à sua lista de tarefas. Você poderá também adicionar suas próprias tarefas a partir da caixa de diálogos New Task.

➤ Para assegurar que o FrontPage controlará suas tarefas, você deverá completar suas tarefas abrindo as páginas Web a partir da lista de tarefas.

➤ Quando terminar uma tarefa abrindo as páginas a partir da lista de tarefas, o FrontPage marcará a tarefa como completada. Você poderá também marcar manualmente os itens na lista de tarefas como completados.

➤ Poderá também apagar itens antigos da lista de tarefas para que ela não fique longa demais.

Capítulo 29

Não é necessário uma aldeia para construir uma intranet: como publicar, compartilhar e atualizar arquivos

Neste capítulo
➤ Sobre intranets e servidores
➤ Como surfar nos Web *sites* da intranet
➤ Os recursos da intranet FrontPage
➤ Como usar assistentes Web para construir um Web *site* intranet
➤ Como compartilhar arquivos e colaborar neles
➤ Como gerar relatórios de fluxo de trabalho
➤ Cinco lugares interessantes para aprender mais sobre as intranets

Qual a diferença entre *Internet* e *intranet*? Uma intranet é uma rede de escritório (interna) que age como a Internet, exceto que apenas você e seus funcionários podem usá-la. Antes de surgir a Web, as organizações tinham suas próprias maneiras de publicar arquivos e enviá-los para as pessoas. Algumas vezes, era necessário uma semana ou duas apenas para que alguém aprendesse a enviar um arquivo para um colaborador, o que dirá ter qualquer trabalho feito! As intranets tornam tudo muito rápido e ágil. Afinal, muitas pessoas já sabem como percorrer as páginas Web.

Portanto, o que está esperando? Com o FrontPage, você poderá configurar uma intranet para seu negócio ou departamento em pouco tempo!

Por que construir uma intranet?

Como quase todos nós passamos o tempo em um dia de trabalho típico (além de, sorrateiramente, jogar Paciência)? Comunicando-nos com as pessoas. Passamos horas em reuniões, falando ao telefone, compondo cartas e memorandos, esperando correios e malotes e enviando faxes e mensagens de e-mail. E é uma boa coisa; nós, humanos, precisamos interagir de vez em quando.

Porém, com a telecomunicação e os horários de trabalho mais flexíveis de hoje, entrar em contato com um *determinado* ser humano nem sempre é tão simples. O FrontPage facilita criar e gerenciar os Web *sites* da intranet que ajudam você e seus colaboradores a controlarem quem está fazendo o que, a se comunicarem através de grupos de discussão e a publicarem páginas Web com *links* com arquivos que outras pessoas precisam.

Os exemplos a seguir mostram como as intranets economizam tempo nas mensagens por telefone e de e-mail, permitem diferentes escalas (programações) de trabalho e encorajam a todos a trabalharem de maneira produtiva, como uma equipe.

- ➤ *Em viagem de novo* — John encontra-se com um cliente importante e conclui a venda. O encontro, porém, prolonga-se mais do que o esperado e ainda tem que verificar alguns dados de marketing preparados por sua assistente. Ele passa no escritório (todos foram para casa), inicializa seu *browser*, segue o *link* para a planilha, faz algumas correções e marca o arquivo como completo para que sua assistente possa examiná-lo quando chegar na manhã seguinte.

- ➤ *Outra reunião!* — Sandy está encarregada de preparar o relatório anual da empresa e precisa se encontrar com diferentes chefes de departamento. Ela fica frustrada quando as escalas confusas de todos tornam impossível definir uma hora para a reunião, mas não desiste. Ao contrário, configura um Web de discussão, publica a agenda e convida seus colaboradores a enviarem suas mensagens. Em alguns dias, eles estabeleceram os detalhes e Sandy tem todas as informações necessárias.

- ➤ *Compartilhamento de serviços* — Tom é um novo pai. Ele diz a seu gerente que pretende deixar a empresa e encontrar um serviço de meio expediente para que possa passar mais tempo com sua família. O gerente de Tom deseja que ele fique, sugere um acordo de compartilhamento de serviços de meio expediente e contrata Tanya. Tom e Tanya aparecem três vezes por semana e ambos estão no escritório às quartas-feiras. Eles configuram um Web de projeto para que possam controlar suas atribuições, atualizarem os arquivos um do outro e mantêm contato durante o resto da semana.

- ➤ *Como liberar algum tempo* — Marie chefia o departamento de Recursos Humanos. Ela passa muito tempo atendendo às chamadas telefônicas e respondendo às mensagens de e-mail sobre as estratégias da empresa, benefícios e dias de férias de maneira que, raramente, tem tempo para seu outro trabalho. Finalmente, ela pede a sua assistente para configurar um Web *site* com respostas para as perguntas feitas com mais freqüência (também conhecidas como FAQ). Agora todos verificam o Web *site* quando precisam de informações básicas e Marie está livre para executar tarefas mais desafiadoras.

Capítulo 29 ➤ Não é necessário uma aldeia. . .   359

Como percorrer um Web site intranet do FrontPage

Um Web site intranet não será muito útil, a menos que você informe a seus colaboradores como acessá-lo. Os Webs da intranet e os subWebs têm URLs exatamente como os Web *sites* na Internet (como http://NameofServer/NameofWeb/). Para exibir suas páginas devidamente em um *browser*, seus colaboradores precisarão fornecer um URL na janela de local do *browser*, ao invés de abrir as páginas como arquivos através da caixa de diálogo Open (Abrir). Quando você publicar um novo Web, poderá enviar as mensagens de e-mail com o URL para seus colaboradores.

Com planejar um Web site intranet

Antes de começar, pense em quais recursos gostaria de incluir em seu Web *site* intranet. Como nos velhos Web *sites* normais da Internet, os *sites* da intranet requerem algum planejamento antecipado. Mas lembre-se que você não tem que fazer tudo de uma só vez. Uma vez que tenha sua intranet ativada e sendo executada, poderá conseguir observações das pessoas e adicionar recursos e páginas com o passar do tempo.

Conheça alguns recursos úteis do FrontPage que você poderá adicionar à sua intranet.

➤ *Atualizações automáticas de arquivo* — O índice e outras páginas que exibem uma lista de páginas Web e outros arquivos, com *links* e pequenas descrições de arquivos. O FrontPage reúne essas descrições a partir dos resumos dos arquivos e dos comentários da página Web. (Para saber mais sobre os resumos e os comentários da página Web, veja os Capítulos 18, "Uma combinação feita em Redmond: FrontPage e Microsoft Office 2000" e 24, "Você e seus arquivos Web".)

➤ *Arquivos reservados* — Você poderá usar o recurso de entrada (*check-in*) e saída (*check-out*) de documentos do FrontPage para assegurar-se de que apenas as pessoas com as permissões de acesso corretas possam alterar os arquivos em seu Web (veja o Capítulo 27, "Você é o chefe! Como se tornar um administrador do Web *site*"). Falaremos mais sobre como proteger arquivos posteriormente neste capítulo.

➤ *Formulários Web* — O Capítulo 13, "Formulários e sua função: como desenvolver formulários *online*", informa como criar formulários Web para reunir as observações dos visitantes. Os Web Wizards (Assistentes Web) do FrontPage também geram formulários que são ajustados para as intranets, como um formulário Web de discussão. Esses tipos de formulários facilitam a você e a seus colaboradores trocas de informações quando estão trabalhando em escalas (programações) diferentes e envio de publicações.

➤ *Webs de discussão* — Permitem que você e seus colaboradores leiam mensagens e preencham um formulário para enviarem respostas. Um Web de discussão exibe uma lista de mensagens atualizadas automaticamente, organizadas por assunto, e também tem um formulário de pesquisa. Para saber mais sobre os Webs de discussão, veja o Capítulo 23, "Painel central: como configurar uma discussão Web".

➤ *Troca de arquivos* — Você poderá subscrever os arquivos em seu Web *site* para os arquivos nos computadores de seus colaboradores. Quando seus colaboradores editarem os arquivos, o FrontPage irá atualizá-los automaticamente.

➤ *Webs privados* — Você poderá criar Webs que permitem que apenas os usuários autorizados os leiam (veja o Capítulo 27). Com isso você poderá limitar o acesso aos grupos de discussão, páginas ou Webs com informações confidenciais.

➤ *Verificação de* status — Os usuários poderão controlar os *status* dos arquivos e projetos através de relatórios (Capítulo 25, "Testando, testando, um, dois, três: como verificar seu Web *site*") e de lista de tarefas (Capítulo 28, "Como controlar tudo com a lista de tarefas") ou através da caixa de diálogo Properties (Propriedades) de um arquivo com a guia Workgroup (Grupo de trabalho) selecionada (como será explicado posteriormente neste capítulo).

➤ *Direitos de acesso* — Você poderá atribuir níveis diferentes de acesso para os Webs e arquivos, como tratado no Capítulo 27.

Como construir um Web site intranet

Ah, você nunca configurou um Web *site* intranet antes? Junte-se ao clube! Felizmente, os Web Wizards do FrontPage poderão ajudá-lo nessa coisa difícil. Primeiro, pense nos recursos que gostaria de incluir em seu Web *site* intranet. Então poderá criar um novo Web a partir da caixa de diálogo New (Novo), como mostrado na figura a seguir e executar as etapas do Web Wizard, como tratado no Capítulo 2, "Web *site* urgente: como dar uma volta nos FrontPage Webs".

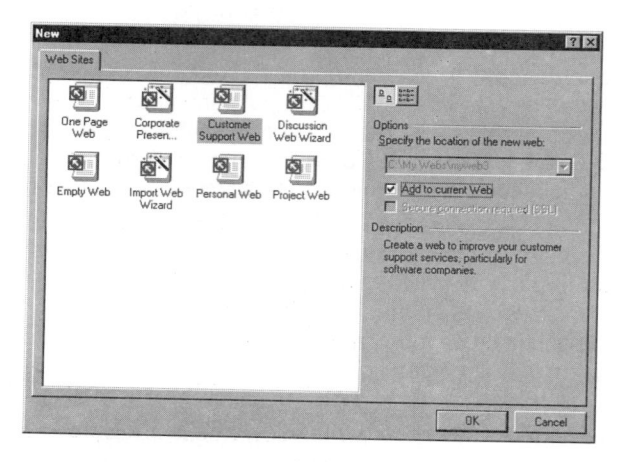

A caixa de diálogo New com as opções Web Wizard exibidas.

Capítulo 29 ➤ Não é necessário uma aldeia. . .

Os seguintes tipos de FrontPage Webs são ideais para os Web *sites* intranet:

➤ *Corporate presence Web* (Web corporativo) — Para publicar informações gerais e um índice com *links* atualizado automaticamente quando os arquivos são adicionados ou removidos.

➤ *Project Web* (Web de Projeto) — Fornece tudo o que você precisa para planejar projetos, trabalhar em conjunto nos arquivos e controlar o *status* de diferentes atribuições. Você poderá definir os membros de um grupo e configurar uma página de armazenamento atualizada automaticamente com *links* para arquivos e páginas. E mais, um Web de projeto inclui uma página de pesquisa e uma página de grupo de discussão.

➤ *Discussion Web* (Web de Discussão) — Considere-o como seu *bulletin board on-line*. Você poderá criar um Web de discussão (veja Capítulo 23) para que você e seus colaboradores possam manter contato e trocarem mensagens.

➤ *Customer service Web* (Web de serviço do cliente) — Inclui um grupo de discussão, uma página para as perguntas feitas com freqüência (FAQ) e uma página de carregamento.

Seja criativo!

Uma vez que tenha usado um Web Wizard para avivar um Web *site* que satisfaça suas necessidades básicas, você poderá personalizar suas páginas e elementos de navegação para que se adaptem ao seu negócio.

➤ *Mix and match!* (Mistura e coincidência!) — Você poderá usar qualquer combinação de Webs em seu *site* intranet. Crie um Web principal, configure os outros Webs como subWebs aninhados no Web *site* principal (veja Capítulo 27) e crie *links* e barras de navegação para reunir tudo. (veja Capítulo 7, "Pense nos *links*: como adicionar *links* a suas páginas Web")

Como compartilhar arquivos através de seu Web site

As intranets FrontPage certamente facilitam que as pessoas visualizem e editem os arquivos umas das outras. Fácil demais, talvez. Impedir que seus colaboradores se esbarrem é, em grande parte, um serviço do administrador Web. Por exemplo, Janine ficaria muito furiosa se Frank mudasse sua apresentação sem lhe avisar, e ela acabaria fazendo papel de boba na próxima reunião.

Felizmente, o FrontPage poderá ajudá-lo a definir diferentes níveis de acesso (como analisado no Capítulo 27) para as páginas e arquivos, evitando que as pessoas adicionem e alterem arquivos sem critérios adequados.

Como atualizar arquivos para o servidor

Uma vez que tenha dado aos usuários o direito de editar e transferir arquivos em seu Web (veja Capítulo 27), eles poderão publicar suas alterações e novos arquivos em seu Web *site* das seguintes maneiras.

➤ *Use o FrontPage Publisher* — Se seus colaboradores também têm o FrontPage, poderão usá-lo para transferir arquivos para seu Web, como explicado no Capítulo 26, "Não fique apenas sentado aí! Como publicar seu Web *site*". Os usuários Windows poderão usar o FrontPage Express, uma versão menor do FrontPage que vem gratuitamente com o Windows 98, para fazerem sua publicação.

➤ *Grave os arquivos diretamente em seu Web* — Os usuários Microsoft Office poderão gravar seus arquivos Office diretamente em um Web *site* da Internet ou intranet se você fornecer-lhes as permissões de acesso. Primeiro, precisarão criar seu Web como uma pasta Web, como tratado no Capítulo 18. As pastas Web permitem gravar arquivos em um Web *site* remoto como você faria em seu próprio disco rígido. Ao instalar uma aplicação Office 2000 (ou várias), o programa de configuração criará a pasta Web como um novo drive que você poderá exibir, juntamente com outros drives disponíveis, clicando duas vezes no ícone My Computer (Meu Computador) em sua área de trabalho.

➤ *Use um programa FTP* — Qualquer pessoa com um nome de usuário e senha poderá também usar um programa File Transfer Protocol (FTP ou Protocolo de Transferência de Arquivos) como o Cute FTP ou WS FTP para transferir arquivos para seu Web. O *site shareware* Tucows em http://www.tucows.com/ oferece várias aplicações FTP boas. Esses programas serão muito úteis se seus colaboradores não estiverem usando o Microsoft Office para criar seus arquivos.

Atualizações automáticas

Como controlar todos os arquivos em seu Web? Você não controlará. O FrontPage fará tudo para você. Quando alguém editar um arquivo, a data de modificação do índice mudará. Quando um colaborador enviar um novo arquivo, o FrontPage adicionará um novo item, *link* e informação de arquivo à página de índice. Se você não tiver uma página de índice em seu Web, veja o Capítulo 19, "Caixa de utilidades: componentes FrontPage".

Capítulo 29 ➤ Não é necessário uma aldeia. . . **363**

Como verificar a entrada e a saída dos arquivos

Sempre acontece: duas pessoas abrem o mesmo arquivo ao mesmo tempo e ambas fazem alterações. Você poderá configurar seu Web para que os usuários possam verificar a entrada (*check-in*) e a saída (*check-out*) dos arquivos. Quando um colaborador reservar um arquivo, os outros não poderão trabalhar nele até que tenha entrado novamente.

Como funciona? Primeiro você precisará ativar o recurso de entrada/saída (*check-in/check-out*). Abra seu Web e selecione Web Settings (Definições Web) no menu Tools (Ferramentas). Na parte inferior da guia General (Geral) na caixa de diálogo Web Settings, clique no quadro de seleção chamado Use document check in and check out (Usar saída e entrada do documento), como mostrado na figura a seguir.

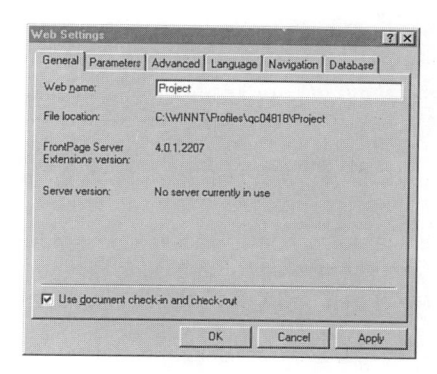

Caixa de diálogo Web Settings.

O FrontPage colocará um indicador de *status* ao lado de cada arquivo em seu Web. Na figura a seguir, um ponto ao lado de um nome de arquivo indica que o arquivo foi editado. Uma marca de verificação ao lado de um nome de arquivo indica que outra pessoa já está editando esse arquivo. Assim, você saberá que não pode fazer nenhuma alteração nesse arquivo até que ele tenha entrado novamente.

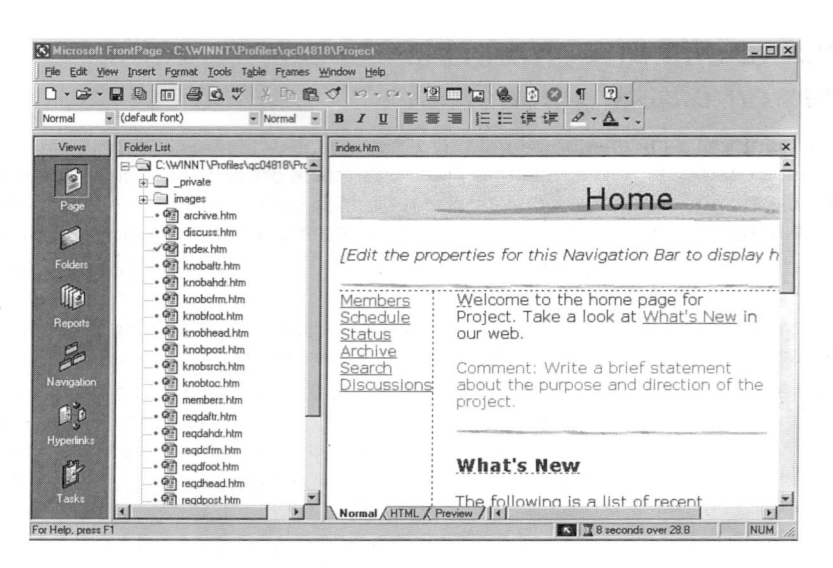

O indicador de status de entrada do documento mostrado na exibição Page.

Sempre que você abrir um arquivo com o recurso de entrada do documento ativado, o FrontPage exibirá um aviso de confirmação (mostrado na figura a seguir) para perguntar se você está fornecendo a saída de um arquivo. Muito simples, heim?

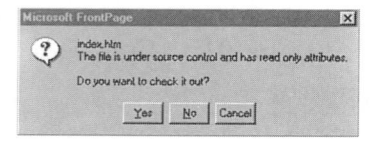

O aviso de saída do documento.

Trabalho de equipe: como criar relatórios sobre o fluxo de trabalho

Lembra como aprendeu a exibir relatórios no Capítulo 25? Você poderá também configurar arquivos para gerar relatórios sobre o fluxo de trabalho para páginas Web individuais ou outros arquivos. Esse recurso ajudará a cada um a controlar quem é o responsável por um arquivo, assim como seu *status*. Para criar relatórios sobre o fluxo de trabalho para seu Web, você primeiro precisará configurar as informações para cada um de seus arquivos através da caixa de diálogo Properties.

Capítulo 29 ➤ Não é necessário uma aldeia. . . 365

Como adicionar as informações do relatório sobre o fluxo de trabalho a um arquivo

Para adicionar um arquivo ao relatório sobre o fluxo de trabalho do FrontPage, vá para a exibição Folders (Pastas), clique com o botão direito em um arquivo e selecione Properties no menu de atalho. Ou poderá selecionar o arquivo e escolher Properties no menu File. A caixa de diálogo Workgroup Properties (Propriedades do Grupo de trabalho), como mencionado no Capítulo 18, permitirá que os usuários designem quem está atribuído às páginas e o estágio de produção de cada página.

Quando a caixa de diálogo Properties aparecer, clique na guia Workgroup, escolha as opções para os itens abaixo indicados e então clique em OK.

➤ *Select categories for the Web page* (Selecionar categorias para página Web) — Você poderá atribuir categorias a uma página Web, clicando nos quadros de seleção na lista Available Categories (Categorias Disponíveis). Quando atribuir categorias a uma página Web, poderá usar o componente AutoLinks (Links Automáticos) para gerar *links*, como explicado no Capítulo 19.

➤ *Assign a file to someone* (Atribuir um arquivo a alguém) — Você poderá atribuir um arquivo a um usuário, selecionando seu nome na lista Assigned To (Atribuído A).

➤ *Review status* (Status da revisão) — Selecione um item que melhor descreva o estágio de desenvolvimento do arquivo atual na lista Review Status.

➤ *Add new list items* (Adicionar novos itens da lista) — Você poderá também adicionar seus próprios itens da lista, clicando o botão Categories (Categorias), Names (Nomes) ou Statuses (Status), como explicado na próxima seção.

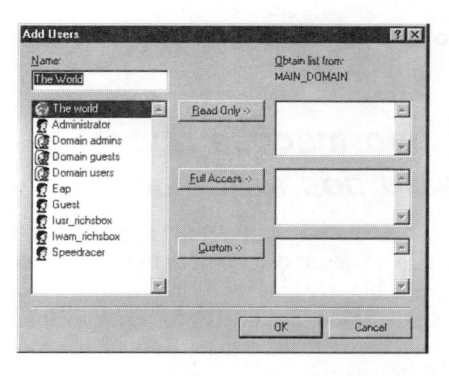

Caixa de diálogo Properties com a guia Workgroup selecionada.

Como alterar suas listas
de categorias, nomes e status

Você não terá que usar as categorias e os *status* que o FrontPage fornece, mas precisará adicionar seus próprios nomes de categoria, pois mesmo um programa inteligente como o FrontPage não poderá criar uma lista de nomes para você!

Para editar suas listas, clique o botão Categories, Names ou Statuses à direita da lista. Quando a caixa de diálogo Master List (Lista-Mestre) aparecer, você poderá fazer o seguinte.

- ➤ *Adicione um item à lista* — Digite uma entrada na caixa New (Category, Name, or Status) e clique o botão Add.
- ➤ *Remova um item da lista* — Selecione um item da lista e clique o botão Delete (Apagar).
- ➤ *Restaure os defaults* — Você poderá restaurar a lista que vem com o FrontPage, clicando o botão Reset (Redefinir).
- ➤ *Aplique suas alterações* — Para retornar para a caixa de diálogo Properties e aplicar suas alterações, clique em OK. Poderá também clicar em Cancel (Cancelar) para fechar a caixa de diálogo sem fazer nenhuma alteração.

Não publique!

Sim! Como você impedirá que o FrontPage publique um arquivo antes que você e seus colaboradores tenham terminado de trabalhar nele? É fácil. Exiba a caixa de diálogo Properties, clique na guia Workgroup e selecione o quadro de seleção Exclude this file when publishing the rest of the Web (Excluir este arquivo ao publicar o resto do Web). Agora você poderá ajustar seu arquivo para aperfeiçoá-lo na certeza de que ninguém o verá antes de estar pronto.

Como editar as informações sobre
o fluxo de trabalho dos arquivos

"Lixo que entra, lixo que sai", diz o velho ditado. Seus relatórios sobre o fluxo de trabalho não informarão muito, a menos que os usuários acompanhem seus arquivos. O mais importante: você e seus colaboradores precisarão atualizar as informações de *status* quando um arquivo percorrer os diferentes estágios de um projeto. Para editar as informações sobre o fluxo de trabalho de um arquivo, exiba a caixa de diálogo Properties do arquivo com a guia Workgroup selecionada. Então poderá selecionar um novo item na lista Statuses ou fazer outras alterações. As opções Review Status disponíveis incluem Code Review (Revisão do Código) (isso assegura que a página funcione adequadamente), Content Review (Revisão do Conteúdo) (fazendo sugestões, edições e alterações), Legal Review (Revisão Legal) (removendo o material com o departamento legal) e Manager Review (Revisão do Gerenciador) (obtendo permissão para prosseguir com a pessoa encarregada).

Capítulo 29 ➤ Não é necessário uma aldeia. . . **367**

Como exibir o relatório sobre o fluxo de trabalho

Uma vez que você tenha atribuído propriedades a seus arquivos, poderá gerar relatórios sobre o fluxo de trabalho, como tratado no Capítulo 25. Vá para a exibição Reports (Relatórios) e então selecione Review Status na lista da barra de ferramentas Reports.

Lembre-se da lista de tarefas

A lista de tarefas do FrontPage também ajuda a você e a seus colaboradores a controlarem as tarefas a serem concluídas. E mais, você poderá adicionar os itens do relatório sobre o fluxo de trabalho à lista de tarefas. Para saber mais sobre como trabalhar com as tarefas, veja o Capítulo 28.

Cinco recursos para aprender mais sobre as intranets

O FrontPage facilita configurar uma intranet básica. Se você quiser, porém, adicionar recursos mais avançados, precisará aprofundar alguns conhecimentos técnicos. Os Web *sites* abaixo indicados fornecem informações gerais sobre como configurar e manter as intranets.

➤ *Página FrontPage Intranet da Microsoft* — Um guia passo a passo para configurar uma intranet em uma hora e mais (http://www.microsoft.com/office/intranet/solutions.htm).

➤ *Web 66 NT Resource Center* — Web 66 é uma comunidade que ajuda os educadores a configurarem servidores e páginas Web para suas escolas. Sua seção Windows NT usa uma linguagem simples e tutoriais passo a passo sobre como configurar um servidor Windows NT. E, quando estiver lá, poderá aprender sobre muitas outras coisas também (http://web66.coled.umn.edu/WinNT/Default.html).

➤ *Intranet Journal* — Informações técnicas, juntamente com dicas e truques (http://www.intranetjournal.com/).

➤ *Builder.Com* — O site Builder da CNet oferece muitos artigos úteis sobre as mais recentes tecnologias Web, inclusive servidores e intranets (http://www.builder.com/).

➤ *Complete Intranet Resource* — Um Web *site* geral que fala tudo sobre intranets, inclusive o básico, grupos de discussão, artigos, informações técnicas e demos (http://www.intrack.com/intranet/).

O mínimo que você precisa saber

➤ As intranets são Web *sites* executados em redes de escritório privadas. Elas facilitam que colaboradores com diferentes programações (escalas) trabalhem juntos e compartilhem arquivos através de um Web *site*.

➤ Você poderá usar os Web Wizards do FrontPage para configurar sua intranet. Os Web *sites* intranet têm URLs (como http://yourServer/yourWeb/) como os Web *sites* normais na Internet. Quando você criar seu Web intranet, precisará enviar por e-mail o URL para seus colaboradores, a fim de que eles possam encontrá-lo.

➤ Você poderá manter controle sobre seu Web *site* intranet e impedir que as pessoas se esbarrem, definindo níveis de acesso para os Webs e páginas, como tratado no Capítulo 27.

➤ Seus colaboradores poderão usar o FrontPage ou o Publisher do FrontPage Express (ou um programa FTP) para publicar arquivos para seu Web, como tratado no Capítulo 26. Os usuários Microsoft Office poderão também gravar um Web *site* remoto como uma pasta e gravar os arquivos nela através da caixa de diálogo Save, como tratado no Capítulo 18.

➤ Quando você atribuir as propriedades do grupo de trabalho às páginas e aos arquivos em seu Web *site*, poderá gerar relatórios sobre o fluxo de trabalho a partir da exibição Reports, como tratado no Capítulo 25.

Capítulo 30

Como desenvolver o Web site adequado ao seu ego

Neste capítulo
➤ Como publicar uma revista eletrônica
➤ Como iniciar um grupo de discussão Web
➤ Como trabalhar em casa
➤ Como iniciar uma loja online
➤ Outras cinco coisas interessantes que você pode experimentar

Então. Agora que você é o perito do FrontPage, para onde irá? Como o notório gorila de 360 Kg, você poderá ir a qualquer lugar que quiser. Sempre sonhou em começar um negócio doméstico, iniciar uma revista, trabalhar em casa, promover uma causa com a qual se importa ou encontrar pessoas com afinidades para bater papo sobre seu assunto favorito ou passatempo? Invista nisso! O FrontPage fornecerá as ferramentas necessárias.

Se tende a se sentir esmagado por grandes projetos, tudo bem. O melhor em ter um Web *site* é que ele poderá começar pequeno e crescer segundo seu ritmo. Quando você imprime algumas centenas de brochuras, fica com elas por um tempo. Mas as páginas Web podem ser alteradas ou atualizadas com a freqüência que você determinar.

Publique
uma revista online

Tenha cuidado, Tina Brown! Atualmente, qualquer pessoa que conheça as palavras e tenha algo a dizer poderá ser um manda-chuva da editoração. Se você deseja publicar por diversão ou para ter lucro, o FrontPage poderá ajudá-lo com tudo, desde a construção até o gerenciamento de todos os seus artigos. Poderá ainda criar um Project Web (Web de Projeto) privado para trabalhar com as pessoas que escrevem artigos para você e contribuem com imagens. Então vá em frente, seja uma autoridade. O Web é sua plataforma de discurso.

Quando estiver planejando uma revista *online* (também chamada de *e-revista ou revista eletrônica*), pense no tipo de informação que deseja publicar, com que freqüência deseja atualizar seus artigos (semanalmente? mensalmente?) e onde obterá o conteúdo (artigos e imagens). As revistas eletrônicas podem também ficar muito grandes rapidamente, portanto você deve pensar sobre como organizar e gerenciar seus temas e artigos. Por exemplo, algumas revistas eletrônicas organizam os artigos pelo tópico e outras pelo tema.

Poderá também explorar a Web para obter idéias e inspiração; confira os exemplos de revistas eletrônicas.

> *Salon Magazine* — A mãe de todas as revistas eletrônicas é um ótimo lugar para começar a procurar idéias. Eles publicam os artigos sobre temas atuais e também têm grupos de discussão para que os visitantes possam comentar e conversar entre si mesmos (http://www.salonmagazine.com/).

> *Inklings* — Uma revista eletrônica com muitos recursos e artigos de escritores (http://www.inkspot.com/inklings/).

> *Parent's Council* — Resenhas de livros infantis e publicações para pais interessados (http://www.parentcouncil.com/).

> *Zines* — Dê uma volta pelo lado extraordinário. Os autores do livro *Zines* têm um Web *site* com todos os tipos de *links* e recursos para editores de revistas eletrônicas de contracultura (http://www.zinebook.com/).

Não pode pagar os colaboradores de sua revista eletrônica?

Naturalmente, os escritores e os artistas têm que sobreviver como todas pessoas. Mas se sua revista *online* falar sobre tópicos que os interessam (e que as publicações pagas não falam), eles poderão receber com alegria a chance de publicar suas opiniões. Você pode também ter amigos, família ou colaboradores que escrevem, ilustram ou que tiram fotos como passatempo. Apenas forneça-lhes crédito, ligue-se a seus Web *sites* e promova-os quando puder.

Poderá também solicitar o conteúdo de outros Webmasters que publicam artigos e trabalhos afins. Eles poderão deixar que você execute um artigo ou imagem em troca de crédito e de um *link* com seu Web *site*.

O ponto de encontro virtual

Alguma vez alguém lhe disse que você deveria ter sido um apresentador de entrevistas? Deseja um fórum para discutir sobre os problemas em sua comunidade, sobre seu passatempo favorito ou tópico? Com o Discussion Web Wizard (Assistente Web de Discussão) do FrontPage, você poderá iniciar seu próprio ponto de encontro *online* onde as pessoas poderão enviar mensagens e trocar idéias. Poderá também usar as ferramentas do FrontPage que requerem que as pessoas assinem com uma senha e que ajudarão a moderar as discussões para garantir que as mensagens se mantenham nos tópicos e sejam apropriadas.

A Web possui muitos grupos de discussão sobre nada e tudo, inclusive fãs-clubes, eventos atuais, acontecimentos locais, saúde, coisas colecionáveis, finanças e mais. Muitas empresas também oferecem grupos de discussão para que seus clientes possam encontrar informações e obter ajuda quando precisam. O Capítulo 23, "Painel central: como configurar uma discussão Web", informa mais sobre como configurar e executar um Discussion Web do FrontPage.

Os grupos de discussão precisam de cuidado e alimentação

O FrontPage facilita configurar e gerenciar seu Discussion Web. Mas se você quiser que seu grupo de discussão tenha sucesso, precisará colocar algum trabalho nele. Prontamente, as discussões informativas fazem com que as pessoas voltem. Do contrário, sua comunidade *online* irá degenerar-se rapidamente em mensagens que informam, "Olá? Há alguém aí?" ou "Ganhe US$1000 em uma semana trabalhando em casa!" Você também precisará apagar ou armazenar as mensagens; terá que remover as mensagens que são ofensivas e inadequadas, etc.

Os seguintes grupos de discussão atraem muitos visitantes e são bem executados.

➤ *FrontPage User Group* — Faz uma pequena pesquisa de grupos de discussão enquanto obtém ajuda com o FrontPage (http://www.fpug.com/).

➤ *Forum One* — Se você quiser visitar alguns grupos de discussão que falam sobre tópicos parecidos, poderá pesquisá-los no Forum One (http://www.forumone.com/).

➤ *The Garden Web Forums* — Informações úteis sobre como plantar e manter todos os tipos de jardins. Os iniciantes são bem-vindos (http://www.gardenweb.com/forums/).

➤ *Homework Help* — A *Star Tribune* de Mineápolis/St. Paul executa grupos de discussão organizados pelo assunto para ajudar as crianças de todas as idades em seu trabalho de casa. Talvez você possa iniciar um grupo de discussão para a escola de suas crianças (http://www.startribune.com/stonline/html/special/homework/).

Trabalho em casa

Não seria ótimo trabalhar em casa? Sem condução de manhã e você poderia praticar coisas agradáveis se quisesse. Com as tecnologias de hoje, é mais fácil do que nunca iniciar um negócio doméstico (e promovê-lo na Web, como explicado no Capítulo 26, "Não fique apenas sentado aí! Como publicar seu Web *site*"). Com o FrontPage, você poderá configurar um Web *site* profissional com aparência elegante e dizer às pessoas o que faz, mostrar a elas os projetos nos quais trabalhou, deixá-las ver seu currículo, ligá-las aos endereços de e-mail de suas referências e mais. Se gostar de seu serviço, mas estiver considerando telecomunicar-se alguns dias por semana, o Project Web (Web de Projeto) e o Discussion Web poderão ajudá-lo a manter contato com seus colaboradores.

Naturalmente, poderá querer ler um pouco antes de deixar seu emprego diário.

➤ *Site Web de Poor Richard* — O livro que acompanha esse *site* será uma necessidade se você estiver criando um Web *site* para seu pequeno negócio ou negócio doméstico. O *site* também tem muitas informações úteis. E mais, o autor trabalha em cada e usa o FrontPage também (http://www.poorrichard.com/).

➤ *Small Business Resources* — Um centro de recursos e ajuda para proprietários de pequenos negócios e negócios domésticos ou pessoas que pensam em começar um (http://smallbizhelp.net/).

➤ *Mother's Home Business Network* — Conselhos, livros e produtos recomendados, oportunidades de negócios domésticos, conselhos sobre telecomutação e mais (http://www.homeworkingmom.com/).

➤ *Gil Gordon Associates Telecommuting* — Informações para pessoas que se telecomutam ou que desejam fazê-lo. Você poderá também encontrar links para outros recursos, ler resenhas ou livros úteis e mais (http://www.gilgordon.com/).

Inicie uma loja online

Tem algo que gostaria de vender? Experimente configurar uma loja *online*. Muitas pessoas executam vitrinas *online* para vender cartões de felicitação, artes, trabalhos de arte, brinquedos, coisas colecionáveis, produtos de cuidados com a saúde e mais. Se você é proprietário de uma pousada ou se planeja eventos, etc., poderá oferecer aos visitantes a conveniência de fazer reservas e pagamentos a partir de seu Web *site*.

Capítulo 30 ▶ Como desenvolver o Web site adequado ao seu ego 373

Precisa de mais informações?

Para saber mais sobre como iniciar uma loja *online*, visite o Directory of Shopping Cart Software and Services de Poor Richard em http://www.poorrichard.com/freeinfo/shop.htm. Lá você encontrará uma longa lista de softwares e serviços em todas as faixas de preço.

Você poderá começar de maneira simples; tudo o que precisará será de uma conta comercial (para que possa aceitar cartões de crédito), um host Web com um servidor seguro (para que as pessoas possam fazer pedidos com segurança) e um formulário de pedidos. Uma vez que esteja ativado e em execução, provavelmente desejará que seu Web *site* some os pedidos, os impostos sobre vendas e o envio para seus clientes. O software de mapa de compras e serviços facilitam fazer isso também. Muitos hosts Web também oferecem esse software.

Outras cinco coisas que você pode experimentar

Certamente, o FrontPage tem muitas coisas ótimas, mas ninguém tem *tudo*. Você poderá adicionar todo tipo de elementos interessantes que tornam seu Web *site* mais divertido e útil. Melhor, poderá fazê-lo gratuitamente.

Verifique as seguintes possibilidades.

▶ *Seu próprio espaço de bate-papo* — Como gostaria de sediar um espaço de bate-papo? Os espaços de bate-papo funcionam de maneira diferente dos grupos de discussão Web, porque as pessoas podem falar em *tempo real*, significando que o que você digita aparece no espaço de bate-papo assim que o envia. A TalkCity em http://www.talkcity.com/ fornece tudo o que é necessário para executar um espaço de bate-papo Web gratuito.

▶ *Cartões postais on-line* — Eis o negócio. Você escolhe suas imagens favoritas e configura-as como cartões postais. Os visitantes poderão escolher uma imagem, preencher um formulário especial e enviar o cartão para um amigo. O amigo receberá uma mensagem de e-mail com um URL, que poderá clicar para ver seu cartão postal. Muito simples, heim? Vá para http://mypostcards.com e eles informarão como configurar tudo. O serviço é gratuito.

➤ *Uma livraria virtual* — Se você adora livros e deseja publicar resenhas de livros ou gostaria de recomendar alguns títulos que se relacionam a seu Web *site*, poderá configurar uma livraria virtual. A Amazon.com Books (http://www.amazon.com/) e outros revendedores de livros *online* têm programas afiliados que você poderá assinar. Quando se reunir, eles informarão como configurar os *links* com os livros em seu Web *site* para que possa ganhar uma pequena comissão nos livros referidos por você.

➤ *Mensagens imediatas e mais* — Você já deu uma volta no ICQ? ICQ (pronunciado como "Ai sic iú") é um programa que informa quando os amigos estão *online*, permite que você troque mensagens imediatas e permite que os visitantes "procurem" você (enviem mensagens imediatas) a partir de seu Web *site*. Você poderá carregar o ICQ em http://www.icq.com.

➤ *Anúncio gratuito* — Se você não tiver nenhum dispositivo de anúncio ainda, reúna-se a um programa de troca de anúncios de *banner*, como o Link Exchange em http://www.linkexchange.com/. Eis como funciona: você cria um anúncio de *banner* (o Banner Ad Manager (Gerenciador de Anúncios de Banner) do FrontPage poderá ajudá-lo a fazer isso, como explicado no Capítulo 20, "Páginas divinas com efeitos especiais animados") e carrega-o em seu Web *site*. Ao assinar um programa, forneça-lhe um URL para seu anúncio e eles darão instruções para inserir um fragmento de código em sua página. Então o programa de anúncio de *banner* irá alternar seu anúncio entre outras páginas e exibirá os anúncios de outras pessoas nas suas.

O mínimo que você precisa saber

➤ Como explicado no Capítulo 23, O Discussion Web Wizard do FrontPage facilita construir um fórum de discussão *online*.

➤ O Project Web da FrontPage (veja o Capítulo 2, "Web *site* urgente: como dar uma volta nos FrontPage Webs") poderá ajudá-lo a gerenciar projetos e a trabalhar com outras pessoas. Você poderá usar o Project Web para gerenciar uma revista *online* ou controlar projetos com colaboradores.

➤ Se sua empresa de host Web oferecer acesso a um servidor seguro, você poderá configurar uma loja *online* e obter pedidos de compra com os formulários do FrontPage. O Capítulo 13, "Formulários sua função: como desenvolver formulários *online*", informa como configurar os formulários.

Glossário

Fale como um expert

ação — Na DHTML e no *script*, uma ação é o que acontece quando um evento ocorre. *Veja também* **evento** e **objeto**.

acessibilidade — Refere-se aos recursos capazes de proporcionar a uma pessoa deficiente o acesso a páginas Web e também navegar através de Web *sites*.

acessórios Java — Programas escritos em Java.

acréscimo — Aplicação que estende as capacidades de um *browser* Web para que ele possa inicializar arquivos que os *browsers* normalmente não suportam. Por exemplo, o acréscimo Shockwave permite que você exiba os filmes Shockwave em uma página Web.

ActiveX — Tecnologia Microsoft que permite aos desenvolvedores Web obterem fragmentos e partes do código de programação e reuni-los para criar programas que são executados nas páginas Web. O ActiveX funciona apenas no Internet Explorer.

amostragem — No FrontPage, o processo de usar a barra de ferramentas Picture para alterar as dimensões da própria imagem, ao invés de simplesmente informar ao *browser* Web para exibir a imagem com um tamanho diferente através da caixa de diálogo Image Properties.

animação GIF — *Veja* **GIF animado.**

anúncio de *banner* — Anúncio que aparece em um Web *site* (geralmente na parte superior de uma página).

arquivos em linha — Arquivos que aparecem em uma página Web, como as imagens, filmes incorporados ou trilhas sonoras. *Veja também* **arquivos externos.**

arquivos externos — Arquivos que são inicializados separadamente de uma página Web quando um visitante clica em um *link*, ao invés de aparecerem como arquivos incorporados ou em linha que fazem parte do *layout* da página Web. *Veja também* **arquivos em linha** e **arquivos incorporados.**

arquivos incorporados — Arquivo ou aplicação de acréscimo (completa com botões da barra de ferramentas) que aparece como parte do *layout* de sua página Web, como um filme QuickTime com os controles de reprodução. O FrontPage também usa o termo *incorporar* quando você grava páginas Web que contêm imagens que editou com a barra de ferramentas Picture. Nesse contexto, *incorporar* significa adicionar imagens à sua página Web. *Veja também* **arquivos em linha.**

arquivos locais — Arquivos em um computador ou em um computador de uma rede local ao qual você está conectado diretamente.

arquivos remotos — Arquivos em um computador que você pode conectar discando uma conta da Internet. *Veja também* **arquivos locais**.

arte a traço — Imagens com linhas simples e cores sólidas. Na Web, essas imagens funcionam melhor quando formatadas como GIFs.

artigo — Mensagem enviada a um Web de discussão ou newsgroup.

assistente — Aplicação predefinida em um programa que conduz os usuários nas etapas de um processo complicado, como configurar um FrontPage Web.

áudio — O som em seu computador. Os formatos comuns de arquivo de áudio incluem AU, WAV e MIDI.

AVI — Audio Video Interleaved, o formato de vídeo popular da Microsoft.

banco de dados dinâmico — Banco de dados *online* com o qual os visitantes podem interagir através da Web e que é atualizado automaticamente quando os dados se alteram.

banco de dados estático — As informações de um banco de dados que é formatado como um conjunto de páginas Web e que não permite que os visitantes recuperem informações ou interajam com o banco de dados.

banner — Nos temas FrontPage, o gráfico de texto que aparece próximo à parte superior de uma página Web que contém o tópico da página.

barra de ferramentas flutuante — Uma barra de ferramentas que flutua no meio de uma janela de aplicação quando exibida. Você poderá ancorar uma barra de ferramentas flutuante, arrastando-a para a parte superior, inferior, para a esquerda ou direita da janela de aplicação. *Veja também* **colocar uma barra de ferramentas**.

barra de ferramentas — Uma linha de botões em uma janela de aplicação que os usuários podem clicar para executar tarefas.

barra de navegação do FrontPage — Um tipo de barra de navegação que você pode gerar automaticamente com o FrontPage. *Veja também* **barra de navegação**.

barra de navegação — Uma linha de gráficos ou *links* de texto que aparece de maneira consistente em um Web *site* (ou seções em um Web *site*) para ajudar os visitantes a navegarem pelo *site*.

bordas compartilhadas — Recurso FrontPage que facilita criar os elementos da página que se repetem na borda superior, direita, inferior ou esquerda da página e aplicá-los em outras páginas.

botão indefinido — No FrontPage, imagem ou *link* de texto que muda de aparência quando o visitante passa o ponteiro de seu mouse sobre ele ou clica-o.

bulletin board — Web *site* que permite aos usuários manterem discussões contínuas. Os *bulletin boards* geralmente contêm uma página de índice com *links* com mensagens individuais, páginas com texto para cada mensagem e uma página com um formulário Web para que os usuários possam enviar mensagens e respondê-las. *Veja também* **Web de discussão**.

Glossário ➤ Fale como um expert

caixa de diálogo — Caixa com uma mensagem ou conjunto de opções que aparece na tela do computador depois de você executar uma ação, clicar um botão da barra de ferramentas ou selecionar um item de menu.

camada — Para organizar texto e imagens para que possam se sobrepor ou posicionarem-se um sobre o outro.

caminho do diretório — O local de um arquivo em relação a um computador ou Web.

campo do formulário — Uma caixa de texto, lista com paginação, botão ou outro elemento da página que aparece em um formulário Web para que os visitantes possam fornecer informações, selecionar opções e enviar dados.

carregar — Obter dados a partir de um servidor.

classificações — Na Web, as metainformações destinadas para os programas que bloqueiam páginas Web inadequadas. As classificações do Web *site* são parecidas com as classificações de filmes.

clicar com o botão direito — Clicar em um objeto na tela do computador com o botão direito do mouse para exibir um menu de atalho.

clicar duas vezes — Clicar o botão do mouse duas vezes em uma sucessão rápida.

cliente — Um computador que conecta um servidor para acessar uma rede, a Internet, ou outros dados. Também refere-se aos *browsers*, programas de e-mail e outras aplicações que permitem aos usuários obterem informações e serviços a partir de um servidor.

código-fonte — O código HTML sob as páginas Web. No FrontPage você poderá clicar na guia HTML na exibição Page para exibir o código-fonte. *Veja também* **HTML**.

colocar uma barra de ferramentas — Ancorar uma barra de ferramentas flutuante na parte superior, à direita, na parte inferior ou à esquerda da janela de aplicação.

cores protegidas do browser — As 216 cores que são exibidas corretamente em um *browser* Web, independentemente do computador ou sistema operacional que o visitante está usando.

combinação de teclas — Atalho que permite ao usuário pressionar uma combinação de teclas ao invés de selecionar comandos em um menu.

compatibilidade do *browser* — As questões envolvidas para assegurar que as páginas aparecerão corretamente em diferentes *browsers* Web e em versões diferentes de *browsers* Web.

componentes — No FrontPage, os itens de menu que adicionam recursos a uma página Web; do contrário seria necessário programação ou *script*.

contorno — Mensagem de texto animada que é paginada em uma página Web.

controle ActiveX — Um programa ActiveX que é carregado em um *browser* Web.

cores protegidas da Web — *Veja* **cores protegidas do *browser***.

CSS — *Veja* **folhas de estilo em cascata**.

dados — Páginas Web, mensagens de e-mail, imagens, documentos e qualquer outro elemento que esteja armazenado em seu computador ou seja transferido nas redes ou na Internet.

default — A definição automática que determina o comportamento de uma aplicação ou um elemento que é criado ou manipulado em uma aplicação. A maioria dos defaults pode ser alterada, clicando um botão da barra de ferramentas, selecionando um item de menu ou alterando as definições em uma caixa de diálogo. Por exemplo, o FrontPage alinha automaticamente o texto e as imagens à esquerda, mas você poderá realinhá-los ao centro.

definições do monitor — *Veja* **definições do vídeo**.

definições do vídeo — A resolução e a profundidade da cor em uma tela de computador. As definições mais comuns são 640x480 com 256 cores (8 bits) ou 800x600 com milhões de cores (24 bits).

descrição de definição — O texto recuado que segue um termo de definição em uma lista de definição. *Veja também* **lista de definição**.

destino — Uma área de uma página Web que é definida para que você possa criar um *link* com ela, dentro da mesma página Web. No FrontPage, os destinos são chamados de *bookmarks*. *Veja também* **bookmarks** e **links internos**.

DHTML — *Veja* **HTML Dinâmica**.

documento com conjunto de quadros — Página Web que informa que páginas devem ser exibidas e em que quadros.

domínio virtual — Um domínio que é mantido em outro servidor. Muitas pessoas assinam um nome de domínio, como em mydomain.com, mas o mantêm no servidor de seu ISP ou da empresa de host Web ao invés de mantê-lo por si mesmas.

elementos da página que se repetem — Imagens, *links* e textos que aparecem nas páginas em um Web *site*, como uma barra de navegação.

elementos da página — Termo genérico para os arquivos Web e elementos que você pode colocar em uma página Web, inclusive texto, imagens, arquivos incorporados, *scripts* e componentes FrontPage.

empresa de host Web — Uma empresa que fornece os serviços de host Web, mas não o acesso discado à Internet.

endereço do Web *site* — *Veja* **localizador de recurso uniforme**.

espaçamento horizontal — A quantidade de espaço entre os lados esquerdo e direito de uma imagem ou outra página.

espaçamento vertical — A quantidade de espaço entre a parte superior e inferior de um elemento da página Web e o texto em volta.

espaço em branco — A quantidade de espaço vazio em uma página Web que não contém texto, imagens ou outros elementos. Uma quantidade razoável de espaço em branco é essencial para uma boa construção, para facilitar a leitura e conferir uma aparência ordenada à página.

esquema de cores — As cores de fundo, texto e *links* de uma página Web.

estado real da tela — A quantidade de espaço disponível em uma tela de computador para exibir as janelas de aplicação.

evento — Na DHTML e no *script*, um evento é algo que acontece em uma página Web ou objeto que inicializa uma ação. *Veja também* **ação** e **objeto**.

Glossário ➤ Fale como um expert

extensão do nome de arquivo — Um ponto e uma *string* de caracteres adicionada a um nome de arquivo que informa aos computadores e *browsers* Web o tipo de arquivo. Por exemplo, image.jpeg designa um arquivo JPEG.

extensões do servidor FrontPage — Software especial que estende as capacidades de um servidor para que os usuários FrontPage possam fazer coisas que normalmente iriam requerer programação. Muitos recursos FrontPage funcionam apenas em um servidor com as extensões do servidor FrontPage.

filme Shockwave — Arquivo multimídia criado como uma das aplicações da Macromedia, inclusive Director e Flash.

folhas de estilo em cascata (CSS) — Tecnologia Web que permite criar um documento com estilos de formatação personalizados e predefinidos que você poderá aplicar nas páginas através de um Web *site*. As folhas de estilo funcionam de modo parecido com os estilos na editoração eletrônica e em processadores de textos.

folhas de estilo — *Veja* **folhas de estilo em cascata**.

Formato de Documento Portável (PDF) — Tecnologia da Adobe para criar documentos Acrobat *online* que mantêm suas fontes e *layouts* e que podem ser exibidos com o acréscimo Acrobat Reader.

formulário de pesquisa — Um campo de texto com um botão Submit (Enviar). Os visitantes poderão digitar palavras-chaves e clicar o botão para exibir uma lista de *links* que satisfazem aos critérios da pesquisa. Alguns formulários de pesquisa também incluem listas suspensas ou itens com quadros de seleção para que os usuários possam selecionar termos adicionais para restringir a pesquisa.

formulário — Na Web, uma página com campos de formulário que permite aos usuários fornecerem informações, selecionarem opções e enviarem dados para o servidor.

FrontPage Web — Um Web *site* criado no FrontPage.

GIF animado — Um grupo de imagens GIF que são reunidas em animações simples executadas em um *browser* Web.

GIF transparente — Uma imagem GIF com a cor de fundo removida para que pareça flutuar no fundo da página Web.

GIF — Formato de Troca de Gráficos, um formato de arquivos de imagem para a Web que funciona bem para a arte com linhas e imagens com cores simples. O formato GIF também permite que você crie animações a partir de arquivos GIF e crie GIFs transparentes. *Veja também* **GIF animado** e **GIF transparente**.

gráficos ativos — Nos temas FrontPage, refere-se aos botões de navegação que mudam de aparência quando o usuário passa o ponteiro do mouse sobre eles e que fornecem dicas de navegação (por exemplo, um botão é destacado para indicar a página atual).

grupo de trabalho — Um grupo de pessoas que trabalham juntas ou grupos de pessoas que compartilham os mesmos privilégios de acesso do FrontPage Web.

herança — Uma programação ou conceito Web no qual os elementos no nível da filha (objetos que são inferiores na hierarquia) herdam as características dos elementos-pais. Por exemplo, os cabeçalhos no nível 2 são geralmente menores que os cabeçalhos no nível 1, mas ainda aparecem com a mesma fonte do cabeçalho no nível 1. *Veja também* **nível da filha** e **nível da mãe**.

hiperlinks — Textos ou imagens em uma página Web em que você pode clicar para pular para outra página Web ou carregar um arquivo.

HTML de ida e volta — O termo da Microsoft para a capacidade do FrontPage e do Microsoft Office de converter os arquivos em páginas Web e voltar para o formato original para editar sem perder nenhuma informação.

HTML Dinâmica (DHTML) — Tecnologia Web que permite aos desenvolvedores Web posicionarem, colocarem em camadas e animarem os elementos da página Web, configurarem listas reduzíveis e carregarem fontes especiais em um *browser* Web.

HTML — Linguagem Marcada de Hipertexto, uma linguagem de código usada para criar páginas Web.

HTTP — Protocolo de Transferência de Hipertexto, o conjunto de tecnologias do servidor, comunicações e *browser* que permite que as páginas Web sejam usadas na Internet.

ícone — Gráfico que representa um conceito ou ação. Por exemplo, na maioria das aplicações de computador um ícone de pasta representa um diretório que contém arquivos ou um botão que você pode clicar para abrir um arquivo.

imagem com baixa resolução — Imagem com baixa qualidade com um tamanho de arquivo pequeno que aparece como um recipiente em uma página Web até que a imagem maior e com alta qualidade termine de ser carregada.

imagem de fundo — Imagem que se repete em uma página Web para formar um fundo padronizado.

imagem em tons contínuos — Uma imagem com sombreamento complexo e gradação de cores, como uma fotografia ou uma pintura a óleo. Na Web, essas imagens funcionam melhor quando formatadas como JPEGs.

imagem fotorrealística — *Veja também* **imagem em tons contínuos**.

interface comum de gateway (CGI) — Conjunto de comandos e linguagens de *script* que pode ser executado na maioria dos servidores padrões. O Perl é uma linguagem de *script* CGI popular. *Veja também* **script CGI**.

Internet — Uma grande rede global que permite às pessoas visualizarem páginas Web, enviarem e receberem mensagens de e-mail, participarem em *newsgroups*, reunirem-se a espaços de bate-papo e mais.

intranet — Um rede de escritório fechada, que funciona de maneira parecida com a Internet e usa programas da Internet como *browsers* Web e programas de e-mail para compartilhar informações entre os colaboradores.

inundação — Anúncios e publicações promocionais enviados por e-mail ou enviados para um Web de discussão ou *newsgroup*.

ISP — *Veja* **provedor de serviço da Internet**.

Glossário ➤ Fale como um expert

Java — Linguagem de programação popular da Sun Microsystem para criar aplicações que são executadas em um *browser* Web.

JavaScript — Linguagem de *script* popular no lado do cliente da Netscape para programar páginas Web. *Veja também* **linguagem de *script*** e **lado do cliente**.

JPEG — Joint Picture Experts Group. Formato de arquivo de imagem Web que funciona bem para as imagens em tons contínuos. *Veja também* **imagem em tons contínuos**.

JScript — A resposta da Microsoft para o JavaScript. O JScript funciona com o Internet Explorer ou em qualquer *browser* quando o servidor Web suporta as páginas ativas do servidor.

Kbps — Kilobits por segundo, a unidade de medida para as velocidades do modem e da conexão na Internet, como em 56.6Kbps. Quanto mais rápido for o modem, mais rapidamente você poderá carregar os dados.

lado do cliente — Refere-se às tecnologias como a DHTML, folhas de estilo em cascata, acessórios Java e controles ActiveX, que contam com um *browser* Web ou outra aplicação-cliente. Por exemplo apenas os *browsers* de versão 4.0 e superiores suportam a DHTML.

lado do servidor — Tecnologias que contam com as capacidades de um servidor. Por exemplo, muitos recursos FrontPage requerem um servidor com as extensões do FrontPage.

largura de banda — A quantidade de dados transferidos na Internet ou através de uma determinada conexão. A largura de banda é medida em kilobits por segundo. *Veja também* **Kbps**.

***link* de e-mail** — Um *link* que permite ao visitante enviar e-mail para um endereço especificado.

***links* externos** — Hiperlinks com páginas em outros Web *sites*. *Veja também* **hiperlinks**.

***links* internos** — Links com destinos na mesma página Web. *Veja também* **bookmark** e **destino**.

***links* locais** — Links com páginas no mesmo Web *site*. *Veja também* ***links* externos**, ***links* internos** e **hiperlinks**.

links — *Veja* **hiperlinks**.

linguagem de programação — Uma linguagem como C++, Java ou Visual Basic que permite aos programadores escreverem aplicações de software eficientes.

linguagem de *script* — Uma linguagem de programação simplificada que permite até os não-programadores criarem páginas Web. As linguagens de *script* contam com outra aplicação, como um *browser* Web ou uma aplicação do servidor, para serem executadas. As linguagens de *script* populares incluem o JavaScript e o Perl.

Linguagem Marcada de Hipertexto (HTML) — *Veja* **HTML**.

Linguagem Marcada Extensível (XML) — Tecnologia Web que promete e permite aos desenvolvedores Web criarem marcas HTML personalizadas que adicionam mais capacidades da página Web e integram melhor as páginas Web nos bancos de dados. Os *browsers* Web com versão 5.0 suportam a XML.

linha horizontal — Um elemento da página Web que insere uma linha na página Web. As linhas horizontais são comumente usadas para criar separadores para diferentes tipos de informações ou seções em uma página Web. Também empregam-se os termos *régua horizontal* ou *divisor de página*.

lista de definição — Lista que consiste em entradas principais seguidas de itens recuados com informações extras. Esse tipo de lista geralmente é usado em índices e outros documentos que contêm títulos ou definições seguidas de uma explicação ou descrição.

lista marcada — Uma lista recuada de itens, precedida por um caractere decorativo que chama a atenção para cada item.

lista numerada — Lista recuada de itens, cada um precedido por um número.

lista reduzível — Lista de itens que permite aos visitantes da página Web clicarem em um item e exibirem itens da lista adicionais.

localizador de recurso universal (URL) — Um endereço Internet, como em http://www.website.com/.

loop — Na multimídia, um *loop* ocorre sempre que o arquivo é reproduzido.

mapa de imagem — Imagem com pontos de ativação clicáveis que funcionam como *links*. *Veja também* **ponto de ativação**.

mapa de navegação *Veja* **mapa de salto**.

mapa de salto — Um fluxograma visual que mostra a estrutura de um Web *site*. No FrontPage, você poderá criar um mapa de salto na exibição Navigation.

bookmark No FrontPage, um destino em uma página Web que se liga a uma determinada seção nessa página Web. No Netscape Navigator, uma página Web favorita que você pode visitar abrindo-a em uma lista ao invés de digitar o URL. *Veja também* **links internos** e **destino**.

marcadores gráficos — Marcadores que são criados como imagens, ao invés de texto.

menu de atalho — Menu que aparece quando você clica em um elemento da página com o botão direito do mouse.

mesmo nível — Nas páginas Web e na programação, os elementos que ocupam o mesmo nível em uma hierarquia. Na exibição Navigation do FrontPage, as páginas no nível da mãe aparecem no mesmo nível, com as páginas no nível da filha organizadas sob elas. *Veja também* **nível da filha** e **nível da mãe**.

metainformações — Informações sobre uma página Web. As metainformações não podem ser exibidas nos *browsers* Web, mas fornecem à máquina de pesquisa suportes e outras informações importantes de aplicações, inclusive um resumo e palavras-chave para a página Web. *Veja também* **suporte**.

modem — Dispositivo usado para conectar um computador a uma linha telefônica.

moderador — Pessoa que executa um Web de discussão ou *newsgroup*.

máquina de pesquisa do *site* — Pesquisa apenas o conteúdo de um determinado Web *site*, ao invés de pesquisar em toda a Web. O componente Search do FrontPage permite que os usuários criem um Web *site* pesquisável.

Glossário ➤ Fale como um expert

máquina de pesquisa — Tecnologia que permite às pessoas pesquisarem os bancos de dados na Web. Esse termo é também usado para os *sites* de pesquisa como o Yahoo!, WebCrawler e HotBot.

mouse over — Quando um visitante passa o ponteiro do mouse sobre um *link* de texto ou imagem. *Veja também* **rollover** de **hiperlink**.

newsgroup — Um fórum *online* que permite que as pessoas enviem mensagens de texto apenas e leiam as mensagens de outras pessoas. O Netscape Navigator e o Internet Explorer vêm com aplicações *newsreader* para participar em *newsgroups*. Agora, você poderá fazer o mesmo através de uma página Web. *Veja também* **Web de discussão** e **bulletin board**.

nível da filha — Nos objetos e páginas Web, os elementos no nível da filha são os mais baixos na hierarquia. Por exemplo, quando você cria barras de navegação do FrontPage, na exibição Navigation, as páginas no nível da filha são representadas como páginas que ficam sob uma página da seção principal.

nível da mãe — Nas páginas Web e na programação, os elementos superiores em uma hierarquia. Na exibição Navigation do FrontPage, uma página no nível da mãe é geralmente a página principal de uma seção, com páginas no nível da filha organizadas sob ela. *Veja também* **nível da filha** e **mesmo nível**.

nome do domínio — O endereço de um servidor ou grupo de servidores, como em mydomain.com. *Veja também* **domínio virtual**.

objeto — Na DHTML e no *script*, uma imagem, bloco de texto ou outro elemento da página Web que executa uma ação quando um evento ocorre. O *objeto* é também usado como um termo geral para um elemento da página ou um fragmento de código de programação. *Veja também* **ação**, **evento** e **elementos da página**.

overlay — Um *layout* de página com texto e elementos de imagem em camadas ou que se sobrepõem. *Veja também* **camada**.

página de pesquisa — Página Web com formulário de pesquisa.

página principal — Página Web para a qual os visitantes vão automaticamente quando fornecem um URL que não aponta para um documento específico (como http://www.byteit.com/work/ ao invés de http://www.byeit.com/work/books.htm). Cada pasta Web, Web e subWeb deve conter uma (e apenas uma) que é nomeada como index.htm, index.html, default.htm ou default.html.

browser — Uma aplicação, como o Internet Explorer ou Netscape Navigator, para exibir páginas Web.

páginas ativas do servidor (ASP) — Tecnologia desenvolvida pela Microsoft que permite aos usuários cujos servidores têm as capacidades ASP criarem *scripts* facilmente para as páginas Web.

páginas de acesso de dados — No FrontPage, um conjunto de páginas Web que permite aos visitantes pesquisarem (e algumas vezes adicionarem entradas) um banco de dados armazenado no servidor.

páginas lentas — Páginas que levam tempo para serem carregadas no *browser*, devido a imagens grandes (ou muitas imagens), quantidades grandes de texto, animações elaboradas e outros fatores. Uma página Web não deve levar mais do que 20-30 segundos para ser carregada. A barra de status do FrontPage exibe o tempo de carregamento estimado para a página Web atual.

páginas Web ativas — As páginas Web aperfeiçoadas com programas, *scripts* e outras tecnologias Web que respondem à entrada do usuário ou contêm efeitos especiais animados.

páginas Web dinâmicas — *Veja* **páginas Web ativas**.

páginas Web estáticas — As páginas Web que não contêm nenhum elemento animado, componentes programados, listas reduzíveis, botões indefinidos ou outros elementos com os quais o usuário interage. *Veja também* **páginas Web ativas**.

palavra-chave — Uma palavra descritiva fornecida ao usar uma máquina de pesquisa para buscar informações na Web ou em um Web *site* individual.

percorrer — Surfar na Web ou procurar um arquivo em seu computador através de uma caixa de diálogo, como a caixa de diálogo Open.

Perl — Uma linguagem de *scripts* CGI popular. *Veja também* **script CGI** e **interface comum de gateway**.

permissões — Na administração do servidor, conjuntos de senhas e níveis de acesso que permitem aos colaboradores administrarem, editarem ou exibirem páginas Web.

pixel — Abreviação de "elemento de imagem". As telas de computador exibem palavras, imagens e outros elementos como pequenos pontos que se misturam. Cada ponto é um pixel.

PNG — Gráfico Portável da Rede, um formato de imagem Web que promete e é suportado pelos *browsers* Web 5.0, FrontPage e versões mais recentes dos programas de imagem.

ponto de ativação — Uma área em um mapa de imagem que funciona como um *link*.

posicionamento — Colocar uma imagem ou bloco de texto em um local exato para um *layout* de página preciso.

processador — Outro nome para a unidade de processamento central (CPU), o dispositivo que determina a rapidez com a qual seu computador é executado.

processo — Os artigos enviados para um Web de discussão ou newsgroup em resposta a uma determinada mensagem.

profundidade da cor — O número de cores que uma tela de computador pode exibir ou que uma imagem pode incluir. As opções incluem milhões de cores (16,7 milhões de cores, true color, cor com 24 bits), milhares de cores (67.000 cores, high color, cor com 16 bits) e 256 cores (cor com 8 bits). As profundidades de cor mais altas geralmente permitem exibições de imagens com qualidade melhor.

proporção entre eixos — A proporção entre a largura e a altura de uma imagem. A maioria dos programas de imagens tem um recurso de proporção entre os eixos para assegurar que as imagens serão redimensionadas proporcionalmente.

propriedades — Os detalhes sobre uma página Web, imagem, outro tipo de arquivo ou elemento da página Web.

Glossário ➤ Fale como um expert

Protocolo de Transferência de Hipertexto — *Veja* **HTTP**.

provedor de serviço da Internet (ISP) — Uma empresa ou organização que permite que você conecte a Internet através de seu servidor. Em geral, esses ISPs cobram uma taxa fixa por mês e também mantêm Web *sites*.

provocação — Uma mensagem irritada enviada por e-mail, enviada para um Web de discussão ou *newsgroup*.

publicar — Transferir arquivos de um FrontPage Web para um servidor. *Veja também* **transferir**.

quadros — Divide uma página Web em áreas separadas com documentos Web individuais.

QuickTime — O formato de vídeo popular da Apple.

rede fechada — Um grupo de computadores em uma organização que são conectados entre si (geralmente através de um servidor) para que as pessoas na organização possam se comunicar e trocar arquivos. As redes fechadas podem ser acessadas apenas por usuários autorizados.

rede local — Um grupo de computadores que estão conectados diretamente entre si, geralmente através de um servidor local. A maioria dos escritórios e outras organizações têm redes locais. *Veja também* **intranet** e **rede fechada**.

relatórios — As listas dos detalhes do Web *site* geradas automaticamente pelo FrontPage na exibição Reports.

resolução — O número de pontos (pixels) por polegada usados para apresentar uma imagem ou a resolução do vídeo para uma tela de computador. Na Web, as imagens são formatadas com 72 ou 96 pontos por polegadas (DPI). As resoluções de tela padrões do computador incluem 640x480, 800x600 e 1280x1024 (Super VGA). *Veja também* **definições do vídeo** e **pixel**.

retardo — Na animação, a quantidade de tempo que transcorre entre os quadros. No vídeo e áudio, a quantidade de tempo que transcorre entre os *loops*. *Veja também* **loop**.

rollover **de** *hiperlink* — Uma parte do texto ou uma imagem que muda de aparência quando um visitante passa o cursor sobre ela.

rollover — *Veja* **rollover de** *hiperlink* e **mouse over**.

script **CGI** — Um *script* que é executado em um servidor e permite que você programe uma página Web. O exemplo mais comum de script CGI é um processador de formulários que reúne dados a partir de um formulário Web. Os componentes FrontPage permitem que os usuários façam coisas que costumavam requerer o script CGI. *Veja também* **linguagem de script**.

servidor de diretório — Um tipo de servidor que permite os usuários fazerem uma conferência on-line com o NetMeeting.

servidor local — Servidor que mantém uma rede local.

servidor remoto — Servidor que você pode conectar discando sua conta da Internet. *Veja também* **servidor local**.

servidor Web — Programa que permite a um servidor manter, gerenciar e oferecer páginas Web.

servidor — Computador que armazena dados e os fornece para os usuários que os solicitam ou que permite aos usuários conectarem a Internet.

sistema operacional — O software executado em seu computador e que informa como trabalhar com outras aplicações.

som de fundo — Um arquivo de áudio que é reproduzido quando uma página Web é carregada em um *browser* Web.

sub-rotina do formulário — Um *script* CGI ou componente FrontPage instalado em um servidor que processa os dados do formulário, como por exemplo adicionando informações a um banco de dados ou enviando-as para um endereço de e-mail.

subWeb aninhado — Um FrontPage Web em um Web que pode ter definições individuais separadas do Web principal.

suporte — Os programas usados pelas empresas que utilizam máquinas de pesquisa como Lycos e AltaVista para localizar e catalogar automaticamente as páginas Web. Os suportes são também chamados de *bots*.

tabela — Um elemento da página Web que consiste em linhas, colunas e células e que ajuda os desenvolvedores Web a organizarem imagens, textos e outros elementos da página.

tarefas — No FrontPage, os itens que aparecem na exibição Tasks como lembretes de trabalho que precisa ser feito em um Web *site*.

temas — No FrontPage, as construções de páginas Web profissionais e predefinidas que você poderá aplicar em um Web *site*.

termo de definição — A entrada principal em uma lista de definição, que é seguida de uma descrição de definição em uma lista de definição. *Veja também* **lista de definição**.

texto alternativo — O texto que aparece quando o *browser* Web de um visitante não pode exibir uma imagem ou objeto incorporado.

texto gráfico — Uma imagem que contém texto.

título da página — O texto que aparece na barra de títulos do *browser* quando uma página aparece em um *browser* Web.

transferir — Enviar arquivos para um servidor ou publicar arquivos em um Web *site* do FrontPage. *Veja também* **carregar** e **publicar**.

VBScript — A linguagem de *script* da Microsoft para o Internet Explorer ou Active Server Pages.

vídeo — Os filmes. Os formatos de vídeo populares incluem AVI e QuickTime.

visualizadores Office — Os acréscimos do *browser* que permitem aos usuários verem os arquivos Microsoft Word, Excel e PowerPoint caso não tenham essas aplicações.

Web de discussão — Um tipo de FrontPage Web em que os visitantes podem trocar mensagens entre si. *Veja também* **bulletin board**.

Web principal — Contém todos os arquivos e pastas de um FrontPage Web.

Web — *Veja* **World Wide Web** ou **FrontPage Web**.

World Wide Web — A parte da Internet dedicada às páginas Web.

Glossário ➤ Fale como um expert

WYSIWYG — "O que se vê é o que será impresso", expressão que descreve o software de computador com uma exibição gráfica clara.

XML — *Veja* **Linguagem Marcada Extensível**.

ZIP — Formato de compressão de arquivos popular do Windows.

Índice

Símbolos

3D, aplicar gráficos, 118

A

abrir
    arquivos, 31-32
    FrontPage, 6-11
    gabaritos, 185
    páginas Web, 314
    veja também iniciar
Access, 238, 287-291
    veja também bancos de dados
Accessibility Wizard, 326
acessar
    discussões, 298
    Web *sites*, 346-348
acesso dos usuários, 346
acessórios, 276-278
    veja também Java
acréscimos, 219-223
Active Server Pages (ASP), 181, 281
ActiveX, 278-279
    controles, 223
Add Editor Association, caixa de diálogo, 126
Add File to Import List, caixa de diálogo, 98, 313
Add User, caixa de diálogo, 346
Add Web Folder Wizard, 240
adicionar
    fundos, 37
        sons, 218
    páginas no nível da filha, 90
    cores, 158
    recursos, 359-360
    arquivos, 365
    fontes, 64-65
    gráficos, 137-138
    contadores de batida, 251-252
    linhas horizontais, 63
    hiperlinks, 91
    imagens/texto, 155
    componentes Include Page, 191, 244
    palavras-chave, 334-336
    margens, 146
    metainformações, 334-336
    barras de navegação, 189-191
    páginas, 311

    páginas no nível da mãe, 90
    imagens, 99-101
    formulários de pesquisa, 249-251
    bordas compartilhadas, 190
    células da tabela, 160
    listas de tarefas, 351
    usuários, 346
ajuda, 12
    Office, 228-229
    veja também Office Assistant
alinhar
    imagens, 103-105
    parágrafos, 60-61
alterar, *veja* editar; modificar
altura (tabelas), modificar, 158
anexar
    barras de ferramentas, 153-154
    veja também colocar
animar
    links de texto, 87
    páginas Web, 266-268
apagar
    cores de fundo, 117
    DHTML, 264
    pastas, 315
    permissões, 347
    células da tabela, 162
    listas de tarefas, 352
    texto, 58
    transições, 266
    Webs, 343
    veja também remover
aplicações, 274-278
    clientes/servidores, 274-275
    imagens, 127
    Office, 228-238
    PhotoDraw, 239
    XML, 276
aplicar
    fontes, 64-67
    estilos de texto HTML, 62
    bordas compartilhadas, 187-190
    temas, 44-45
    veja também formatar
apresentações (PowerPoint), 236
    veja também PowerPoint
armazenar artigos, 300
arquivos de documentos portáveis (PDF), 224
arquivos externos, 221

arquivos locais, ligar, 83
    veja também arquivos
arquivos, 311
    adicionar páginas, 311
    bookmarks, 83-85
    colunas, 310
    criar, 312
    apagar, 315
    exibir, 310
    links de e-mail, 85
    exportar, 315
    extensões, 308-310
    externos, 221
    hiperlinks, 82
    imagem, 126
    importar, 18-22, 313-314
    intranets, 361-367
    ligar, 83-84, 217-223
    listas, 21-22
    mover, 312-313
    nomear, 29
    Office, 225, 240
    abrir, 31-32
    PDF, 224
    propriedades, 315
    renomear, 311
    selecionar, 22, 58
    compartilhados, 362
    classificar, 311
    resumos, 316-317
    texto, 291
    tipos, 223-224
    exibir, 305-306
arrastar texto, 59
artigos, 300
ASCII (Código Padrão Americano para Troca de Informações), 69
ASP (Páginas Ativas do Servidor), 181, 281
assistentes pessoais digitais (PDAs), 325
assistentes, 22-24
    Accessibility, 325
    Add Web Folder, 240
    Discussion Web, 299-300
    Form Page, 168
    Import Web, 18-22
    Report, 289
    Script, 280-281
    selecionar, 16-17
    iniciar, 294
    Web, 360-361
    páginas Web, 27-29
    Webs, 17-18

atalhos do teclado, mover pastas, 313
atalhos, mover pastas, 313
atribuir artigos, 298
atributos, marcas HTML, 195-196
atualizações automáticas, 362
atualizar
    data e hora, 248
    intranets, 363
    páginas Web, 245-246, 324
áudio
    fundos, 218
    arquivos, 224
    botões indefinidos, 259-260
    arquivos RealPlayer, 224
Automatic, comando (menu Color), 257
AVI (filmes), 221-223

B

babás, *veja* classificações
Background, caixa de diálogo, 87
Background, comando (menu Format), 37, 87
bancos de dados dinâmicos, *veja* bancos de dados
bancos de dados estáticos, *veja* bancos de dados
bancos de dados, 287-291
    veja também Access
Banner Ad Manager, 266-268
Banner Ad Manager, caixa de diálogo, 266
barras de ferramentas, 9-10
    comando (menu View), 152
    personalizar, 153
    DHTML, 10
    HDMLT Effects, 262
    colocar, 153
    Format, 73
    Formatting, 60
        Decrease Indent, 61
        Font Color, 64
        Highlight Color, 64
        Increase Indent, 61
        botão Increase Indent, 76
        lista Styles, 62
    Navigation, 93
    botão New, 28
    Picture, 99, 114-120
        ferramenta Crop, 117
        fornecer texto, 119
        botão Resample, 115
        gravar modificações, 120
        exibir, 115
    Reports, 319

Índice

Standard
    botão Copy, 58
    botão Cut, 58
    botão Format Painter, 65
    botão Insert Image, 99
    Open, 31
    botão Paste, 58-59
    Preview, 77
    botão Show All, 57
Table
    exibir, 152-153
    Draw Table, 155
barras de navegação
    botões indefinidos, 256-257
    bordas compartilhadas, 189-190
    temas, 90
    Web *sites*, 88-93
    veja também navegar
barras de navegação, 88-93
barras de paginação, exibir, 146
barras de status, FrontPage, 11
barras de título, FrontPage, 11
Bookmark, caixa de diálogo, 84-85
Bookmark, comando (menu Insert), 84-85
bookmarks, 84-85
    categoria, 252-253
    cores, 34-37
    editar, 322
    e-mail, 85
    arquivos locais, 83-84
    imagens, 212-213
    Web *sites* remotos, 81-82
    texto, 87
    solucionar problemas, 321-322
    verificar, 322
    páginas Web, 83, 132
bookmarks, criar, 84-85
bordas compartilhadas, 47
bordas
    barras de navegação, 89
    compartilhadas, 47
    folhas de estilo, 204
    tabelas, 156-158
    páginas Web, 142
Borders and Shading, caixa de diálogo, 204
botões de pressionar, editar, 178
botões de rádio, editar, 177
botões indefinidos, 256-260
botões
    indefinidos, 256-258
    de pressionar, 178
    rádio, 177

Browse for File, caixa de diálogo, 159
Browse for Folder, caixa de diálogo, 21
Browse, caixa de diálogo
    Calendar, 238
bulletin boards, 298-299, 371-372
    veja também discussões

C

cabeçalhos, gabaritos, 187
caixas de diálogo
    Add Editor Association, 126
    Add File to Import List, 98-99, 313
    Add User, 346
    Background, 87
    Bookmark, 84-85
    Borders and Shading, 203-204
    Browse for File, 159
    Browse for Folder, 21
    Calendar, 238
    Camera/Scanner, 102
    Categories, 252
    Categories Properties, 253
    Checkbox Properties, 177
    Choose Theme, 299
    Colors, 3, 133
    Confirm Delete, 315, 343
    Connection, 331
    Create Hyperlink, 81-85, 142, 213
    Date and Time Properties, 248
    Dial-Up Connection, 322
    Download Amount, 20
    Drop Down Properties, 177-178
    Edit File, 22
    Edit Hyperlink, 322
    Excel, 235
    Expanded Publish Web, 332
    Export, 289
    Finish, 20
    Folder Options, 308
    Font, 87, 201
    Form Page Wizard, 169-170
    Form Properties, 291
    Frame Properties, 145
    FrontPage Task, 352
    Hit Counter Properties, 251
    Horizontal Line, 63
    Hover Button Properties, 256
    Hyperlink, 212
    Import, 313-314
    Import File, 98
    Impor File to FrontPage Web, 98

Include Page Component Properties, 244
Input Type Items, 170
Insert ActiveX Control, 279
Java Properties, 277
List Properties, 73
Marquee, 269
Master List, 366
Microsoft Active Server Pages Output Options, 290
Modify Themes, 50
Navigation Bar Properties, 91-92, 190
New, 17, 29, 142, 344
New Style, 200
New Task, 352
Open, 360
Open File, 31
Options, 126, 179
Page Options, 282
Page Properties, 34-35, 147, 232, 336
Page Transitions, 264
Paragraph, 202-203
Permissions, 345
Picture, 99
Picture Properties, 223
Plug-In Properties, 220
Position, 123, 205
PowerPoint, 236
Print, 30
Properties, 232, 317, 365
Publish as Web Page, 210
Publish Web, 330
Publisher, 238
Push Button Properties, 178
Question List, 170
Radio Buttons Properties, 178
Rename, 312
Replace, 68, 354
Save As, 30, 184
Save As Template, 184
Save Embedded Files, 110, 121
Scheduled Include Page Properties, 245
Scrolling Text Box, 176
Search Form Properties, 250
Select Background Image, 37
Select File, 59, 102
Shared Borders, 47, 187-188
Source, 20
Spelling, 67, 353-354
Style, 200-201
Substitution Component Properties, 248
Table of Contents Properties, 246-247
Table Properties, 152, 156

Task Details, 351
Text Box Validation, 176
Text Properties, 175-176
Themes, 45
User Meta Variable, 336
Verify Hyperlinks, 322
Video, 221-222
Web Settings, 363
Web Wizard, 296-301
Workgroup Properties, 365
caixas
    seleção, 177
    texto, 175-176
Calendar, 238
Camera/Scanner, caixa de diálogo, 102
câmeras digitais, 102
câmeras
    inserir, 102
    veja também câmeras digitais
caminhos de diretório, 18
campos
    formulário, 296
    formulários, 166-175
caracteres, efeitos especiais, 65-66
carregar
    quantidades, 20
    imagens, 127
Categories Properties, caixa de diálogo, 253
Categories, caixa de diálogo, 252
células, 159-162
CGI (interface comum do gateway), 169, 282
Checkbox Properties, caixa de diálogo, 177
Choose Theme, caixa de diálogo, 299
classes, 199
classificações de país, Web *sites*, 310
classificar arquivos, 310
clientes, 275-276
clipart
    fundos, 37
    listas marcadas, 74
    Gallery, 101
    inserir, 99-102
    selecionar, 220
    páginas Web, 137
Close Web, comando (menu File), 317
Código Padrão Americano para Troca de Informações, *veja* ASCII
código-fonte, 18
    exibir marcas, 32
    exibir, 32
colaboradores, revistas eletrônicas, 370

Índice

colar
    documentos, 173
    pastas, 281-282
    imagens, 109
    texto, 58-59
    veja também mover; importar
colocar barras de ferramentas, 153
colocar bisel em imagens, 118
    veja também 3D
colocar gráficos em camadas, 121-125
colocar timbre de hora em páginas Web, 247-248
Color, comandos de menu
    Automatic, 257
Colors, caixa de diálogo, 36
colunas, 160-161
    arquivos, 310
comando Print (menu File), 30
comandos
    menu Color, Automatic, 258
    menu Edit
        Copy, 312
        Cut, 312
        Paste, 312
        Replace, 354
        Select All, 173
        Undo, 66-67
    menu File
        Close Web, 317
        Export, 289
        Import, 98
        New, 19, 185
        Open, 31
        Page Properties, 218
        Preview in Browser, 77
        Print, 30
        Print Preview, 30
        Publish, Web, 330
        Save As, 30
        Task, 352
        Web, 294
    menu Format
        Background, 37, 87
        Page Properties, 34
        Page Transitions, 264
        Properties, 220
        Remove, Formatting, 62
        Shared Borders, 47, 187-188
        Style, 190
        Theme, 44
    menu Insert
        Component, 251
        Date and Time, 248
        Forms, 173
        Hit Counter, 251
        Horizontal Line, 63
        Picture, 99
    menu Table
        Table Properties, 156
        Recalculate Hyperlinks, 322
    menu Tools, Spelling, 67
    menu View
        Folder Options, 308
        Reports, 319
        Reveal Tags, 32
        Toolbars, 152
compartilhar
    bordas, 187-191
    arquivos, 361
    intranets, 361
compatibilidade, páginas Web, 282-284
Component, comando (menu Insert), 251
componentes, 244-259
    solucionar problemas, 324
conectar à Internet, 5-6
configurar
    bancos de dados, 287-291
    arquivos, 126
    sub-rotinas de formulário, 179-180
    Form Page Wizard, 169-173
    formulários, 168
    gráficos, 114-119
    imagens, 103-109
    parágrafos, 60-61
    bordas compartilhadas, 187-190
    gabaritos, 187
    texto, 61
    links de texto, 87
    temas, 48-49
    exibições, 143
    Web Discussion Wizard, 296-300
    páginas Web, 195-198
Confirm Delete, caixa de diálogo, 315, 343
confirmar formulários, 183
    veja também responder
Connection, caixa de diálogo, 331
construir páginas Web, 132-138
construir, *veja* criar
consultas, criar, 288-289
contadores de batidas, 251
containers, *veja* marcas
contornos de texto com paginação, 269-270
contraste, gráficos, 118
controlar substituições, 248

Convert to Web Site, caixa de diálogo
    Publisher, 237
converter imagens, 105-109
copiar
    documentos, 173
    pastas, 312-313
    imagens, 109
    texto, 58-59
    veja também mover; importar
Copy, comando (menu Edit), 312
cores
    fundos, 117
    copiar, 36
    caixa de diálogo, 133
    preenchimentos, 258
    fontes, 64-65
    modificar, 34-35, 50-51
    rollovers, 87
    selecionar, 35-36, 133-134
    tabelas, 157-159
    gabaritos, 185
    temas, 38-45
    páginas Web, 136
correção
    Spell Check, 67
    Web sites, 353-354
cortar texto, 59
    veja também mover; importar
Create Hyperlink, caixa de diálogo, 82, 84, 142, 213
CSS (folhas de estilo em cascata), *veja* folhas de estilo
Cut, comando (menu Edit), 312

D

datas, 248
Date and Time Properties, caixa de diálogo, 248
Date and Time, comando (menu Insert), 248
declarações, 199
defaults
    cores, 34-35
    links, 213
delimitadores, 291
    veja também separadores
desenhar
    formas, 212
    tabelas, 154-155
desenhos, *veja* imagens
desfazer erros, 66-67
desgastar imagens, 118

destacar
    fontes, 64-65
    pontos de ativação, 213
destinos, *veja* marcadores de livro
DHTML (HTML Dinâmica), 262-275
Dial-Up Connection, caixa de diálogo, 322
dimensionar fontes, 64
dimensões de gráficos, 115
diminuir recuos de parágrafo, 61
discussões públicas, *veja* discussões
discussões, 371-372
    artigos, 300
    Web Wizard, 294-301
dividir células da tabela, 162
divisores de páginas, 62
DOC, arquivos (Word), 225
documentos
    bookmarks, 84-85
    e-mail, 85
    conjuntos de quadros, 142-149
    HTML, 82
    nomear, 29
    arquivos portáveis, 224
    redireção, 338
    verificar ortografia, 353-356
    folhas de estilo, 195-199
    gabaritos, 184
    texto
        importar, 59-60
        gravar formulários do banco de dados, 291
    páginas Web, 173
    Word, 233-234
    veja também arquivos; páginas Web
domínios dos servidores, 5
Download Amount, caixa de diálogo, 20
Drop Down Properties, caixa de diálogo, 177-178

E

Edit File List, caixa de diálogo, 22
Edit Hyperlink, caixa de diálogo, 322
Edit, comandos do menu
    Copy, 312
    Cut, 312
    Paste, 312
    Replace, 354
    Select All, 173
    Undo, 66-67
editar
    direitos de acesso, 346-348
    quadros de seleção, 177

Índice **395**

componentes, 253
DHTML, 264
discussões, 300-301
menus suspensos, 177-178
arquivos, 313-315
pastas, 312-313
formulários, 174
animação GIF, 268
pontos de ativação, 213
botões indefinidos, 259
hiperlinks, 322
intranets, 366-367
filmes, 222-223
acréscimos, 220-223
botões de pressionar, 178
folhas de estilo, 206
listas de tarefas, 351
temas, 50-51
títulos, 33-34
transições, 266
User Variable List, 336
páginas Web, 66
Web *sites*, 353
editoração eletrônica, *veja* Publisher
editores de imagem, 126
efeitos DHTML, 263-265
efeitos especiais
   DHTML, 261-264
   gráficos, 117-120
   exibições de slides, 264-265
   temas, 45
   transições, 266
elementos básicos, páginas Web, 25-27
elementos, páginas Web, 25-27
e-mail, 179-180
   veja também Outlook
endereços da Internet, *veja* URLs
enfraquecer, *veja* transições
e-revistas (revistas eletrônicas), 369-370
erros, *veja* solucionar problemas
esboços, construir, 134
escolher, *veja* selecionar
espaçar
   quadros, 147
   imagens, 104
   tabelas, 156-157
   texto, 61
espaço em branco, adicionar, 146
espaços em branco, inserir, 61
estilos
   listas marcadas, 74
   listas numeradas, 74

folhas, 195-206
texto, 62
temas, 52
etiquetas da barra de navegação, editar, 52
etiquetas, 52
eventos, DHTML, 261-262
Excel, 234-235
exibições
   Folder, 188, 305-314
   FrontPage, 7-8, 10-11
   Hyperlinks, 86
   Navigation, 8, 89
   página, 8, 10
   Task, 350
   tarefas, 8
   páginas Web, 143
exibir
   marcas HTML, 32
   formatação de parágrafos, 57
   marcas d'água, 37-38
   páginas Web, 146
exibir
   propriedades de arquivo, 315
   arquivos, 310
   pastas, 305-306
      File List, 307
      extensões do nome de arquivo, 308-310
   gráficos, 115
   código-fonte HTML, 32
   intranets, 367
   barras de navegação, 88-89
   formatar parágrafos, 57
   barra de ferramentas Picture, 115-116
   listas de tarefas, 351
   páginas Web
      cores, 133-134
      exibir, 86
   Web *sites*, 325
      intranets, 359
      relatórios, 319-321
exibir, *veja* visualizar
Expanded Publish Web, caixa de diálogo, 332
Export, caixa de diálogo, 290
Export, comando (menu File), 290
exportar
   arquivos, 60
   pastas, 314
Extensible Markup Language, *veja* XML
extensões, nome de arquivo, 308-309

F

fechar, *veja* sair
ferramentas de colaboração, Office, 230
ferramentas
    colaboração, 230
    Polygonal, 212
File, comandos do menu
    Close Web, 317
    Export, 289
    Import, 98
    New, 19, 185
    Open, 31
    Page Properties, 218
    Preview in Browser, 77
    Print, 30
    Print Preview, 30
    Publish Web, 330
    Save As, 29
    Task, 351
    Web, 294
filmes Shockwave, 224
Finish, caixa de diálogo, 20
Folder Options, caixa de diálogo, 308
Folder Options, comando (menu View), 308
Folder, exibição, 188
    Webs, 343
Folders, exibição, 8
    abrir páginas Web, 314
folhas de estilo de sombreamento, 203-204
folhas de estilo em cascata (CSS), *veja* folhas de estilo
folhas de estilo, 191-201
Font, caixa de diálogo, 87, 201
fontes, 64-65
    rollovers, 87
    efeitos especiais de caracteres, 65-66
    folhas de estilo, 201
    símbolos, 66
Form Page Wizard, 168-173
Form Properties, caixa de diálogo, 290
formas, desenhar, 212
Format Painter, copiar texto, 65-66
Format, barra de ferramentas
    botão Bulleted List, 72-73
Format, comandos do menu
    Background, 37, 87
    Page Properties, 37
    Page Transitions, 264
    Properties, 220
    Remove Formatting, 62
    Shared Borders, 47, 187-188
    Style, 190
    Theme, 44
formatar
    fundos, 37
    listas marcadas, 72-73
    listas reduzíveis, 77
    copiar, 65-66
    listas de definição, 75-76
    e-mail, 181
    fontes, 64-66
    formulários, 181
    listas, 78
    listas aninhadas, 76
    listas numeradas, 74
    parágrafos, 57-61
    bordas compartilhadas, 47
    folhas de estilo, 200-207
    texto
        personalizar, 69
        Format Painter, 65-66
        marcas HTML, 195-197
        estilos de texto HTML, 62
        remover, 62
    temas, 44-52
Formatting, barra de ferramentas, 9-10, 60
    botão Decrease Indent, 61
    Font Color, 64
    Highlight Color, 64-65
    botão Increase Indent, 61, 76
    lista Styles, 62
formulários de apresentação, *veja* formulários
formulários de observações definidos, 22
formulários de pesquisa definidos, 22
formulários, 166-173
    bancos de dados, 289-291
    pesquisar, 249-251
fornecer
    palavras-chaves, 337
    texto, 56-57, 119
Frame Properties, caixa de diálogo, 144
FrontPage Task, caixa de diálogo, 352
FTP (Protocolo de Transferência de Arquivos), 362
fundos
    aplicar, 45
    cores
        copiar, 36
        apagar, 118
        modificar, 34-35
        selecionar, 36
    imagens, 35
    sons, 218
    tabelas, 157-159

G

gabaritos, 22-23, 184-185
gerenciar gabaritos, 187-188
GIFs
    Banner Ad Manager, 266-268
    converter, 110
girar gráficos, 120
gráficos Excel, 234-235
gráficos
    Web *sites* alternativos, 102
    texto alternativo, 109
    aplicar, 45-46
    fundos, 37
    preto e branco, 106, 108
    bordas, 108-109
    listas marcadas, 74
    câmeras/scanners, 102
    converter, 110
    copiar/colar, 109
    botões indefinidos, 257-260
    editores de imagem, 126-127
    barra de ferramentas Picture, 114-115
    posicionar, 121-126
    redimensionar, 105
    espaçar, 105
    efeitos especiais, 117-120
    tabelas, 155
    gabaritos, 187
    texto, 103-105
    temas, 50-52
    páginas Web, 136
gravar
    bancos de dados como páginas Web, 290
    formulários, 181
    conjuntos de quadros, 144
    modificações gráficas, 120
    gabaritos, 184
    páginas Web, 29-30
grupos de trabalho, 346-347

H

herança, 199
hiperlinks
    adicionar, 91
Hit Counter Properties, caixa de diálogo, 251
Hit Counter, comando (menu Insert), 251
Horizontal Line Properties, caixa de diálogo, 63
Horizontal Line, comando (menu Insert), 63
hosts, 6
    Web *sites*, 332

veja também ISP
Hover Button Properties, caixa de diálogo, 256
HTML (Linguagem Marcada de Hipertexto)
    código-fonte, 32-33
    marcas, 195-198
    aplicar estilos de texto, 62
HTML Dinâmica, *veja* DHTML
HTTP (Protocolo de Transferência de Arquivos), 4
Hyperlink, caixa de diálogo, 211
Hyperlinks, exibição, 8
    páginas Web, 86
Hypertext, quebras, 72

I

ID, 199
imagens com baixa resolução, 106
    veja também imagens
imagens em preto e branco, converter, 106, 107
imagens
    texto alternativo, 109
    aplicações, 127
    fundos, 37
    preto e branco, 106, 107
    bordas, 108-109
    listas marcadas, 74
    câmeras/scanners, 102
    converter, 110
    copiar/colar, 109
    arquivos, 126
    botões indefinidos, 256-260
    importar, 98
    inserir, 96-102
    mapas, 212-213
    modificar, 103-109
    PhotoDraw, 239
    redimensionar, 105-106
    espaçar, 105
    tabelas, 156
    texto, 103-105
    Web *sites*, 102
    veja também clipart; gráficos
Import File to FrontPage Web, caixa de diálogo, 98
Import File, caixa de diálogo, 98
Import Web Wizard, 18-22
Import, caixa de diálogo, 313-314
Import, comando (menu File), 98
importar
    pastas, 313-314
    imagens, 98-99

texto, 58-60
    Web *sites*, 18-21
imprimir páginas Web, 30
Include Page, componentes, 191
incorporar páginas Web, 217-223
índice, 76
    criar, 246
iniciar
    Discussion Web Wizard, 294
    arquivos, 31-32
    FrontPage, 6-12
    Office, 228-229
    listas de tarefas, 352
    Web *sites*, 16-18
Input Type Items, caixa de diálogo, 171
inserir
    ActiveX, 278
    fundos, 37
    espaços em branco, 61
    clipart, 99-101
    data e hora, 248
    formulários, 172-174
    contadores, 251
    linhas horizontais, 63
    componente Include Page, 191, 244
    acessórios Java, 277
    filmes, 222
    barras de navegação, 91-92
    imagens, 99-102
    substituições, 249
    tabelas, 155-156
Insert ActiveX Control, caixa de diálogo, 279
Insert, comandos do menu
    Bookmark, 85
    Component, 251
    Date and Time, 248
    Forms, 173
    Hit Counter, 251
    Horizontal Line, 63
instalar temas, 46
integrar texto, 159
interface comum do gateway (CGI), 169, 252
Internet
    endereços, *veja* URLs
    conectar, 6
    provedores de serviço, *veja* ISPs
Internet, provedor de serviço (ISP), 330
intranets, 5-6, 358
    substituições, 248-249
    Web *sites*, 361-367

ISP, 332
ISPs (provedores de serviço Internet), 5

J

Java Applets Properties, caixa de diálogo, 277
Java, 276-278
JavaScript, 279-280
    veja também script
JPEGs, converter, 110
JScript, Active Server Pages, 281
    veja também script

L

largura, modificar, 158
layouts, *veja* gabaritos
limitado por tabulação vs. formato da Página Web
    definido, 22
limitar quantidades de carregamento, 20
Linguagem Marcada de Hipertexto, *veja* HTML
linguagens, 274
linhas horizontais, inserir, 63
linhas, 160-161
linhas, inserir, 63
linking (ligar)
    documentos, 84-85
    e-mail, 85
    arquivos locais, 83-84
    imagens, 212-213
    Web *sites* remotos, 81-82
    texto, 87
    páginas Web, 83, 132, 218-223
links de categoria, criar, 252-253
links
    categoria, 252-253
    cores, 34-38
    criar, 142
    solucionar problemas, 321-322
    verificar, 321-322
    páginas Web, 147-148
    veja também hiperlinks
List Properties, caixa de diálogo, 74
listas alinhadas, 67
listas de definição, 75-76
listas de tarefas, 349-352
listas marcadas, 73
    imagens, 73
    folhas de estilo, 205
    estilos, 73
listas numeradas, 76

listas, 79
    marcadas, 72-74
    marcadas/numeradas, 205
    reduzíveis, 77
    definição, 75-76
    apagar formatação, 78
    File, 307
    arquivos, 22
    intranets, 365
    aninhadas, 76
    numeradas, 74
    tarefas, 349-352
    User Variable, 335
localizadores de recursos uniformes, *veja* URLs
localizar texto, 69-70
    veja também pesquisar
lojas on-line, 372-373

M

mapas, 212-213
marcar listas de tarefas, 352-353
marcas d'água, exibir, 37-38
marcas de revisão
    Spell Check, 67
    Web *sites*, 353-354
marcas HTML, 195-198
Marquee Properties, caixa de diálogo, 269
Marquee, caixa de diálogo, 269
Master List, caixa de diálogo, 366
mensagens, contornos de texto com paginação, 269
Menu, comandos
    Insert Bookmark, 85
menus suspensos, editar, 177-178
menus, 9-10
    edição de suspensos, 177-178
mesclar células da tabela, 162
metainformações, 334-335
Microsoft Active Server Pages Output Options, caixa de diálogo, 289
moderar discussões, 300
modificar
    arquivos
        colunas, 310
        intranets, 362-363
    fontes, 64-66
    gráficos, 115
    relatórios sobre fluxo de trabalho intranet, 365

    imagens, 103-105
    rollovers, 87
    células da tabela, 160
    tabelas, 139-142
    temas, 50-52
    títulos, 33-34
    páginas Web, 146
    Web *sites*, 93
Modify Themes, caixa de diálogo, 50
monitores, 134
motores de pesquisa, *veja* pesquisar
mouseovers, *veja* botões indefinidos
mover gráficos, 120
mover
    cores, 36
    pastas, 312-313
    imagens, 109
    texto, 58-59
    Web *sites*, 19-20
    veja também copiar; cortar; importar; colar
My Webs, pasta, 18

N

navegar
    páginas Web, 136
    Web *sites*, 88-89
Navigation Bar Properties, caixa de diálogo, 91, 191
Navigation, exibição, 8, 89-93
negócios domésticos, 372
New Style, caixa de diálogo, 200
New Task, caixa de diálogo, 352
New, botão da barra de ferramentas
    criar páginas Web, 29
New, caixa de diálogo, 17, 142, 344
New, comando (menu Edit), 19-20, 184
newsgroups, 295-301, 371-372
    veja também discussões
nomear
    discussões, 296
    pastas, 29
Normal, gabarito, 25-29
novos recursos, caixa de diálogo Create Hyperlink, 82
números
    listas, 205
    folhas de estilo, 201

O

O que se vê é o que será impresso (WYSIWYG), 10
Office, 228
    Access, 238
    Assistant, *veja* ajuda
    Calendar, 238
    ferramentas de colaboração, 230
    Excel, 234-235
    arquivos, 225, 232-233, 240
    ajuda, 228-229
    redes, 230
    Outlook, 238-239
    PowerPoint, 236-237
    Publisher, 237
    iniciar, 229
    visualizadores, 240
    documentos Word, 233-234
online
    formulários, 168
    lojas, 372-373
opções
    bordas compartilhadas, 189
    Web *sites*, 332
Open File, caixa de diálogo, 31
Open, caixa de diálogo, 360
Open, comando (menu File), 31
Options, caixa de diálogo, 126, 179
ordens dos campos, 175
organizar gabaritos, 185-186
Outlook, 238

P

Page Options, caixa de diálogo, 283
Page Properties, caixa de diálogo, 34-35, 147, 232, 336
Page Properties, comando (menu File), 218
Page Properties, comando (menu Format), 34
Page Transitions, caixa de diálogo, 264
Page Transitions, comando (menu Format), 264
Page, exibição, 8, 10
PageMaker, exportar arquivos, 60
páginas no nível da filha, adicionar, 90
páginas no nível da mãe, adicionar, 90
páginas principais
    definidas, 22
    discussões, 298
páginas Web dinâmicas, 235
páginas Web estáticas, 236
páginas Web existentes, gravar, 30
páginas Web lentas, solucionar problemas, 324
páginas Web
    Access, 287-289
    Active Server Pages, 281
    ActiveX, 278
    autor, 338
    fundos, 37
    Banner Ad Manager, 266-267
    elementos básicos, 25-27
    bookmarks, 83-85
    listas marcadas, 73-74
    links de categorias, 252-253
    scripts CGI, 282
    clientes, 274-275
    fechar, 317
    listas reduzíveis, 77
    cores, 34-35
    compatibilidade, 282-284
    erros do componente, 324
    componentes, 244
    conectar, 6
    criar, 27-28
    listas de definição, 75-76
    DHTML, 261, 275
    discussões, 298-299
    documentos, 173
    dinâmicas, 235
    editar, 67
    links de e-mail, 85
    incorporar, 217-221
    sair, 28
    arquivos, 313-314
    pastas, 312-313
    fontes, 64-65
    sub-rotinas do formulário, 178-179
    formulários, 166-180
    gráficos, 96-101
    contadores, 251
    linhas horizontais, 63
    hosts, 6
    botões indefinidos, 256-258
    hiperlinks, 321-322
    mapas de imagem, 212-213
    Java, 250-251
    ligar, 83-84, 132, 213-223
    monitores, 134
    filmes, 222-223
    nomear, 29
    listas aninhadas, 76
    listas numeradas, 74
    Office, 228-238
    abrir, 314

Índice

visão geral, 4-6
velocidade da página, 324
parágrafos, 60-61
PhotoDraw, 239
imagens, 246
imprimir, 30
programas, 274
publicar, 330-332
gravar, 29-30
script, 279-280
scripts, 274
contornos de texto com paginação, 269-270
formulários de pesquisa, 249-250
servidores, 4, 274-275
bordas compartilhadas, 47
páginas lentas, 323
Spell Check, 67
estáticas, 235
folhas de estilo, 195-208
substituições, 248
resumos, 316-317
resumir, 337
símbolos, 66
índice, 246
tabelas, 152-159
lista de tarefas, 349
gabaritos, 184
texto, 58-69
temas, 43-52
timbre de hora, 247-248
títulos, 316
transições, 266
solucionar problemas, 319-321
atualizar, 245-246, 323
URLs, 4-6
exibir, 86, 325
XML, 276
palavras-chave, 337
parágrafos, 57-66
Paragraph, caixa de diálogo, 202
Parent's Council, 369-370
pastas, 310-315
Paste, comando (menu Edit), 312
PDAs (assistentes digitais pessoais), 325
PDF (arquivos de documentos portáveis), 224
percorrer, *veja* visualizar
Perl, 181, 282
Permissions, caixa de diálogo, 345
permissões, 345
personalizar
    link de texto, 87
    gráficos, 114-119

botões indefinidos, 259-260
imagens, 103-110
texto, 69, 175-176
temas, 48-49
barras de ferramentas, 153-154
páginas Web, 144-148
veja também configurar; preferências
pesquisar
    Clip Art Gallery, 101
    formulários de discussões, 298
    pastas, 21
    texto, 68-69
    Web *sites*, 332-348
PhotoDraw, 239
Picture Properties, caixa de diálogo, 223
Picture, barra de ferramentas, 99, 114-120
Picture, caixa de diálogo, 99
Picture, comando (menu Insert), 99
pixels, 63
planilhas, 234-235; *veja também* Excel
Plug-In Properties, caixa de diálogo, 220
PNG, botões de rádio
    converter, 110
Polygonal, ferramentas, 212
pontilhamento, 133-134
pontos de ativação, 212-213
posicionamento absoluto, *veja* posicionar
posicionar
    gráficos, 121-126
    folhas de estilo, 205
Position, caixa de diálogo, 123, 205
PowerPoint, 236-237
preenchimentos, botões indefinidos, 258
preferências
    gráficos, 114-119
    imagens, 103-109
    parágrafos, 60
    texto, 69
    links de texto, 87
    temas, 48-49
Preview in Browser, comando (menu File), 77
Print Preview, comando (menu File), 30
Print, caixa de diálogo, 30
programar atualizações da página Web, 245-246
Properties, caixa de diálogo, 232, 317, 365
Properties, comando (menu Format), 220
Protocolo de Transferência de Arquivos (FTP), 362; *veja também* HTTP
publicar
    bancos de dados, 290
    revistas eletrônicas, 369-370

intranets, 367
arquivos Office, 240
Web *sites*, 330-332
Publish as Web Page, caixa de diálogo, 235-236
Publish Web, caixa de diálogo, 330
Publish Web, comando (menu File), 330
Publisher, 237
Push Button Properties, caixa de diálogo, 178

Q-R

quadros de seleção, editar, 177
quadros, 9
    discussões, 300
    Web *sites*, 142-148
Quark, exportar arquivos, 60
quebras de linha, 57
    veja também quebras
quebras
    linha, 57
    parágrafos, 72
Question List, caixa de diálogo, 170
Radio Buttons Properties, caixa de diálogo, 177
RealPlayer, 224
Recalculate Hyperlinks, comando (menu Tools), 322
Recreational Software Advisory Council (RSAC), 340
recuar parágrafos, 61
recursos de entrada/saída, intranets, 363
recursos
    Discussion Web, 296
    Intranets, 359-361
    bordas compartilhadas, 47
redes
    arquivos, 21-22
    arquivos locais, 83-84
    Office, 230-231
redimensionar
    imagens, 106
    texto, 175-176
    páginas Web, 146
redirecionar documentos, 338
registrar Web *sites*, 338-339
relatórios sobre fluxo de trabalho, 364-367
relatórios
    comando (menu View), 319
    bancos de dados, 298
    intranets, 364-367
    barra de ferramentas, 319-320
    Web *sites*, 319-320

Remove Formatting, comando (menu Format), 62
remover formatação, 62
Rename, caixa de diálogo, 312
renomear
    arquivos, 311
    títulos, 316
renovar, *veja* atualizar
repetir elementos da página, 184
RTF (format rich text), 60
Replace, caixa de diálogo, 68, 354
Replace, comando (menu Edit), 354
Reports Wizard, 289
Reports, exibição, 8
resolução de imagens, 106
responder formulários, 181
resultados, gravar, 180
resumir páginas Web, 336-338
resumos, criar, 316-317
Reveal Tags, comando (menu View), 32
revisar listas de arquivos, 22
revistas *online*, *veja* e-revistas
revistas, 369-370
rico, formato de texto (.RTF), 60
robôs de pesquisa, *veja* pesquisar
robôs, 333
rodapés, gabaritos, 187
rollovers, 87
RSAC (Recreational Software Advisory Council), 340

S

sair
    relatórios sobre fluxo de trabalho intranet, 367
    páginas Web, 30, 317-318
Salon Magazine, 370
Save As Template, caixa de diálogo, 184
Save As, caixa de diálogo, 29, 184
    Excel, 235
Save As, comando (menu File), 29
Save Embedded File, caixa de diálogo, 110
Save Embedded Files, caixa de diálogo, 120
scanners, inserir imagens, 102
Scheduled Include Page Properties, caixa de diálogo, 245
Scheduled Picture, componente, 246
script CGI, 282
Script Wizard, 280-281
script, 279-280

scripts, 274
    formulários, 181
Scrolling Text Box Properties, caixa de diálogo, 176
Search Form Properties, caixa de diálogo, 250
selecione
    listas marcadas, 74
    clipart, 220
    efeitos, 262
    eventos, 261-262
    recursos, 295
    arquivos, 19, 59
    gráficos, 137-138
    estilos, 75
    tabelas, 159
    texto, 58
    temas, 43-47
    páginas Web, 133-134
    Webs, 16-17
Select All, comando (menu Edit), 173
Select Background Image, caixa de diálogo, 37
Select File, caixa de diálogo, 59, 102
seletores, 199
separadores, 291
separar, *veja* dividir
servidores locais, *veja* servidores
servidores remotos, *veja* servidores
servidores, 274-275, 330
    domínios, 5
    páginas/Web *sites*, 3-4
Shared Borders, caixa de diálogo, 187-188
Shared Borders, comando (menu Format), 187-188
ShockWave, arquivos, 224
símbolos de marca registrada, *veja* símbolos
símbolos, 66
sinais, 66
sobrescritas, fontes, 65
solucionar problemas em páginas Web, 319-323
sons
    fundo, 218
    botões indefinidos, 259-260
Source, caixa de diálogo, 20
Spell Check, 67
    Web *sites*, 353
Spelling, caixa de diálogo, 67, 353-354
Spelling, comando (menu Tools), 67
Sr. Clip de Papel, *veja* ajuda
Standard, barra de ferramentas, 9-10
    botão Copy, 58
    botão Cut, 58
    botão Format Painter, 65-66

    botão Insert Image, 99
    botão Open, 31
    botão Paste, 58
    botão Preview, 77
    botão Show All, 57
Style, caixa de diálogo, 200
Style, comando (menu Format), 190
sub-rotinas, 178-180
substituições, controlar, 248
substituir texto, 68-69, 354-355
Substitutions Component Properties, caixa de diálogo, 248
subWebs aninhados, 344
subWebs, criar, 344
suportes, 333

T

tabelas, 156-157
    texto, 160
Table of Contents Properties, caixa de diálogo, 246
Table Properties, caixa de diálogo, 156
Table Properties, comando (menu Table), 156
Table, comandos de menu
    Table Properties, 156
Tables, barra de ferramentas
    exibir, 152-153
    botão Draw Table, 155
tabulações, 175
Task Details, caixa de diálogo, 351
Task, comando (menu File), 351
Tasks, exibição, 8
temas, 39-52
terminologia, 22
Text Box Properties, caixa de diálogo, 175
Text Box Validation, caixa de diálogo, 176
texto alternativo, imagens, 109
texto em itálico, *veja* formatar
texto em negrito, 65
    veja também formatar
texto sublinhado, *veja* formatar
texto
    imagens alternativas, 109
    caixas, 177
    cores, 34-35
    copiar, 65-66
    personalizar, 175
    apagar, 58
    fornecer, 56
    arquivos, 291
    fontes, 64

formatar, 69
formulários, 181
gráficos, 120
hiperlinks, 87
importar, 59-60
contornos, 269
mover, 58
parágrafos, 72
posicionar, 123-125
substituir, 68-69
pesquisar, 68-69
selecionar, 58
espaçar, 61
verificar ortografia, 352-354
estilos, 62
tabelas, 155-159
gabaritos. 185-186
atualizar, 245
timbre de hora, 247-248
títulos
editar, 51
modificar, 34
renomear, 315-316
gabaritos, 185-186
páginas Web, 29
Tools, comandos do menu
Recalculate Hyperlinks, 322
Spelling, 67
Web Settings, 363
transferir
arquivos, 362
Web *sites*, 330-332
transições, 264-265
trocar imagens, botões indefinidos, 260

U

Undo, comando (menu Edit), 66-67
URL (localizador de recurso uniforme),
  inserir, 212
Usenet newsgroups, *veja* discussões, *newsgroups*
User Meta Variable, caixa de diálogo, 336
User Variable List, editar, 335

V

valores, 199
  campos do formulário, 168
VBScript, Active Server Pages, 281
velocidades, páginas Web, 324
verificar *hiperlinks*, 322

Verify Hyperlinks, caixa de diálogo, 322
versaletes, fontes, 65
Video, caixa de diálogo, 221
vídeos
  editar, 221-223
  arquivos, 224
  inserir, 221
  veja também filmes; multimídia
View, comandos do menu
  Folder Options, 308
  Reports, 319
  Reveal Tags, 32
  barras de ferramentas, 152
Viewers, Office, 240
visão geral, páginas/Web *sites*, 4-6
visualizar
  listas reduzíveis, 77
  animação GIF, 268
  botões indefinidos, 259
  gabaritos, 28
  páginas Web, 30

W-X

Web Settings, caixa de diálogo, 363
Web *sites* externos, *veja* Web *sites* remotos
Web sites remotos, ligar, 81
Web Wizard, caixa de diálogo, 296-300
Web, 55
  comandos (menu File), 294
  negócios domésticos, 372
  linguagens, 274
  Wizard, 360
Web, *sites*
  adicionar páginas, 311
  autor, 338
  marcadores de livro, 83-85
  erros do componente, 324
  conectar, 6
  criar, 16-18
  discussões, 371-372
  revistas eletrônicas, 369-370
  links de e-mail, 85
  arquivos, 21-22
  pastas, 303-317
  quadros, 141-149
  gráficos, 106-107
  hosts, 6, 332
  hiperlinks
    criar *links* de e-mail, 81-82

solucionar problemas, 321-322
  verificar, 321-322
importar, 18-20
intranets, 6, 359-366
ligar arquivos locais, 83-84
metainformações, 334
barras de navegação, 87
exibição Navigation, 93
lojas *online*, 372-373
visão geral, 4-6
velocidade das páginas, 324
classificações para pais, 339
publicar, 319-321
registrar, 338-339
remotos, 82
relatórios, 319-321
pesquisar, 332-335
segurança, 346-347
servidores, 4, 330
páginas lentas, 324
verificar ortografia, 353-354
subWebs, 344
resumir, 336-337
listas de tarefas, 349-350
texto, 103-105
links de texto, 87

solucionar problemas, 319-320
atualizar, 324
URLs, 4-5
exibir, 325
páginas Web, 83
Webs, 14
  direitos de acesso, 346
  criar, 17-18
  apagar, 343
  arquivos, 21-22
  importar, 18-21
  selecionar, 16-17
  iniciar, 16
  sub, 344
Webs, *veja também* pastas
Word
  documentos, 233-234
  arquivos, 225
Workgroup Properties, caixa de diálogo, 365
World Wide Web (WWW), *veja* Web
WWW (World Wide Web), *veja* Web
WYSIWYG (O que se vê é o que será impresso), 10
XLS, arquivos (Excel), 225
XML (Extensible Markup Language), 276

ANOTAÇÕES

ANOTAÇÕES

ANOTAÇÕES

ANOTAÇÕES

ANOTAÇÕES

ANOTAÇÕES

ANOTAÇÕES

ANOTAÇÕES

Impressão e acabamento
Editora Ciência Moderna Ltda.
Rua Alice Figueiredo, 46
CEP: 20950-150, Riachuelo – Rio de Janeiro – RJ
Tels: (021) 201-6662/201-6492/201-6511/201-6998
Fax: (021) 201-6896/281-5778
E-mail: lcm@novanet.com.br